Von Jürgen Grässlin sind außerdem erschienen:

Daimler-Benz: Der Konzern und seine Republik
Lizenz zum Töten?

Über den Autor:

Jürgen Grässlin, 1957 geboren, kennt Schrempp und Daimler-Chrysler bestens: Als Sprecher der »Kritischen AktionärInnen DaimlerChrysler« hat er viele Jahre lang intensive Gespräche mit dem Daimler-Chef geführt. Er schrieb mehrere Bücher, darunter *Daimler-Benz: Der Konzern und seine Republik*. Grässlin lebt in Freiburg.

Jürgen Grässlin

Jürgen E. Schrempp

Der Herr der Sterne

Knaur

Gewidmet unserem Sohn Philipp.

Besuchen Sie uns im Internet:
www.droemer-weltbild.de

Vollständig aktualisierte und überarbeitete Taschenbuchausgabe Mai 2000
Droemersche Verlagsanstalt Th. Knaur Nachf., München
Copyright © 1998 Droemersche Verlagsanstalt
Th. Knaur Nachf., München
Umschlaggestaltung: Agentur Zero, München
Umschlagfoto: stern / Volker Hinz, Hamburg
Satz und Gestaltung:
Hartmut Czauderna, Gräfelfing
Druck und Bindung: Clausen & Bosse, Leck
Printed in Germany
ISBN 3-426-77495-X

2 4 5 3 1

Inhalt

II. TEIL: DER SANIERER

III. TEIL: DER GLOBALISIERER

»Wenn ich nicht akzeptiere, daß man mich kritisiert, dann bin ich der falsche Mann für den Job.«

Jürgen E. Schrempp

Über diese erste Biographie schweigt sich Jürgen E. Schrempp bis heute aus. Bezeichnend für seine Haltung ist folgender Dialog, der sich – in Gegenwart des Autors – anläßlich der Pressekonferenz am 18. September 1998 auf der Hauptversammlung zur Daimler-Chrysler-Fusion entspann.

Die Beteiligten: Jürgen E. Schrempp (Vorstandsvorsitzender), Dr. Christoph Walther (Leiter der Kommunikation der Daimler-Chrysler AG), Sigrid Faltin (TV-Journalistin).

FALTIN: »Was sagen Sie zu dem Managerprofil von Jürgen Grässlin über Sie?«

SCHREMPP: »Fragen Sie ihn mal direkt. Ich habe dazu nichts zu sagen.«

FALTIN: »Warum nicht?«

SCHREMPP (an die übrigen Journalisten im Pressezentrum gewandt): »Haben Sie andere Fragen?«

WALTHER: »Okay, keine Fragen mehr. Wir sehen uns dann gleich.«

Ende der Pressekonferenz

Neues aus dem Adlerhorst

Seit der Erstveröffentlichung des »Herrn der Sterne« hat sich viel ereignet. Das Wichtigste davon findet jetzt Eingang in diese aktualisierte Neuausgabe:

- Mit neuen Übernahmen und Fusionen (EADS im Luft- und Raumfahrt- sowie im Automobilbereich) steigt der Adler in immer größere Höhen. Bilanz und »Operating Profit« erreichen neue Rekordmarken. Doch je höher Adler steigen, desto tiefer können sie abstürzen. Schrempps Vorgänger, Edzard Reuter, läßt grüßen. Denn immer deutlicher treten die Schattenseiten der Chrysler-Übernahme zutage: mit dem beschleunigten Abgang der Nummer 2, Robert J. Eaton, und dem Herausdrängen der Nummer 3, Thomas T. Stallkamp, spielt Schrempp ein gefährliches Spiel (siehe S. 434). Nicht umsonst werden die Aktien in den USA reihenweise abgestoßen, nicht umsonst ist der Aktienkurs dramatisch gefallen.
- Der Privatmann Schrempp hat die selbstgestellte Frage »Ehe oder Arbeit?« mit der Rigorosität des Managers beantwortet: Er verließ seine zeitweise erkrankte Frau Renate und hat sich statt dessen mit seiner langjährigen Lebensgefährtin, der 35jährigen und zweifellos charmanten Lydia Deininger zusammengetan, zugleich seine Chefsekretärin (siehe S. 430).
- Als seine Gedankenspiele, aus Gründen der Steuerersparnis

einen Teil seines Gehalts in den USA versteuern zu wollen, publik wurden, ist seiner früheren Schwägerin Gerlinde der Kragen geplatzt. Sie hat in einem weltweit wahrgenommenen Leserbrief ihrer Wut Luft gemacht. In einer Stellungnahme für diese Ausgabe erzählt sie, wie es hinter der Fassade der nur scheinbar heilen Schremppschen Familienwelt wirklich aussieht (siehe S. 389).

- Die CDU ist in die tiefste Krise ihrer Existenz geraten. In einem neuen Text über den früheren Verteidigungsminister Volker Rühe (siehe S. 227) und in dem erweiterten Kapitel über den Stuttgarter Oberbürgermeister Wolfgang Schuster (siehe S. 257) wird deutlich, warum das so ist: Politiker hängen wie Marionetten an den Fäden einer spendablen DaimlerChrysler AG – die Schrempp fest in Händen hält.

Mit Übersetzungen für den chinesischen und den englischsprachigen Raum hat sich dieses Buch über den Global Player mittlerweile selbst zum »Global Bestseller« entwickelt. Doch Jürgen E. Schrempp hat sämtliche Kontakte zum Autor abgebrochen, auf dessen Schreiben nicht einmal mehr geantwortet.

»Wenn ihn jemand kritisiert, dann bekommt er seinen Adlerblick«, charakterisiert Gerlinde Schrempp ihren früheren Schwager.

Freiburg, im Februar 2000   *Jürgen Grässlin*

Einführung:
in unüblicher Form

Können, Kompetenz und Karrierestreben

>»Bereits als er kam, verfügte Jürgen Schrempp über
>einen hohen IQ.«
>
>*Leo Borman, Chairman des Automobilunternehmens CDA*

>»Wir sahen seine Qualität, wir sahen seine Stärke,
>wir sahen seine Visionen.«
>
>*Theo Swart, Managing Director McCarthy Group Limited*

>»Jürgen Schrempp trägt sein Gepäck selbst ins Auto.«
>
>*Richard Wentzel, Mercedes-Firmenfahrer in Kapstadt*

*Zufall oder Können, Glück oder Kompetenz? Jürgen E. Schrempps
Aufstieg vom kleinen Kfz-Lehrling einer südbadischen Mercedes-
Niederlassung zu einem der mächtigsten Männer der Welt ist weder Zu-
fall noch Glück, sondern zeugt von Können und Kompetenz. Wie kaum
einen anderen Topmanager zeichnen den charismatischen Freiburger
Charaktereigenschaften, Fähigkeiten und Fertigkeiten aus, die seinen
Weg an die Spitze des größten europäischen Konzerns im nachhinein als
wahrscheinlich, wenn nicht gar logisch erscheinen lassen.*

*Dabei hat er vergleichsweise schlechte Startchancen. Er ist ein Typ wie
Karl-Josef Neukirchen von der Metallgesellschaft, beschreibt ein langjähriger Schrempp-Berater seinen früheren Chef. Denn Dr. Neukirchen,
Vorsitzender des Frankfurter Handelsunternehmens, komme aus dem
Keller in Wattenscheid und habe sein Studium selbst bezahlt. Einen
ebenso weiten und womöglich härteren Weg muß – der gleichermaßen
aus einfachen Verhältnissen stammende – Jürgen E. Schrempp beschreiten, bevor er über seine Jahre in Südafrika, den USA und bei der Münchner Dasa endlich in den elften Stock der Möhringer Konzernzentrale einziehen kann.*

*Dem Vorsitzenden der Daimler-Benz AG eilt der Ruf voraus, die Bo-
denhaftung nicht verloren zu haben. »Jürgen Schrempp ist der erste Vor-*

standsvorsitzende seiner Gesellschaft«, so der südafrikanische Verleger Hugh Murray, »der einen Motor selbst einbauen kann.«

☆

In Südafrika, wo Jürgen E. Schrempp vom versierten Techniker zum strategisch denkenden Topmanager reift, sieht sich der Immigrant harten Bewährungsproben ausgesetzt – und seine Qualitäten treten erstmals offen zutage. Schon seine ersten Wegbegleiter prophezeien, daß dieser Mann zu mehr als zum einfachen Mitläufer im mittleren Management bestimmt ist.

Dr. Gerhard Liener, als Beteiligungsvorstand in der Untertürkheimer Konzernzentrale für die Betreuung der südafrikanischen Tochtergesellschaft zuständig, erkennt das Talent des Karrieristen und bekundet unumwunden: »Der wird Vorsitzender der MBSA.« Theo Swart, vormals einer der führenden Industriellen am Kap, hat in den siebziger und achtziger Jahren mitunter einmütige Gespräche mit ihm und oft harte Verhandlungen gegen den jungen Deutschen geführt. Bereits damals konnte der Vorsitzende der einflußreichen McCarthy-Gruppe, des führenden südafrikanischen Fahrzeughändlers, erkennen: »Jürgen Schrempp wird die Spitze erklimmen.« Die Spitze der Daimler-Benz AG und nicht nur die der Außenstelle in Pretoria, sagt Swart, der sogleich ergänzt: »Ich hatte keine Zweifel: Jürgen wird diesen Job bekommen.« Darin sei er sich mit Morris Shenker, Schrempps Vorgänger als Vorsitzender der Mercedes-Benz of South Africa (MBSA), voll und ganz einig gewesen.

Zuvor aber bedarf es einer immensen Willensstärke und eines gesunden Karrierebewußtseins des Deutschen. »Ich komme nur als Chairman wieder«, vertraut ein von sich und seinen Fähigkeiten überzeugter Schrempp seiner Chefsekretärin Waltraut Lenhard an. Derlei Aussagen sind geprägt vom Willen zur Macht.

Als der Chairman Jürgen E. Schrempp 1986 die Geschäfte der MBSA regelt, prophezeit ihm seine Sekretärin: »In zehn Jahren werden Sie Vorstandsvorsitzender.« Aber »es passierte in neun Jahren«, bilanziert Karola Block heute. Sie hat mit Schrempp zu einer Zeit zusammengearbeitet, in der er sich bereits auf dem Sprung in den Gesamtvorstand befindet. Zu diesem Zeitpunkt ist die Prophezeiung noch immer gewagt, jedoch nicht länger utopisch.

☆

13

Der Freiburger gehört zu den wenigen Menschen, die aus ihren hochgesteckten Zielen kein Geheimnis machen: »Ich glaube daran, daß ich in Führungspositionen kommen werde«, sagt Schrempp zu Leo Borman, einem der führenden Männer der südafrikanischen Automobilindustrie. »Ich, Jürgen Schrempp, glaube an Jürgen Schrempp«, verkündet er Borman gegenüber selbstsicher und erklimmt eine Karrierestufe nach der anderen.

Schrempp verfüge über einen hohen Intelligenzquotienten, sagt Borman. Dieser habe ihm den Weg nach oben bereitet. Zudem, und das sei seine besondere Stärke, lasse er sich »vom EQ, dem emotionalen Quotienten, nicht beeinflussen«. Das sei »eine starke Eigenschaft«, die der vormalige Chef eines der größten Automobilkonzerne Südafrikas sehr schätzt. So sieht Borman einen »selbständigen und selbstbewußten Mann« in Südafrika heranwachsen.

Angesichts der außergewöhnlichen Qualitäten des Aufsteigers fühlt sich auch der Chairman der Car Distributors Assembly (CDA), einer Vorläuferfirma der MBSA, schon früh zu einer Voraussage veranlaßt: »Eines Tages«, so Leo Borman zu Jürgen E. Schrempp, »wirst du Vorsitzender von Daimler-Benz, nicht nur von Mercedes.« Borman erklärt Schrempps Karriere mit dessen Persönlichkeit, die noch ausgeprägter als die seiner Vorgänger sei: »Die Zahns, die Prinzens, die Reuters waren weniger stark als er.« In Erfüllung seiner Prophezeiung erhält Borman im Sommer 1995 einen Anruf aus der Stuttgarter Konzernzentrale. Es hat geklappt, teilt ein stolzer Daimler-Chef seinem früheren Wegbegleiter mit. Kein Wunder, sagt der 76jährige: »Schrempp hat das Sternbild Jungfrau, und das steht für Stärke.«

☆

Woran erkennt man den wahren Charakter eines scheinbar rücksichtslos handelnden Managers? Etwa einzig an der Entwicklung der Beschäftigtenzahlen? Oder am Verlauf von Umsatz und »Operating profit«? Richtig, werden manche sagen. An seinen menschlichen Zügen, werden andere entgegnen. Denn zweifelsohne bereitet auch einem derart konsequent entscheidenden Manager wie Schrempp der massenhafte Abbau von Arbeitsplätzen in den neunziger Jahren weder Freude noch Genugtuung. Und wer nicht akzeptiert, daß die wirtschaftspolitischen Notwendigkeiten von heute nicht mit denen von vor zehn Jahren zu verglei-

chen sind, der lebt noch immer im Zeitalter vor der Globalisierung. Womöglich also kommen die menschlichen Züge des Daimler-Vorsitzenden viel mehr im Kleinen zum Ausdruck als in den großen Entscheidungen.

☆

Richard Wentzel steht auf der Sonnenseite des Lebens. Der glücklich verheiratete Familienvater dreier Kinder hat es als Coloured, wie die Farbigen in feiner Unterscheidung zwischen »Weißen« und »Schwarzen« in Südafrika genannt werden, zu etwas gebracht. Unter den Kapstädter Berufsfahrern ist er einer der bekanntesten. So fährt er für gewöhnlich Prominente durch die Gegend am Kap, von Botschaftern bis zu Fußballern aus aller Welt. Und seit Mitte 1996 hat Richard endgültig den Olymp der Chauffeure bestiegen: Als einziger Firmenfahrer der Mercedes-Benz AG bringt er die Gäste des Unternehmens ans Ziel ihrer Wünsche, und mindestens ein- bis zweimal im Jahr ist der Chef aller Chefs höchstpersönlich darunter.

Wenn Jürgen E. Schrempp nach Kapstadt kommt, liest ihm Richard jeden Wunsch von den Lippen ab. Der Daimler-Vorsitzende fährt gerne und läßt sich gerne chauffieren, jedoch gerade mal bis zum fünfzig Kilometer entfernten Städtchen Somerset West. Was darüber hinausgeht, wird per Linienflieger erreicht. Der firmeneigene Achtsitzer steht vor allem für Flüge ins Mercedes-Werk in East London zur Verfügung. Richards Revier ist die Region rund ums Kap. Mal führt die Ausflugsfahrt mit der 600er Limousine zu einer der vielzähligen Wineries oder an die Waterfront. Ein andermal nehmen sie die schwarze 420er-C-Klasse zum Cable Car oder Cape Point. Jeden Tag etwas anderes, so Schrempps Devise, dem weder ein bevorzugtes Restaurant noch sonst ein präferierter Platz in den Sinn kommt. Wiederholung wäre monoton, der Deutsche liebt die Abwechslung.

An diesem Abend geht die Fahrt nach Osten, zu einem Pavarotti-Konzert ins Sportstadion von Stellenbosch. Die zweitälteste Stadt Südafrikas hat sich als Studenten- wie Weinzentrum gleichermaßen einen Namen gemacht. Nachdem Schrempp seinen Geschäftsfreund Anton Rupert, einen der renommiertesten südafrikanischen Industriellen, auf dessen Farm »Fleur du Cap« abgeholt hat, fahren sie zur Aufführung. »Over limit?« fragt Richard vorsichtig an. Sie sind ziemlich spät dran.

Schrempp bestätigt, mit zwanzigminütiger Verspätung erreichen die drei die Stadt in den Winelands.

☆

Vielleicht ist es völlig unbedeutend, für Richard ist es dennoch wichtig. Als sie in Stellenbosch ankommen, steht dem Daimler-Chef ein unterhaltsamer und dem Firmenfahrer ein langer Abend bevor. Aus Richards Sicht kein Grund zur Klage, das schier endlose Warten gehört zum Job. Schrempp verabschiedet sich im Stechschritt, kehrt völlig überraschend nach wenigen Minuten zurück. »Mein Fahrer muß essen«, erklärt er einfühlsam und überreicht dem völlig verdutzten Chauffeur ein reichhaltiges Vesper. Dann erst genießt er die Darbietung des Weltstars.

Noch heute kann Richard Wentzel sich bestens an das allererste Treffen im Dezember 1995 erinnern. Bei seinem Fahrer hinterläßt Schrempp einen unvergeßlichen Eindruck. Er holt den weltbekannten Konzernchef vom Flughafen ab, bringt ihn zu seinem Zielort und wird erst einmal von seinem obersten Boß und dessen Frau zum Hausbesuch geladen. Den Fahrer aus Rontebosch beeindruckt das mächtig.

»Jetzt höre ich Ihnen zu«, sagt der Weltenbummler und läßt sich von Richard Wentzel unterhalten und zugleich informieren. Richard, kein Kind trauriger Eltern, unterhält bestens und ist noch besser informiert. Auch das ist Jürgen E. Schrempp: ein Mann, der weiß, wo er seine Informationen herbekommt – ob in einem Telefonat mit dem Weltbankpräsidenten oder beim Drink mit einem freundlichen Fahrer.

Derlei Verhaltensweisen sind keine Ausnahme, sondern eher die Regel: eine nette Einladung, gutes Trinkgeld und vor allem viele freundliche Worte für seine Mitmenschen – Richard Wentzel hält hohe Stücke auf den guten Chef aus dem fernen Deutschland. So nebensächlich diese Episode auch scheinen mag, für Richard Wentzel hat sie Gewicht – und für den als hart und kompromißlos verschrienen Topmanager ist sie eben auch typisch.

☆

Wie erwartet wird es spät, in tiefer Nacht erreichen sie Kapstadt wieder. Am nächsten Morgen, auch das typisch Schrempp, hat Richard um 6.30 Uhr abfahrbereit dazustehen. Der Freiburger läßt sich nicht bedienen, die

Tür öffnet er selbst, und das Gepäck verstaut er eigenhändig im Koffer-raum. Einem Fahrer fällt so etwas auf, vor allem wenn der Passagier prominent ist und sich dennoch nicht hofieren läßt. Bereits auf der Fahrt zum frühmorgendlichen Geschäftstermin steckt sich der Deutsche die erste Zigarette an, danach beginnt der Arbeitstag auf dem Rücksitz des Firmenfahrzeugs. Wenig passend zur Tageszeit, staucht er gleich einige Telefonpartner zusammen. Auch wenn Richard kein Deutsch versteht, der Tonfall verrät vieles. Der Manager hat Jürgen E. Schrempp wieder ein-geholt.

☆

Zu seinen intimsten Kennern zählt zweifelsohne der heutige Chairman der MBSA. Schrempp selbst hat den Aufstieg von Christoph Köpke an die Spitze der südafrikanischen Gesellschaft in freundschaftlicher Ver-bundenheit gefördert. Neben dem intensiven Geschäftskontakt verbindet die beiden ein absolut offenes Verhältnis. Köpke zählt zu den wenigen Menschen, die Schrempp die Meinung sagen – im Guten wie im Schlech-ten. Gelegenheit dazu bietet sich, neben den vielzähligen beruflichen Treffen, insbesondere auf der gemeinsamen Farm in Eastern Transvaal.

Köpke, von seinen Eltern bereits als Vierjähriger nach Kapstadt mit-genommen, verfolgt Schrempps südafrikanischen Lebensabschnitt von Anfang an. Die Zufriedenheit über das Erreichte und Köpkes Ehrlichkeit gewährleisten, daß Lob und Anerkennung aus seinem Munde keinesfalls von Karriere- oder Konzerninteresse bestimmt werden. Rückblickend auf die Zeit von Juli 1974 bis Dezember 1986, einzig unterbrochen durch sei-ne Tätigkeit als Chairman der Euclid Inc. in Cleveland Anfang der acht-ziger Jahre, erklärt Köpke Schrempps Erfolg mit einer einmaligen Fähig-keit: Wie kaum ein anderer habe er seinen Mitstreitern im Vertrieb der UCDD, der United Car and Diesel Distribution Pty, sowie der späteren Mercedes-Benz of South Africa in schwierigen Zeiten Mut machen kön-nen. »Jürgen Schrempp verfügt über Motivationskunst«, lobt Köpke sei-nen Vorgänger, wobei sich der MBSA-Vorsitzende vor allem auf Situa-tionen und Zeiten bezieht, in denen es eher gut laufe. Dieses Talent hat Schrempp vielerorts Anerkennung und Sympathie eingebracht. Für ihren Chef seien sie »alle durchs Feuer gegangen«.

Als Kenner der familiären Verhältnisse weist Köpke aber auch auf den immensen Einfluß von Schrempps Ehefrau hin, die ihm zum richtigen

17

Zeitpunkt immer wieder den Kopf wäscht: »Vor Renate hat er einen Wahnsinnsrespekt.« Und das ist wohl gut so, denn nicht zuletzt ihrem positiven Einfluß ist es zu verdanken, daß der mächtige Manager nicht der Arroganz der Macht verfällt, sondern Mensch geblieben ist. Und was Schrempp gar nicht so sehr passen mag, »zu Hause hat er nicht allzuviel zu melden«. Hinter fast jedem erfolgreichen Mann steht eben eine starke Frau – hinter Schrempp zweifelsohne.

☆

Wie kein anderer kennt ihn sein langjähriger Vertrauter Detmar Grosse-Leege. Der Westfale hat den Südbadener über lange Jahre hinweg als Pressesprecher und persönlicher Berater promotet. Der Presseprofi, nicht umsonst zum PR-Manager des Jahres gekürt, weiß, wovon er spricht, wenn er seinen Chef in wenigen Worten charakterisieren soll. »An ihm imponiert mir seine Fairneß, seine Spontaneität, seine Offenheit, seine Entscheidungsfreude und sein strategischer Weitblick«, lobt Grosse-Leege. Schrempp »stellt hohe Ansprüche an seine Mitarbeiter, er verlangt Präzision, duldet Widerspruch und liebt konstruktive Kritik«.

Auf die Frage, ob Schrempp ein Supermann sei, antwortet Professor Dr. Werner Breitschwerdt, einer der Vorgänger im Amt des Vorstandsvorsitzenden: »Sonst wäre er nicht an dieser Stelle.« Trotz des – in vielem berechtigten – Lobes wäre es falsch, wollte man Jürgen E. Schrempp übermenschliche Züge andichten oder ihn göttergleich in den Wirtschaftshimmel erheben.

Denn ganz ohne Zufälle, ganz ohne Glück und ganz ohne Hilfe seiner Förderer wäre Schrempp womöglich gar nicht – zumindest aber nicht in vergleichsweise jungen Jahren – an die Spitze der Daimler-Benz AG aufgestiegen. Zu seinen wenigen, dafür ausgeprägten »Schwächen« zählen seine für einen Daimler-Vorsitzenden ungewöhnliche Natürlichkeit sowie seine lange Zeit kaum kontrollierte Unkonventionalität. Denn was normalerweise als menschliche Stärke erscheint, gerät in einer hart selektionierenden Wirtschaftswelt schnell zu einem schwer ausgleichbaren Karriereblocker.

Und während das eine ihn eben doch wieder auszeichnet, hat er das andere längst in den Griff bekommen. Lange ist es her, daß der Konzernchef in scheinbarer Arroganz davon sprach, Daimler-Benz brauche ihn, er aber brauche Daimler-Benz nicht. Vergessen, weil überwunden, sind

Eskapaden wie die auf der Spanischen Treppe in Rom. Dort in Begleitung zweier enger Vertrauter unterwegs, haben ihn in tiefer Nacht Polizisten kontrolliert, was später in einer verzerrenden Medienberichterstattung enorm aufgebauscht wurde.

Zweifelsohne wird sich Schrempp auch weiterhin voll und ganz auf die radikale Konzernsanierung, die zukunftsweisende Portfoliogestaltung und die sozial verträgliche Profitorientierung konzentrieren müssen. Zweifelsohne wird er aufpassen müssen, daß er dabei nicht in die Falle seiner Gegner läuft, die in ihm den Rambo der Republik sehen und nur auf seinen nächsten Fehler lauern. Zweifelsohne wird er aufpassen müssen, will er seine Schwächen weiterhin so gekonnt unter Kontrolle halten. Und zweifelsohne entspricht sein öffentliches Image nicht nur dem, einer der konsequentesten und durchsetzungsfähigsten, sondern eben auch einer der rücksichtslosesten und machthungrigsten Manager der Welt zu sein. Daran gilt es weiter zu feilen.

☆

Als Jürgen E. Schrempp im Mai 1995 die Führung des größten europäischen Industrieunternehmens übernimmt, hinterläßt ihm sein Vorgänger einen Gemischtwarenladen namens »Technologiekonzern«, in dem viel diversifiziert und wenig integriert ist. Reuters desaströse Bilanz ist die schlechteste, die je ein Konzern in Europa verbuchen mußte.

Nur drei Jahre benötigt Schrempp, um die Verlustbringer abzustoßen, die nach der Fokussierung des Portfolios verbleibenden dreiundzwanzig Geschäftsbereiche auf Vordermann zu bringen und Gewinne wie nie zuvor einzufahren. Daimler-Benz hat das Vorjahr »mit großem Erfolg« abgeschlossen, mit »unserem Konzept der Unternehmenswertsteigerung« sind sämtliche Aktivitäten »erfolgreicher und profitabler« geworden, so ein zum Understatement neigender Vorstandsvorsitzender. Dessen Zahlen vom Sommer 1998 sprechen für sich: ein um 19 Prozent auf 124 Milliarden Mark gewachsener Umsatz und ein um 79 Prozent auf 4,3 Milliarden Mark gesteigerter »Operating profit« – das hat noch kein deutscher Manager vor ihm verkünden können.

Vorbei die Zeit, in der das Schreckgespenst eines rücksichtslosen Shareholder value die Gewerkschafter auf die Barrikaden und die Beschäftigten auf die Straße getrieben hat. Mit 12 000 allein in einem Jahr neu geschaffenen Arbeitsplätzen stellt Radikalsanierer Schrempp den sozialen

Frieden wieder her. Vorbei ist auch der Mief der Ära Reuter, der Freiburger bringt frischen Wind in die vormals verstaubten Flure: 80 Prozent aller Produkte sind jünger als fünf Jahre. Über 715 000 verkaufte Mercedes-Pkw, elf Prozent mehr als im Vorjahr, zeugen von einem Fahrzeugboom ohnegleichen.

»Insgesamt haben wir einen neuen unternehmerischen Geist im gesamten Konzern freigesetzt«, verkündet Schrempp zufrieden. Denn bei Daimlers wird nicht nur »quer durch den Konzern erfolgreicher und effizienter« gearbeitet. Sondern, und das gelte für alle zehn Vorstände, »mit viel mehr Spaß«.

☆

Verantwortlich für diese zuvor kaum für möglich gehaltene Entwicklung ist eine hochmotivierte Truppe, an deren Spitze ein Mann mit etwas Glück und viel Geschick steuert: Noch ist Jürgen E. Schrempp, der Herr der Sterne, nicht am Ziel seiner Reise angekommen. Er möchte die Daimler-Benz AG ganz nach oben bringen: zum modernsten und lukrativsten Unternehmen weltweit, zur Nummer eins aller Mobilitäts- und Dienstleistungskonzerne. Es ist nicht lange her, da hat sein Umsatzziel für das Jahr 2008 bei utopisch scheinenden zweihundertfünfzig Milliarden Mark gelegen. Doch was vor kurzem unmöglich schien, ist schneller wahr geworden, als gedacht: Dank der Fusion mit Chrysler konnte diese Zielmarke schon vor der Jahrtausendwende deutlich übertroffen werden. Und gleichgültig, in welchen Höhen der Optimist, Utopist und Visionär Schrempp sein Reiseziel erreichen wird: Mit ihm leuchtet der Stern von Möhringen heller denn je.

☆

Immer wieder in seinem Leben wird der Steilwand-Schrempp nach oben schauen und erst einmal nicht wissen, wie das Problem zu lösen ist, das sich vor ihm auftürmt. Immer wird sich der Hobby-Bergsteiger optimal auf die anstehenden Aufgaben einstellen, wird sich seinen Weg suchen und am Ende das Unmögliche wahr machen.

Als er seinen Arbeitsplatz nach Südafrika verlegt, trifft er auf eine eher reserviert reagierende Umwelt, in der er sich vom unbedeutenden Technical Service Manager zum Mercedes-Vorsitzenden hocharbeitet und *dem südafrikanischen Mercedes-Stern neuen Glanz verleiht. Selbst die politisch heikle Situation, in Apartheidzeiten Luxuslimousinen für die weiße Herrenschicht zu produzieren, meistert er mit Fingerspitzengefühl. Zwischenzeitlich besteigt er die Steilwand der Euclid Inc. in Cleveland, wo er eine marode Tochtergesellschaft sanieren soll – und statt dessen gewinnbringend verkauft.*

Vor die größte Aufgabe aber wird er gestellt, als er aus dem Konglomerat einer überdimensionierten, zersplitterten und von Eigeninteressen dominierten deutschen Luft- und Raumfahrtindustrie die Deutsche Aerospace formen soll. Die Daimler-Benz und heutige DaimlerChrysler Aerospace hat sich dank Jürgen E. Schrempp eine Spitzenposition unter den größten Luftfahrtkonzernen der Welt erobert. Diese Leistung ist um so höher einzuschätzen, als er in einer Zeit agieren mußte, da der Zusammenbruch des Ostblocks und ein äußerst schwacher US-Dollar für desaströse Rahmenbedingungen gesorgt haben. Inzwischen kann die Dasa übervolle Auftragsbücher und eine – wenn auch verspätete – Positivbilanz vorweisen. Schrempp ist es gewesen, der während seiner sechsjährigen Tätigkeit als Dasa-Chef den Grundstock dafür gelegt hat, daß das Unternehmen heute schwarze Zahlen schreibt und brillante Perspektiven vorweisen kann.

Eher locker und leicht erringt er seinen ganz persönlichen Triumph. Mit dem Versagen des Visionärs Edzard Reuter erklimmt Jürgen E. Schrempp den Daimler-Olymp und wird im Sommer 1995 Vorstandsvorsitzender. Was er seither geleistet hat, spricht für sich selbst. Unter seiner Führung entwickelt sich Deutschlands Vorzeigekonzern zu einem der innovativsten und profitabelsten Unternehmen weltweit. Schrempp, so scheint es, ist keine Aufgabe zu groß und keine Steilwand zu hoch. Bislang hat der Freiburger an der Spitze der Daimler-Benz AG gestanden, seit dem Herbst 1998 führt er – zwischenzeitlich mit Robert J. Eaton – die DaimlerChrysler AG. Und wer da oben steht, der weiß, wie groß die Gefahr ist, in den Abgrund zu stürzen. Davor aber werden den Herrn der Sterne seine Kompetenz, sein Können und sein ausgeprägtes Karrierestreben bewahren.

So oder so ähnlich würde eine herkömmliche Managerbiographie eine der üblichen Erfolgsstorys eröffnen – und in diesem Jubelstil würde es bis zum Schluß eines umfangreichen Werkes weitergehen. Das ist hier nicht der Fall. Zwar entsprechen diese einführenden Passagen einer Seite der Realität, wie sie von vielen wahrgenommen wird. Die oben genannten Aussagen, Stellungnahmen und Zitate sind in diesem wohlwollenden, würdigenden und zuweilen auch verherrlichenden Sinn getroffen worden. Überhaupt hat sich die überwiegende Mehrheit meiner Interviewpartner positiv über den Manager Jürgen E. Schrempp geäußert. Warum das so ist, sei an späterer Stelle ausgeführt.

Aber das ist nur eine Seite der Medaille. Die andere sieht so aus, daß ich gleich zu Beginn meiner Arbeit an diesem Buch den Eindruck gewonnen habe, daß ein nicht unerheblicher Teil meiner Interviewpartner mir nur selektiv Informationen zukommen lassen will. Das deutlich differenziertere und eindeutig kritischere Bild, das ich über diesen Menschen und Manager im Laufe der Zeit gewonnen habe, hat sich verdichtet, je länger und intensiver ich mich um Hintergrundinformationen bemüht und diese in erstaunlichem Umfang auch erhalten habe.

Hinzu kommt die Tatsache, daß sich mit dem Fortgang meiner Recherchen immer mehr Fragen und weitere Widersprüche in bezug auf Inhalte wie Aussagen aufgetan haben. Ein nicht unbeträchtlicher Teil davon wird in diesem Buch erklärt und beantwortet. Daß dieses Unterfangen überhaupt gelingen kann, hängt nicht zuletzt mit der Tatsache zusammen, daß ich konzernintern wie -extern auf Menschen gestoßen bin, die mein Interesse an einer möglichst objektiven Darstellung geteilt haben.

☆

Das Strickmuster ist identisch: beschreiben und bewundern, analysieren und anbeten und – wo genehm – pro forma kritisieren. Manager- wie Politikerbiographien erinnern allzuoft an die elitäre Porträtmalerei des frühen und hohen Mittelalters. Dem Sujet huldigend, werden Schönheit, Anmut oder Aufrichtigkeit ins Übermenschliche, zuweilen ins Unerträgliche überhöht. Und wenn heute Hochadel, Kirche oder Konzern als versteckte Auftraggeber auftreten, gleichen derlei Werke biederer Hofberichterstattung.

Im Hause Daimler-Benz haben Biographien Tradition. In der Regel werden mit ihnen Intentionen verfolgt, die eine objektive Darstellung begrenzen, wenn nicht gänzlich vereiteln. Erinnern wir uns daran, wie Edzard Reuter Anfang der neunziger Jahre gottgleich in den Wirtschaftshimmel porträtiert worden ist. Längst ist Reuters Religion vom »integrierten Technologiekonzern« wie ein Kartenhaus in sich zusammengebrochen. Jürgen E. Schrempp hat den ebenso visionären wie unrentablen Sakralbau bis auf das Fundament abgetragen und an gleicher Stelle den Profittempel eines Mobilitäts- und Dienstleistungskonzerns errichtet.

☆

Wann erscheint die erste von Jürgen E. Schrempp autorisierte Biographie? Mit netten Fotos, wie der Winzling in der Wiege, das Karriereziel fest im Blick, zukunftsfroh in die Kamera grinst und die geneigten Leser erfahren, daß bereits das Blitzen in den Äuglein des Kleinkindes von heldenhaften Taten erzählt? Diesen Eindruck vermittelt uns das Reuter-Porträt in Text und Bild, in der Klein-»Edzi« ins Objektiv lächelt und die letzte der Fotografien den »Star unter dem Stern« – Originalzitat des Autors Hans Otto Eglau – präsentiert. »Gleichwohl ist es keine Managerbiographie im üblichen Sinne, keine Success-Story zwischen Leinendeckeln«, preist der Autor sein Buch über einen der »profiliertesten deutschen Industriemanager, vielleicht mit der auffälligsten Erscheinung in den Chefetagen unserer Wirtschaft«. Gerade die Lebensbeschreibung dieses Topmanagers zeigt, wie schnell der Ruhm vergehen kann und wie leicht ein Biograph Gefahr läuft, den – im wahrsten Sinn des Wortes – Beschriebenen zur Kultfigur zu stilisieren.

☆

Selbstverständlich steht DaimlerChrysler heute besser da als je zuvor, und selbstverständlich hat Jürgen E. Schrempp an dieser Entwicklung maßgeblich Anteil. Mit den Bilanzen hat sich auch sein zuweilen katastrophales Image in der bundesdeutschen Öffentlichkeit spürbar verbessert, international rangiert er diesbezüglich schon lange ganz oben. Selbstverständlich zeichnen den Manager Schrempp eine Vielzahl absolut herausragender Fähigkeiten und Eigenschaften aus, die mich dazu veranlaßt haben, mich mit dem Mann an der Daimler-Spitze so intensiv auseinanderzusetzen. Und selbstverständlich hebt er sich in vielerlei Hinsicht wohltuend von der überwiegenden Mehrzahl seiner Kollegen in den Vorstandsetagen deutscher Großkonzerne ab – nicht zuletzt durch seinen Sinn für Humor, weshalb auch manche Passagen dieses Buches durchaus ironisch formuliert sind. Die weniger bekannte Kehrseite, ohne die ein Porträt unvollständig wäre, soll im folgenden auch dargestellt werden.

☆

Das Grundproblem eines Biographen liegt in der Regel darin begründet, daß er von seinem Objekt der Begierde abhängig ist. Wer über Reuter schreiben wollte oder sollte, mußte eine konforme Linie vertreten, um Hintergrundinformationen zu erhalten. Ablehnung oder Zuarbeit, Verweigerung oder Kooperation lassen ein solches Werk zu einer Analyse von außen oder einem Blick hinter die Kulissen werden. Dieses Buch erhebt nicht den Anspruch einer umfassenden Biographie; die wird erst in ein oder zwei Jahrzehnten geschrieben werden können. Der heutige Jürgen E. Schrempp ist noch voller Tatendrang und für weitere bücherfüllende Überraschungen gut. Dieses Werk will eher das Profil eines Managers bieten, das neben dessen Karriere auch seine wirtschaftspolitischen, gesellschaftlichen und persönlichen Ansichten präsentiert und einer kritischen Bewertung unterzieht.

Aufgrund der dankenswerten Gesprächs- und Dialogbereitschaft Schrempps und zumindest mancher seiner Wegbegleiter haben sich mir viele Türen geöffnet und tatsächlich einen Blick hinter die blühende Fassade von Verkaufserfolg, Aktienkursen und Bilanzgewinnen ermöglicht. Erstmals schreibt ein Autor über einen Vorstandsvorsitzenden der DaimlerChrysler AG, der bekanntermaßen zu den Konzernkritikern zählt – und der Herr der Sterne erwies sich als überraschend dialogbereiter Gesprächspartner. Genau das hat in der mehr als hundertjährigen Geschichte des deutschen Vorzeigekonzerns noch kein Vorsitzender gewagt. Jürgen E. Schrempp gebührt dafür Dank. Allerdings hatte die Kooperationsbereitschaft des Konzernchefs Grenzen. Auch wenn er für Gespräche offen war, lehnte er Einblicke in interne Firmendokumente kategorisch ab – sogar, wenn diese teilweise bereits in den Medien veröffentlicht worden waren. So war ich gezwungen, mir diese Informationen auf anderen Wegen zu beschaffen.

☆

Als ich begonnen habe, erste Interviews und Hintergrundgespräche zu führen, war mir keinesfalls klar, welches Ergebnis am Ende der mehr als eineinhalbjährigen Recherchetätigkeit stehen wird. Mit fast jedem weiteren Interview, Telefonat, Brief und Fax kam ein neues Puzzleteil zu dem Gesamtbild hinzu.

Dabei will und soll dieses Buch keinem »Frontkämpfer« die Arbeit erleichtern. Mir geht es weder um Verurteilung noch um Anbetung. Vielmehr stelle ich den Daimler-Chef so dar, wie ich ihn in Vier-Augen-Gesprächen sowie bei seinen öffentlichen Auftritten erlebt habe. Die vielen Interviews mit ihm und zahlreichen Gesprächspartnern aller Couleur lassen tiefe Einblicke in das Innenleben des Konzerns im allgemeinen und des Freiburgers im besonderen zu. Dabei entsteht ein weitaus differenzierteres und komplexeres Bild des Managers und Menschen Schrempp, als es bisher bekannt gewesen ist.

Daß es mir nicht darum gegangen ist, ein Heldenepos vorzulegen, mag für den Porträtierten nicht immer angenehm sein. Diese Zielsetzung hat jedoch den Vorteil, einem objektiven Bild zumindest nahe zu kommen. Und sollte sich der in diesem Buch Beschriebene über alle Maßen mißverstanden und fehlinterpretiert fühlen, dann wird er sich einen ihm ergebenen Biographen suchen. Der wird schon alles richten.

I. TEIL

Der Karrierist

ERSTES KAPITEL

The Big Six

Konsequent nach oben

>Ich habe immer Geräusche gemacht,
daß ich ins Ausland wollte.«

Jürgen E. Schrempp zu seinen beruflichen Ambitionen

>Die sanftesten Dinge sind seine Zähne.«

Hugh Murray, Verleger des »Leadership Magazine«

>Du kannst entscheiden: Bist du auf seiner Seite oder
gegen ihn.«

Schrempp-Kenner in Südafrika

S eine Bemühungen, den Mief der Stuttgarter Zentrale hinter sich zu lassen, sind endlich von Erfolg gekrönt. Beseelt von Aufbruchstimmung, gibt der Jungmanager unüberhörbare Geräusche von sich, er wolle ins Ausland. »Wer heute in einem internationalen Konzern Karriere machen will, kann nicht in Deutschland hinter dem Ofen hocken«, lautet die Devise des dynamischen Freiburgers.

Doch Schrempps Einstieg in Südafrika mißlingt, denn dem »relativ aggressiven Jüngling« werden in der autokratisch und konservativ geführten Automobilbranche große Vorbehalte entgegengebracht. Was weiß der denn, was wir nicht wissen? So die hämische

Frage an den Firmenimport aus dem fernen Deutschland. Der 30jährige weilt kaum sieben Monate in Südafrika, da bekommt er »fürchterlich eins aufs Maul«. Jürgen E. Schrempp schlägt sich mit seinem Kollegen Karl Siebenrock aus der Kundendienstabteilung. Die handfeste Auseinandersetzung bekommt ihm nicht sonderlich gut und festigt erst einmal seinen Ruf als Außenseiter.

☆

Bereits 1958 hat die südafrikanische Car Distributors Assembly (CDA) einen Vertrag unterzeichnet, wonach das Automobilunternehmen Mercedes-Produkte montieren kann. Vier Jahre später erwirbt die S. A. Auto Union die Konzession für Mercedes-Benz und die in Pretoria situierte United Car and Diesel Distribution (Pty) Ltd. (UCDD).

Weitere vier Jahre danach wird die CDA zur Tochtergesellschaft der UCDD. Das deutsche Automobilunternehmen erhöht sein Investitionsvolumen, übernimmt einen beträchtlichen UCDD-Aktienanteil und steigert die Fahrzeugverkäufe. Als Schrempp im Juli 1974 seinen bequemen Schreibtischstuhl in der Untertürkheimer Zentrale mit dem Schleudersitz am heiß umkämpften Kap tauscht, existiert die MBSA noch gar nicht.

Vor allem für die Automobilunternehmen aus dem Ausland tritt eine schwierige Situation ein, als sie sich gezwungen sehen, verstärkt in eine nationale Beteiligung zu investieren. Vorbei ist die Zeit, da der Vertrieb von ausschließlich in Deutschland gefertigten Limousinen über regionale Vermittler erfolgen kann. Mit dem sogenannten Local Content, einer Reglementierung seitens der südafrikanischen Regierung, wird für Personenkraftwagen ein 66prozentiger Gewichtsanteil aus einheimischer Produktion vorgeschrieben. Ausländische Unternehmen sind genötigt, den überwiegenden Teil ihrer Produkte im Land zu fertigen. In der Folge wird die S-Klasse neben der deutschen Fertigung ausschließlich im ehemaligen CDA-Produktionswerk in East London hergestellt, wo auch die Lastwagen-, Van-, Bus- und Traktorenfertigung erfolgt.

Mit seinen Methoden, die rigiden Regierungsvorgaben abzumildern, bewegt sich das Unternehmen hart an der Grenze der Legalität. »Mercedes reagierte prompt und produzierte die schwersten Autos der Welt«, berichtet Ekkehart Friederichs, heutiger Öffentlichkeitschef im Produktionswerk East London. Bewußt sei dicker Stahl aufgeladen worden, um das Gewicht zu erhöhen. Im Ergebnis hat ein südafrikanischer Mercedes durchschnittlich hundertfünfzig Kilogramm mehr gewogen als sein deutsches Pendant. »Mit diesem Trick«, so Friederichs, »erzielte Mercedes den billigsten Local Content.« Seit Ende der achtziger Jahre verläuft die Kalkulation nach Wert und nicht länger nach Gewicht. Seither, so der PR-Mann schmunzelnd, »stellt Mercedes nicht mehr die schwersten, sondern die teuersten Autos her«.

☆

Die Phase vor der MBSA-Gründung ist gekennzeichnet durch einen permanenten Kleinkrieg zwischen den führenden Automobilmanagern Morris Bernard Shenker in Pretoria und Leo Borman in East London. Die wohl größte Gemeinsamkeit der beiden besteht in der strikten Ablehnung gewerkschaftlicher Organisation. Borman gilt als ein »schwieriger Mann«, der die Position der Arbeitnehmerseite nicht verstehen kann und will. Wollen Betriebsräte neue Mitglieder werben, müssen sie vor dem Werkstor auf die andere Straßenseite wechseln. Sogar das deutsche Management verhält sich Borman gegenüber reserviert.

Untereinander bekämpfen sich die beiden Hardliner derart rabiat, daß selbst die ansonsten so wohlwollende Unternehmensbiographie nicht umhinkommt, auf den Dauerkonflikt hinzuweisen: »Öfters gab es persönliche Zusammenstöße und andere Hindernisse«, so die vage Umschreibung in Shenkers Vita. Das aber, so die Firmenschrift, sei in Konzernen üblich.

Mit der Einführung des Local Content in den frühen sechziger Jahren fürchtet Shenker einen Qualitätsverlust in der Fahrzeugproduktion, die Fronten geraten ins Schwimmen. Die beiden Kontrahenten sehen sich zur Kooperation gezwungen und müssen den Kontakt zwischen der UCDD und der Car Distributers Assembly intensivieren. Erst 1984 erwirbt Daimler-Benz 50,1 Prozent des UCDD-Aktienkapitals. Daneben halten die Schweizer Ernst Göhner Foundation sowie die burische Volkskas Bank mit 23,4 bzw. 26,5 Prozent weitere große Aktienpakete. Das Unternehmen wird in Mercedes-Benz of South Africa (Pty) Ltd. umbenannt, und zwei Jahre danach wird auch die CDA Ltd. in die MBSA eingegliedert.

Trotz der permanenten Auseinandersetzungen zwischen CDA-Chef Borman und UCDD-Chairman Shenker erlebt die spätere MBSA einen steilen Aufstieg. Jürgen E. Schrempp wird nachgesagt, daß er – in anfänglicher Verkennung der Realitäten – den Kleinkrieg mit Humor aufgenommen hat.

☆

In einer Situation wirtschaftlicher Instabilität und politischer Unruhe findet sich der Deutsche nach den ersten Anlaufschwierigkeiten immer besser zurecht. Fast instinktiv lernt er »sich zurückzuhalten, wenn es notwendig«, und »zuzubeißen, wenn es opportunistisch richtig« ist, so Christoph Köpke.

Als Service Manager ist Fred Dill Schrempps erster Chef – und er steht ihm im Weg. »Er legte ihn zu den Akten«, bemerkt Johan Frederik van Olst, Sekretär im Marketing Planning Department der MBSA. Um dieses Ziel zu erreichen, »delegiert er die Flops« und übernimmt die Geschäfte, die seiner Profilierung dienen. So fällt es dem lebensfrohen Schrempp leicht, den Vorgesetzten auszuhebeln, zumal dem als humorlos verschrienen Manager sämtliche Fähigkeiten der Menschenführung fehlen. Er »unterminierte« ihn, kommentiert van Olst den Konkurrenzkampf trocken.

»Dill wurde abgesägt, Schrempp hat mitgeholfen«, erinnert sich der heutige Mercedes-Vorsitzende Südafrikas. Nachdem er sich seines Vorgesetzen entledigt hat, ist der Platz des Kundendienstleiters verwaist, und Schrempp wird Dills Nachfolger.

☆

Südafrika befindet sich in einem zutiefst undemokratischen Zustand, das Apartheidregime der Buren basiert auf brutaler Unterdrückung der schwarzen und farbigen Bevölkerungsmehrheit. Aufgrund seiner Hautfarbe, seiner Sozialisierung und insbesondere aufgrund des Kundenkreises seines Unternehmens findet sich Schrempp auf der Seite der wohlhabenden Weißen. Im Technical Service Department und als späterer National Service Manager fällt die Kundendienstbetreuung in seinen Bereich. Das Aufgabenfeld des technischen Leiters ist weit gesteckt und reicht vom Training der Mannschaft und den Serviceleistungen über die Instandhaltung bis hin zum Erstellen neuer Richtlinien. Im Mittelpunkt aber steht der Kundendienst. In der Funktion des Technical Executive hat Schrempp mehr als hundertzwanzig Mercedes-Vertretungen im ganzen Land zu bereisen, die sich allesamt in Privatbesitz befinden. Das deutsche Automobilunternehmen be-sitzt zu diesem Zeitpunkt keine eigenen Niederlassungen in Südafrika. Zwar verfügt Schrempp über einen Stab ihm zugeordneter Leutnants, dennoch obliegt ihm die Aufgabe, die Händler in einem Land zu betreuen, dessen Fläche das Fünffache der damaligen Bundesrepublik umfaßt. Der Passagier der South African Airlines verbringt einen Teil seines Lebens im Flugzeug, zum damaligen Zeitpunkt noch ohne Privatjet.

Als sonderlich spaßig kann er seinen Beruf nicht empfunden haben. Ist ein Mercedes-Kunde unzufrieden, so erfolgt die Rückmeldung beim Händler oder eben bei Schrempp selbst. So landen die Beschwerdebriefe aufgebrachter Kunden direkt auf seinem Schreibtisch. Gegenüber den Fahrzeugbauern der Mercedes-Vorläuferfirma CDA muß er die an sein Unternehmen gerichteten Qualitätsansprüche durchboxen und sich mit manchem Händler »direkt unterhalten«, wie der Kapstädter Gerd Andreas, früherer Joint Executive Chairman des Automobilunternehmens Orbit Motors, ironisch bemerkt.

☆

Schrempps Arbeit gilt auch in einem ganz anderen Sinne als schwierig, denn Kundendienst- und Ersatzteilleiter werden in der Automobilbranche wie Menschen zweiter Klasse behandelt, und sie leiden darunter. Bereits in dieser Phase zeigt Jürgen E. Schrempp eine Fähigkeit, die seinen weiteren Weg prägen sollte: Wie ein Wellenbrecher setzt er sich an die Spitze derer, die nicht nur verkrustete Strukturen beklagen, sondern diese beseitigen. Aus einem verschmähten Haufen von Kundendienstlern formt Schrempp »die erste Truppe« im Fahrzeugbereich. In den Augen seiner Mitarbeiter gelingt dem Jungmanager schier Sensationelles: Mit seinem Engagement stellt er die Verhältnisse auf den Kopf und suggeriert seinen Männern, sie seien on top – der Rest Teil einer zweiten Klasse. Seine Mannen danken es ihm: Im Laufe der Jahre bildet sich um den Kundendienstleiter eine verschworene Truppe, von denen jeder für ihn »durchs Feuer« geht.

Man könne entscheiden, sagt einer, der die Verhaltensweisen des Deutschen über Jahre hinweg aus nächster Nähe miterlebt hat, ob man auf seiner Seite sei oder nicht. Habe man sich für Schrempp entschieden, dann »verteidigt er dich jenseits jeglicher Vernunft, jenseits jeglicher normalen Erwartung«. Stelle man sich aber gegen den Aufsteiger, dann »paß auf: Er wird dich auswischen.«

Einstein mit Hindernissen

»Diese Typen nannten sich Pädagogen.«

Jürgen E. Schrempp über seine Lehrer

»Mein Bruder wollte führen. Und die Trompete ist
das Führungsinstrument einer Band.«

Günter über Jürgen

»Wegen seiner selbstverständlichen Art des Bergstei-
gens, weil er so schnell rauf- und runtersteigt, wird
er einfach nur ›Steilwand-Schrempp‹ genannt.«

Reinhold Messner, Bergsteiger

Daß der Freiburger in Südafrika seine zweite Heimat findet,
läßt sich nicht nur mit den unglaublichen Schönheiten dieses
Landes erklären. Schrempp ist keiner, der es sein Leben lang an einem Ort aushält. Er muß die Welt erobern – privat wie beruflich.

☆

Wie kommt so einer wie er nach Südafrika? »Ich bin in der Quar-
ta hängengeblieben«, gesteht er grinsend und kann längst über
die Ehrenrunde am Freiburger Rotteck-Gymnasium lachen. Seine
Einstellung hat sich schwerlich mit den Erwartungen des überwiegenden Teils der Lehrerschaft in Einklang bringen lassen. Nur
in den Naturwissenschaften war er »Weltklasse«, und es ist kein
Zufall, daß er sich einzig an den Nachnamen seines Mathematik-
und Physiklehrers Trübi erinnert. Dafür ist der junge Jürgen nicht
bereit, sich anzueignen, »wieviel Blütenstengel die Tulpe hat«.
Mehr noch: Es hapert in allen Lernfächern, Schrempps Schwächen
liegen insbesondere im sprachlichen Bereich.

Seine Animosität Fremdsprachen gegenüber führt zu einer totalen Verweigerungshaltung. Auch nur den Grundwortschatz zu
pauken, lehnt er kategorisch ab. Hinzu kommt, daß er »nie im

Leben ein Buch aufgeschlagen« hat, um Vokabeln zu lernen. Die Aversion gegen Papier bewahrt er sich bis zum heutigen Tag, sieht man einmal von dem kleinen Notizblöckchen ab, das er immer bei sich trägt. Ansonsten hat sich fast alles geändert im Leben des Jürgen E. Schrempp – auch seine Einstellung gegenüber dem Englischen. Kurzerhand verwirft der Manager heute seine Vorlagen, hält den Vortrag in fließendem Englisch und völlig frei. Gezielt springt er zwischen den beiden Sprachen hin und her, wenn im Deutschen das gewünschte Wort nicht stimmig ist – das Jahrzehnt in Südafrika hat seine Spuren hinterlassen.

Ich bin »nie grau – immer schwarz oder weiß« gewesen, beschreibt er einen Wesenszug, der ihn ein Leben lang kennzeichnet. Dank der Sechs in Französisch – auch ein Ergebnis seines Schwarzweißdenkens – wird der Schüler mit einer verlängerten Schulzeit beglückt. In ganz besonderer Erinnerung aber ist ihm sein Klassenlehrer geblieben, denn der hatte »keine Bedeutung für mich«. Dieser »Pädagoge«, wie er abwertend betont, »hat mich nie motiviert«.

Bereits der Schüler Schrempp beweist seinen Mitmenschen, daß er sich in kein Schema pressen läßt, das von ihm nicht gewollt ist. Mit der Mittelstufe findet sein Pennälerdasein ein abruptes Ende, die Karriere zum zweiten Einstein bleibt ihm verschlossen. Wer hätte zum damaligen Zeitpunkt ahnen können, daß aus dem höchst intelligenten, jedoch zuweilen lernunwilligen Querkopf der Wirtschaftskanzler Deutschlands werden würde?

☆

Auch wenn sich die drei Jungs mitunter balgen, »nach außen haben wir immer wie Pech und Schwefel zusammengehalten«, betont der Älteste. Als dieser von einer Meute anderer Buben die Freiburger Sternwaldstraße entlang gehetzt wird, helfen ihm die beiden Brüder. »Jürgen und ich haben Günter gemeinsam gerettet, indem wir ihn ins erste Obergeschoß gezerrt haben. Sonst hätte es Lynchjustiz gegeben«, erinnert sich Wolfgang, der sich seinerseits vor allem am fünf Jahre älteren Bruder angelehnt hat.

»Jürgen hatte ein Reißbrett zu Hause. Er ist schuld, daß ich ebenfalls in diese Richtung gegangen bin«, so Wolfgang D. Schrempp. Das Unterfangen geht allerdings erst einmal kräftig in die Hose.

»An der Uni habe ich zwei oder drei Semester Mathematik studiert. Das war die Inzucht dort«, begründet er den Abbruch seines Unistudiums. Danach unterstützt ihn Jürgen beim Studium zum Maschinenbauingenieur.

Gerne sinnieren die drei Schrempp-Brüder über ihre Jugendzeit. »Damals war ich der Pimpf«, grinst der Jüngste rückblickend. Immerhin hat er es danach zum Leiter der Münchner Mercedes-Niederlassung gebracht und ist mittlerweile zum Präsidenten der Mercedes-Benz Italia S.p.a.A. mit Sitz in Rom aufgestiegen.

Der heutige Kontakt der drei Brüder ist begrenzt. Sie sehen sich zumeist bei Familientreffen, die jedoch nach dem Tod der Eltern im Jahr 1996 seltener geworden sind. Bis dahin hat vor allem die Weihnachtszeit Gelegenheit zur Zusammenkunft geboten. Zur Geburtstagsfeier von Vater Ernst traf sich die ganze Familie bereits zwei Tage vor Heiligabend. »Das war immer ein großes Familienfest«, erinnert sich Günter Schrempp. Seit seiner Freistellung bei der Basler Regio Online AG sind die guten alten Zeiten endgültig vorbei.

☆

Vom Erstgeborenen erwarteten die christlich geprägten Eltern, daß er Pfarrer wird. Wider Willen mußte der Junge Latein lernen, zumal er sich einem Internatsaufenthalt verschließt. Entsprechend gespannt gestaltet sich das Verhältnis zwischen den Eltern und ihrem Sohn. Als Günter die Schule wechselt, wird er im naturwissenschaftlich orientierten Rotteck-Gymnasium eine Klasse zurückgestuft. Wie der Zufall es will, landet er in derselben Klasse wie sein Bruder, so daß die beiden zwei gemeinsame Jahre auf dem Rotteck verbringen. Später wird auch Wolfgang, der jüngste der drei Schrempp-Buben, seine Karriere am selben Gymnasium beginnen.

Nichts deutet in diesen Jahren darauf hin, daß Jürgen einmal ein ganz Großer werden sollte. Seine Jugend verläuft vergleichsweise ruhig und in geordneten Bahnen. Erst als er vorzeitig das Gymnasium verläßt, um eine Lehre anzutreten, kommt es zum Dissens mit dem Vater. »Ich brauche kein Abitur für meine Planungen«, erinnert sich Günter Schrempp an die selbstbewußte Aussage seines zwei Jahre jüngeren Bruders. Ohne besondere Prüfung erhält Jürgen E. Schrempp die mittlere Reife und beginnt eine Lehre bei der örtlichen Mercedes-Benz-Niederlassung.

☆

Mit Vorliebe bastelt der Kfz-Lehrling an Fahrzeugen herum und erwirbt sich bereits in jungen Jahren den Ruf eines versierten Lkw-Spezialisten. »Das war der härteste Job«, bewundert Günter den jüngeren Bruder, zumal der bis zum heutigen Tage nichts verlernt hat und nach wie vor in der Lage ist, ein Auto zu reparieren.

Jürgen E. Schrempp kann damals noch nicht ahnen, daß ihn diese Firma in den kommenden Jahrzehnten nicht mehr loslassen wird. Dabei verdankt er einen nicht unbeträchtlichen Teil der Karriere seinem ersten Förderer, dem Freiburger Mercedes-Chef Karlfried Nordmann. Der Gießener ist 1961 in den Außendienst der südbadischen Niederlassung gewechselt. Nordmann, ehemaliger Oberst und Kommodore eines Luftwaffengeschwaders und Betriebsleiter des Flugplatzes Ütersen der Royal Air Force, wird schnell auf den jungen Lehrling aufmerksam. Dabei spielen wohl weniger dessen beachtliche Fähigkeiten als Automechaniker eine entscheidende Rolle, vielmehr lenkt Schrempps musikalisches Talent die Aufmerksamkeit auf ihn. Bei den Treffen der Jagdflieger, die regelmäßig in der Mercedes-Niederlassung in der Basler Landstraße stattgefunden haben, bläst er stimmungsvoll den amerikanischen Zapfenstreich auf seiner Trompete.

Für den Jugendlichen sollte die Begegnung mit Karlfried Nordmann zu einer entscheidenden Weichenstellung werden. Denn nicht nur der Niederlassungsleiter hat die Welt im Visier und will keinesfalls in der badischen Provinz verkümmern.

☆

Jürgen E. Schrempp beginnt sein Studium auf der Ingenieurschule in der mittelbadischen Industriestadt Offenburg, wozu damals noch die mittlere Reife ausreicht. Gerne blickt er auf seine »schöne Studienzeit« zurück, die er mit dem Ing. (grad.) abschließt.

Damals ist Schrempp ziemlich knapp bei Kasse: »Ich war nicht begütert und mußte mein Geld mit Tanzmusik verdienen«, erzählt der heutige Multimillionär nicht ohne Stolz. Zusammen mit Musikfreunden gründet er die Band »Combo«, spielt auf Hochzeiten, bei Geburtstagsfeiern und Faschingsveranstaltungen in den Freiburger Gaststätten St. Ottilien und im Waldsee. Das Instrument hat er sich zu Weihnachten gewünscht. Es muß »unbedingt eine Trompete« sein, das klassische Führungsinstrument einer Band. Bevor er seine ersten öffentlichen Auftritte wagt, nimmt er erst einmal Unterricht beim Stadttheater. Zwar geht anfangs vieles schief, aber er ist nicht der Typ, der aufgibt, wenn etwas schiefläuft.

✩

Noch heute erinnert er sich an den Fehlstart, den die Jungmusiker zu Beginn ihrer Laufbahn produzieren. Gerade mal fünf oder sechs Tage nach der Combogründung bewirbt sich die Gruppe mit Erfolg um eine Aufführung am Silvesterabend. Die Bandmitglieder sind »alle furchtbar nervös, weil wir vor feinen Leuten spielen würden«, erzählt Schrempp, und entsprechend schlecht ist die Darbietung. Um 22.00 Uhr will sie der Wirt sprechen und verkündet das vorzeitige Ende des Desasters: »Das, was ihr hier spielt, das bringt's nicht.« Enttäuschung macht sich breit, zumal sich der Hausherr müht, kurzfristig eine andere Band zu gewinnen – angesichts des Termins jedoch ein aussichtsloses Unterfangen.

Fünfundvierzig Minuten später steht er erneut vor ihnen und meint, sie sollten einen zweiten Versuch starten. »Lieber eine lausige Band als gar keine«, erklärt Schrempp die Gedanken des Gastgebers. Da die Gruppenmitglieder mittlerweile einige Biergläser geleert haben, sehen sie dem zweiten Teil des Abends deutlich entspannter entgegen und trumpfen gewaltig auf. Mit einem Mal klappt alles wunderbar. Als sie wie vereinbart um zwei Uhr morgens aufhören wollen, beschweren sich die Besucher und sammeln einen beträchtlichen Geldbetrag, um die Musiker weiter bei Laune zu halten.

»Wir haben mit viel Spaß bis vier Uhr gespielt und in diesen beiden Stunden mehr verdient als am ganzen Abend zusammen«, bilanziert Schrempp den doch noch von Erfolg gekrönten Silvesterabend.

✩

Ohne eigenes Zutun und durch die Hintertür wird er befördert. Als die Offenburger Ingenieurschule zur Fachhochschule hochgepäppelt wird, erwirbt sich der graduierte Ingenieur automatisch den Titel eines Diplom-Ingenieurs. Nach dem Studium nutzt Schrempp das Rückkehrrecht, das ihm Mercedes-Benz aufgrund seiner Lehre bei der Firma eingeräumt hat. Beim Unternehmen herrscht die Meinung vor, daß diejenigen, die sich weiterbilden wollen, auch wiederaufgenommen werden sollen. Schrempp ist das recht. Und so kehrt er in das Unternehmen zurück, in dem er in den folgenden Jahrzehnten eine steile Karriere machen wird.

☆

Bereits nach eineinhalb Jahren erfolgt Nordmanns Ernennung zum Interimsleiter der Berliner Mercedes-Niederlassung, und wenig später avanciert er zum Mercedes-Chef von Hamburg. Den jungen Schrempp begeistert die Weltoffenheit des damals 46jährigen. Immer wieder signalisiert der Kfz-Lehrling, daß ihn – genau wie Karlfried Nordmann – das Ausland lockt. Doch dieses Ziel ist nur über den Zwischenschritt der Stuttgarter Konzernzentrale erreichbar.

Zumindest eine erste Tür kann ihm sein Förderer öffnen. Fast zeitgleich wechseln die beiden in die Untertürkheimer Daimler-Zentrale, und Schrempp zieht mit seiner Frau Renate nach Kleinheppach im Remstal um. Die Tätigkeit als Sachbearbeiter für Technik im Nutzfahrzeugbereich, dem heutigen Zentralen Kundendienst, gilt als Beginn seiner »eigentlichen Berufslaufbahn«.

☆

Schrempp ist ein kluger Kopf. Und er weiß, daß er seinem Körper angesichts des Dauerstresses auch Erholungsphasen gönnen muß. Da sind die allsommerlichen Bergtouren schlichtweg »präventive Medizin«, sagt einer, der es wissen muß: Reinhold Messner gilt als erfahrenster Bergsteiger Europas. Jahr für Jahr ist ein optimal vorbereiteter Daimler-Chef mit von der Partie, wenn ein kleiner Kreis von Managern im Sommer die Alpen erobert. »Jürgen Schrempp geht gerne in die Steilwand«, meint Messner. Dabei kennzeichnet den Freiburger sportliches Leistungsvermögen wie Risikofreude gleichermaßen.

Bei den mehrtägigen Touren beweist der heutige Topmanager, daß er trotz seiner steilen Karriere Mensch geblieben ist. »Er zeigt nicht den Anflug eines Mr. Daimler«, berichtet Herbert Henzler, »weder bei der Seilschaft noch beim Matratzenlager.« In den Momenten, da Henzler und Schrempp »als Alt-Freiburger Kameradschaft« aufeinander angewiesen sind, zeigt sich der wahre Mensch: Er »ist ein guter Kamerad«, geradezu kumpelhaft, lobt der Unternehmensberater den Unternehmer und zeigt sich von dessen sozialer Seite im Umgang mit anderen beeindruckt.

Unwillkürlich drängt sich Henzler der Vergleich mit dem mittlerweile verstorbenen Professor Dr. Werner Niefer auf, der es immerhin bis zum stellvertretenden Daimler-Vorsitzenden gebracht hat. Auch wenn er sich darüber ärgert, wenn sie ihn den »jungen Niefer« rufen, so seien doch beide zupackende Menschen, die auf andere zugehen. Beide seien stark in ihrer Herkunft verwurzelt und hätten ihre »Gesellschaftsschicht gesprengt«. Und beide verfügen sie über eine »unmäßige« Kondition. Henzlers Urteil fällt rundum positiv aus: Schrempp besitze »Tatkraft und große Integrationskraft« zugleich, er »ist inspiriert, schiebt, regt an«.

☆

Abschalten und Ausspannen stehen ganz oben in der Rangliste innerer Bedürfnisse. So feiern Messner und Schrempp ihren gerade zwei Tage auseinanderliegenden Geburtstag auch mal auf einem Viertausender. »Der Ortler ist ein relativ schwieriger Berg, nicht ungefährlich, mit steilen Passagen«, warnt der Fachmann vor Selbstüberschätzung: Die Tour sei »eine ernste Angelegenheit. Wir nehmen deshalb auch immer noch einen Bergführer mit.«

Intensiv bereitet sich der Badener auf die Tour vor und ist, laut Aussage des Südtirolers, durchschlagskräftiger als der Rest der Truppe. »Er ist gewieft genug, rechtzeitig Trainingsmaßnahmen durchzuführen und sich enthaltungsmäßig auf die Tour einzustellen«, urteilt Messner. »Das heißt, er trinkt wenig Alkohol und nimmt sich beim Rauchen zurück.«

Mittlerweile wenigstens, sollte er ergänzen. Denn Herbert Henzler verrät, daß Schrempp »ein Grenzerlebnis am Ortler gehabt« hat. Der frühere Chairman des deutschen Zweigs der amerikanischen Unternehmensberatung McKinsey ist alljährlicher Organisator der Hochgebirgstouren und weiß, daß sich Jürgen E. Schrempp einmal in eine Situation gebracht hat, in der es um Leben und Tod gegangen ist.

☆

Abstieg vom Ortler. Messner und Schrempp seilen sich an einer ganz schwierigen Stelle ab. Der Daimler-Chef hängt über dem Abgrund, direkt unter ihnen geht es fünfzig Meter nach unten, die gesamte Steilwand geht dreimal so weit in die Tiefe. Er weiß nicht mehr weiter, wird unruhig und versucht vergeblich, sich mit Händen und Füßen von der Steilwand abzustoßen. In diesem Augenblick muß sich der Manager voll und ganz auf den Bergsteiger verlassen, denn er selbst ist nicht mehr in der Lage, das Fortkommen zu bestimmen. »Die Situation war lebensgefährlich«, erinnert sich Henzler.

Anfangs habe Schrempp die Sache zu leicht genommen, dabei sei der Abstieg eine »haarige Kiste« gewesen. Danach schwört er sich, nie wieder Zigaretten zu rauchen, was er allerdings auch nur einige Zeit durchgehalten hat. »Weil es Spaß macht«, erklärt Schrempp seine Vorliebe für die Glimmstengel. Beim Erklimmen der Steilwände zeigt er keinerlei Unsicherheit oder gar Angstgefühle, entsprechend gut ist sein Ruf. Die Selbstverständlichkeit, mit der er das Bergsteigen betreibt, und seine Schnelligkeit beim Auf- und Abstieg haben ihm den Spitznamen »Steilwand-Schrempp« eingebracht. »Er macht dabei keine schlechte Figur«, so Reinhold Messner, »sprüht vor Kraft und Erfolg und eben nicht vor Sorgen.«

☆

Anfang September 1968 wird Karlfried Nordmann Hauptabteilungsleiter und Abteilungsdirektor für den Zentralen Kundendienst im In- und Ausland. Schrempp fällt die Aufgabe zu, Probleme bei Exporten im Nutzfahrzeugbereich zu überprüfen. Insofern eine von ihm akzeptierte Arbeit, als daß er nicht nur am Schreibtisch verkümmern muß: »Es ist nicht produktiv, Woche für Woche Listen auszufüllen.« Jürgen E. Schrempp trägt sich immer wieder mit Veränderungsgedanken. Seinem Chef Karlfried Nordmann zuliebe bleibt er vorerst. Als der mittlerweile zum Direktor beförderte Gießener im Januar 1971 zum Präsidenten der Mercedes-Benz of North America aufsteigt, ist auch für ihn klar: »Ich will ins Ausland.«

Bruder Günter kann sich noch gut an die Situation erinnern. »Jürgens Traum waren die USA, der Sprache wegen.« Aber erst einmal sollte alles ganz anders laufen, denn »dann kam das Angebot aus Südafrika«.

Gegen sich und andere

»Ich hätte ihn umbringen können.«

Karola Block, Secretary to the Management Board

»Er war unbarmherzig.«

Johan Frederik van Olst,
Marketing Planning Department der MBSA

»Jeden Tag kämpften wir miteinander.«

Theo Swart, Managing Director McCarthy Group Limited

Das Binnendelta des Okawango liegt im Norden des vormaligen Betschuanalandes, und dorthin führt die Fahrt durch die Kalahariwüste. Die bis zur Grenze gut ausgebaute Autobahn erstreckt sich von Pretoria rund 260 Kilometer nach Westen. Am Schilpads Gate werden die beiden Fahrzeuge nochmals mit Diesel vollgetankt, kurz darauf lassen sie Südafrika hinter sich. In Lobatse, wenige Kilometer auf botswanischem Boden, wird zudem Bier getankt. Bester Laune steuern Jürgen E. Schrempp und Christoph Köpke ihre Geländewagen auf der Landstraße in Richtung Norden, in eines der schönsten Naturparadiese der Welt. Bereits 1979, zwei Jahre zuvor, sind die beiden Freunde mit ihren Familien nach Botswana getourt.

Von einer Sekunde zur anderen kommt es zur Katastrophe. Aus Unachtsamkeit verliert Schrempp die Kontrolle über sein Automobil, kommt von der Straße ab und knallt mit dem Fahrzeug auf einen Felsblock am Straßenrand. Der Wagen, in dem sich auch seine Frau Renate und sein Sohn Marc befinden, überschlägt sich samt Anhänger.

Jürgen E. Schrempp verletzt sich schwer, blutet fürchterlich am Oberarm, die Situation ist lebensbedrohlich. Dringend braucht er medizinische Betreuung.

☆

Als die acht Expeditionsteilnehmer am Krankenhaus von Lobatse ankommen, scheint alles seinen geregelten Verlauf zu nehmen. Doch der junge Deutsche hat Pech: Der Arzt, ein Inder, ist betrunken. Mehr schlecht als recht wird Schrempp auf einem Operationstisch mit gußeisernem Fuß mit 36 Stichen genäht. Doch trotz seiner Verletzung weigert er sich, im Hospital zu bleiben. Der Freiburger nimmt Antibiotika und gönnt sich eine viel zu kurze Erholungszeit in einem Hotelzimmer. In ihm nagt der Ärger über seine Unachtsamkeit, das darf nicht passieren, zumindest nicht ihm.

Ungeachtet des Blutverlusts setzt er sich viel zu schnell wieder ans Steuer, um nach einem Richtungswechsel in die nahe gelegene Landeshauptstadt Gaborone zu fahren. Die Fahrt muß durchgezogen werden, sagt Schrempps Gehirn. Schrempps Körper signalisiert derweil anderes: Trotz der 40 Grad Außentemperatur beginnt er zu frieren, selbst die voll aufgedrehte Heizung kann daran nichts ändern.

Am Abend werden die Zelte aufgeschlagen. Jürgen E. Schrempp trinkt Branntwein und zieht sich die Fäden selbst, noch heute zieren die Narben seinen rechten Oberarm. Unter seiner schlechten Laune müssen beide Familien leiden. Der Freiburger entwickelt eine durch und durch negative Einstellung zur Reise und macht sie den anderen madig. Dabei liegt das Problem in ihm selbst: Für den Rest der Reise soll er sich wie ein Krüppel gefühlt haben, unfähig, selbst ein Zelt aufzubauen. Das ganze Verhalten sei typisch, urteilt Christoph Köpke Jahre später: »Er zieht durch, auch gegen verheerend Negatives.«

☆

Schrempp ist ein Kämpfertyp, Krankheit ist ihm zuwider. Bevor er krankmacht, »schwitzt er lieber seine Bazillen in die Luft«, beschreibt Waltraut Lenhard das Arbeitstier Schrempp. Nur ein einziges Mal, so seine Sekretärin, sei er malade gewesen und habe wegen einer Mandeloperation einen Tag im Krankenhaus und zwei weitere zu Hause verbracht. Als der Deutsche viel zu früh wieder zur Arbeit erscheint, klappt er zusammen und muß wieder heimgebracht werden. Denn »er sah aus wie der Tod auf Latschen«.

Ein Jürgen E. Schrempp lotet seine physischen wie psychischen Grenzen permanent aus. Und wenn er an seine Leistungsgrenzen geht, verlangt er dies in gleicher Weise auch von seinen Mitarbeitern. Schrempp zeigt Härte – gegen sich und andere.

☆

Ihre zerzausten Haare haben ihr einen Spitznamen eingetragen, über den sie längst lacht. Mitte der fünfziger Jahre verschlägt es die Berlinerin nach Südafrika, 1976 steigt sie mit dem Freiburger auf und wird zur Management Board Sekretärin befördert, direkt dem Vorstand zugeordnet. Sieben Jahre arbeitet sie für verschiedene Mercedes-Größen, die »schönsten Berufsjahre« aber sind die mit Jürgen E. Schrempp gewesen. »Bei mir muß auch Streß sein«, bekennt die mittlerweile 77jährige. Auf dieser Ebene paßt sie wunderbar zu ihrem vormaligen Chef, denn »Jürgen Schrempp liebt Streß«.

Sein Motto ist für die Mitarbeiter nicht immer das leichteste. »Was er heute gesagt hat, muß gestern getan werden«, meint Frau Zausel, mit bürgerlichem Namen Waltraut Lenhard. »Er ist ein Mensch, der muß Probleme haben«, erinnert sich die frühere Chefsekretärin, »sonst macht er sich welche.«

Als sie die Amtsgeschäfte an ihre Nachfolgerin Karola Block übergibt, schenkt ihr Schrempp zur Verabschiedung ein Foto mit handschriftlichem Vermerk, in dem er sich in seiner ironischen Art für die »vielen stürmischen Stunden« von Herzen bedankt.

☆

»Ich möchte dort nicht hin«, verkündet sie standhaft und wehrt sich gegen die neue Aufgabe, die sie eher kritisch sieht. Karola Block will bleiben, was sie ist – und nicht die Chefsekretärin für einen Menschen spielen, den sie gar nicht richtig kennt. Vorausgegangen ist Schrempps Drängen gegenüber seinem engsten Bekannten Erich Glanz, dem er die erfahrene Sekretärin ausspannen möchte. Glanz, Mitarbeiter des MBSA-Vorstands Rainer Jahn, hat das Nachsehen, denn mit der größten Selbstverständlichkeit holt sich der Freiburger, wen er braucht.

Negativ ist ihr erster Eindruck, als der Mann mit dem »Kindersarg«, einem klobigen Aktenkoffer, das Büro betritt und sich gleich am allerersten Tag ihrer Zigaretten bemächtigt. Eigentlich raucht Schrempp Dannemann-Zigarillos und wird später, als sein Portemonnaie besser gefüllt ist, auf kubanische Cohiba-Zigarren umsteigen. Doch am ersten Arbeitstag bedient sich der Kettenraucher hemmungslos bei der Sekretärin. Heftig protestierend stürmt die gestandene Frau aus dem Raum, um Schrempp eine eigene Packung Stuyvesant zu besorgen.

Das Geld bleibt er ihr erst einmal schuldig, und überhaupt findet sie den Menschen »ganz komisch«. Am Ende jedoch wird Karola Block, zuvor zuständig für den Lkw-Einkauf in Südafrika, mehr als zweieinhalb Jahre mit ihm zugebracht haben. Bis dahin muß sie sich noch häufiger resolut zur Wehr setzen – ansonsten wäre sie hoffnungslos verloren gewesen.

✩

Bis zum heutigen Tag treibt ihn eine ständige innere Unruhe, ob beim gemeinsamen Abendessen in einem abgelegenen Restaurant, beim Spaziergang in einem schönen Schwarzwaldtal oder im elften Stock seines Machtzentrums in Stuttgart-Möhringen. Wie von Taranteln gepiesackt, rutscht Jürgen E. Schrempp auf seinem Stuhl hin und her, marschiert im Stechschritt durch die Natur oder steckt sich eine Marlboro nach der anderen an – vorsorglich das zweite Päckchen unter das erste gelegt. Die Zigarette wechselt nervös von Hand zu Hand. Währenddessen diskutiert der Kettenraucher über Probleme und Profite, Arbeitsplätze und Aktienkurse – ganz so, als ginge es um sein Leben.

Diese Nervosität ist nichts Neues. »Ich konnte nicht schreiben«, beschwert sich seine frühere Sekretärin in der alten MBSA-Zentrale in der Schoeman Street in Pretoria. Waltraut Lenhard erinnert sich noch heute daran, wie »der ganze Tisch wackelte« und sie für ihren Chef fortwährend Zigaretten kaufen ging. Auch der Lenhard-Nachfolgerin Karola Block kommen diese Symptome bekannt vor. Bereits der aufsteigende Jungmanager kann »selbst beim Diktieren nicht ruhig sitzen«. Aber Schrempps persönliche Sekretärin aus den Südafrikajahren weiß Abhilfe: Man muß ihm einfach »einen Schaukelstuhl geben«.

✩

Für Karola Block beginnt eine harte Lebensphase, denn Schrempps Motto »Go, go, go« verfolgt sie »von morgens bis abends«. Mit dem neuen Chef »fing der Streß erst an«. »Für ihn gibt es nichts, was man nicht machen kann«, bilanziert die dynamische Frau. Er habe »das Beste« aus ihr herausgeholt, und zugleich auch »das Schlechteste«, beschreibt Karola Block die Ambivalenz des typisch Schремppschen Selbstbewußtseins – und seinen Querkopf.

Eines Tages will er nach Deutschland fliegen – noch am gleichen Tag und unbedingt mit der Lufthansa. Wenn Schrempp noch am gleichen Tag fliegen will, dann ist das sein Wille und für sie zugleich Befehl. Karola Block steht vor einem schier unlösbaren Problem: Die erste Klasse ist ausgebucht. Als sie die Situation dem Mercedes-Vorsitzenden schildert, brüskiert er seine Sekretärin: »Mädle«, so ein unmißverständlicher Schrempp, »wenn du deine Arbeit nicht machen kannst, mußt du es sagen«, wirft er ihr an den Kopf. Will heißen: Wenn du das hier nicht packst, kannst du dir einen ruhigeren Job suchen.

Die Drohung ist ihr in Erinnerung geblieben. Sie verläßt das Büro »wie ein nasser Hund« und denkt bei sich: »Das passiert mir nicht mehr, auch wenn er einen Bleistift aus Gold will.« So auch diesmal. »Über hundert Ecken« wird sie mit dem Direktor der Lufthansa verbunden und bearbeitet diesen, bis der Flug klappt. Schrempp ist zufrieden, und Karola Block hat ihre Lektion erhalten: »Wichtig ist, daß es gemacht ist«, nicht aber, »wie das geht, was geht und wen ich erschießen muß.«

☆

Energyman Schrempp ist ausgestattet mit einer Konstitution wie kaum ein anderer. In durchschnittlich vier bis fünf Nachtstunden wird der Akku in den Südafrikajahren geladen, dann der gnadenlos überfüllte Terminplan abgearbeitet. Ein Meeting reiht sich an das folgende, dazwischen tankt er Ruhe im Flugzeug. Südafrikanische Freunde wie Hugh Murray, selbst ein exzellenter Sportler, erklären den Deutschen schlichtweg für »verrückt«, wenn er seine Grenzen permanent auslotet.

Selbst in Erinnerung an die Tage, an denen Murray regelmäßig am Fallschirmspringen teilgenommen hat, bekennt der Verleger: »Ich war nicht in seiner Liga«, Schrempp sei physisch fitter gewe-

sen. Bei gemeinsamen Flügen mit dem befreundeten Wirtschaftsjournalisten »saufen« die beiden schon mal die ganze Nacht
durch. Schrempp hält derweil »das gesamte Personal der ersten
Klasse auf Trab«, um am frühen Morgen dennoch topfit vor einem
renommierten Auditorium einen brillanten Fachvortrag zu halten.

Spätestens in Südafrika erwirbt sich Jürgen E. Schrempp den
Ruf eines trinkfesten Lebemenschen mit rhetorischen Talenten
und Standvermögen. Auch wenn diese Eigenschaften weit aus-
einanderliegen mögen, für Schrempp sind sie kennzeichnend.

Gerd Andreas, Manager in Kapstadt, erinnert sich noch heute
an eine Händlerkonferenz bei Frankfurt. Schrempp feiert mit
den Händlern bis vier Uhr morgens, »säuft und raucht irrsinnig
viel«, um nach dem Frühstück topfit am Rednerpult zu stehen.
Schrempp kann trinken, und das macht ihm nichts aus, sagt seine
frühere Sekretärin Waltraut Lenhard: Er »war danach immer am
Arbeitsplatz ohne Hangover«.

☆

Ab 7.00 Uhr wirbelt der Frühaufsteher in seinem Büro in Pretoria,
um gegen 21.00 Uhr die verlassene Zentrale abzuschließen. »Er
war der erste und der letzte im Büro«, sagt Karola Block, die sich
nach den Gewohnheiten ihres Chefs richten muß. Statt um halb
neun anzufangen, steht sie bereits eine Dreiviertelstunde früher
parat. »Warum?« erkundigt sich Schrempp unwirsch, als die
Chefsekretärin ein einziges Mal erst um 8.15 Uhr vom Zahnarzt-
termin eintrifft. Und als sie ein andermal bereits um 17.00 Uhr
nach Hause muß, um sich um ihre Kinder zu kümmern, meckert
Schrempp. Nicht wegen der Kinder, sondern wegen des Konzerns
und der zu erledigenden Aufgaben. Nicht selten muß Karola
Block abends zwei Stunden länger bleiben, als einzige aller Sekretärinnen im Haus.

Dahinter steckt mehr als ein Workaholic mit seiner nimmer enden wollenden Schaffenswut. Mit dem Ende der üblichen Arbeitszeit tourt Schrempp von Büro zu Büro, führt Gespräche, erkundigt
sich nach Geschäftlichem und kümmert sich um Persönliches. Die
dienstlichen Privatvisiten sind zielgerichtet, wie alles in seinem
Leben. »Damit er hört, was er sonst nicht hört«, erklärt die

Schrempp-Kennerin Karola Block. Und das ist nicht ganz unwichtig, will man Bündnisse schmieden.

☆

Ihre Kooperation hätte besser nicht sein können. Als Corporate Relations Manager ist sie für ihn durch dick und dünn gegangen – und er für sie. Delene Ströh und Jürgen E. Schrempp verbindet eine sehr enge und langjährige Zusammenarbeit.

Der Deutsche ist kein monostrukturierter Mensch. »Er hat zwei Seiten«, charakterisiert ihn die frühere Vertraute, »in ihm stecken zwei verschiedene Menschen.« Auf der einen Seite zeichne ihn »ein eindrucksvoller Charakter« aus, bemerkt die Frau lobend. Im selben Atemzug kennzeichnet sie sogleich auch seine Kehrseite: »Hart zu arbeiten und hart zu spielen« sei seine Art. Dabei ist Delene Ströh selbst kein Kind mangelnden Durchsetzungsvermögens und Selbstbewußtseins. Als erste Frau hat sie es zur Leiterin der MBSA-Öffentlichkeitsarbeit gebracht. »In dieser Position mußt du ein Mann sein«, lautet die wohl treffende Selbstanalyse. Ein Schrempp, selbst als großer Kommunikator bekannt, duldet keine Schwächlinge neben sich. Und so ist es kein Zufall, daß auch alle seine Sekretärinnen, von der Dekade in Südafrika bis zum heutigen Tage, starke Charaktere sind.

☆

Trotz alledem: Ihre Bilanz ist positiv. Sie habe »ganz tolle Jahre« mit ihm verbracht, sagt Karola Block. Wie kaum einem anderen gelingt es Jürgen E. Schrempp, Leute »mit einem Lachen« wegzuschicken, auch wenn er sie gerade erst »zusammengeschissen« hat. Karola Block führt diese doch überraschende Erfahrung auf das »riesige Charisma« Schrempps zurück. Der Polarisierer schafft es, die Menschheit in zwei Lager zu spalten. Waltraut Lenhard und Karola Block stehen für den Teil der Menschheit, der für Schrempp fast alles tut.

Aber auch ein Schrempp muß sein Lehrgeld bezahlen. Als er die Block-Vorgängerin Waltraut Lenhard einmal unter vier Augen beschimpft, sorgt diese am nächsten Morgen für klare Verhältnisse. »Wenn Sie das noch mal machen«, wirft ihm seine Sekretärin an den Kopf, »dann kündige ich.« Um eine Antwort verlegen, ent-

50

gegnet Schrempp mit Unschuldsmiene: »Sie habe ich nicht gemeint, ich habe die Männer da hinten gemeint.« Daß da hinten keine Männer gestanden haben, weiß Schrempp selbst. Nicht umsonst trägt Waltraut Lenhard ihren zweiten Spitznamen Sergeant Major. Mit militärischer Strenge hat sie im Laden aufgeräumt, und wenn es sein muß, beim Chef selbst.

☆

Offen bekennt Johan Frederik van Olst, schon damals nicht unbedingt ein Freund von Jürgen E. Schrempp gewesen zu sein. Gekannt haben sie sich dennoch gut genug, um regelmäßig am Donnerstagabend mit anderen Geschäftskollegen, darunter auch Christoph Köpke, stundenlang Tennisbälle übers Netz zu dreschen.

Für van Olst, der wie Schrempp 1974 bei der UCDD angefangen hat, entpuppt sich der »nette, blonde, blauäugige Deutsche« als wenig außergewöhnlicher Spieler, dafür gesegnet mit den Sprinterqualitäten eines Michael Chang. Schrempps Spielweise ist van Olst bis heute in Erinnerung geblieben: »Der ist ein Kämpfer, der um jeden Punkt fightet.« Und wenn er auf der anderen Seite des Netzes ist, gibt »er keinen Inch nach«.

Als geradezu »abschreckend« charakterisiert der Sparringspartner die Spielweise des damals dreißigjährigen Deutschen, der sich auf dem Tennisplatz austobt, als ginge es um das Fortkommen in der Firma. Tatsächlich entwickelt Jürgen »beim Tennis dieselbe Persönlichkeit und Strenge wie im Geschäftsleben«, so Johan Frederik van Olst, heute südafrikanischer Generalvertreter für Mercedes-Pkws. Schrempp hat das Spiel genossen, »um zu gewinnen, nicht der angenehmen Art wegen«. Durchaus doppeldeutig erkennt van Olst: »Schrempp liebt den Kampf.« Dabei kümmerte er sich nicht sehr darum, wer sein Partner war. Vielmehr wollte er »einfach nur dominieren – beim Tennisspiel, im Geschäftlichen und in allem«.

Genau diese Einstellung rettet dem Mercedes-Manager Martin Connolly den Job. Der Schotte arbeitet damals in Bloemfontein, wo er für das Exportgeschäft technischer Teile zuständig ist. In seiner Unzufriedenheit über Connollys Arbeit feuert ihn der damalige Regionalmanager Jacob Roos – ohne sich mit dem gleichgestellten Schrempp abgesprochen zu haben. In der Sache auf Roos' Seite, kippt er dennoch die Entscheidung: Kurz darauf wird Martin Connolly wieder eingestellt. »Schrempp gewann sechs zu null«, so van Olsts Analyse, der den Merksatz gleich mitliefert: »Ignoriere niemals Schrempps Position.«

☆

Keiner verhandelt derart hart, verbissen und konsequent. Der Karrierist »weiß, was er will«, und wenn es sein muß, legt er noch eine zusätzliche Nachtschicht ein, um sein Ziel zu erreichen. Der Mercedes-Mann verhandelt bis vier Uhr über das beabsichtigte Unternehmenswachstum und die notwendigen Investitionen, beschreibt Theo Swart das Schremppsche Stehvermögen und meint wie selbstverständlich den frühen Morgen. Nach gewonnener Schlacht geht der Deutsche in die Küche und bereitet genüßlich Rühreier zu.

Der Mann, der derartige Komplimente verteilt, weiß, wovon er spricht. Mehr als einmal hat Theo Swart gegen einen südbadischen Dickschädel den kürzeren gezogen. Dabei gilt der frühere Managing Director der McCarthy-Gruppe selbst als einer der Härtesten im südafrikanischen Vertriebsgeschäft. Unter seiner Regentschaft hat sich das Unternehmenskonglomerat zur marktbeherrschenden Handelskette für Fahrzeuge in Südafrika entwickelt und verkauft mittlerweile jedes achte Automobil im Land.

Schrempps strategischer Weitblick läßt ihn von vornherein darauf vorbereitet sein, »daß es bis vier Uhr morgens gehen wird«. Doch das sind lediglich die Rahmenbedingungen des Spiels um Macht und Moneten, denn den jungdynamischen Manager zeichnet mehr aus als Zähigkeit oder Durchhaltevermögen. Längst ist sich Swart bewußt geworden, wie klug sein Opponent damals agiert hat. »Ich mußte auch gewinnen«, weiß der Fahrzeughändler heute, und Schrempp vermittelt ihm den Eindruck, daß »wir am Ende beide gewonnen haben«. Genaugenommen habe ihm der Deutsche »das Gefühl gegeben, wichtig zu sein«. Mitte der siebziger Jahre ist Swart eine, wenn nicht die Schlüsselfigur bei der Eroberung des südafrikanischen Vertriebsmarktes.

Anders als Morris Shenker, sein Vorgänger im Amt des Mercedes-Vorsitzenden, versucht Schrempp nicht einfach nur zu verhandeln. »Definitiv und direkt« kommt er zum Kern der Sache. »Und wenn du nicht bestens vorbereitet bist«, so Swart, »dann bekommst du ein Problem.« Ohne Zweifel, Schrempp ist jederzeit bestens vorbereitet, und er ist sich, wie kaum ein anderer, seiner Machtposition bewußt.

Wir befinden uns im fünften Stock des McCarthy-Headquarter. Von der Terrasse haben wir einen herrlichen Blick auf Durban und den dahinter sichtbaren Indischen Ozean. Dennoch läßt die Stimmung kein Vergnügen aufkommen. Auch wenn Jürgen E. Schrempp gerade einige tausend Kilometer entfernt weilt, ist der Manager wie unsichtbar anwesend. »Er vertritt immer harte Positionen, die guten Produkte erlauben ihm das«, sagt Theo Swart ohne Groll, doch reich an schmerzlicher Erfahrung. Irgendwie klingt das wie eine nachträgliche Kapitulationserklärung.

☆

Schrempp ist kein Mann lauer Kompromisse, wie Freund und Feind erkennen müssen. Seine Sekretärin Karola Block berichtet aus Erfahrung, daß ihr Chef »extrem hart sein kann«. Dabei ist er kein Typ, der Probleme am Telefon zu regeln sucht, vielmehr »geht er direkt in das Büro seiner Verhandlungspartner«. Diese bescheinigen ihm klare Linie und ungewöhnliche Härte. »Für Jürgen Schrempp gibt es keinen Mittelweg – nur schwarz oder weiß«, sagt Automanager Theo Swart, und der muß es wissen. Dabei kann der Deutsche durchaus emotional werden, mit der Faust auf den Tisch schlagen und erregt durch sein Büro tigern. Dennoch verläßt er nie den Raum, nicht an Höhe- und nicht an Tiefpunkten der Verhandlungen.

Schnell erwirbt sich der ambitionierte Jungmanager den Ruf eines ernstzunehmenden Gegners, nicht aber den eines smarten und liebenswerten Menschen. Hugh Murray, Schrempp-Beobachter und -Vertrauter seit frühen Südafrikatagen, charakterisiert den Manager mit einem süffisanten Lächeln als »keinen netten Menschen«. Dabei meint Murray diese Charakterisierung, bezogen auf sein Durchsetzungsvermögen, nicht einmal negativ.

Im Laufe der Jahre hat sich der Verleger des *Leadership Magazine* von Berufs wegen mit dem Shooting Star beschäftigt und kommt zu dem Schluß, Schrempp sei »sehr, sehr ehrgeizig, sehr, sehr hart und sehr, sehr bestimmend«. Geprägt von ihrer reichhaltigen Fauna, neigen Südafrikaner gerne zum Vergleich von Mensch und Tier. Für Murray keine Frage, welcher Gattung der Daimler-Mann zuzuordnen ist: »Jürgen Schrempp ist ein Raubtier mit scharfen Zähnen.« Nicht, daß diese Beschreibung falsch wäre, aber präzise genug ist sie keinesfalls.

Fressen oder gefressen werden

»Doch gilt es Abstand zu halten, vor Elefant, Rhinozeros, Büffel, Leopard und Löwe, ein Schritt zuviel
kann der letzte sein.«

Aus einem Reiseführer

»Er geht über Leichen, wenn ihm jemand im Weg
steht.«

Schrempp-Kenner in Südafrika

»Es ist wichtiger, daß Sie ihm den Einstieg erleichtern
als mir den Ausstieg.«

Morris Shenker zur Amtsübergabe an Jürgen E. Schrempp

Jürgen E. Schrempp arbeitet an seinem Schreibtisch, als ihn die
Nachricht erreicht, er solle sofort zum Chef hochkommen. Im
Zimmer des Vorsitzenden wartet nicht nur Morris Shenker höchstpersönlich auf den Freiburger, sondern auch ein berühmter Gast
aus der Stuttgarter Konzernzentrale. Fünf- bis sechsmal im Jahr
fliegt Dr. Gerhard Liener, im Konzernvorstand verantwortlich für
die Beteiligungen der Daimler-Benz AG, zur Außenstelle am Kap
der Guten Hoffnung.

Die beiden Herren stehen einem Problem gegenüber, das in der
hundertjährigen Geschichte des Unternehmens einmalig ist und
wenig hoffnungsfroh stimmt: Mit dem verstärkten internationalen Druck auf das Apartheidregime sieht sich die südafrikanische
Regierung 1980 in der Situation, die Fertigung eigener Motoren im
Land zu forcieren. Ein lizenzierter Hersteller, die Atlantis Diesel
Engines (ADE) in Kapstadt, soll Dieselmotoren für alle Fahrzeugtypen fertigen. Wie alle ausländischen Automobilunternehmen
muß man sich auch bei der UCDD, Vorgängerfirma der späteren
Mercedes-Benz of South Africa, entscheiden, ob man vor Ort ein

neues Motorenwerk errichten oder sich an der ADE-Ausschreibung beteiligen will. Für Jürgen E. Schrempp eröffnet sich die einmalige Chance, sein Know-how an höchster Stelle zu plazieren.

Der Mercedes-Mann weiß, daß die firmeneigene Entwicklungsabteilung bereits mit Erfolg an einem neuen V-Motor bastelt. Noch gilt dieser als zu teuer und spielt in der Diskussion um die geplante Verlagerung von Produktionskapazitäten ans Kap keine Rolle. Als Schrempp den Raum betritt, kann er noch nicht wissen, daß dieser »hautnahe Kontakt« mit Dr. Gerhard Liener ein entscheidender Meilenstein seiner weiteren Karriere werden sollte.

☆

Das erste Zusammentreffen mit dem einflußreichen Beteiligungsvorstand wird Jürgen E. Schrempp später als das »berühmte Gespräch« in seinem Kopf abspeichern. Als der erfahrene Kundendienstleiter um Rat gebeten wird, trägt er den hohen Herren seine Variante der Problemlösung vor. Der Sechszylinder-V-Motor soll, das ist sein richtungweisender Vorschlag, in Serie gefertigt werden. Liener zögert nicht lange, erkundigt sich bei deutschen Fachleuten nach den Erfolgsaussichten des Projekts und willigt ein. »Ich habe die Chance genutzt, Gerhard Liener so aufzurüsten, daß er alles Wissen der Welt über die aktuelle Motorenentwicklung gehabt hat«, so seine selbstzufriedene Bilanz.

In der folgenden Vorstandssitzung macht sich der Beteiligungsvorstand Schrempps Idee zu eigen und überzeugt seine Vorstandskollegen in Untertürkheim von den Zukunftsaussichten des Projekts. Der Vorstand willigt ein, Mercedes beteiligt sich an der Motorenausschreibung und gewinnt diese gegen harte amerikanische Konkurrenz. Als er zum Dank einen Job in der Beteiligungsverwaltung angeboten erhält, lehnt er diesen dankend ab. Viel wichtiger als der für ihn langweilige Bürosessel ist die Tatsache, daß man in der Heimat auf den cleveren Jungmanager aufmerksam geworden ist – ein Erfolg, der sich auszahlen sollte.

☆

Aufgrund der Trockenheit im Namaqualand ließen sich weiße Siedler erst vergleichsweise spät in diesem Gebiet nieder. Ihre wirtschaftliche Bedeutung erhält dessen rund 550 Kilometer nördlich von Kapstadt gelegene Hauptstadt Springbok vor allem durch die nahe gelegenen Kupfergruben von Okiep und Nababeeb. Längst ist der Springbok zum Symboltier des aufstrebenden Landes am Kap der Guten Hoffnung geworden. Für die drei Männer ist er das Zeichen eines gemeinsamen Weges und einer langjährigen Freundschaft.

☆

Zeitgleich werden zwei Männer in den Vorstand der United Car and Diesel Distribution Pty berufen, deren Verhältnis geradezu freundschaftlich ist. Ernst Stöckl ist bereits vier Jahre vor Jürgen E. Schrempp zur UCDD gekommen, zu einer Zeit, da der Freiburger noch im Zentralen Kundendienst in Untertürkheim gearbeitet hat. Ihre Wege werden sich erst viel später kreuzen. Denn 1974, als Schrempp die Chance zum Auslandsdienst in Pretoria nutzt, kehrt Stöckl erst einmal nach Deutschland zurück. Zu seinen geschäftlichen Verpflichtungen zählt unter anderem die Kontrolle über die französischen und britischen Mercedes-Niederlassungen. Drei Jahre später wechselt er in die Stuttgarter Beteiligungsverwaltung, wo er für die afrikanischen Niederlassungen zuständig ist. Jetzt ist der Weg frei für die Karriere am Kap: 1978 avanciert er zum Projektmanager der Atlantis Diesel Engines, ehe er zwei Jahre später zum Finanz- und Personalvorstand der UCDD ernannt wird.

Schrempp fällt im Juli 1980 das neu geschaffene Technikressort im Vorstand zu. Innerhalb weniger Jahre kann er auf einen stillen, aber steilen Aufstieg vom regionalen zum nationalen UCDD-Service Manager zurückblicken. Wie für Stöckl sind auch für ihn diese Schritte nur eine Zwischenstation zu höheren Positionen.

☆

Es gilt Abstand zu halten vor Elefanten, Rhinozeros, Büffel, Leoparden und Löwen, denn zu Recht gelten sie als die bedrohlichsten Lebewesen der südafrikanischen Savanne. Bereits Großwildjäger aus den Tagen der Kolonialherrschaft haben sie zu ihrem

Ziel auserkoren. Der Wert der Trophäe eines der Big Five ist unvergleichlich höher als der anderer Tierarten.

Die Aggressivität des Nashorns, die Reizbarkeit des Kaffernbüffels, die Gefährlichkeit des Leoparden, das Gedächtnis des Elefanten, der selbstbewußte Machtanspruch des Löwen – überträgt man die Eigenschaften der Big Five auf Jürgen E. Schrempp, dann wird klar, warum der Manager seinen Weg nach Möhringen gegangen ist.

☆

Mit zu den herausragenden Eigenschaften des Jürgen E. Schrempp zählt dessen ausgezeichnetes Gedächtnis. »All the facts are in his brain«, berichtet Richard Wentzel. Er »geht ohne Papier« zu einem Vortrag, erklärt der Firmenfahrer eines der Geheimnisse des brillanten Rhetorikers. Einem Elefanten gleich erkennt er Menschen, auch wenn er sie jahrelang nicht gesehen hat. Ein Jahrzehnt nachdem Schrempp dem früheren CDA-Chef Leo Borman zuletzt begegnet ist, treffen sich die beiden zufällig in der namibischen Hauptstadt Windhuk, wo Schrempp mit anderen Mercedes-Größen weilt. Der Daimler-Vorsitzende »erkannte mich sofort, ließ Breitschwerdt und Gottschalk stehen und begrüßte mich«.

Ein ähnlich positives Erlebnis widerfährt Anthony Church. »Als mich Jürgen bei einem Vorstandsessen in Möhringen wiedertraf«, ignorierte Schrempp seine Gesprächspartner und »begrüßte mich persönlich«, erzählt der südafrikanische Mercedes-Händler. Am Kap ist die Anrede mit Vornamen typisch. Ebenso typisch wie sympathisch zugleich wirkt die Reaktion des Topmanagers. Aber sie belegt auch, daß der frühere Kundendienstleiter gelernt hat, wie man mit Geschäftspartnern umgehen muß.

☆

Ist Schrempp ehrgeizig? Ihre Antwort ist eindeutig: »Er ist kolossal ehrgeizig«, sagt Waltraut Lenhard, und sie muß es wissen. Schließlich hat sie mit ihm jahrelang engstens zusammengearbeitet. Aber ist es womöglich mehr als Ehrgeiz? »Schrempp ist eine kolossal ehrgeizige Person«, bestätigt auch der Industrielle Brian McCarthy, »und er hat ein Element von Rücksichtslosigkeit.« Das aber braucht ein Manager vom Schlag eines Jürgen E. Schrempp wohl. Schließlich steht er noch am Anfang eines langen Weges, und die Wirtschaftswelt ist nicht unbedingt dafür bekannt, ihre sanftesten und lieblichsten Lämmlein nach oben zu leiten. Und welcher Methoden bedient er sich, um weiter voranzukommen? Theo Swart, einer der führenden Geschäftsleute am Kap und guter Schrempp-Kenner, urteilt wohlwollend. Zwar werde jeder »beiseite geräumt«, der im Weg stehe. Doch nicht auf unfeine Art und Weise, meint der Manager in Durban, sondern »friedlich, aber bestimmt«. Nicht jeder urteilt derart freundlich über den Karrieristen. Wenn es seinem Ziel diene, gehe er »über Leichen«, meint einer, der Schrempp über lange Jahre hinweg hautnah beobachtet hat – und aus guten Gründen hier nicht genannt werden kann.

☆

Die größte aller Raubkatzen lebt in Rudeln, *Panthera leo* gilt als geselliges Tier. Dennoch macht jeder Mitbewohner eines Wildreservats einen großen Bogen um das Raubtier, denn listig und schnell »bricht es mit einem Prankenhieb dem Opfer das Genick oder erstickt es durch seinen klammernden Kehlgriff« – so ein südafrikanischer Reiseführer über die Jagdweise der Löwen.

☆

Johan Frederik van Olst erkennt in ihm die typischen Kennzeichen eines Löwen. Er verfügt über viel Kraft, spielt eine einflußreiche Rolle, ist mächtig, auch prominent. »Wenn er aufwacht, kämpft er«, sagt der Sekretär im Marketing Planning Department der MBSA. Im Tagesgeschäft delegiere der männliche Löwe »eine Vielzahl von Angelegenheiten an Frauen«, zudem seien die Männchen »exzellente Jäger«. In Konfliktsituationen »brüllt er zuerst«, beschreibt der gebürtige Kapstädter das Verhalten des dominanten Männchens, denn »die Strategie ist: Ich werde dich töten.« Im übertragenen Sinne, und so ist es gemeint, muß man van Olst recht geben: Jürgen E. Schrempp ist eine Kämpfernatur. Und wehe, der Löwe brüllt.

☆

Was ein Fred Dill in der Frühphase ist, wird in der Aufstiegsphase ein Johann Schäffler oder Hartmut Mehdorn und in der Finalphase ein Edzard Reuter sein. In Südafrika nimmt eine Entwicklung Schrempps ihren Anfang, die einige seiner Mitmenschen dort bereits intensiv wahrgenommen haben. Doch Südafrika ist nicht Deutschland, was in Pretoria passiert, spielt in München und Möhringen erst einmal keine Rolle. Und mit welchen Methoden ein Manager im fernen Staat am Kap Karriere macht, davon nimmt die deutsche Öffentlichkeit keine Notiz.

Manch ein Wegbegleiter, der den Geschäftsmann in vielen Gesprächen hinter verschlossenen Türen erlebt hat, fällt ein anderes Urteil als einer, der in Schrempp ausschließlich den sympathischen, weltoffenen und lebensfrohen Freiburger sieht. Ein Insider läßt keine Zweifel aufkommen, welche Eigenschaften er – neben den genannten – dem Manager zuordnet: »Er vereint vieles in sich, auch einige gute Eigenschaften der Big Five.« Doch diese Tiere reichen ihm nicht aus, den Freiburger zu charakterisieren: »Jürgen Schrempp ist auch eine Hyäne«, so der Südafrikaner, der ihn hautnah erlebt hat. Erst der erweiterte Kreis der *Big Six* erkläre die geradezu einmalige Karriere des Managers. Und tatsächlich fällt der Schrempp-Kenner über dessen Methoden ein äußerst hartes Urteil: »Er weiß, wann er sich ein Maul voll Fraß holen kann und wann er sein Maul halten soll.«

☆

Im September 1982 verläßt Jürgen E. Schrempp die UCDD. Bereits im Folgemonat wendet sich der neu ernannte Präsident der Daimler-Tochter Euclid Inc. der Aufgabe zu, das marode Unternehmen zu sanieren. Allerdings muß er erkennen, daß die Firma, die im US-Bundesstaat Ohio Schwerstfahrzeuge fabriziert, nur noch kostengünstig verkauft werden kann. Seinem Aufstieg ist der Trip in die Vereinigten Staaten schon deshalb dienlich gewesen, weil er den Euclid-Verkauf in vertraulichster Kooperation mit dem Daimler-Vorstandsvorsitzenden Gerhard Prinz und dessen Nachfolger Werner Breitschwerdt erledigt hat.

»Seine Karriere führte Jürgen von Südafrika über die USA zurück nach Südafrika und zuletzt zurück nach Deutschland«, so der Dealer Business Manager Tony Church. Als Mercedes-Vertreter ist er für den Bereich des Western und Eastern Cape der Mercedes-Benz of South Africa Ltd. zuständig. »Die Karriere von Jürgen in Südafrika gleicht einem Trampolin«, analysiert Church. Dabei ist sich Schrempp gar nicht sicher gewesen, ob er aus beruflichen Gründen jemals wieder nach Pretoria zurückkehren wird. Eines aber ist für ihn klar: Sollte er nochmals zurückkommen, dann als Chairman, das jedenfalls hat er seiner Chefsekretärin Waltraut Lenhard versprochen.

Als er gut eineinhalb Jahre später, im April 1984, wieder an der Haustür der MBSA anklopft, liegt eine harte Zeit hinter ihm. »Euclid was a hell of a job«, beschreibt der Mann eindrücklich, »and a bloody desaster.« Gerade weil sich Euclid in einem solch katastrophalen Zustand befunden hat, so Hugh Murray, sei es Jürgen E. Schrempp gelungen, sein Image mit dem Abstecher in die USA kräftig zu polieren. Obwohl aus der ursprünglich gewünschten Euclid-Sanierung letztlich nur ein erfolgreicher Verkauf wurde, erntet er Anerkennung von Stuttgart bis nach Südafrika, wo ihm der Vorstandsvorsitzende Professor Werner Breitschwerdt für sein Verkaufsmanagement Respekt zollt.

Schrempp entwickelt klare Perspektiven für den Fall einer möglichen Rückkehr ans Kap. Als bisheriger Chairman der Euclid Inc. will er nicht wieder auf das Niveau eines ordentlichen Vorstandsmitglieds zurückfallen. Er weiß, daß der seit vierundzwanzig Jahren als Chairman und Chief Executive der vormaligen UCDD und jetzigen MBSA amtierende Morris Bernard Shenker aus Altersgründen bald aus dem Amt scheiden wird. Der Deutsche parkt in der Warteschleife, die ihm das Nachrücken definitiv garantiert: Als Vice Chairman kann er sicher sein, die Nachfolge des lebenden Denkmals Shenker antreten zu können.

☆

Schrempps Zeit kommt schneller, als er zu hoffen gewagt hat, und in einer Form, die ihm keinesfalls Freude bereitet. Aus gesundheitlichen Gründen muß Morris Shenker sein Amt als Chairman der Mercedes-Benz of South Africa vorzeitig niederlegen. Mr. Mercedes ist in dem Staat am Kap eine höchst angesehene Persönlichkeit. Sechsundzwanzig Jahre lang hat der nach außen vergleichsweise zurückhaltend auftretende Manager die UCDD und die spätere MBSA als Vorstandsmitglied bzw. Vorsitzender geführt – mit zuweilen harter Hand und autokratischer Machtfülle.

Nach seinem Rücktritt im Februar 1985 gilt es die Nachfolge zu regeln. Dabei hat sich das Duo Shenker-Liener längst für den stellvertretenden Chairman entschieden. Die beiden wichtigsten Männer der südafrikanischen Tochtergesellschaft, die neben der geschäftlichen Beziehung und ihrer äußerst konservativen Linie auch eine enge Freundschaft verbindet, sind sich in der Frage der Neubesetzung des Mercedes-Chairmans einig. Dabei verfügt Schrempp-Mentor Dr. Gerhard Liener über den nötigen Einfluß, um seinem Zögling die entscheidenden Türen zu öffnen.

»He was the right guy: the toughest meanest bastard«, zitiert Journalist Hugh Murray Gerhard Lieners anerkennende Meinung in bezug auf seine Fähigkeiten: Er sei der richtige Mann dafür, der härteste und gemeinste Kerl weit und breit. Beeindruckt von dessen Durchsetzungsvermögen und Führungsqualitäten, spricht sich Liener gegenüber dem Vorsitzenden Werner Breitschwerdt eindeutig für Schrempp als Shenker-Nachfolger aus. Und in der Stuttgarter Zentrale gilt die Stimme des Beteiligungsvorstands als entscheidend.

Bereits zum 1. April wird die Liener-Empfehlung umgesetzt, Schrempp zum Chief Executive und Chairman der Mercedes-Benz of South Africa ernannt. Sieben Monate später stirbt der 63jährige an Lungenkrebs, der Freiburger verliert einen »engen Freund«. Ewig wird ihm in Erinnerung bleiben, daß ihn Morris Shenker zum Ehrenträger seines Sarges ernannt hat. »Das war eine unglaublich emotionale Geschichte«, bekennt er tief berührt.

☆

Jürgen E. Schrempp hat keinen leichten Stand, als er in die Fußstapfen seines berühmten Vorgängers tritt. Shenkers Leben ist auf das engste mit der südafrikanischen Automobilindustrie verbunden gewesen. Die Erwartungen an den Nachfolger sind groß und die wirtschaftlichen wie politischen Rahmenbedingungen äußerst problematisch.

Geschickt hat sich Schrempp in den vergangenen Jahren zurückgehalten und Shenker den Vortritt gelassen. »Shenker war der Boß und Schrempp der Arbeitnehmer«, charakterisiert der Automobilmanager Theo Swart die Rangordnung. Der Karrierist hat gelernt, in Hierarchien zu denken – nach unten wie nach oben. Artig hat er dem MBSA-Chairman bislang das Revier überlassen und ist nach außen in den Medien kaum in Erscheinung getreten.

Mit dem von Shenker unterstützten Wechsel schlägt Schrempps Stunde. Angesichts der rundum schwierigen Lage sieht sich der 40jährige vor eine schwere Bewährungsprobe gestellt. Doch nicht umsonst gilt er als brillanter Manager, der in den Jahren zuvor die Probleme beim Marketing, dem schmalen Absatzmarkt für Mercedes-Fahrzeuge und mit den Gewerkschaften angepackt hat. Bereits in den acht Jahren vor seinem Zwischenstop in Pittsburgh hat sich der Deutsche den Ruf erworben, das Gesamtkonzept von der Herstellung bis zum Verkauf zu kennen und die dortigen Probleme lösen zu können.

Bei alledem kommt ihm zugute, daß er über Grundeinstellungen, Erfahrungen und Eigenschaften verfügt, die auch seinen Vorgänger ausgezeichnet und stark gemacht haben: Wie Shenker hat er gedient, wie Shenker sucht er klare Entscheidungen, wie Shenker ist er bereit, für sein Unternehmen alles zu geben. »Hard work and total dedication« kennzeichnen laut Firmendarstellung den vorigen Mercedes-Chef. Alles Eigenschaften, die ihm im Burenstaat Anerkennung verschafft haben.

Sein Nachfolger Schrempp wird dem um nichts nachstehen. Eines aber hat er seinem Vorgänger voraus: Während Morris Shenkers 25jährige Vorstandstätigkeit durch Dauerkonflikte mit seinen Konkurrenten gekennzeichnet gewesen ist, weiß Jürgen E. Schrempp derlei Probleme zielgerichtet zu lösen. Seine Fähigkeit, die entscheidenden Leute für sich zu gewinnen und die störenden beiseite zu drängen, hat ihn an die Spitze der MBSA gebracht. »Mit seinem Instinkt hat er Allianzen gebildet«, erklärt einer, der den Aufsteiger kennt wie nur wenige. Vielleicht fällt gerade deshalb das Urteil über den Weg, den er eingeschlagen hat, um MBSA-Chef zu werden, nicht nur positiv aus. Neben seinen fachlichen Qualifikationen habe ihm nämlich auch eine Charaktereigenschaft vergleichsweise schnell nach oben verholfen: »Er war ein Opportunist während seiner ganzen Karriere in Südafrika.« In der Frage des Fressens oder Gefressenwerdens kennt Schrempp nur eine Antwort.

Sprungbrett Südafrika

»Sie werden unverdientermaßen in den Vorstand
berufen.«

*Edzard Reuter, Vorstandsvorsitzender
der Daimler-Benz AG*

»Südafrika war der Katalysator für Jürgen Schrempp,
um sich selbst nach oben zu bringen.«

*Johan Frederik van Olst,
Marketing Planning Department der MBSA*

»Das anfängliche Trainingsfeld war hier.«

Theo Swart, Managing Director der McCarthy Group

Seine Bilanz der elfjährigen Karriere vom einfachen Kundendienstler zum Herrn des südafrikanischen Mercedes-Sterns ist durchwachsen. »Nicht immer hat Jürgen Schrempp die richtigen Leute einstellen können«, erläutert Christoph Köpke als heutiger Chef von Mercedes-Benz of South Africa. Diese Kritik ist insofern bezeichnend, als er im Laufe seines Managerlebens eine Vielzahl von Personalentscheidungen beeinflußt oder selbst getroffen hat – aber keinen unter sich hochkommen ließ, der ihm hätte gefährlich werden können. Nachdem der Freiburger ins Schwabenland zurückgekehrt ist, sei »keiner zum Träger« geworden, so Köpkes Nachbetrachtung der Ära Schrempp.

Fast bescheiden vergißt er sich selbst dabei. An seinem Aufstieg ist der vormalige Chairman Schrempp nicht unbeteiligt gewesen. Köpke vermutet, daß sogar dessen Frau Renate bei einem gemeinsamen Essen der Familien Reuter und Schrempp den entscheidenden Anstoß gegeben hat. »Habt ihr an den Köpke gedacht?« soll sie angeregt haben. Der Freiburger selbst hat nie ein Vorstellungsgespräch mit ihm geführt, Köpke jedoch genauestens durchchecken lassen. Nicht nur, daß der Hamburger sich bei Werner Niefer, Manfred Gentz, Jürgen Hubbert und Helmut Werner vier hochkalibrigen Daimler-Oberen zum Gespräch stellen mußte. In einem Hotel wurde eigens ein Treffen mit dem erfahrenen Industriellen Brian McCarthy organisiert. Köpke besteht den Leistungstest und erhält seine Chance: »Christoph konnte in seinen Job hineinwachsen«, so McCarthy, »und genau das passierte dann auch.«

Die Entscheidung hat sich gelohnt, denn zweifelsohne ist Christoph Köpke fachlich wie menschlich eine Bereicherung für die MBSA. Nach Jürgen E. Schrempp und Sepp van Hüllen erklomm Christoph Köpke den südafrikanischen Olymp im Frühjahr 1989, wo er bis heute residiert.

☆

Am Ende belasten eher menschliche Schwächen Schrempps elfjährige Südafrika-Bilanz: seine mangelnde Motivationskunst in schwierigen Zeiten, seine Unfähigkeit, die richtigen Leute einzustellen, und seine Rücksichtslosigkeit. Dabei haben die ersten beiden Eigenschaften dem Unternehmen, nicht aber ihm selbst geschadet; die dritte entwickelt sich sogar zu seinem Nutzen.

☆

»Ich brauche jemanden«, so die Stimme am anderen Ende der Leitung, »für den Vertrieb Nutzfahrzeuge.« Wieder einmal ist es Dr. Gerhard Liener, der seinen ganzen Einfluß geltend macht, um ihn nach Stuttgart zurückzuholen. Halb zog er ihn, halb sank er hin – Jürgen E. Schrempp weiß die Relevanz dieses Angebots sehr wohl einzuschätzen, zumal ihm der mächtige Mann Honig um den Bart schmiert: »Wenn Sie nicht annehmen, habe ich niemanden, der geeignet ist.«

Ein dreiviertel Jahr später wird der Freiburger zum Stellvertretenden Vorstandsvorsitzenden befördert. Und wie die Ironie des Schicksals es will, heißt sein direkter Chef Helmut Werner, der Jahre später sein Hauptkonkurrent um den Vorstandsvorsitz der Daimler-Benz AG werden sollte.

☆

Der erste intensive Kontakt von Edzard Reuter mit Jürgen E. Schrempp geht auf das Jahr 1986 zurück, als der Daimler-Finanzvorstand den Vorsitzenden der Mercedes-Benz of South Africa auf einer Reise durch das Land begleitet. Vor dieser gemeinsamen Woche hatten die beiden keine enge Beziehung zueinander.

Im folgenden Jahr macht Reuter groß Karriere, wird im März zum stellvertretenden Vorstandsmitglied und im Juli zum Vorstandsvorsitzenden berufen. Nur sechs Wochen später, am 1. September 1987, greift der neue Konzernchef zum Telefon und ruft Jürgen E. Schrempp an, der gerade in der Türkei weilt. »Sie werden in den Vorstand der Daimler-Benz AG berufen«, offenbart Reuter ihm und fügt, betont scherzhaft, an, das geschehe »unverdientermaßen«. Schrempp, selbst kein Kind von Traurigkeit, weiß Reuters »versteckten Humor« zu deuten.

Im Vorfeld dieser Entscheidung hat er sich mit den in der IG Metall organisierten Aufsichtsratsmitgliedern um Franz Steinkühler getroffen – zum Kreuzverhör in Sachen Südafrika, seiner Haltung zur Apartheid und einer Vielzahl von Fragen zum Sozialbereich des Konzerns. »Zwei Stunden wurde ich gegrillt«, bekennt er, zufrieden mit der Tatsache, daß der Weg zum stellvertretenden Vorstandsmitglied im Bereich Nutzfahrzeuge danach frei ist.

☆

Erst hat alles ganz anders ausgesehen. Ein dynamischer, zuweilen übermotivierter Süddeutscher übernimmt Aufgaben im Vertrieb der UCDD, die später Teil der MBSA wird. Der Querkopf entwickelt sich zum klugen Strategen und erklimmt eine Karrierestufe nach der anderen. Für ihn ist dennoch klar: Eine Rückkehr nach Deutschland kommt nicht in Frage. Warum auch? In den ersten Jahren hat er sich seinen Platz in der südafrikanischen Automobilgesellschaft erarbeitet, hat beruflich wie privat Fuß gefaßt und sich vor allem in Land und Leute verliebt. Zu behaupten, Jürgen E. Schrempp hätte von Anfang an ein Vorstandsamt bei der Mercedes-Benz of South Africa angestrebt, ist hoch gegriffen – ihm Ambitionen auf den Vorstandsvorsitz des Gesamtkonzerns nachzusagen reine Spekulation.

Bis dato nimmt eine fast ganz normale Karriere ihren Lauf, auch wenn zu jener Zeit viel mehr Mut und Eigeninitiative dazu gehörte, seinen Arbeitsplatz um neuntausend Kilometer in ein von Konflikten gepeinigtes Land zu verlegen. Heute, im Zeitalter der Globalisierung, wird die Flexibilität als selbstverständlich vorausgesetzt, die Jürgen E. Schrempp bereits damals an den Tag legte.

☆

Längst hat sich der Freiburger Hauskater zum ausgewachsenen Raubtier entwickelt, das seine Gegner unsanft und zuweilen rücksichtslos aus dem Weg räumt. Doch der Löwe riecht den Braten erst, als die Beute vor seinen Augen auftaucht. Mit den Besuchen des Stuttgarter Beteiligungsvorstands Gerhard Liener ändert sich vieles in seinem Leben, vor allem sein Blick für das Erreichbare. Liener denkt in globalen Kategorien, für ihn ist Südafrika ein wichtiges, aber nicht das ausschließliche Betätigungsfeld. Schrempp lernt viel von Liener. Vor allem, daß die Daimler-Welt größer ist als das Vertriebsnetz der MBSA am Kap und daß der Schlüssel zur Macht an der Pforte von Untertürkheim steckt.

Mit Liener erfaßt er die sich bietende Chance, mehr zu werden als ein anerkannter Techniker, dem ab und an ein Dreispalter im firmeneigenen Magazin *Mirror* zuteil wird. Zu Recht sagt Delene Ströh: »Südafrika war sein Sprungbrett«, ein Stepping-stone für eine steile Karriere. Südafrika, so Johan Frederik van Olst, ist »für Jürgen Schrempp zum Katalysator geworden, um sich selbst nach oben zu bringen«. Sobald er für sich selbst definiert hat, daß er mehr werden will, muß er sich neuen Aufgaben zuwenden.

Südafrika verkommt zum Trainingsfeld, wie Theo Swart im Rückblick feststellt. Und auch der Verkauf der Euclid Inc. in Cleveland ist im nachhinein lediglich ein weiterer Stepping-stone für einen Schrempp, der nach oben will. Ab diesem Zeitpunkt, spätestens aber seit dem Frühjahr 1986, kann man mit Sicherheit sagen: ganz nach oben.

In seinem letzten Jahr am Kap regelt der Chairman der MBSA Südafrika, daß mit der Rückkehr nach Deutschland ein weiterer wichtiger Schritt zum König der Löwen getan werden wird. Doch um dieses Ziel zu erreichen, benötigt der Löwe erst einmal die Unterstützung des mächtigsten aller Elefanten.

ZWEITES KAPITEL

Extremst Feuer

Die W-Klasse

»Ich bin überzeugt, daß Südafrika eine der vielver-
sprechendsten Investitionsmöglichkeiten weltweit ist.«

Dr. Gerhard Liener,
Mitglied des Vorstands der Daimler-Benz AG

»Die Region hat auf lange Sicht ein enormes
Potential.«

Jürgen E. Schrempp,
Vorsitzender Mercedes-Benz of South Africa,
im September 1985

Paul Krüger läßt es sich nicht nehmen, den Anlaß gebührend
zu zelebrieren. Der von eineinhalb Pferdestärken beschleu-
nigte Benz aus dem Mannheimer Werk wird der staunenden
Öffentlichkeit mit großem Zeremoniell präsentiert. Zum Gedenken überreicht der Staatspräsident »aan den Heer J. P. Hess op
Maandag 4. Man. 1897 in Herinnering van zyn Introductie« dem
stolzen Importeur eine goldene Gedächtnismedaille aus Transvaal, auf der das »Eerste Motorcar in Zuid-Afrika« würdig ver-
ewigt wird.

Was so erfolgreich begonnen hat, findet seine jähe Unterbre-
chung durch die beiden Weltkriege. Acht Jahre nach Kriegsende

erfolgen erste Schritte, den südafrikanischen Markt neu zu er-
schließen. Gerade mal eine Handvoll Automobile werden 1952 geliefert, drei Jahrzehnte später sind es bereits 15 000 Limousinen
und 6000 Lastwagen.

☆

Mit Vorliebe zitiert Gerhard Liener das historische Treffen mit
dem Burenpräsidenten. »Ich glaube, es gibt keinen anderen Markt
weltweit, in dem unser Einstieg so signifikant gefeiert« worden
ist, freut sich der Daimler-Vorstand über den knapp hundert Jahre zurückliegenden Deal.

Liener, im Vorstand für die weltweiten Investitionen verantwortlich, zählt zur Mehrheit der Führungskräfte, die das Engagement von Daimler-Benz vornehmlich oder ausschließlich unter
dem Profitaspekt beurteilen. Als er 1982 mit Fragen nach Sinn und
Umfang verstärkter Investitionen im Apartheidstaat konfrontiert
wird, lobt er die Freiheit des Marktes, die ökonomische Stabilität
sowie »das stabile Regierungssystem«. Kein Wort über Repression, Folter oder Terror, die am Kap zu diesem Zeitpunkt an der
Tagesordnung sind und vor allem das Leben der Schwarzen zur
Hölle machen.

»Respekt verdient« statt dessen der Fortschritt in Sektoren der
Industrialisierung und der Finanzmärkte. »Daimler-Benz zählt zu
den allerersten ausländischen Investoren«, die die Chancen des
südafrikanischen Marktes erkannt hätten. Lieners Resümee gipfelt in der Erkenntnis, die Republik Südafrika verfüge über ein System moderner Marktwirtschaft, vergleichbar mit dem vieler mit-
telgroßer Industrienationen der westlichen Welt, auch wenn noch
einige Defizite zu beheben seien. Gemeint ist nicht der Bereich de-
mokratischer Entwicklungen, sondern das wirtschaftliche Wachstum, um Investoren weiterhin »exzellente Gelegenheiten« zu of-
ferieren.

☆

Wohlwollender würdigt die W-Klasse – die der reichen weißen
Kunden des Konzerns – die Botschaft von Liener & Co. Mercedes-
Fahrzeuge sind seit Jahrzehnten das Statussymbol Nr. 1 einer fast
ausschließlich weißen Kundschaft. Das »ist unser spezielles Pro-

blem bei Mercedes-Benz gewesen«, sagt Automobilmanager Leo Borman rückblickend.

Im Segment der Luxusfahrzeuge hält Mercedes-Benz Anfang der achtziger Jahre rund 45 Prozent der Marktanteile. Auf die Frage nach dem stagnierenden Einkommen der Weißen bekundet Schrempp-Vorgänger Morris Shenker, daß sich diese Tatsache kaum auf die Verkaufsbilanz von Mercedes-Benz auswirke. Das Einkommen der Weißen stagniere allenfalls in Relation zum Einkommen der schwarzen Bevölkerung, nicht aber in absoluten Maßstäben. Sein Unternehmen verkaufe allein die Hälfte aller Autos an andere Unternehmen, zur Nutzung durch deren Führungskräfte. Ein weiterer beträchtlicher Anteil gehe an Geschäftsleute, ein ordentlicher Prozentsatz an Farmer. Alles in allem bestehe »großes Vertrauen in das Einkommen der Leute, die unsere Fahrzeuge nutzen«. »Unsere Autos gingen zu nahezu einhundert Prozent an die Weißen«, bestätigt der Daimler-Vorsitzende Werner Breitschwerdt und bekennt zugleich die immense Abhängigkeit vom Wohlwollen der Kundschaft.

☆

In der Wahrnehmung der Medien, kein zu vernachlässigender Gradmesser für den aufgehenden Stern des Jürgen E. Schrempp, taucht er als Mann mit Stimme und Gewicht erstmals in seiner Funktion als Vorsitzender der Mercedes-Benz of South Africa auf. Sein Euclid-Engagement wird allenfalls in der informierten deutschen Wirtschaftspresse registriert.

Schrempp ist gerade mal vierzig Jahre alt, als er die Geschäfte von Morris Shenker übernimmt. In den vergangenen Jahren hat sich der Deutsche den Ruf eines einflußreichen Mercedes-Managers erworben, dem mittlerweile sogar bei »aktuellen Akquisitionen von Daimler-Benz in Stuttgart eine bedeutende Rolle« zukommt. So jedenfalls sieht das Hugh Murray, der den neu ernannten Mercedes-Chef in sein Büro in Kapstadt zum Interview bittet. Der Verleger des *Leadership Magazine* ist bekannt als scharfer Analytiker und intimer Kenner der schwierigen wirtschaftlichen Rahmenbedingungen. Er weiß, daß sich viele Unternehmen mit dem Gedanken der Abwanderung tragen, andere das Land bereits verlassen haben.

Jürgen E. Schrempp läßt keine Zweifel daran aufkommen, daß es aus seiner Sicht notwendig ist, im Land zu bleiben. Mercedes-Benz, so der neue Vorsitzende, »sieht das große Potential« Südafrikas, und »folglich investieren wir in das Land«. Auch wenn die gegenwärtigen Geschäfte nicht optimal laufen, so sei das Unternehmen bislang »in jeglicher Hinsicht extrem erfolgreich, nicht nur im Bereich der Profitabilität«. Und wer wirtschaftlich erfolgreich sein wolle, müsse in Fünf- oder Zehn-Jahres-Kategorien vorausplanen.

☆

Die Aussagen sprechen für sich. Doch wer Schrempps Position einzig an seinem Streben nach Marktanteilen und seinem Profitstreben festmachen will, übersieht sein zweites Ziel – die Apartheid mit den Mitteln eines Wirtschaftsführers zu beseitigen.

☆

Begegnet sind sie sich nie, und doch verbindet den Manager mit dem Theologen eines: Beide haben Deutschland 1974 verlassen und ihren Wohnsitz von der besinnlichen Bundesrepublik ins umkämpfte Südafrika verlegt. Beide erleben das System der Apartheid und widersetzen sich – so jedenfalls ihre Selbstwahrnehmung. Beide bleiben bis Ende 1986 und kehren anschließend in ihr Heimatland zurück. Damit enden die Gemeinsamkeiten aber weitgehend, denn ihr Widerstand ist – in der Art wie in seinen Folgen – ganz unterschiedlich.

Dr. Theo Kneifel hat in Natal als Dozent gelehrt, den Widerstand auf seiten der Gewerkschaftsbewegung COSATU erlebt, hat in den Jahren 1985 und 1986 am historischen Streik der SARMCOL-Arbeiter teilgenommen, ist verhaftet und letztlich ausgewiesen worden. Jürgen E. Schrempp hat sich derweil vom Vertriebsleiter zum Vorsitzenden der Mercedes-Benz of South Africa hochgearbeitet. Dr. Kneifel leitet heute die Kirchliche Arbeitsstelle Südliches Afrika, kurz KASA, Schrempp den größten deutschen Industriekonzern.

Wie hat der engagierte Basisaktivist den »Widerstand« des Topmanagers erlebt? Vor 1985 gar nicht, antwortet Kneifel. Der Mercedes-Mann wird von den Medien erst wahrgenommen, als er

72

zum Vorsitzenden avanciert. Dann aber hat »Jürgen Schrempp, wie auch angloamerikanische Vertreter, öffentlich kritische Töne getroffen«. Der Manager war in den Medien, bestätigt Kneifel, und hat die Rassentrennung als rudimentäres Relikt der Vergangenheit angeprangert. Kein Wunder, so der Theologe, schließlich sei »die Rassentrennung hinderlich für wirtschaftliche Entwicklung« gewesen. Die Wirtschaft leide unter Apartheid, zudem sei der Druck auf Mercedes-Benz enorm gewesen – Gründe genug, im Eigeninteresse zu opponieren. Aufgeklärte liberale Wirtschaftsführer, und zu denen zählt Kneifel auch den damaligen Mercedes-Chef, seien nicht gegen das Apartheidsystem als solches, sondern nur gegen die Apartheid als legalisiertes System der Rassentrennung eingetreten.

Dr. Kneifel und seine Mitstreiter hätten sich deutlich mehr gewünscht. Wirtschaftsführer wie Schrempp dürften sich nicht mit dem Einsatz für die werksinterne Aufhebung der Rassenschranken zufriedengeben. Apartheid verstoße gegen die Menschenrechte, sei politische Unterdrückung der Mehrheit zugunsten einer Minderheit und verstärke die wirtschaftliche Marginalisierung der Schwarzen.

Feuer an allen Fronten

»Ich habe aus dem Hause Daimler-Benz extremst
Feuer erhalten.«

Jürgen E. Schrempp, MBSA-Chairman,
über seinen Konflikt mit der Konzernzentrale

»Abgesehen von der Tatsache, daß die Apartheid aus
humanitären Gründen abgeschafft werden sollte, ist
es jedoch auch für jeden Geschäftsmann unmöglich,
Einschränkungen zu übersehen, die sich derart stark
auf die Freiheit der Menschen auswirken ...«

Jürgen E. Schrempp, MBSA-Chairman,
über seine Haltung zur Apartheid

»Es gab auch Leute bei uns, die für die weiße Regierung waren.«

Professor Dr. Werner Breitschwerdt,
Vorstandsvorsitzender der Daimler-Benz AG

Gerade vom moralischen Standpunkt her gesehen, ist es die
»korrekte Herangehensweise«, die Geschäfte »hier fortzu-
führen«. Und falls die ökonomischen Umstände es erlauben, muß
das Unternehmen »soviel wie möglich expandieren«. Kühn dreht
Jürgen E. Schrempp die grundlegenden Thesen der Sanktionsbe-
fürworter zu seinen Gunsten um: »Man darf doch nicht den Fakt
übersehen, daß wir direkt oder indirekt verantwortlich sind für
das tägliche Brot von mehr als 50 000 Leuten.« Sanktionen »werden möglicherweise genau denen schaden, in deren Namen sie er-
beten worden sind«.

Mit dem Verbleib in Südafrika, so Dr. Kneifel vorwurfsvoll, sei
die Chance zum Zusammenbruch des Apartheidregimes verspielt
worden, die bereits 1985 und 1986 bestanden habe. Damals laste-
te der Druck des Auslands – vor allem wegen der Kreditsanktio-
nen – enorm auf der südafrikanischen Regierung.

Von sich und seiner Position überzeugt, lehnt Schrempp derlei

Anschuldigungen als falsch und wenig hilfreich ab. »Wenn Sie konstruktiv kritisieren wollen«, so seine Position, »und wenn Sie mit den Autoritäten über die Bedingungen der Unterstützung einer Reform und den friedvollen Wechsel kommunizieren wollen, dann müssen Sie auch einen Beitrag leisten.« Ein Rückzug, so Schrempp, hätte die gegenseitige Kommunikation unmöglich gemacht. Wolle das Land nicht nur seine ökonomischen, »sondern, noch wichtiger, seine politischen Probleme« lösen, benötige es ausländische Investitionen.

☆

Südafrika brennt, in den Hauptversammlungen wird das Konzernengagement am Kap von Apartheidgegnern zum Topthema gemacht: von den Verhältnissen in den Werken über die W-Klasse-Fahrzeuge, die Lieferung militärisch genutzter Unimogs bis hin zur Motorenproduktion für das Verteidigungsministerium.

Im Jahr 1974 kommt Schrempp nach Südafrika und macht bei der Daimler-Beteiligungsgesellschaft UCDD Karriere. Bereits vor seinem Kommen liefern MAN, Magirus Deutz und Daimler-Benz 137 Zugmaschinen für Tieflader zum Transport von Panzern der südafrikanischen Armee. »Die Mobilität der Truppen und Ausrüstung hat in Südafrika höchste Priorität, da die militärischen Konflikte überall im Lande sowie an allen Grenzen auftreten können«, so der deutsche Apartheid-Kritiker Professor Ulrich Albrecht. In der umgerüsteten Version der Kampfwagen Büffel oder Casspir avancieren die Mercedes-Lkws zu Standardfahrzeugen der südafrikanischen Armee: zum Abtransport der Schwarzen in den Homelands oder beim Einsatz in den Townships.

Ekkehart Friederichs, Site Services Manager der MBSA in East London, bestätigt die Fertigung »vieler« Militär-Lkws vom Typ Büffel in den siebziger Jahren im dortigen Mercedes-Werk. Die Produktion der Unimog-Fahrzeuge ohne Aufbau sei aber Mitte der achtziger Jahre eingestellt worden.

Die Vorwürfe der bundesdeutschen Anti-Apartheid-Bewegung (AAB) richten sich zudem auch gegen den Export Tausender zerlegter Unimogs aus dem Mercedes-Werk in Gaggenau. Mittels dieses Tricks könnten die Unimogs als »Maschinenbauteile« deklariert und die Exportgesetze umgangen werden.

Allerdings ist dies die Folge eines generellen Problems der militärischen Nutzbarkeit ziviler Produkte, der sogenannten Dual-use-Güter. Betroffen ist davon beispielsweise auch die Atlantis Diesel Engines (ADE), die eine rein kommerzielle Firmengründung in Südafrika gewesen ist. Sie lieferte Motoren für den zivilen Bereich, nahm aber, wie andere Firmen auch, an offiziellen Regierungsausschreibungen teil. Welche Motoren schließlich wo eingebaut wurden, war – aus Sicht der ADE-Manager in Kapstadt – nicht immer überschaubar. Allerdings sollen den Recherchen der Anti-Apartheid-Bewegung zufolge Motoren der ADE in fünfstelliger Stückzahl für gepanzerte Fahrzeuge und militärische Nutzfahrzeuge gefertigt worden sein.

Wer Jürgen E. Schrempp heute auf diese Form der Unterstützung des Apartheidregimes anspricht, erhält zwei Antworten: Er verweist darauf, daß diese Vorwürfe alle bereits auf den Daimler-Hauptversammlungen früherer Jahre offen und umfassend geklärt worden seien. Darüber hinaus räumt er ein, daß für ihn die Frage von Dual-use-Gütern »immer ein Problem« gewesen sei. Jedoch werde es auf diesem Gebiet, so Schrempp, nie eine befriedigende Lösung geben, weil die Firmen die Endverwertung von Produkten – gerade unter nicht ganz einfachen politischen Rahmenbedingungen – nie hundertprozentig kontrollieren könnten.

Dies gelte für Daimler-Benz wie für andere Unternehmen, die auf internationalen Märkten tätig seien. Aus seiner Sicht hat es keine Alternative zum Ende der Apartheid durch Reformen statt durch einen blutigen Umbruch gegeben. Insofern habe das Engagement von Mercedes-Benz – bei aller Kritik im einzelnen – »zum friedlichen Wandel« beigetragen. Dies werde inzwischen auch von vielen Südafrikanern so gesehen, betont Schrempp.

☆

Angela Mai übt heftig Kritik: Was sie bis heute »empört, ist, daß Jürgen Schrempp und alle anderen Verantwortlichen bei Daimler-Benz auf beschämende Weise die Zusammenarbeit mit den südafrikanischen Militärs leugnen«, erklärt sie als eine der führenden Aktivistinnen der Anti-Apartheid-Bewegung. Und entgegen der Schremppschen Behauptung meint Angela Mai,

»Herr Schrempp hat natürlich gewußt, daß faktisch alle Truppentransporter vom Typ Samil mit ADE-Motoren ausgestattet wurden.« Selbst »dem letzten Arbeiter ist bekannt gewesen, daß die Mehrzahl der ADE-Motoren, die sie überholten, vom Militär eingeliefert worden ist.« Und das, glaubt die Stuttgarter Anti-Apartheid-Aktivistin, »wird auch Herrn Schrempp nicht entgangen sein«.

»Warum«, fragt Angela Mai, »hat Herr Schrempp nichts dagegen unternommen, wenn ihm wirklich eine Unterstützung der Apartheid-Macht zuwider war?« Für sie liegt die Antwort auf der Hand: »Natürlich tat er es nicht, weil die Firma von vornherein gewußt hat, auf was sie sich mit ADE eingelassen hat.« Und außerdem habe Schrempp »im besten Fall die Zusammenarbeit mit dem Militär als gegebene Voraussetzung für den weiteren Verbleib von Daimler-Benz in Südafrika akzeptiert.«

☆

Kritische Gewerkschafter fordern den Rückzug von Mercedes aus Südafrika, unterstützt von der mächtigen IG Metall. Im Untertürkheimer Vorstand wächst die Unruhe, man sorgt sich ums Renommee des Hauses.

Jürgen E. Schrempp wankt nicht. Offensiv tritt er für den Verbleib des Unternehmens in Südafrika ein. Ohne jegliche Beschönigung und dennoch mit Fingerspitzengefühl versucht er die neun Vorstände für sich zu gewinnen. »Wenn wir gehen, ist das für die Schwarzen schlecht«, verkündet Schrempp im dreizehnten Stock zu Untertürkheim und kommt damit dem Daimler-Vorsitzenden sehr entgegen. »Ich war uneingeschränkt fürs Bleiben«, bestätigt Werner Breitschwerdt. Dabei geht es auch um die Frage, ob die Unternehmensführung weitere Millionen in die defizitäre Beteiligungsgesellschaft stecken soll oder nicht.

Zwar ist Daimler-Benz in den achtziger Jahren noch mit einem Montagewerk in Indonesien und in anderen Auslandswerken tätig. Dennoch sind diese Aktivitäten mit denen im südafrikanischen East London nicht vergleichbar. Denn schließlich ist »Herr Schrempp Vorstandsvorsitzender unseres einzigen Pkw-Produktionswerks außerhalb Deutschlands«. Entsprechend gewichtig ist seine Stimme: »Ich habe Herrn Schrempp in seiner Bedeutung wie unseren Chef des Mercedes-Werks in Brasilien gesehen, aber«, so Werner Breitschwerdt, »Afrika war schwieriger.«

☆

Schrempps Argumente stechen. Am Ende treten die Vorstände in der Konzernzentrale geschlossen dafür ein, »daß wir unser Geschäft in Südafrika weiterführen müssen«. Als Vorsitzender von Mercedes-Benz of South Africa hat Schrempp natürlich entsprechenden Einfluß auf die Vorstandsentscheidungen. Breitschwerdt sieht ihn sogar in einer absoluten Schlüsselrolle. Denn »wenn er es hätte begründen können, hätten wir womöglich auch einen Rückzug erwogen«. Dazu kommt es nicht, auch nicht oder gerade nicht wegen Schrempp. Werner Breitschwerdt bringt das Ergebnis auf den Punkt: Im Endeffekt ist »Herr Schrempp mit ausschlaggebend für den Verbleib von Daimler-Benz in Südafrika« gewesen.

☆

Schrempp zufolge besteht ein direkter Zusammenhang zwischen dem Engagement von Unternehmen, gerade auch dem von Mercedes-Benz, und dem »friedlichen Wandel« in Südafrika. Zur Unterstützung dieses Prozesses fordert Schrempp Mitte der achtziger Jahre ein Reformprogramm, das auch die schwarzen Führer in einen konstruktiven Dialog miteinbezieht und soziale Verantwortung gestaltet. Über die Beachtung des EG-Verhaltenskodex für Unternehmen soll die Abschaffung der Apartheid bei Gleichstellung aller Arbeitnehmer in den Betrieben erreicht werden. Heute mögen derlei Forderungen selbstverständlich klingen, damals waren sie eine ungeheure Herausforderung an das Regime in Pretoria.

Dabei tritt der Chairman der Mercedes-Benz of South Africa nicht als offener Provokateur in Erscheinung. Geschickt meidet Jürgen E. Schrempp die direkte Konfrontation, selten formuliert er konfrontativ. Bei öffentlichen Auftritten kleidet er kritische Worte zumeist in einen wohlwollenden Rahmen wirtschaftspolitischer Erörterungen. Spricht er vor Repräsentanten der Automobilindustrie, so betont er ausgiebig das Bekenntnis der MBSA zum Standort Südafrika. Danach fordert er die Regierung auf, »ihr Reformprogramm zu beschleunigen«. Es folgt eine lange Abhandlung über die Rationalisierungsmaßnahmen in der südafrikanischen Motorenindustrie, in der nur »die Fittesten überleben« werden.

Jede Aktion müsse innerhalb der Landesgesetze stattfinden, antwortet Schrempp im Interview und weiß dabei, daß diese Gesetze die Sprache der Diskriminierung Andersdenkender und Farbiger sprechen. Dagegen gibt es »für uns«, gemeint ist Mercedes-Benz of South Africa, »keine Diskriminierung«. Gleiches Recht für alle im Konzern, gleich welche Rasse, welches Geschlecht oder Glaubensbekenntnis jemand hat.

Wird er direkt nach seiner Einstellung befragt, kann der MBSA-Chairman seine Ablehnung zuweilen auch deutlicher signalisieren. Auf die Frage von Hugh Murray nach seiner Ansicht in Sachen Apartheid verweist Schrempp auf positive Entwicklungen bei den Paßgesetzen. »Aus humanitären Gründen« befürwortet er die Abschaffung der Apartheid, sei es doch »für jeden Geschäftsmann unmöglich, Einschränkungen zu übersehen, die sich derart stark auf die Freiheit der Menschen auswirken, ihre Arbeitskraft – und deren Früchte – nach den Marktgesetzen zu verkaufen«. Genau dies aber »beeinträchtigt die Apartheid immer noch«.

☆

Schauen Sie sich gefälligst »die Kundenstruktur unseres Unternehmens genau an«, so der deutliche Hinweis aus der oberen Führungsetage. Und »wenn Sie in der Sowjetunion eingesetzt wären, würden Sie dann auch Reden gegen den Kommunismus halten?« fragt ein zweiter aus Stuttgart, nicht minder aggressiv. »Wir können uns politisch nicht exponieren als Gast in diesem Land«, gibt ein anderer aus dem Hause unmißverständlich zu verstehen, und Jürgen E. Schrempp sieht sich mächtig unter Druck gesetzt.

Auf der einen Seite rennt er mit seiner Position, in Südafrika zu bleiben, offene Türen in Untertürkheim ein. Doch mit seiner Haltung, das Apartheidregime am Kap kritisieren zu müssen, steht er draußen vor der Tür – vor allem der des Vertriebsvorstands. Extremst Feuer habe er erhalten, betont Schrempp heute mit einem Anflug von Stolz, wegen seiner konzernintern wie -extern bekundeten Kritik am System der Apartheid. Und wer sind seine Gegner im Konzern gewesen? Schrempp meidet die konkrete Antwort. »Ich habe klare und direkte Hinweise aus Stuttgart erhalten«, so seine bewußt vage gehaltene Entgegnung auf die Frage nach dem Zirkel der Opponenten.

Der damalige Vorstandsvorsitzende Werner Breitschwerdt bekennt mittlerweile, daß auch Führungskräfte der Daimler-Benz AG »für die weiße Regierung« eingestellt gewesen sind. Und im Gegensatz zu Schrempp macht Breitschwerdt auch keinen Hehl aus dem Verantwortlichen: »Unser Vertriebschef Hinrichs« sei einer von ihnen gewesen. Im neunköpfigen Daimler-Vorstand ist Hans-Jürgen Hinrichs für den Vertrieb zuständig und in dieser Funktion einer der direkten Ansprechpartner Schrempps, als dieser 1984 zum stellvertretenden Chairman und im Folgejahr zum Vorsitzenden der MBSA aufsteigt.

Jürgen E. Schrempp sieht sich angesichts des Drucks aus Untertürkheim in einer für ihn äußerst schwierigen Situation. So polemisch manche der Fragen erscheinen mögen, so energisch kann er mit Sachargumenten dagegenhalten. Doch der für ein Automobilunternehmen bedeutsamste Einwand ist zutreffend: Als Schrempp Vorsitzender der Mercedes-Benz of South Africa wird und damit erstmals auch die Verantwortung für die Vorgänge im Werk East London übernimmt, ist das Unternehmen tatsächlich voll und ganz von der Kundschaft der weißen Unterdrücker abhängig. Erst deren Einkommen ermöglicht den Kauf einer Luxuslimousine der W-Klasse aus dem Hause Mercedes-Benz.

Jürgen E. Schrempp ist heute stolz darauf, daß die Vorwürfe aus Untertürkheim bei ihm das Gegenteil dessen bewirkt haben, was sie bewirken sollten: Nicht Rückzug aus der politischen Verantwortung, sondern deren Bewußtmachen. »Bei mir haben diese Vorgaben eine Gegenreaktion hervorgerufen«, sagt Schrempp heute. Seither wisse er: »Ein Vorstandsmitglied kann sich nicht aus dem politischen Geschäft heraushalten«, schließlich sei er »Teil der Gesellschaft und zugleich Element der Gestaltung der Gesellschaft«.

So schön diese Worte klingen, so groß ist das Fragezeichen, das hinter all die Hinrichs gesetzt werden muß. Es bleibt fragwürdig, warum ein so großer Konzern seine im Hinblick auf Südafrika politisch wenig sensiblen Führungskräfte nicht früher über die Lage in dem Land aufgeklärt hat. Der Stuttgarter Vertriebsvorstand Hans-Jürgen Hinrichs scheidet jedenfalls erst im November 1988 im Zuge der Reuterschen Diversifikationspolitik aus dem Amt.

Passiver Protest aus Pretoria

»Die Führung von Herrn Schrempp war nicht heilig,
nicht heilig.«

Goodman Jordan, SAAWU-Gewerkschafter

»Als Vorstandsmitglied war er weit weg, das konnte
auch Teil der Strategie gewesen sein.«

Les Kettledas, National Organizer von NAAWU

»Vom Standpunkt des Unternehmens aus spielen für
uns Rasse, Geschlecht oder Glauben keine Rolle.«

Jürgen E. Schrempp,
Vorsitzender Mercedes-Benz of South Africa

Anfang der achtziger Jahre ist die SAAWU, die South African
Allied Workers Union, die stärkste Gewerkschaft im Trade
Union Movement. Ihre nationale Revolution versteht sie als Teil
der internationalen kommunistischen Revolution, so Goodman
Mlamli Jordan, damals SAAWU-Mitglied. Deren öffentliche Stellungnahmen werden von den weißen Machthabern mit »brutaler
Kontrolle« unterdrückt, freie Meinungsäußerung existiert nicht.
Gezielt wird die SAAWU-Legalisierung untersagt. Jordan begründet das Registrierungsverbot mit der Tatsache, daß SAAWU
zumindest in früheren Jahren finanzielle Zuwendungen von einer
der im Untergrund wirkenden Vorgängerorganisationen der heutigen Regierungspartei ANC erhalten hat.

Les Kettledas, National Organizer von NAAWU, der National
Automobile and Allied Workers Union, akzeptiert im Gegensatz
zur SAAWU, daß die Finanzbücher der Gewerkschaft von der Regierung überprüft werden. Damit soll dokumentiert werden, daß
das Geld nicht aus kommunistischen Kanälen stammt. Als Ge-
genleistung erhält NAAWU die formale Anerkennung. So kommt

der SAAWU zwar aufgrund ihrer Mehrheitsposition eine stärkere Stimme unter den Schwarzen zu, NAAWU gilt dagegen für die Weißen als ausschließlicher Verhandlungspartner.

☆

Der Mann weiß, was er will. Selbstbewußt im Auftreten und klar in der Aussage, spricht Goodman Mlamli Jordan über den damaligen Verhandlungsführer des »gegnerischen Lagers«. Über zehn Jahre sind vergangen, seitdem Schrempp als Chairman der MBSA Verantwortung für die Vorgänge in East London getragen hat.

In Jordans Worten schwingt Achtung mit, denn der Mercedes-Manager sei in grundsätzlichen Fragen sehr bestimmend aufgetreten, und dennoch hätten seine Methoden »nicht auf der eisernen Faust« beruht. Zweimal trifft Jordan Mitte der achtziger Jahre als Mitglied einer Delegation der South African Allied Workers Union mit Schrempp zusammen. Gewerkschafter und Arbeitgeber streiten am Runden Tisch über die angespannte Situation in den Fertigungsstätten in East London.

»Schrempp war Mitglied in einem Vorstand, der die Apartheid strukturell unterstützte«, verurteilt Jordan weniger den MBSA-Chef als seine Vorstandskollegen. Denn Schrempps Prinzipien seien klar gewesen: Er habe signalisiert, »daß er gegen Apartheid« sei. Letztlich bringt der Gewerkschafter die Sache ganz gut auf den Punkt: »Er mußte sich um sein Geschäft kümmern, er konnte nicht hart auftreten.« Tatsächlich war Schrempp in der Zwickmühle zwischen seiner inneren Ablehnung des Apartheidregimes und der Frage des damals schon stockenden Verkaufs von Mercedes-Fahrzeugen.

Wie eine Ironie des Schicksals findet unser Treffen mit Goodman Mlamli Jordan im noblen Tagungssaal des Mercedes-Vorstands in East London statt. Nachdem unsere Zusammenkunft im Herbst 1997 beendet ist, kehrt der frühere SAAWU-Aktivist an seinen Arbeitsplatz im Mercedes-Werk in East London zurück. In diesem Raum sind vor Jahren Entscheidungen getroffen worden, die für viele Beschäftigte von existentieller Wichtigkeit waren.

☆

»Sie ist sehr flatterhaft«, antwortet Jürgen E. Schrempp im Herbst 1985 auf die Frage nach der gegenwärtigen Situation im Mercedes-Produktionswerk. Das aber kennzeichne die politische Lage in der gesamten Eastern Provinz, nicht nur in East London. Für das Management sei es sehr schwierig, mit diesen Gegebenheiten fertig zu werden. Dennoch zeigt sich Schrempp optimistisch, daß die vielen Probleme unter den Beschäftigten wie auch zwischen der Firmenleitung und den Gewerkschaften auf dem Verhandlungsweg zu lösen seien. »Eine mögliche Verlagerung unserer Fabrik« in einen anderen Landesteil schließt der neue Mercedes-Chairman definitiv aus. Mit hohem Finanzaufwand seien die Fertigungsstätten modernisiert und auf einen dem deutschen vergleichbaren Standard gebracht worden. »Darauf«, lobt er, »können wir stolz sein.«

So die Lage im Herbst 1985, als sich Schrempp mit Unruhen im Produktionswerk an der Südküste des Landes konfrontiert sieht. Dabei verläuft die Konfliktlinie direkt am Arbeitsplatz. Dort sehen sich die – in der Regel schwarzen – Arbeiter den Repressionen der – in der Regel weißen und rechtsgerichteten – Meister ausgesetzt.

Schwarze Arbeitnehmer haben »jede Gelegenheit« genutzt, so der heutige Öffentlichkeitsreferent Ekkehard Friederichs rückblickend, die Arbeit niederzulegen: Wir haben »keine sauberen Handschuhe erhalten«, oder die »Toiletten sind nicht gesäubert worden«, behaupten die Betroffenen und legen die Arbeit nieder. Derlei Argumente stellen aus Sicht der Werksleitung eine »einseitige Provokation« dar.

Im Gegensatz zu ihren Vorgängern früherer Jahre distanziert sich die Werksleitung in East London längst klar und unmißverständlich vom System der Apartheid. Damals seien die weißen Vorarbeiter »nicht in der Lage« gewesen, »korrekt zu reagieren«. Und wenn sie dann reagierten, so Friederichs, dann »war es nicht beruhigend auf die Situation«.

☆

Ein Jahr später, am 2. September 1986, tritt die gesamte schwarze Belegschaft von Mercedes-Benz of South Africa in einen Streik. Die Beschäftigten fordern die Wiedereinstellung von dreizehn

Kollegen, die im Zusammenhang mit einem eintägigen Fortbleiben von der Arbeit entlassen worden sind. Den dreizehn Schwarzen wird seitens der Unternehmensleitung unterstellt, sie hätten Kollegen bedroht, die beim eintägigen »Stay away« nicht mitmachen wollten. Das Management sieht sich jedoch nicht in der Lage, diese Behauptung zu beweisen, so die einhellige Stellungnahme der beiden Gewerkschaften NAAWU und SAAWU.

☆

Es ist früh am Samstagmorgen, jetzt findet der vielbeschäftigte Gewerkschafter Zeit und Muße zur Rückbesinnung. »Es waren die dunklen Jahre der Apartheid«, sagt Les Kettledas, zurückgelehnt in seinem schwarzen Ledersessel, »sie waren wie Krieg.« Die Erinnerung lastet schwer auf dem Mann, der in den letzten Jahren unter der Mandela-Regierung Karriere gemacht hat. Hier in seinem Büro im Department of Labour in Pretoria verfügt der heutige stellvertretende Arbeitsminister Südafrikas über einen Stab von Mitarbeitern, von dem er als Verhandlungsführer gegen die Arbeitgeberfront nur träumen konnte.

Im Gegensatz zum Schrempp-Nachfolger Sepp van Hüllen, hat Kettledas den damaligen Mercedes-Vorsitzenden Jürgen E. Schrempp nur ein einziges Mal getroffen, dennoch ist ihm der Deutsche klar in Erinnerung geblieben. »Jürgen Schrempp war der beste Vorstandsvorsitzende im Management der deutschen Unternehmen«, lobt er ihn. »Er war besser als alle anderen Topmanager, die aus Deutschland gekommen waren.« Schrempp habe die Firmenphilosophie vorangebracht und im Endeffekt »nicht genug Zeit für eine starke Intervention« gehabt.

Les Kettledas ist sich nicht sicher, ob MBSA-Chairman Schrempp die realen Verhältnisse in East London wirklich gekannt hat. Zuviel »hing von den Berichten ab, und diese haben wir nicht gesehen«. Das aber könne auch Teil einer Strategie gewesen sein, überlegt Kettledas: Während der Vorstand in Pretoria residiert hat, achthundert Kilometer entfernt vom Zentrum des Geschehens, habe die Werksführung vor Ort den harten Politkampf erledigt.

Wiederholt stellt er sich die Frage, wie der frühere Mercedes-Vorsitzende mit den Berichten der Führungsebene in East London umgegangen ist. Südafrikas stellvertretender Arbeitsminister sieht durchaus die Möglichkeit, daß Schrempp die Lageberichte aus dem Produktionswerk nicht ausreichend reflektiert haben könnte.

Und dort sei schließlich »kein gutes Management« gewesen, sagt Kettledas, überlegt einen Moment und verschärft dann seine Aussage: Das untere Management in East London »hat komplett aus dem rechten Flügel« bestanden. Diesen habe Schrempp in Ruhe agieren lassen, was nichts anderes bedeutete, als daß die »rassistischen Antigewerkschafter« mißliebige Kritiker massiv unter Druck setzen oder kurzerhand entlassen konnten – ohne die direkte Intervention seitens des Vorsitzenden fürchten zu müssen. »Vor Ort«, so Les Kettledas, »gab es einen harten Kampf zwischen den Gewerkschaftern und dem Management der weißen Rassisten.« Und deren Aktivitäten seien »vom Rest der Firma verziehen« worden. Bitter bilanziert der Gewerkschaftsführer: Das »war nicht hilfreich – dort saßen die weißen Rassisten«.

☆

Im Herbst 1985 hatten Sicherheitskräfte in Duncan Village ein Massaker verübt. In der Schwarzen-Township nahe East London leben viele der MBSA-Beschäftigten, die sich nun – ein Jahr danach – zum Gedenken an die Ermordeten an dem eintägigen »Stay away« versammelt haben. Politischer Widerstand kann in dieser Zeit, wenn überhaupt, nur im Werk ausgeübt werden. Demonstrationen auf der Straße führen zur sofortigen Inhaftierung und zuweilen zur Folterung der Teilnehmer.

Das MBSA-Management reagiert hart auf die Solidarisierung mit den dreizehn Entlassenen. Mittlerweile sind einhundertfünfzig Beschäftigte im Mercedes-Werk mit sofortiger Wirkung entlassen worden. Täglich folgen weitere. »Für die betroffenen Kollegen ist das nichts anderes als weitere Verelendung«, schreibt ein deutscher Gewerkschafter. »Wir bitten Euch deshalb«, so der IG Metaller aus dem Arbeitskreis »Gewerkschaften und Südafrika« an die Kollegen im Daimler-Werk Mannheim, »Euren Einfluß auf Vorstand und Aufsichtsrat von Daimler-Benz geltend zu machen, um die Wiedereinstellung der Kollegen bei MBSA zu erreichen.«

Widerstand in East London und der Versuch gewerkschaftlicher Solidarität aus dem fernen Deutschland zu einer Zeit, da auf den Firmenschreiben der MBSA das Symbol eines freudigen Jubiläums abgebildet ist: Die Daimler-Benz AG feiert ihr hundertjähriges Bestehen. Darunter der Name des derzeitigen und auch verantwortlichen Vorsitzenden: »Management Board: J. E. Schrempp (Chairman)«.

☆

Dem MBSA-Vorsitzenden bleiben die Probleme in East London nicht verborgen, und Schrempp reagiert – allerdings nicht durch persönliches Eingreifen vor Ort, sondern per Anordnung auf dem Dienstweg. »Löst die Probleme«, lautet seine interne Anweisung an das Management im Produktionswerk. Letztlich »hat er das Management nicht unterstützt«, sagt ein Insider, der dem Chairman vorwirft, er habe »es versäumt«, der Werksführung in ihrer Bedrängnis beizustehen: »Anstatt ihnen zu helfen, setzte er sie noch mehr unter Druck.« Vielleicht, so der Schrempp-Kenner, »kümmerte er sich nicht um die Probleme, denn er war von ihnen auch nicht betroffen«.

Nimmt man nicht nur die verbale Ablehnung der Apartheid des MBSA-Chairman zum Maßstab, dann fällt das auf den ersten Blick so ungetrübte Bild differenzierter aus. Die Bilanz von Les Kettledas jedenfalls ist ernüchternd: »Das Top-Management in Pretoria tolerierte das alles«, sagt der stellvertretende Arbeitsminister Südafrikas.

Und Schrempp? »Herr Schrempp tolerierte das Management auf der unteren Ebene. Er hätte mehr intervenieren können.« So bleibt ein bitterer Nachgeschmack. Denn »Jürgen Schrempp hat nicht genug getan, um die weißen Rassisten zu eliminieren«, sagt Les Kettledas. Hätte Schrempp die Möglichkeit dazu gehabt, oder hätte ihn dieses offene Vorgehen seinen Job gekostet?

Wandel trotz Handel?

»Er war wie ein Elefant im Porzellanladen.«

Christoph Köpke über Sepp van Hüllen

»Mein Vierzehn-Punkte-Programm, das ich mit der
IG Metall verabschiedet habe, hat viel bewegt.«

Jürgen E. Schrempp über seinen Erfolg in Südafrika

»Das Positivbeispiel heißt Südafrika.«

*Jürgen E. Schrempp über das Prinzip
Wandel durch Handel*

Der Mercedes-Vorstand befindet sich in einer Umbruchphase,
das Management gilt als geschwächt. Zudem leistet sich
Sepp van Hüllen einen Fehler nach dem anderen und wird selbst
beim Mercedes-Management in Pretoria als Fehlbesetzung eingestuft. Dabei darf die Schuld nicht allein beim gebürtigen Krefelder
selbst gesucht werden. So hat van Hüllen zwar bereits von 1969
bis 1971 in der Untertürkheimer Zentrale als Verkaufsberater gewirkt, sich ansonsten aber allenfalls mit Sonderaufgaben bei kon-
zernexternen Abwicklungsgeschäften und als freiberuflicher Berater in der Holzwerkstoffindustrie hervorgetan. Erst 1981 steigt er
wieder in die Verkaufsorganisation beim Stuttgarter Automobilkonzern ein, wird Hauptreferent für Beteiligungen, organisiert
Daimlers Nutzfahrzeuggeschäfte in Wetzikon, bevor er 1986 zum
Finanzvorstand bei Mercedes in Südafrika und am 1. Januar 1987
nach Schrempps Weggang zum Konzernchef in Pretoria avanciert. Kein Wunder, daß er angesichts der Kämpfe am Kap versagen muß. Der Einsatz an der eidgenössischen Verkaufsfront hatte
ihn darauf wohl doch nicht vorbereitet.

☆

Jürgen E. Schrempp lebt in der Gnade des frühen Weggangs. Als er nach Deutschland zurückkehrt, kann er nicht wissen, daß die großen Streikwellen in Südafrika alsbald folgen werden. Als Chairman hat er der MBSA in einer vergleichsweise ruhigen Phase vorgestanden. Erst im Jahr nach seiner Rückkehr in die Konzernzentrale explodiert der Kessel, der erste große Arbeitskampf legt die Produktion im Mercedes-Werk völlig lahm. Die Beschäftigten fordern eine gerechtere Entlohnung, als ihnen unter Schrempp gewährt worden ist. In neun langen Wochen, dem längsten Streik in der MBSA-Geschichte, läuft kein Fahrzeug vom Band. Vordergründig geht es um eine Gehaltserhöhung von 3,6 auf fünf Rand pro Stunde, im Kern aber um die Ausweitung der Rechte der Schwarzen.

Josef van Hüllen, auf der Führungsebene kurz Sepp genannt, sieht sich mit einer deutlich schwierigeren Situation konfrontiert als sein Vorgänger. Unterstützt von der mächtigen IG Metall in Frankfurt, treten die schwarzen Gewerkschafter in ihrer Forderung konsequenter auf als in den Schrempp-Tagen. Mit dem Zusammenschluß zur NUMSA ist die vormalige Trennung in zwei Gewerkschaften formal beendet. Dennoch kommt es in der Folge zum offenen Konflikt zwischen Mitgliedern beider Vorgängergewerkschaften. So fordern SAAWU-Vertreter einen speziellen Vertrag mit erhöhten Löhnen und besetzen kurzerhand das NUMSA-Büro in East London. Die Mercedes-Werksleitung reagiert mit harter Hand und entläßt auf einen Schlag fünfhundert Beschäftigte.

☆

Hart, aber nachvollziehbar fällt das Urteil aus, das in Südafrika über den Schrempp-Nachfolger gefällt wird. Brian McCarthy, Firmenchef des mittlerweile größten Einzelhandelsunternehmens der südlichen Hemisphäre, läßt keine Zweifel an seiner Meinung aufkommen: »Van Hüllen war ungeeignet, total inkompetent.« »Wie ein Elefant im Porzellanladen«, beschreibt ein Mercedes-Manager am Kap die Reaktionen seines Vorgängers. Einen Büffel im Glasladen nennt ihn Johan van Olst. So entläßt Sepp van Hüllen erst einmal alle Beteiligten des Five-Rand-Strike, stellt sie später jedoch allesamt wieder ein. Im Endeffekt hinterläßt van Hüllen einen derart schlechten Eindruck, daß Schrempps kommunikative Fähigkeiten dagegen im strahlenden Licht erscheinen.

Die Corporate-Affairs-Leiterin Delene Ströh sieht ihren früheren Chef als einen derer, die »mitverantwortlich für die Wende« gewesen sind. Bis zum heutigen Tag für Imagepflege des Unternehmens zuständig, könnte man ihr Voreingenommenheit vorwerfen. Doch Frau Ströh hat sich ihre Unabhängigkeit bewahrt, um so mehr zählt ihr positives Urteil über die Leistung führender MBSA-Männer: Insbesondere der südafrikanische Mercedes-Vorstand für Human Resources, Ian Russell, und der heutige Chairman, Christoph Köpke, seien – wie Jürgen E. Schrempp – für Demokratisierung und gegen Rassentrennung eingetreten. Schrempps Problem sei gewesen, daß er de facto kaum Einfluß gehabt habe, die Zeit dafür »war zu kurz«.

So liegt einer der positiven Beiträge Schrempps in der Neubesetzung des Vorstands, bei der er dann doch einmal eine glückliche Hand hatte. Gerade Christoph Köpke, in den neunziger Jahren an die Spitze der MBSA aufgestiegen, führt das Unternehmen kompetent und mit weltoffenem Verstand.

☆

Das Land verlassen oder weitere Millionen investieren? Offen das Apartheidregime attackieren oder Rassentrennung im Konzern abschaffen? Schrempp sitzt zwischen allen Stühlen, kämpft an verschiedenen Fronten, pokert hoch und – typisch für ihn – gewinnt am Ende fast alles. Wie kein anderer versteht es der Freiburger, in einem derartigen Spannungsfeld nicht nur zu überleben, sondern sich optimal zu positionieren.

Nicht zu Unrecht gipfeln Werner Breitschwerdts Lobeshymnen in der Feststellung, Schrempp habe »Euclid gut gemanagt« und sei zudem »in Südafrika auch auf dem Boden geblieben«, trotz der »ganz schwierigen Geschichte« dort. Der damalige Vorstandsvorsitzende spielt dabei vor allem auf die US-Konzerne an, die aufgrund der Apartheidpolitik das Land verlassen haben, und den daraufhin immens auf Schrempp & Co. lastenden Druck, dem Beispiel der Amerikaner zu folgen.

Womöglich hätte es sich der MBSA-Chairman leichter gemacht, wenn er angesichts seiner apartheidkritischen Haltung gegenüber dem Vorstand für das sofortige Deinvestment votiert hätte. Oder womöglich hätte er es sich leichter gemacht, wenn er ausschließlich das marktwirtschaftliche Argument in den Vordergrund gestellt und für einen Verbleib votiert hätte. Schrempp aber schwimmt – wie so oft – quer zum Strom. Er ist der festen Überzeugung, daß das Unternehmen am Kap bleiben muß, falls es auch politisch Einfluß nehmen und – da ist er ein Vollblutmanager – kräftig verdienen will.

☆

Seinen wohl größten Erfolg kann Schrempp mit der werksinternen Fortführung des Verhaltenskodex der Europäischen Gemeinschaft von 1977 und dessen Neufassung von 1985 verbuchen. Erklärtes Ziel des EG-Kodex ist es, einen Beitrag zur »Abschaffung der Apartheid« in Südafrika zu leisten.

Der Freiburger ist bis heute stolz auf seine intensive Kooperation mit Gewerkschaftern, allen voran Franz Steinkühler. Der einflußreiche Vorsitzende der IG Metall, der größten Einzelgewerkschaft der Welt, erarbeitet in der zweiten Hälfte der achtziger Jahre einen Vierzehn-Punkte-Plan zur völligen Gleichstellung aller Beschäftigten im East Londoner Produktionswerk, den der MBSA-Chef mitträgt.

Noch heute gilt die werksinterne Regelung für Jürgen E. Schrempp als Beispiel dafür, daß er »Verantwortung auch persönlich« umgesetzt hat.

Mit den »Minimum Standards For Labour Relations« akzeptiert die MBSA den »Verzicht auf die Wahrung von Vorteilen, welche die Apartheidgesetze bieten«. Das Streikrecht wird anerkannt, den Gewerkschaftsvertretern werden Rechte gewährleistet, »wie sie die Vertrauensleute in der Bundesrepublik genießen«.

Als der MBSA-Vorstand im Juli 1989 die endgültige Fassung des Vierzehn-Punkte-Plans unterzeichnet, setzt die Geschäftsführung ein Zeichen: Mercedes-Benz ist – neben BMW – das erste deutsche Unternehmen, das den Minimumstandards im Umgang mit südafrikanischen schwarzen Gewerkschaftern zustimmt, diese daraufhin in East London verwirklicht und später auch auf Lieferanten ausweitet.

☆

Doch selbst für diesen, von Schrempp so hochgehaltenen Erfolg, gibt es Kritik. Angela Mai führt die Verbesserungen im Mercedes-Werk East London weniger auf die Schremppsche Leistung zurück: Denn solange »kein Druck ausgeübt wurde, hielt sich Daimler-Benz bei der Bezahlung und den sozialen Leistungen für die schwarzen Arbeiter auch an die ausbeuterische Norm aller Firmen in Südafrika«. Aus ihrer Sicht war dieser »Dauerdruck von außen« vonnöten. »Erst dann entdeckte die Mercedes-Führung ihr soziales Gewissen und fügte sich in das Unabwendbare«. Das belege »die Tatsache, daß auch 1986, als Herr Schrempp Chairman der MBSA gewesen ist, im Tochterunternehmen MBEUS Löhne bezahlt werden konnten, die die Kodex-Forderung um 25 Prozent unterschritten haben«.

☆

Bis zum heutigen Tag herrschen unterschiedliche Ansichten über den realen Einfluß der Wirtschaft auf den friedlichen Wandel am Kap. Konzernchef Brian McCarthy hält es für »wichtig, daß Daimler-Benz trotz der Apartheid in Südafrika blieb«. Als größtes Automobilunternehmen sei gerade Mercedes-Benz besondere Bedeutung zugekommen, nachdem Amerikaner, Briten und Franzosen das Land verlassen hatten.

Jürgen E. Schrempp führt Südafrika heute als Musterbeispiel für die Erfolgsstrategie vom friedlichen Wandel durch wirtschaftlichen Handel an. In seiner Argumentation sieht er sich durch den berühmtesten Südafrikaner unterstützt, der sechsundzwanzig Jahre inhaftiert und später mit dem Friedensnobelpreis ausgezeichnet worden ist. »Ich bin mir sicher, daß dies mein großes Vorbild Nelson Mandela insgeheim auch so sieht«, so Schrempp. Zumindest das Ansehen, das er am Kap genießt, mag als Beleg für die Richtigkeit seiner Linie sprechen. Mandela ernannte ihn im April 1995 zum Honorargeneralkonsul der Republik Südafrika. Und Bundeskanzler Helmut Kohl bat ihn, den Vorsitz in der »Südliches Afrika Initiative der Deutschen Wirtschaft« (SAFRI) zu übernehmen. Kritiker an Schrempps Haltung haben es heute schwer, wenn selbst das *Leadership Magazine* über Schrempps Ruf am Kap schreibt: »Als ein Freund und Vertrauter von Nelson Mandela und Thabo Mbeki«, gemeint ist der heutige Regierungschef, »wird

Schrempp als der engste Wirtschaftsverbündete Südafrikas in der Welt gesehen.«

☆

Doch nicht nur in der Anti-Apartheid-Bewegung finden sich Befürworter eines Rückzugs aus dem Südafrika vor der Wende. Auch Leo Bormans Argumentation, der Wechsel sei durch die Sanktionen der Vereinten Nationen und die »Opposition von außen« erzwungen worden, steht Schrempps Thesen diametral entgegen. »Südafrika war am Ende total isoliert«, und genau diese Isolation habe den entscheidenden Anstoß gegeben, stellt der südafrikanische Industrielle rückblickend fest. Trotz dieses Meinungsunterschieds rechnet er sich selbst zu den zahlreichen südafrikanischen Freunden Schrempps.

Einschränkend muß man allerdings darauf verweisen, daß die Isolation eben nicht total, sondern allenfalls partiell erfolgt ist. Und daß der friedliche Wechsel am Kap trotz der deutschen Banken und trotz Schrempps MBSA gelang. Angesichts der traurigen Menschenrechtslage Mitte der achtziger Jahre muß es für die Betroffenen geradezu zynisch klingen, Südafrika als ein Erfolgsmodell für »Wandel durch Handel« verkaufen zu wollen.

Das Engagement der Daimler-Benz AG, sei es in Form von Direktexporten oder durch die Produktion vor Ort, ist in Jahrzehnten zu messen: Der erste Mercedes ist 1897 am Kap eingetroffen, das erste Lobbybüro ist 1954 in Pretoria eröffnet worden, vier Jahre danach kam die Vertragsunterzeichnung mit der Car Distributors Assembly zustande – und seither werden Mercedes-Benz-Fahrzeuge in Südafrika gefertigt.

Zur Erinnerung: Im Jahr 1948 wurde die Apartheid in der Verfassung festgeschrieben. Die weißen Machthaber haben sich zu keiner Zeit davon abhalten lassen, Abertausende von Schwarzen zu foltern, zu verstümmeln oder umzubringen. Im Dezember 1993, knapp ein Jahrhundert nach der Lieferung des ersten Mercedes und rund vier Jahrzehnte nach Gründung des Mercedes-Büros in Südafrika hat die Alleinherrschaft der Weißen mit der Verabschiedung einer demokratischen Übergangsverfassung ihr Ende gefunden. Hat wirklich der Handel mit den W-Klasse-Kunden diesen fundamentalen Wandel herbeigeführt?

Schwarze Zahlen
sekundär

>»Daimler-Benz konnte, vor allem aufgrund des
erfolgreichen Pkw-Geschäfts, auch 1986 seinen
Wachstumskurs fortsetzen.«

Daimler-Benz Geschäftsbericht 1986

>»Zweifellos durchleben wir gerade unsere schlimm-
ste Zeit.«

Jürgen E. Schrempp im Herbst 1985

>»Seither bereitet er von Südafrika aus seine Karriere
in Deutschland vor.«

Karola Block, Secretary to the Management Board

Mitte der achtziger Jahre schwimmt Daimler-Benz auf einer
Erfolgswelle ohne Ende. In den Jahren 1984 bis 1986 explodiert der Konzernumsatz von 43 auf 52 und schließlich 65 Milliarden Mark, nicht zuletzt aufgrund der Diversifikationspolitik des
Vorstands. Jahr für Jahr wird ein beachtlicher Überschuß erwirtschaftet, der von gut einer auf knapp zwei Milliarden Mark an-
steigt. Mit den neuen Geschäftsbereichen Luft- und Raumfahrt
wächst die Mitarbeiterzahl von 199 000 auf 319 000 Beschäftigte.
Und bei der Mercedes-Benz AG jagt ein Vertriebserfolg den nächsten. In Untertürkheim knallen die Sektkorken.

☆

Als Jürgen E. Schrempp an die Spitze der Mercedes-Benz of South
Africa aufsteigt, kann das Unternehmen auf eine Zeit wirtschafts-
politischen Erfolgs am Kap zurückblicken: »Wir hatten sehr, sehr
gute Jahre« und »wir machten gute Profite«, bilanziert der neue
Chairman wenige Wochen nach Übernahme der Amtsgeschäfte.
Zwar hat Morris Shenker sein Haus bestellt, bevor er die Ge-

schäfte aufgrund seines Krebsleidens vorzeitig an Schrempp übergeben muß. Doch vor dem Nachfolger türmen sich Berge von Problemen auf.

Politisch wie wirtschaftlich stünden »schwierige Zeiten« bevor, verkündet Schrempp zugleich kleinlaut. Möglicherweise müsse der Konzern im Hinblick auf das langfristige Entwicklungspotential des Landes weiteres »Geld injizieren«. Schrempps erstes Jahr gerät zum wirtschaftlichen Fiasko, wofür die Unternehmensleitung in erster Linie die ungünstigen Rahmenbedingungen verantwortlich macht.

Natürlich ist der Außenwert der Landeswährung »drastisch zurückgegangen«. Natürlich ist die von der Teile-Einfuhr stark abhängige südafrikanische Kraftfahrzeugindustrie davon »besonders betroffen«. Und natürlich ist die Situation von »anhaltenden politischen Unruhen« geprägt, wie der Daimler-Benz-Vorstand in seinem Geschäftsbericht später schreiben wird. Und natürlich ist das keine leichte Ausgangsbasis für jeden neuen Chairman in der Mercedes-Zentrale in Pretoria.

Dennoch ist die Zeit gar nicht so ungünstig, wie der neue MBSA-Chef glauben machen will. In den kommenden Monaten stehen Entscheidungen von vergleichsweise geringer Bedeutung an, etwa die Verbesserung der Infrastruktur im Werk in East London, die Verwendung modernerer Materialien oder neuer Computer. Auch wenn die politische Lage im Land angespannt ist, im Mercedes-Produktionswerk herrscht relative Ruhe. Von den großen Streiks in East London wird Schrempp nur aus der Ferne vernehmen, sie finden erst nach seiner Zeit statt. Und so betrachtet ist seine wirtschaftspolitische Bilanz mehr als mau.

☆

Der weltweite Pkw-Verkauf der Mercedes-Benz AG boomt. Allein in den goldenen Jahren 1984 bis 1986 steigert das Automobilunternehmen seine Fahrzeugverkäufe von 478 000 auf 594 000 Limousinen. Das Untertürkheimer Unternehmen gilt als Musterkind deutschen Wirtschaftswachstums. Die Nachfrage nach Mercedes-Karossen ist im In- und Ausland dermaßen hoch, daß sie »wiederum unsere Produktionsmöglichkeiten« übersteigt, meldet der Daimler-Vorstand hoch zufrieden im Jubiläumsjahr des Automobils. Entsprechend laut erklingen die Jubelchöre um den Stern der Stuttgarter Konzernzentrale.

☆

Für eineinhalb Jahre führt Jürgen E. Schrempp die Geschäfte der südafrikanischen Daimler-Tochter, und sie laufen schlecht – extrem schlecht. Im Geschäftsjahr 1986, dem Jahr zwei unter Schrempp, werden erneut »der anhaltende Verfall der südafrikanischen Währung« und der daraus resultierende »verteuerte Import« von Teilelieferungen aus dem Ausland als negative Einflußfaktoren geltend gemacht. Der Absatzmarkt schmilzt in der heißen afrikanischen Sonne zusammen, und der MBSA-Chef muß Umsatzeinbußen in Höhe von dramatischen 22 Prozent verkünden. So tröstet sich Schrempp damit, daß »die gegenwärtige Auftrags- und Beschäftigtensituation der Gesellschaft insgesamt zufriedenstellend« sei, wie er im Geschäftsbericht beschönigend verlauten läßt.

Auch in seinem zweiten Jahr gelingt es dem Chef der Mercedes-Benz of South Africa nicht, das Steuer herumzureißen. Während in der deutschen Daimler-Zentrale eine Rekordmeldung die nächste jagt, muß Schrempp eine Katastrophe nach der anderen hinnehmen. Im zweiten Jahr als MBSA-Vorsitzender liegt der Umsatz der südafrikanischen Tochtergesellschaft noch bei 878 Millionen Mark, das Geschäftsergebnis schließt mit 41 Millionen Mark defizitär. Damit weist Mercedes-Benz of South Africa die zweitschlechteste Bilanz aller Beteiligungsgesellschaften aus. Allerdings hatte aber auch kein anderer mit so schwierigen politischen Rahmenbedingungen zu kämpfen wie Schrempp – Rahmenbedingungen, die die Geschäftspolitik von MBSA auch noch nach seinem Abschied vom Kap belasteten.

☆

Am Kap gibt es kein Jahr drei unter dem Chairman Schrempp. Während der Karren im Dreck steckt, verbringt der Freiburger zumindest die zweite Hälfte seiner südafrikanischen Vorstandszeit damit, seinen Absprung nach Deutschland vorzubereiten. Allenfalls in der Phase von Frühjahr 1985 bis Frühjahr 1986 bemüht sich Schrempp mit voller Kraft, als Vorsitzender neue Impulse zu setzen, die obligatorische Einarbeitungszeit davon noch einmal abgezogen. Derweil hofft der Mercedes-Mann auf die erfolgreiche Vermarktung neuer Fahrzeugtypen, wie der Modelle W 123, 200, 230 E, 300 D und 280 E. Die Entscheidung, diese Modelle auf dem Markt zu plazieren, geht jedoch auf Beschlüsse zurück, die drei Jahre zuvor und ohne Schrempps direkte Beteiligung getroffen worden sind. »Was wir jetzt machen, ist ein Ergebnis einer Entscheidung, die einige Zeit zuvor getroffen worden ist«, bekennt er freimütig.

☆

Karola Block hält große Stücke auf ihren früheren Chef, und dennoch hat sie sich ihre eigene Meinung bewahrt. Heftig widerspricht sie der Theorie, daß Schrempp sein berufliches Fortkommen von Anfang an durchgeplant habe. Ganz im Gegenteil, sagt sie: Euclid kam unerwartet. Shenker starb vorzeitig, und er wurde schneller Chairman als geplant. Auch sein Aufstieg zum Dasa-Chef war nicht vorhersehbar und anfangs sogar unerwünscht. Überhaupt sei die Rückkehr in die Konzernzentrale lange Zeit ganz und gar nicht klar gewesen. »Jürgen Schrempp wollte ursprünglich länger bleiben«, erinnert sich die Secretary to the Management Board. Aber im April 1986 habe ihm Beteiligungsvorstand Gerhard Liener mitgeteilt, daß er nach Deutschland gehen solle.

Jürgen E. Schrempp kann der Versuchung eines Vorstandsamts nicht widerstehen, im Gegenteil, er strebt nach Höherem. Während sich die MBSA in einer ihrer schwersten Krisen befindet, plant der Chef für die Zukunft – zumindest für seine eigene. Nicht alle im Konzern wollen offen über dieses Verhalten ihres Vorsitzenden sprechen – vor allem dann, wenn sie noch auf die finanziellen Zuwendungen angewiesen sind. »Man hatte den Eindruck«, so einer aus der Fraktion der Vorsichtigen, »daß sich Herr Schrempp vor allem auf die Karriere Schrempp konzentriert hat.« Dennoch sei sein »Image besser als seine Bilanz« gewesen. Unverkrampfter geht Johan Frederik van Olst mit der Realität um. Der derzeitige Mercedes-Generalvertreter akzeptiert Schrempps »brennende Ungeduld für den nächsten Schritt«. Auf der anderen Seite kritisiert der Kapstädter, daß der Deutsche seine Aufgaben bei der MBSA »vernachlässigte, da er mehr in der Rolle steckte, sich um seine Zukunft zu kümmern«. Die letzten neun Monate sei sein damaliger – und formal noch heutiger – Chef »kaum noch hier« gewesen.

☆

Man kann dem Schrempp-Nachfolger Sepp van Hüllen vieles vorwerfen, eines jedoch nicht: Als der neue MBSA-Chairman Anfang 1987 seine Arbeit aufnimmt, vermag er sogleich erste Erfolge vorzuweisen: Im Jahr eins nach Schrempp steigt der Umsatz der Unternehmenstochter um gut 200 Millionen Mark. Mit einem beachtlichen Ergebnis von 24 Millionen Mark rutscht die Mercedes-Benz of South Africa wieder in die Gewinnzone, und van Hüllen kann hundertfünfzig neue Mitarbeiter einstellen.

Ein Großteil des Schremppschen Fortkommens – trotz der Negativbilanzen in Südafrika – hängt mit der Tatsache zusammen, daß der Vorstand unter Führung von Werner Breitschwerdt eher dessen Integrationsfähigkeit als seine wirtschaftspolitischen Mißerfolge in den Mittelpunkt seiner Beurteilung stellt. Es sei »primär nicht um die Frage« gegangen: Was machen wir, »damit wieder schwarze Zahlen geschrieben werden?« Vielmehr habe der Vorstand in der Stuttgarter Konzernzentrale sein Augenmerk auf die Frage gerichtet: »Wie schaffen wir es, den Laden wieder in Ordnung zu bringen?«

So bleibt die Leistung des Managers Schrempp nach insgesamt elfjähriger Tätigkeit in Südafrika bestenfalls durchwachsen. Heutige Rückblicke geraten da allzu leicht zur kosmetischen Schönheitsoperation.

DRITTES KAPITEL

Nach Art des Hauses

Im Wolfsrudel

»Mich hat der Vorstandsvorsitz nie gelockt.«

Prof. Dr. Werner Breitschwerdt,
ehemaliger Vorstandsvorsitzender der Daimler-Benz AG

»Werner Breitschwerdt, obwohl oft genug in schwieriger Lage, hat nie intrigiert, niemals mit gezinkten Karten gespielt.«

Edzard Reuter,
ehemaliger Vorstandsvorsitzender der Daimler-Benz AG

Der erste wird nach nur vier Jahren von seinem Nachfolger entthront, kann den Machtverlust kaum ertragen und dankt unter Wahrung aller Anstandsregeln ab. Er ist noch heute ein gerngesehener Gast im Hause Daimler-Benz. Der zweite wird nach acht Jahren von seinem Nachfolger entthront, kann den Machtverlust nicht ertragen, dankt unter Wahrung mancher Anstandsregeln ab, sorgt aber dann mit seiner Abrechnung zwischen Buchdeckeln für helle Aufregung. Er ist heute kein gerngesehener Gast im Hause Daimler-Benz. Der dritte amtiert derzeit und ist angesichts seiner brillanten Bilanzen ein von vielen geachteter Chef.

☆

Von hier aus hat Werner Breitschwerdt Entscheidungen getroffen, die für die damals knapp 320 000 Konzernbeschäftigten in Deutschland, dem fernen Brasilien, Indonesien und Südafrika von maßgeblicher Bedeutung gewesen sind. Längst ist der heute 70jährige von der dreizehnten Etage, seiner vormaligen Residenz als Vorstandsvorsitzender, in die zwei Etagen tiefer liegende Ebene der Öffentlichkeitsarbeit und Kommunikation abgestiegen. Denn noch immer gehört die oberste Etage im Untertürkheimer Hochhaus dem Vorstandsvorsitzenden, auch wenn dieser seit dem Neubau der Konzernzentrale vom Möhringer Punkthaus aus die Fäden zieht.

An diesem Tag ist der Herr Professor kommunikativ, zumindest immer dann, wenn es um die Sonnenseiten des von ihm über alle Maßen geliebten Unternehmens geht. Zufrieden lehnt er sich in seinem schwarzen Ledersessel zurück, steckt sich eine schmale Davidoff-Zigarre an und sinniert über die seligen Zeiten, da der Entwicklungschef Werner Breitschwerdt im »sehr guten Team« mit seinem Chef Dr. Gerhard Prinz den Laden geschmissen hat. Als der ein Jahr jüngere Prinz im Oktober 1983 auf seinem Heimtrainer tot zusammenbricht und die aufgelöste Ehefrau eine halbe Stunde später Breitschwerdt anruft, findet nicht nur ein freundschaftliches Verhältnis ein jähes Ende. Auch Breitschwerdts Träume vom vergleichsweise beschaulichen Lebensabend im Windschatten des Daimler-Chefs platzen wie eine Seifenblase.

☆

Ihn habe der Vorstandsvorsitz nie gereizt, bekennt Werner Breitschwerdt und setzt sich damit deutlich von seinen beiden Nachfolgern Reuter und Schrempp ab, die ihr ganzes Leben auf diesen einen Punkt hin ausgerichtet haben. Erst als ihn der Aufsichtsratsvorsitzende direkt anspricht, »erst dann hat die größere Aufgabe gelockt«.

In einer Kampfabstimmung inthronisiert Dr. Wilfried Guth, mächtiger Mann der Deutschen Bank, seinen Günstling gegen den ungeliebten Sozialdemokraten Edzard Reuter, den Mann der Metaller. Reuters Rache, in einer wahren Schlammschlacht über die Medien ausgetragen, hat Breitschwerdt beinahe verdrängen können: »Ich habe überhaupt keine Probleme mit Edzard Reuter«, beteuert der früher tief Frustrierte, schließlich akzeptiere er, »daß jemand Vorstandsvorsitzender werden will«. Längst spreche man entspannt miteinander und gehe sich keinesfalls aus dem Weg: »Da betrachte ich ihn als Menschen«, sagt der Geschaßte voller Vergebung. Das Wohlwollen des vormaligen Vorsitzenden hält – zumindest bis zur Veröffentlichung der Reuterschen Memoiren. Seither sieht die Welt etwas anders aus.

☆

Breitschwerdts Scheitern ist auch auf taktische Fehler zurückzuführen. Statt die Nähe zu den einflußreichen Vorstandskollegen Werner Niefer und Helmut Werner zu suchen, schmiedet er den Bund mit vergleichsweise einflußlosen Vorständen. Den Vorsitz kostet ihn jedoch seine eigentliche Schwäche: das Beharren auf den traditionellen Daimler-Strukturen. Bis dato sind die Vorstandsposten funktional geordnet in Entwicklung, Produktion oder Vertrieb. Genau an diesem Schwachpunkt setzt Reuters geschickt inszenierte Entmachtungsstrategie an.

Mit wachem Verstand analysiert der Berliner die Defizite und forciert mit Niefers Unterstützung die Neustrukturierung in eigenständige Unternehmensbereiche wie Fahrzeuge oder Luft- und Raumfahrt. Dahinter steckt mehr als der Blick nach vorne. Reuter weiß um den Breitschwerdtschen Strukturkonservatismus. Während sich Reuter als visionärer Vordenker profiliert, beschränken sich Breitschwerdts Kompetenzen auf den Komplex der Motoren- und Getriebeverbesserungen – so jedenfalls der erzeugte Eindruck.

Mit den Akquisitionen von MTU, der AEG und Dornier gelingt es Reuter, seinen Chef zum reinen Techniker zu degradieren, der am Ende gerade mal die Vertragsunterzeichnungen vornehmen darf. Breitschwerdts Demontage gipfelt in der Gründung des »Struktur- und Synergieausschusses«, dessen Vorsitzender Edzard Reuter dem Aufsichtsratschef Alfred Herrhausen direkt berichtet. In der Mitgliederliste dieses Schlüsselgremiums fehlt allerdings ein Name: Der amtierende Vorstandsvorsitzende Werner Breit-schwerdt wird mit dem Vorsitz für den Aufsichtsrat der drei neu-en Daimler-Töchter abgespeist.

Damit nicht genug: Reuters Sucht nach Macht ist unersätt-lich, für ihn zählt nur der Chefsessel im dreizehnten Stock des Untertürkheimer Daimler-Hochhauses. Um Breitschwerdts vor-zeitige Vertragsauflösung durchzusetzen, bedarf es der Mithilfe der Medien. In den kommenden Monaten tauchen immer neue Gerüchte über Breitschwerdts vermeintliche Unfähigkeit in den Politmagazinen auf. Da klingt es geradezu harmlos, wenn Breit-schwerdt über Reuter bemerkt: »Er hat nur mit den Wölfen ge-heult.«

Nach der erfolgreichen Jagd bilanzieren die Wölfe jedenfalls, daß der »eher scheue, rhetorisch unbegabte Techniker sichtlich Mühe« gehabt habe, »die Firma nach außen zu repräsentieren und im Inneren zu organisieren«. Und der *Spiegel* analysiert im nach-hinein, »von Anfang an machte er« – gemeint ist Reuters Opfer Breitschwerdt – »schwere taktische Fehler«.

☆

Im März 1987 besiegelt Herrhausen das Schicksal des amtieren-den Vorstandsvorsitzenden mit der Schaffung des neuen Amts eines Stellvertreters und Reuters Inauguration. Nüchtern bilan-ziert Breitschwerdt, der »Vorsitzende des Aufsichtsrats und zwei Vorstandsmitglieder waren gegen mich«. Hintergründig-sarka-stisch klingt es dagegen, wenn Reuter vorgibt, die Qualitäten sei-nes Vorgängers zu loben. »Niemand«, so Reuter, habe Breit-schwerdts »außergewöhnlichen Rang als Entwicklungsingenieur in Frage« gestellt. Und genau darin bestünde »seine unbestreit-bare Autorität«.

Glaubwürdiger ist da schon eine trockene Feststellung, die Breitschwerdt ganz beiläufig über die Lippen kommt: »Wenn Sie Vorstandsvorsitzender sind, müssen Sie halt mal den Strahle-mann spielen.« Als er das sagt, ist ihm wohl gar nicht bewußt, wie sehr dieser Satz vor allem für seinen Abgang Jahre zuvor zutrifft. In der Sondersitzung des Aufsichtsrats am 22. Juli 1987 darf der Professor um seine vorzeitige Vertragsauflösung ersu-chen – eineinhalb Jahre vor dem eigentlichen Ende seiner Berufung und ganz »freiwillig«, so wie es die Kultur dieses Hauses gebietet.

Edzard Reuter hat sein Ziel erreicht. Wie das geschah, erinnert jedoch fatal an die Umstände, unter denen er später selbst zu Fall kommen und über die er sich dann bitterböse beklagen sollte.

Auf Elefantenjagd

>»Reuter liebte den Jungen wie seinen Sohn.«
>
> *Hugh Murray über das Verhältnis von*
> *Edzard Reuter und Jürgen E. Schrempp in früheren Tagen*

>»Ein anderer, dessen persönliche Interessen nun
> gesichert waren, krümmte – um es gelinde auszu-
> drücken – keinen Finger mehr zu meinen Gunsten.«
>
> *Edzard Reuter über den »anderen«*

>»Die Hyäne geht auch an Elefantenfleisch, und deren
> Haut ist verdammt hart.«
>
> *Ein langjähriger Wegbegleiter über Jürgen E. Schrempp*

Mit dem Verweis auf seinen berühmten Vater, der es immerhin zum Berliner Oberbürgermeister gebracht hat, findet
Edzard Reuter beim Stuttgarter Nobelkonzern Unterschlupf. Die
Schrempps dagegen stammen aus bürgerlichen Verhältnissen,
was keinem der drei Söhne einen Startvorteil verschafft. Jürgen
muß sich erst einmal als Lehrling in Freiburg hocharbeiten.

Ein viertel Jahrhundert später treffen sich die beiden, mittlerweile in Führungspositionen, erstmals in Südafrika, bereisen gemeinsam das Land am Kap und finden zueinander. Von da an
nimmt eine Beziehung ihren Lauf, die in ihren besten Tagen zumindest als enge Freundschaft bezeichnet werden kann.

Das ist überraschend. Denn nicht nur in ihrer Persönlichkeitsstruktur, sondern auch in ihren Vorstellungen von Management-
politik unterscheiden sie sich gewaltig – und werden auch so
wahrgenommen: Reuter gilt als Hands-off-Manager, der viel zuviel delegiert und zu wenig managt. Nicht umsonst wird ihm die
Fähigkeit abgesprochen, Manager und nicht nur Visionär zu sein.
Ganz anders Schrempp: In Südafrika erwirbt sich der Deutsche
den Ruf eines tatkräftigen, entscheidungsfreudig zupackenden
Hands-on-Managers, der seine Mannschaft an kurzen Zügeln führt.

Dennoch verstehen sich die beiden so unterschiedlichen Charaktere seit den Pretoria-Jahren blendend. Mehr noch: Als »erschreckend gut« beurteilt Südafrikas Mercedes-Chef Christoph Köpke die Beziehung der beiden Topmanager, die bis wenige Monate vor Reuters Absturz andauert.

☆

Zu seinen Freunden in Südafrika pflegt Schrempp ein tiefes Vertrauensverhältnis. Das heißt aber noch lange nicht, daß diese Beziehungen von Dauer sind. »Wenn mich Jürgen Schrempp enttäuscht, dann würde ich ihn fallenlassen«, erklärt Hugh Murray mit aller Konsequenz, »und er mich umgekehrt auch.«

Murray und Schrempp verstehen sich noch heute bestens, das gegenseitige Vertrauen hat keiner von ihnen bislang gebrochen. Dagegen lassen derart harte Aussagen verstehen, warum es zum Bruch zwischen Reuter und Schrempp gekommen ist und wie tief der Graben ist, der die beiden heute trennt. Über Jahre hinweg hat der Kapstädter, einer der besten Schrempp-Kenner weltweit, das Verhältnis der beiden beobachtet und den Eindruck gewonnen, daß der sechzehn Jahre ältere Reuter »den Jungen wie seinen Sohn geliebt hat«.

☆

Hyänen scheuen die mächtigen Herrscher der Savanne, denn der *Loxodonta africana* kann mit seinen zuweilen mehr als drei Meter langen Stoßzähnen zu einem tödlichen Gegner werden. Die Raubkatzen sind der Kraft des Afrikanischen Elefanten deutlich unterlegen – es sei denn, dieser ist alt oder angeschlagen.

☆

Die Freundschaft mit Edzard Reuter wird zu einem, wenn nicht dem entscheidenden Grund dafür, daß Schrempps Durchmarsch an die Konzernspitze von Erfolg gekrönt ist. Als Finanzchef und späterer Vorstandsvorsitzender fördert er seinen Zögling nach Kräften: Reuter befürwortet Schrempps Aufstieg in den Mercedes-Vorstand, Reuter initiiert Schrempps Wechsel an die Dasa-Spitze, Reuter kürt Schrempp frühzeitig zu seinem Nachfolger als Vorstandsvorsitzender der Daimler-Benz AG – und Reuter versucht

Schrempps Wahl zum Vorsitzenden zu verhindern, nachdem er erkannt hat, was Sache ist. Doch sein Versuch, an Schrempps Stelle Manfred Gentz zu inthronisieren, scheitert kläglich.

☆

Fragt man nach den Verantwortlichen der wirtschaftspolitischen Fehlentscheidungen wie etwa im Fall Fokker, dann sind die Namen Reuter und Schrempp zumindest gleichwertig zu nennen. Doch wie kann es sein, daß der eine an den vielen Fokkers zerbricht, während der andere zum mächtigsten Mann in Möhringen aufsteigt?

Der Berliner gilt als der intelligentere von beiden: »Reuter besitzt vierzig Prozent mehr Hirn als Schrempp«, formuliert es ein hoher Daimler-Funktionär, der neue Konzernchef dafür über »ein Mundwerk für drei«. Zudem besitze der Freiburger eine Fähigkeit, die dem Berliner weitgehend fehlt: »Jürgen Schrempp überlistet Leute, die ihm intellektuell haushoch überlegen sind«, erklärt der Schrempp-Intimus den Ausgang des Machtkampfs.

Mit seinen Mitteln gelingt es dem Freiburger, genau die Situationen zu bewältigen, an denen der Berliner zerbrochen ist. Da jedoch Schrempp im Fall Fokker unübersehbar als der Hauptverantwortliche gelten muß, wählt er die Strategie der Vorneverteidigung. Demonstrativ nimmt er alle Schuld auf sich, um den anderen Vorstands- und Aufsichtsratsmitgliedern deutlich zu signalisieren: Ihr wart mitschuldig, aber ich decke euch alle. Die Strategie ist entwaffnend.

☆

Lange Jahre regiert der mächtige Elefant mit Erfolg, scheint gleichermaßen unangreifbar wie unverwundbar. »Die Big Five lassen sich in Ruhe«, sagt ein Mercedes-Manager in Südafrika, »solange sie in guter Verfassung sind.« Ein anderer intimer Kenner des Verhältnisses der beiden Topmanager sieht 1994 den Moment gekommen, da die Hyäne an das harte Fleisch des Elefanten geht. Nachdem der Dickhäuter das Raubtier stark gemacht habe und nunmehr selbst verletzt sei, falle die Hyäne über den Elefanten her – und reiße ihn.

☆

So offensiv Schrempp den Fokker-Verkauf vertritt, so geschickt zentriert er die Kritik an den Diversifikationen der Luft- und Raumfahrt und der damit verbundenen Katastrophenbilanz des Jahres 1995 auf Reuter. »Die Schwierigkeiten haben nicht erst mit dem Profit Warning im Juni 1995 angefangen«, erklärt er seine Sicht der Dinge.

Reuter dagegen sieht sich gerade auch an diesem Punkt von seinem Ziehsohn hintergangen. Die ihm zugeschriebenen Verluste in Höhe von 5,7 Milliarden Mark seien »nahezu unvorstellbar« hoch und »durch außerordentliche Rückstellungen« zustande gekommen, »die nicht durch das laufende Geschäft verursacht waren«.

Will sagen: Sein Nachfolger hat alles in der Verlustrechnung subsumiert, was sich einrechnen ließ. Neben der beschlossenen Auflösung der AEG wurden die Verluste, so Reuters Vorwurf an seinen Nachfolger, »durch die spektakulären Vorgänge bei der Dasa erforderlich, für die Jürgen E. Schrempp seit ihrer Gründung die unmittelbare Führungsverantwortung getragen hatte«.

☆

Der Freiburger wird Vorsitzender des Vorstands, der Berliner Vorsitzender des Aufsichtsrats. So jedenfalls lautet die Vereinbarung im Inner Circle, die – schenkt man Reuter Glauben – bis ins Jahr 1994 hinein von Hilmar Kopper mitgetragen wird. Auch wenn der Banker »Bedenken der Anteilseigner« ins Feld führt, versichert er dennoch Reuter gegenüber, dieser könne sich in bezug auf den Wechsel an der Aufsichtsratsspitze »seiner Stimme sicher sein«.

Zugleich aber vollzieht der Vorsitzende der Deutschen Bank eine Kehrtwende am Ende einer langen Kette von Gesprächen »und sicher auch Intrigen«, so ein zutiefst frustrierter Reuter. An diesen Intrigen seien »vielerlei Akteure beteiligt« gewesen, auch solche, »die sich als meine besonders engen Freunde zu bezeichnen pflegten«. Denn neben dem sogenannten »Rädelsführer« Kopper habe »ein anderer keinen Finger mehr zu meinen Gunsten krumm gemacht«. Auch wenn der Berliner den Freiburger nicht namentlich nennt, ist offensichtlich, auf wen er zielt.

Ohne Zweifel wäre Jürgen E. Schrempp einflußreich genug gewesen, seinen engen Vertrauten Hilmar Kopper von der Notwendigkeit des Reuterschen Wechsels an die Spitze des Aufsichtsrats zu überzeugen, zumal der Banker dazu bereit gewesen ist. »Ich hatte da eine eigene Meinung«, sagt Schrempp, ohne diese näher ausführen zu wollen. Daß er sich für Reuter nicht mehr stark gemacht hat, belegt jedenfalls den Bruch zwischen den beiden früheren Freunden.

☆

Eine Stimme fehlt, ein Platz ist leer geblieben. Im Gegensatz zu Ernst Stöckl ist Edzard Reuter zu dieser Sitzung erst gar nicht erschienen. Gut eine Woche zuvor hat er die sofortige Niederlegung seines Aufsichtsratsmandats verkündet. Damit sei er auch aus dem Vermittlungs- und Präsidialausschuß ausgeschieden, bemerkt Hilmar Kopper und ergänzt, es sei an der Zeit, gleich einen Nachfolger zu bestimmen.

So kalt kann Wirtschaftspolitik sein. Kein Wort über Reuters Leistungen, kein Wort über das Versprechen, den Aufsichtsratsvorsitz für Reuter zu räumen, kein Wort über den harten Konflikt mit dem Konzernvorsitzenden. Statt dessen Tagesordnung pur. Es ist kurz nach 9.00 Uhr, und noch bevor die Sitzung formal mit dem ersten Tagesordnungspunkt eingeleitet wird, entscheidet der Aufsichtsrat über Reuters weiteres Schicksal. Professor Semler habe seinen Platz im Vermittlungs- und im Präsidialausschuß »freiwillig für Herrn Reuter geräumt«, erinnert Hilmar Kopper. Er schlage deshalb vor, daß Semler diesen für die verbleibende Amtszeit des Aufsichtsrats wieder einnehme. Der Rest ist Formsache: Keine Wortmeldung, Schrempp schweigt, wie alle anderen. Das Votum für Semler seitens der Anteilseigner fällt einstimmig aus, der 72jährige Rechtsanwalt aus Kronberg nimmt die Wahl an.

Das unrühmliche Ende der Ära Reuter ist weitgehend vollzogen. Hilmar Kopper ruft Tagesordnungspunkt 1 auf und läßt das Protokoll der vorigen Sitzung verabschieden. Es ist der Aschermittwoch des Jahres 1996, and the show must go on.

☆

Die Demontage Reuters durch Kopper und andere nimmt ihren Lauf: Im Juni 1994 bestimmt der Aufsichtsrat Schrempp einstimmig zum Reuter-Nachfolger. Mit der Hauptversammlung im Mai 1995 läßt sich der Berliner in den Aufsichtsrat und alsbald ins Präsidium des Kontrollgremiums wählen – obwohl ihm Kopper zuvor signalisiert hat, daß er nicht mehr zu seinem Wort steht und weiterhin den Vorsitz im Aufsichtsrat beansprucht.

Die Katastrophe bricht über ihn herein, als »jenes deutsche Monatsmagazin im Sommer 1995 das unsägliche Pamphlet von Gerhard Liener aus der Schublade« zieht, so Reuter über die Veröffentlichung des Liener-Dossiers im *manager magazin*. Mit den nun folgenden »haßerfüllten Reaktionen« ist die Zeit gekommen, da Reuter die Rückendeckung seines Zöglings einfordert. Der Berliner kann sich »an keinen Fall erinnern, in dem der Aufsichtsrat gegenüber einer klaren Empfehlung des Vorstands jemals ein Ohr verschlossen hatte«. Reuter bittet Schrempp um eine Ehrenerklärung, die er im Vorstand verabschieden lassen und in den Aufsichtsrat einbringen soll.

Die Reaktion des neu ernannten Daimler-Vorsitzenden ist eindeutig: »Jürgen E. Schrempp ließ mir mitteilen, der Vorstand sehe keine Möglichkeit, den Aufsichtsrat zu einer Ehrenerklärung zu veranlassen.« Und in einem persönlichen Gespräch rät Schrempp seinem Ziehvater »zudem davon ab, einen solchen Wunsch mit einer Rücktrittsdrohung zu verbinden«. Reuters Kommentar: »Das reichte mir.«

☆

Auch wenn Schrempps radikaler Umbau des »integrierten Technologiekonzerns« nahezu einhellig begrüßt wird, stößt vor allem seine Vorgehensweise im Jahr seiner Wahl durch den Aufsichtsrat bis zur Berufung als Vorsitzender durch die Hauptversammlung 1995 sowie seine überzeichnete Negativdarstellung des Milliardenverlusts auf deutliche Kritik.

Nicht wenige sprechen hinter vorgehaltener Hand von einer »Demontage« des Vorgängers, wobei Schrempp »nicht einmal die Kosmetik für Reuter zugelassen« habe. »Schrempp verweigerte Reuter die letzte Schminke und zeigte sogar noch auf die Falten«, urteilt ein Wirtschaftsjournalist: Im Endeffekt sei der Freiburger »weit brutaler als andere Manager«.

☆

»Hätte ich die Umstrukturierungen nicht vorgenommen, hätten wir heute existentielle Probleme«, erklärt Schrempp sein Vorgehen. »Wir haben in fünfzehn Monaten das Unternehmen neu ausgerichtet«, so Schrempp. »Daß dies für meinen Vorgänger keine leichte Situation war, ist letztlich verständlich.« Dabei habe ihm Reuter vorgeworfen, Schrempp gehe es »nur um kurzfristige Gewinne, statt um langfristigen Aufbau«, was in dieser Einseitigkeit sicherlich ein unberechtigter Vorwurf wäre. Und als sich das Verhältnis weiter verschärfte, »hat Herr Reuter ab einem bestimmten Zeitpunkt meinen Rat nicht mehr eingeholt«.

☆

Die langen Jahre im Konzern haben ihre Spuren in seinem Freundeskreis hinterlassen, Beziehungen haben sich verändert. Das frühere Vater-Sohn-Verhältnis mit Reuter ist einem gegenseitigen Unverständnis gewichen. Gerhard Liener lebt nicht mehr. Die Freunde Karl Dersch und Ernst Stöckl sind ausgeschieden, doch hält Schrempp weiterhin engen Kontakt. »Es stimmt nicht, daß man an der Spitze des Unternehmens einsam ist«, beantwortet Schrempp die Frage, wie er sich im 11. Stock der Möhringer Konzernzentrale fühle. »Nur die, die einsam sein wollen, sind einsam«, sagt er.

Haben ihn all die neuen Freunde die alten vergessen lassen? Fehlt ihm womöglich kaum einer von denen, die er früher zu seinen engsten Vertrauten gezählt hat und die er mittlerweile der gegnerischen Front zuordnet? Und wie verändert der Konkurrenzkampf in der Wirtschaftswelt einen Menschen?

Dank an Dersch

»Ich habe nicht gewußt, daß diese Fahne bedauerlicherweise von rechtsradikalen Gruppen mißbraucht wird.«

Karl Joseph Dersch,
Mitglied im Vorstand der Deutschen Aerospace

»Es war Reuters Entscheidung, aber Schrempp mußte die Dreckarbeit vornehmen.«

Hugh Murray, Verleger

Über vierzehn Jahre hinweg leitet Karl Dersch die Geschäfte der Münchner Mercedes-Niederlassung. In dieser Zeit laufen die Geschäfte wie geschmiert, und das trotz der harten BMW-Konkurrenz vor Ort. Konzernintern hat er sich jedoch auch den Ruf erworben, das Geld zum Fenster hinauszuschaufeln. Das aber ist nicht der Grund dafür, daß der Dasa-Vorstandsvorsitzende Jürgen E. Schrempp mit einem unangenehmen Geschäft beauftragt wird.

☆

Trotz wachsender öffentlicher Kritik zögern der Daimler- und der Dasa-Chef, den erfolgreichen Manager zu feuern. Als Dersch zu Ehren des fünfzigsten Jahrestags des Abschusses der Rakete A 4, dem Vorläufermodell der nationalsozialistischen Massenvernichtungswaffe V 2, in Peenemünde eine Feier zelebrieren will, wird das Vorhaben von dem Führungsduo durch interne Einflußnahme gestoppt.

Die Raketenfertigung hat im Dritten Reich mindestens 20 000 Zwangsarbeiter das Leben gekostet. Doch Schrempp und Reuter bleiben bei ihrer Linie, Derschs Verherrlichung der Vernichtungswaffe nicht öffentlich zu kritisieren. Als Spezi des bayerischen Ministerpräsidenten Franz Josef Strauß und Kontaktmann des Dasa-Vorstands zur bajuwarischen Landesregierung ist Dersch

ein verdienstvoller Verbündeter, von dem sich auch der Sozial-
demokrat Reuter nur äußerst ungern trennt.

☆

Erst im Dezember 1992, nach einer schier unglaublichen Serie
peinlicher Skandale, erkennt Reuter, daß Dersch nicht länger gedeckt werden kann. Diesmal nämlich hat der Dasa-Vorstand im
Garten seiner Münchner Villa Flagge gezeigt: die des Norddeut-
schen Bundes – ein Banner mit Symbolkraft in der Skinhead- und
Neonaziszene. Da der »Reichskriegsflaggen-Dersch« international für Aufsehen sorgt, bleibt Reuter keine andere Wahl, will er
nicht sein Gesicht verlieren. Er habe »volles Vertrauen in die politische Integrität von Dersch«, erklärt der Daimler-Vorsitzende,
der lediglich »Schaden von der Dasa abwenden« will.

☆

Der Überbringer der schlechten Nachricht heißt Schrempp. Als
Dasa-Chef wird er für formal zuständig erklärt. Reuter selbst
drückt sich vor dem unfreundlichen Akt. Schrempp, der Dersch
seit vielen Jahren kennt und bestens mit ihm befreundet ist, über-
bringt die Botschaft beim gemeinsamen Abendessen. Anschließend diskutieren und trinken sie die ganze Nacht hindurch. Für
Dersch ist dieser Abend das Ende hochgespannter Karrierepläne
im Konzern. Schrempp dagegen wird Jahre später zum mächtigsten Mann in Möhringen aufsteigen.

»Der Aufsichtsrat hat Herrn Karl J. Dersch«, so Reuters offizielle Sprachregelung, »auf eigenen Wunsch von seinem Amt als
Marketing-Vorstand entbunden.« Und weil alles so schön gewesen ist, spricht der Dasa-Aufsichtsratsvorsitzende Reuter »den aus-
geschiedenen Aufsichtsrats- und Vorstandsmitgliedern den besonderen Dank für ihr Engagement und ihre Einsatzbereitschaft«
aus. Danke, Charly.

Die Akte Liener

»Das Wirken von Gerhard Liener wird uns unverges-
sen bleiben.«

Todesanzeige von Aufsichtsrat, Vorstand,
Konzernbetriebsrat, Konzernsprecherausschuß
und der Mitarbeiter

»Dies alles scheint die Kontrolleure um
Hilmar Kopper offenbar wenig zu scheren.«

Das »manager magazin« über Reuters Versäumnisse

»Er wollte wohl ein Buch schreiben, über das Verhalten von Reuter und das Unternehmen.«

Jürgen E. Schrempp über die Pläne
von Dr. Gerhard Liener

Der Fall Liener wirft Fragen von großer Brisanz auf. Fragen,
deren Antworten teilweise immer noch ausstehen und die
für das Unternehmen und seine Geschichte in den achtziger und
Anfang der neunziger Jahre mehr als unbequem sein könnten.
Denn noch heute sind die Umstände der Veröffentlichung einer
Abrechnung mit der Ära Reuter durch den Finanzvorstand Gerhard Liener unklar.

Wer war die Person, die das Dossier des Dr. Gerhard Liener an
das *manager magazin* weitergereicht hat? Mit welcher Intention hat
sie das 76seitige Geheimpapier an die Wirtschaftszeitschrift gegeben? Wen wollte der Unbekannte in Wirklichkeit damit treffen?
Und warum schweigen alle Mitwisser?

☆

Ein Teil dieser Fragen läßt sich aus der zeitlichen Distanz besser
beantworten: anhand der Faktenlage, aufgrund von Aussagen
führender Persönlichkeiten und aus der Logik der Sache heraus.
Es bleibt aber bei Vermutungen, da die Gruppe um die damaligen

Direktoren und Vorstände schweigt. Und noch müssen weitere Puzzleteile zusammengetragen werden, um das Bild desjenigen preiszugeben, der die vertrauliche Schrift zur Veröffentlichung freigegeben hat. Für die Weggefährten Lieners sind diese Vorgänge ein schmerzhaftes Kapitel, denn schließlich endete die Auseinandersetzung zwischen Reuter und Liener mit dem Selbstmord des früheren Finanzchefs der Daimler-Benz AG.

☆

Oktober 1983. Im Kampf um den Vorstandsvorsitz tritt Edzard Reuter gegen Werner Breitschwerdt an. Aufsichtsratschef Wilfried Guth befragt alle Vorstände einzeln. Werner Niefer und Reuter votieren für sich selbst, Breitschwerdt erhält vier Stimmen – darunter auch die von Gerhard Liener. »Das, Herr Reuter, haben Sie mir sicher nie verziehen«, so Liener in seinem Geheimdossier. Der damalige Beteiligungsvorstand ergänzt: »Aber ich traute Ihnen nicht, und ich hatte recht.«

☆

April 1992. Finanzvorstand Gerhard Liener feiert seinen Sechzigsten. Die Presse überschlägt sich in euphorischen Huldigungen seiner finanzpolitischen Weichenstellungen: von seinem Beitrag zur Sanierung der angeschlagenen AEG wie der maroden Dasa bis hin zu den erfolgreichen Aktieneinführungen an den Börsenplätzen in London und Tokio.

In einem handschriftlichen Brief zollt Reuter seinem Finanzchef allergrößten Respekt. Sein Vertrauen in Liener sei »völlig ungebrochen«, dessen fachliche Leistung »ohnehin unbestritten«, der Erfolg »makellos«, lobenswert insbesondere auch seine »menschliche Integrität und Leistungsfähigkeit«. Reuters Schreiben endet mit »einem festen Händedruck« und dem Wunsch »auf weiterhin gute Zusammenarbeit«.

☆

29. August 1994. Zweieinhalb Monate nach dem einstimmigen Votum des Aufsichtsrats für Schrempp als Reuter-Nachfolger bestellt Hilmar Kopper den Finanzchef in die Zentrale der Deutschen Bank ein.

Auf der Fahrt nach Frankfurt wird Liener wie vom Blitz getroffen: »In Vorstandssitzungen konnte der einstige Lastwagen-Experte mangelndes Finanzwissen kaum verbergen«, liest er im *Spiegel* über sich. »Nun rächt sich, daß Vorstandchef Edzard Reuter so lange an seinem Finanzvorstand festhielt«, kommentiert das Magazin, das zu dem Schluß kommt: »Nach einer Reihe peinlicher Auftritte muß Daimler-Finanzchef Liener gehen.« Harter Tobak für einen, der in schwierigen Zeiten versucht hat, Edzard Reuters Negativbilanzen aufzupäppeln.

Für den Finanzchef ist die Sache klar: Am Abend des 24. August, so seine Erinnerung, hat Reuter den Pressechef Matthias Kleinert und einen *Spiegel*-Redakteur in sein Ferienhaus am Bodensee eingeladen. Neben anderen Themen habe Reuter dem Politmagazin »den äußerst gemeinen und weit unter der Gürtellinie liegenden Artikel über mich diktiert«, vermutet Liener.

☆

29. August 1994. Es ist ihr erstes Vier-Augen-Gespräch in der 36-stöckigen Frankfurter Bankerzentrale, und Koppers Botschaft ist eindeutig: Liener, dessen Vertrag regulär bis zum 31. Dezember 1997 läuft, muß mit der Hauptversammlung im kommenden Jahr vorzeitig zurücktreten.

»Er sagte natürlich nicht, ich müsse gehen«, so ein zutiefst frustrierter Finanzchef, »sondern er erwarte, daß ich im Interesse des Unternehmens handle«. Eine Freistellung also, in der ansonsten so hochgelobten Art des Hauses.

☆

Am gleichen Tag, an dem Kopper Liener feuert, ist der Daimler-Finanzchef Ehrengast beim abendlichen Empfang von Ronaldo Schmitz in Schloß Reinartshausen. Der Banker, Vorstandskollege Koppers, würdigt Gerhard Liener als einen der ganz Großen. Schließlich sei die erste weltweit inszenierte Kapitalerhöhung »exzellent gemeistert« worden, die Deutsche Bank habe aus dieser »globalen Aktion sehr viel gelernt«. Nicht umsonst ist Lieners Dossier überschrieben »Morgens gefeuert, abends gefeiert«.

☆

24. Mai 1995. Am Abend nach der Hauptversammlung der Daimler-Benz AG. Das Treffen findet in privatem Rahmen statt, nur enge Bekannte sind zur Hausfete bei den Schrempps geladen. Zumindest bei zwei Gästen will von Anfang an keine rechte Stimmung aufkommen: Gerhard Liener und Edzard Reuter machen einen großen Bogen umeinander. Zutiefst enttäuscht lehnt der Stuttgarter die ihm angebotenen Drinks ab. »Wie kann ich gehen, wenn Reuter gelogen hat«, antwortet er auf die Frage nach seiner inneren Verfassung. »Edzard hat bei seinem Vortrag gelogen«, wiederholt er seinen Vorwurf gegenüber dem renommierten Herausgeber des südafrikanischen *Leadership Magazine*.

Warum aber muß sich einer, den man vorzeitig seines Postens enthoben hat, über die vermeintlichen Falschaussagen seines bisherigen Vorsitzenden grämen? Was kümmert es Gerhard Liener, wenn sich derjenige, der ihn mit allen Mitteln aus dem Konzern gedrängt haben soll, hart an der Grenze zur Falschdarstellung bewegt oder diese womöglich längst überschritten hat? So zumindest scheint Liener es zu empfinden, und das bleibt nicht ohne Folgen.

Ich weiß, »wir haben einen großen Verlust gemacht«, bekennt ein von schweren Sorgen bedrückter Gerhard Liener gegenüber einem engen Vertrauten. Dieser wendet sich an seinen langjährigen Wegbegleiter Jürgen E. Schrempp. »Wie kannst du deinem Vorsitzenden«, gemeint ist Edzard Reuter, »ein so großes Geschenk machen?« »Ich werde mich darum kümmern, sobald ich dazu Gelegenheit habe«, soll Schrempp geantwortet haben. Intern wird die Finanzlage schonungslos untersucht. Noch sind die Fakten nicht auf dem Tisch, weshalb auf der ersten Hauptversammlung der Ära des neuen Vorsitzenden keine Zahlen genannt werden können. Sechs Wochen später ist es dann so weit: Der Freiburger muß gegenüber einer verwunderten Öffentlichkeit und gegenüber den überraschten Aktionären ein »Profit Warning« herausgeben.

☆

August 1995. Seite für Seite rechnet Liener mit Reuter, dem damals noch amtierenden Vorsitzenden der Daimler-Benz AG ab. Sein eigener Vorstandsvorsitzender habe ihn systematisch demontiert und kaltblütig abserviert, so die folgenschweren Vorwürfe in einem Geheimdossier, das ohne Lieners Wissen und Zustimmung im *manager magazin* veröffentlicht wird. Edzard Reuter sei »in allererster Linie« an seinem »Image interessiert gewesen und erst in zweiter Linie am Image unseres Unternehmens«, so Lieners Vorhaltungen. Sein »fast täglich in der Presse erscheinender Name, möglichst garniert, Sie seien der größte aller Manager – das war für Sie fast eine Sucht«. Zwar habe sich Reuter auch in schweren Jahren darauf verlassen können, daß Liener in seiner Funktion als Finanzvorstand alles getan habe, »um die zum Teil katastrophalen Entwicklungen, die aufgrund Ihrer Visionen zustande gekommen waren, zu verdecken«. Und doch muß Gerhard Liener erkennen: »Ich war lästig und wurde immer lästiger.«

☆

Daß der Gesamtkonzern unter schwierigen Rahmenbedingungen litt und daß auch sein bisheriges Unternehmen Dasa wegen der dortigen Umbruchsituation noch rote Zahlen zu Lasten von Daimler-Benz schreiben mußte, hat der Freiburger selbst nie abgestritten. So trafen ihn als neuen Daimler-Vorstandsvorsitzenden die Folgen früherer Fehlentwicklungen – und er trat, wie es seine Art ist, die Flucht nach vorne an, indem er gegenüber der Öffentlichkeit seine Mitverantwortung eingestand – und zugleich ankündigte, dem Konzern eine Erfolgsperspektive zu geben.

☆

Auf dem Rückflug von Mexiko via Los Angeles nach Deutschland gehen Gerhard Liener die schlimmsten Gedanken durch den Kopf. In Händen hält er die aktuelle Ausgabe des *manager magazins*. Auf der Titelseite zeigt der Daimler-Vorsitzende Reuter seinem vormaligen Finanzchef die Zähne. Jemand muß Lieners Vertrauen mißbraucht haben. Der mit der Veröffentlichung verbundene Bruch mit dem einst von ihm geliebten Unternehmen ist irreversibel. Schlimmer kann es nicht kommen, und verzweifelter kann kein Mensch sein. In einer Welt, in der das ungeschriebene Gesetz der Verschwiegenheit gilt, ist damit auch Gerhard Lieners Lebenswerk unwiederbringlich zerstört.

☆

Als Liener am Frankfurter Flughafen landet, wird er von einem der engsten Freunde Schrempps empfangen. Der Finanzchef der Daimler-Benz AG ist sich der Ausweglosigkeit der Situation voll und ganz bewußt, das Entsetzen steht ihm ins Gesicht geschrieben. »I'm finished«, sagt er dem Vertrauten aus Südafrika, der auf Bitten des Freiburgers eigens angereist ist, um den Freund zum Haus der Familie Schrempp zu fahren.

Dem Daimler-Chef liegt viel daran, daß Liener nicht von einem Fahrer des Unternehmens abgeholt, sondern sogleich persönlich betreut wird. Den beiden früheren Freunden steht das schwierigste Gespräch ihres Lebens bevor. Denn Jürgen E. Schrempp sieht nach der Publikation im *manager magazin* keinen anderen Ausweg mehr, als Liener sofort zu feuern.

☆

14. Dezember 1995. Im Alter von 63 Jahren erhängt sich der frühere Finanzvorstand Gerhard Liener in seinem Haus in Bad Wiessee am Tegernsee. Schrempp erhält die Nachricht bei einem Aufenthalt in Kapstadt. Sofort fliegt er nach Deutschland zurück, um an der Beerdigung des Menschen teilzunehmen, der seinen Lebensweg wie kein anderer im Konzern gefördert und geprägt hat. Schrempp begleitet Lieners Frau Margit und die beiden Kinder ans Grab. »Warum hat er das nur getan?« fragt der Freiburger. Und ein Augenzeuge berichtet über Schrempp, daß dieser bei der Beerdigung Tränen in den Augen hatte.

☆

Achtundzwanzig Jahre stand Dr. Gerhard Liener im Dienst der Daimler-Benz AG, die letzten dreizehn Jahre als Mitglied des Vorstands. In ihrer gemeinsamen Todesanzeige würdigen die Führungsgremien des Unternehmens die großen Leistungen des Verstorbenen: von der Weichenstellung für die Globalisierung bis hin zur Einführung der Daimler-Aktie an außereuropäischen Börsen, insbesondere der New York Stock Exchange. »Seine weitreichenden, insbesondere internationalen Erfahrungen hat der Verstorbene stets erfolgreich in die Dienste unseres Hauses gestellt«, bekunden die Führungskräfte betroffen.

☆

Blicken wir zurück: Über Jahre hinweg haben sich Reuter und Liener angegiftet. Bitterböse äußert sich der frühere Vorstandsvorsitzende über Verträge, die Liener für das amphibische Flugzeug »Seastar« von Conrado Dornier abgeschlossen hat. Als die Trägergesellschaft in Konkurs geht, sieht sich Daimler-Benz – zur Überraschung des Vorsitzenden – verpflichtet, bei der kreditgebenden Bank die Bürgschaft in Höhe von zwanzig Millionen Mark zu begleichen. Die entsprechende Zusage, so Reuter, war »mit der alleinigen Unterschrift unseres Kollegen Liener gegeben worden«. Als der Daimler-Chef seinen Finanzvorstand »zur Rede stellt«, erhält er zur Antwort, Liener habe in gutem Glauben gehandelt, die Bürgschaft liege im Interesse des Unternehmens. Übel nimmt Reuter vor allem auch die Tatsache, daß er »den Vorgang« in der folgenden Hauptversammlung »als normalen Teil unseres laufenden Geschäfts verteidigen« mußte.

Der Stuttgarter dagegen hat seine eigene Sicht der Dinge – und die steht der des Berliners diametral entgegen.

☆

Als sich Gerhard Liener an seinen Schreibtisch setzte, wollte er sich mit seinen höchst vertraulichen Analysen und Vorwürfen keinesfalls an die Öffentlichkeit wenden. In erster Linie diente das Schreiben der Selbstrechtfertigung. Seit Jahren fühlte er sich von Edzard Reuter gedrängt, die Finanzlage besser zu präsentieren, als sie in Wirklichkeit ist. Liener plagten allerschwerste Gewissensbisse, er fühlte sich mitverantwortlich für die Falschdarstellung.

Noch rang er mit sich, was die richtige Reaktion sei. Sollte er ein Buch schreiben und alles veröffentlichen, fragte er sich. Sein Dossier diente ihm selbst zur Klärung. Zu Recht erkennt Jürgen E. Schrempp: »Durch das Verfassen des Dokuments hat er sich wohl freigeschrieben.« Wäre es dabei geblieben, hätte sich Gerhard Liener selbst den größten Gefallen getan.

Erst an zweiter Stelle wollte der Finanzchef seine engsten Vertrauten darüber aufklären, wie er die – aus seiner Sicht von Edzard Reuter zu verantwortenden – Fehlentscheidungen und Mißstände im Finanzbereich sah. Allerdings hat Werner Breitschwerdt recht, wenn er konstatiert: »Bereits das Zu-Papier-Bringen ist die halbe Veröffentlichung.« Denn wer die Kanäle des Konzerns kennt, der weiß, wie gut das Prinzip kommunizierender Röhren in der Daimler-Zentrale funktioniert.

☆

Lieners Geheimpapier stellt die »härteste Abrechnung mit Edzard Reuter und seiner Ära« dar, kommentiert das *manager magazin*. Es trifft wohl den Kern der Sache, wenn die Wirtschaftszeitschrift seinen fünfzehnseitigen Leitartikel als »Akte Reuter« tituliert. Mit der Veröffentlichung des Dossiers wird der Management-Legende vor aller Öffentlichkeit der Boden unter den Füßen weggezogen.

Zugleich erzeugt das *manager magazin* einen gewaltigen Druck auf den Vorsitzenden des Aufsichtsrats: »Daß Reuter den Aktionären die Unwahrheit sagt, daß er als größter Kapitalvernichter in die Geschichte Nachkriegsdeutschlands eingeht«, so der Vorwurf der beiden *mm*-Redakteure bezüglich des unter Reuter um 21 Milliarden Mark gesunkenen Börsenwerts, das »scheint die Kontrolleure um Hilmar Kopper offenbar wenig zu scheren«. Das »unter Verschluß gehaltene Skript entlarvt Reuters persönliches Machtstreben, seine Intrigen und Winkelzüge, seine Egomanie und Geltungssucht«, kommentiert das *manager magazin*. Unverblümt kritisieren die Redakteure die Aufsichtsratsmitglieder: »Anstandslos wählten sie Reuter in den Aufsichtsrat; dort sitzt er sogar im erlauchten Kreis des Präsidiums.«

Nach diesem Volltreffer nicht mehr lange. Denn ob er will oder nicht: Hilmar Kopper muß handeln, um in dieser Situation nicht selbst in den Abgrund gezogen zu werden.

☆

Bei der Hauptversammlung Ende Mai 1995 wird Schrempp als neuer Vorstandsvorsitzender inthronisiert und Reuter zum Aufsichtsratsmitglied gewählt. Immerhin kann er von dort aus nachhaltig auf die Geschäftspolitik Einfluß nehmen. Zwei Monate später schlägt das Liener-Dossier wie eine Bombe ein, und es erzielt die gewünschte Wirkung: Jetzt gilt es nicht für die ehedem zahlreichen Reuter-Gegner dessen Ersatzkarriere im Kontrollgremium zu verhindern.

☆

Über die Zahl derer, die eine Kopie des Dokuments erhalten haben, kursieren verschiedene Versionen: Klar ist, daß es sich um eine kleine Gruppe von Insidern gehandelt hat. Jürgen E. Schrempp stellt die Vermutung in den Raum, daß Liener das Manuskript »an zwanzig bis dreißig Leute im Freundeskreis verteilt« hat.

Doch das erscheint zu hoch angesetzt. Liener hätte seinen 76seitigen Text wohl kaum kommentarlos und ohne Ankündigung verschickt. Hätte er nicht alle diese sogenannten »Vertrauten« in stundenlangen persönlichen Gesprächen von seinen Nöten, Rechtfertigungen und Planungen unterrichten müssen?

Versetzt man sich in die Situation des Stuttgarters, dann scheint klar, daß er – angesichts der ihm bewußten Brisanz – sein Geheimpapier wohl nur an enge Vertraute und Freunde gegeben haben kann. Mit jedem weiteren Adressaten wächst auch die Wahrscheinlichkeit eines Vertrauensbruchs.

☆

Wem hat Gerhard Liener sein Dossier im Frühjahr 1995 *nicht* übergeben? Eine Gruppe ist von vornherein auszuschließen – die Reuter-Fraktion. Gleichgültig, ob Liener erst einmal in internen Kreis diskutieren oder ausschließlich sein Gewissen entlasten will: Niemals wird er sich Menschen anvertrauen, denen gegenüber er geradezu Haßgefühle entwickelt hat. Damit ist nicht nur Reuter gemeint, sondern auch all diejenigen, die dem Berliner damals nahegestanden sind: beispielsweise Manfred Gentz, den er an Schrempps Stelle zum Vorstandsvorsitzenden befördern wollte, oder sein Pressesprecher Matthias Kleinert, der – wie andere damalige Reuter-Vertraute – zu dem Dossier keinen Satz hätte sagen können oder wollen.

Als Präsidiumsmitglied kann Reuter darauf Einfluß nehmen, daß der unter seiner Ägide geschaffene integrierte Technologiekonzern durch seinen Nachfolger nicht völlig zerstört wird. Und dazu muß er versuchen, Schrempps forsche Pläne zur Neugestaltung des Konzerns zu stoppen oder zumindest zu bremsen. Seine Stellung ist jedoch geschwächt, da sich ohnehin die öffentlichen Zweifel an seinen Visionen mehren. Und das Liener-Dossier setzt noch einen drauf.

☆

Schrempp stellt unmißverständlich klar: »Das Dokument hat er mir nicht gegeben.« Und er verweist darauf, daß Liener dies »eventuell wegen unserer Diskussion über das Buch« nicht getan hat. Ihm gegenüber habe der Finanzchef zuvor angekündigt, ein Buch »über das Verhalten von Reuter und das Unternehmen« schreiben zu wollen. »Ich gab ihm den Tip: Laß das bleiben«, sagt der Vorstandsvorsitzende, der weiß, welchen Wirbel der Daimler-Finanzvorstand damit auslösen würde. Als Schrempp Liener diese Bedenken mitteilt, kann er ihn vorerst überzeugen. »Da hast du recht«, gibt der Stuttgarter klein bei.

☆

Warum sollen so viele, nicht aber der Vorstandsvorsitzende Schrempp, das Dossier erhalten haben? Die Antwort könnte darin liegen, daß der Bruch zwischen Liener und Schrempp bereits 1994 vollzogen ist – auch wenn der Freiburger über die damalige Entwicklung bis heute kein Wort verliert.

☆

Reuters Mißmut gegen Liener ist vielfältiger und heftigster Natur. Lieners Berufung in den Vorstand bezeichnet der Berliner heute als »eine der gefährlichsten Fehlentscheidungen«, die sein Vorgänger Gerhard Prinz zu verantworten hat. Dabei verweist Reuter auf Lieners Depressionen. Dieses Argument wird nach dessen Selbstmord immer wieder angeführt, womöglich um von den Schlüsselfragen abzulenken.

Da Gerhard Liener wohl bereits seit Mitte der siebziger Jahre, so Reuter, unter Depressionen litt, mußte er »wegen ernster psychischer Probleme Urlaub nehmen«. Als sich Reuter der »kaum mehr nachvollziehbaren geschäftlichen Verhaltensweisen« als »Auswirkungen einer schweren Krankheit« Lieners bewußt wird, unterrichtet der Daimler-Vorsitzende den Chef des Aufsichtsrats, Hilmar Kopper. Dieser allerdings, so Reuter, »schob die auch von ihm als unerläßlich bezeichneten Konsequenzen allzu lange vor sich her«, was sich mit fehlenden ärztlichen Gutachten begründen läßt.

Schrempp teilt das Argument der psychischen Probleme: »Liener hat schon früher, in Spanien, unter Depressionen gelit-

ten. Rational«, so der Vorstandsvorsitzende, »ist das nicht erklär-
bar.«

☆

Auch Edzard Reuter zeigt Mitleid mit seinem früheren Vorstandskollegen:»Gerhard Liener wurde fortan gesellschaftlich geschnitten«, schließlich hatte er »gegen den Komment verstoßen
und ›das eigene Nest‹ beschmutzt.« Daraufhin schied Liener »offenbar verzweifelt« aus dem Leben.

Wenige Tage nach Lieners Tod geistern mögliche Gründe für
den Selbstmord durch die Medien. Neben der Feststellung, Liener
habe Depressionen gehabt, wird eine zweite Darstellung gestreut:
Der frühere Daimler-Finanzchef habe aufgrund von Immobilien-
geschäften in Berlin »Schulden in zweistelliger Millionenhöhe«
gehabt. Seine Gläubiger hätten ihn aus diesem Grund zum Offen-
barungseid gezwungen, schreibt *Focus*.

☆

Tatsächlich ist das Verhältnis zwischen Gerhard Liener und Jürgen E. Schrempp bereits 1994 angeknackst. Wie Reuter unterstützt
auch Schrempp die Forderung nach dem Rücktritt des Finanzchefs. Edzard Reuter behauptet, daß Schrempp sowohl ihm als
auch Kopper gegenüber »ausdrücklich bestätigte, daß auch er die
Ablösung für längst überfällig ansah«. Dagegen habe der Freiburger seinen »persönlichen Freund« nicht direkt mit dieser Forderung konfrontieren wollen.

☆

»Eine schwierige Person« sei Schrempp, und man tue gut daran,
ihn sich nicht zum Gegner zu machen. »Kreuzen Sie niemals die
Schwerter mit ihm«, lautet die Warnung, denn »Sie werden nicht
gewinnen.« So sehr der Südafrikaner den Deutschen als »hoch an-
gesehenen« charismatischen Führer schätzt, so sehr sieht er auch
seine dunklen Seiten: Er besitze einen rauhen Charakter, und »er
wird Sie aus dem Unternehmen beseitigen«. Die Drohung gelte
jedem, der es wage, seinen Vorstellungen im Weg zu stehen. Im
Fall des Finanzchefs sei die Sache klar gewesen: »Er wollte, daß
Herr Liener schneller geht.«

☆

Jürgen E. Schrempp muß derlei Feststellungen vehement widersprechen. Nicht nur, weil es seinem Ruf schadet, sondern vor allem deshalb, weil er es selbst nicht so sieht. In seiner Erinnerung herrscht die schmerzliche Trennung vor, die tiefe Trauer über den Verlust und den tragischen Tod eines Menschen, der früher einmal einer seiner besten Freunde gewesen ist.

Heute male er »das rosige Bild«. Dabei sei Gerhard Liener zu einem bestimmten Zeitpunkt auch ein Opponent des Freiburgers gewesen: »Sie waren aggressive Gegner in Stuttgart«, resümiert ein Schrempp-Kenner.

☆

Liener zählt zur Fraktion des Freiburgers, auch als sich die Frage eines geeigneten Reuter-Nachfolgers stellt. Doch auch nach Schrempps Aufstieg an die Konzernspitze findet Lieners Abstieg seine Fortsetzung.

Denn als sich Schrempp seine neue Vorstandsmannschaft zusammenstellt, steht der Name Gerhard Liener nicht auf der Liste. Überraschend verständnisvoll akzeptiert dieser die Entscheidung des Freiburgers, den er »für den geeignetsten Nachfolger« Reuters hält. Schrempp müsse »zehn oder mehr Jahre lang eine neue Epoche des Unternehmens gestalten«, verkündet Liener in scheinbarer Souveränität und erklärt: »Meine Unterstützung hat er.«

Warum äußert Liener »Verständnis dafür«, daß der neue Vorsitzende »bei seinem Start eine jüngere Mannschaft um sich haben will« – und er damit seinen Sessel als Finanzchef räumen muß? Worin liegt der Unterschied, ob er von Kopper oder Schrempp vorzeitig freigestellt wird?

☆

Entweder hat sich Gerhard Liener in Schrempp grundsätzlich getäuscht, oder sie haben – jenseits allen Disputs – ihr freundschaftliches Verhältnis gewahrt. »Keiner hat mir in schweren Tagen geholfen«, sagt ein geknickter Liener und ergänzt: »Mit einer Ausnahme: mein Freund Jürgen Schrempp.« Während ihn Kopper und Reuter aus dem Vorstand »hinausgeschmissen« hätten, habe ihm der Freiburger den Posten eines persönlichen Beraters verschafft.

Somit habe er den Kontakt zu dem von ihm »geliebten« Unternehmen halten können. Und das nicht schlecht: Lieners Büro sollte im elften Stock des Turmhauses, direkt neben dem von Schrempp, eingerichtet werden.

☆

Warum hat Schrempp Ende Juli 1995 den Beratervertrag gekündigt, den er für einen Zeitraum von drei Jahren mit Liener geschlossen hatte? Der vormalige Finanzchef sollte Schrempp bei internationalen Sonderaufgaben in Fragen des Kapital- und Börsenmarkts beraten. Gerade bei der geplanten Börseneinführung der Daimler-Aktie in Schanghai hätten Lieners Erfahrungen dem Konzern gutgetan und Schrempps Ziehvater neuen Boden unter den Füßen geben können. Hätte der Freiburger also einfach zu seinem Freund stehen, ihn als Berater gegen sicherlich immensen Widerstand halten sollen?

☆

Die Akte Liener darf erst dann geschlossen werden, wenn der Fall geklärt ist. Doch das ist bis zum heutigen Tag nicht passiert. Gerhard Liener hat zumindest zwei Abschiedsbriefe hinterlassen, über deren Inhalt bis heute nichts bekannt geworden ist – was respektiert werden muß. Die Behörden haben ihre Untersuchungen längst eingestellt, die Familie äußert sich nicht.

Warum aber hüllen sich nahezu alle Beteiligten in völliges Schweigen? Warum zeigt auch nicht einer Interesse daran, den Schuldigen zu entlarven? Warum verstummen selbst Journalisten in Deutschland und in Südafrika, die gleichzeitig erklären, sie wüßten, wer die Information dem *manager magazin* zugespielt hat? Ist der Mann derart unersetzlich, daß er geschont werden muß?

Freistellung von Freund zu Freund

»Ernst Stöckl hat das zuerst emotional aufgenommen, dann der Sache zugestimmt.«

Jürgen E. Schrempp über Ernst Stöckl

»Herr Stöckl verdient für seine Bereitschaft, dies zu akzeptieren, in jeder Hinsicht Respekt und Anerkennung.«

Hilmar Kopper, Vorsitzender des Aufsichtsrats

»Wo ist Stöckl?«

Leo Borman, Chairman
Car Distributors Assembly, Südafrika

Die beiden verbindet ein langer gemeinsamer Weg, der seinen Anfang während der MBSA-Vorstandszeit in Südafrika nahm, als Jürgen E. Schrempp für Technik und Ernst Stöckl für Finanzen zuständig gewesen ist. Nach Kräften hat Schrempp Stöckls Aufstieg an die Spitze von Mercedes in Spanien und Freightliner in den USA gefördert.

In seiner Funktion als Daimler-Chef fällt ihm jetzt jedoch eine reichlich unangenehme Aufgabe zu: Im Vorfeld der Aufsichtsratssitzung am 21. Februar 1996 soll er dem AEG-Vorsitzenden den Vorstandsbeschluß über die Auflösung des Traditionsunternehmens mitteilen.

Sechzehn Jahre nach ihrer Zusammenarbeit am Kap trennen sich zumindest ihre beruflichen Wege. Nach einer steilen Karriere ist Schrempp mittlerweile zum Vorsitzenden des Vorstands aufgestiegen, Ernst Stöckl muß das Führungsgremium verlassen.

☆

Seit Stunden dreht sich das vertrauliche Vier-Augen-Gespräch im Kreis, das sich in Schrempps Büro im elften Stock der Möhringer Konzernzentrale in etwa so abgespielt haben dürfte:

»Wir könnten weitere Teile abstoßen«, hat Stöckl wohl vorgeschlagen, »mit dem Rest verdienen wir Geld.« Schrempp ist keiner, der lockerläßt. Aber die Antwort auf diesen Vorschlag hat er bereits dreimal gegeben. »Schau dir die Zahlen an, Ernst. Außerdem hast du bereits abgestoßen, was abzustoßen war. Die Schuld liegt nicht bei dir.« Stöckl ist keiner, der so schnell aufgibt. Eine ganze Nacht diskutieren der Sulzburger und der Freiburger miteinander, am Ende bricht Stöckl angesichts der nackten Zahlen dennoch ein.

»Was soll ich noch dagegen sagen?« kapituliert der 51jährige. »Es muß so sein, wir lösen die AEG auf«, erklärt Schrempp, der Wert legt auf die Feststellung, daß sein Verhältnis zu seinem Wegbegleiter und Freund bis zum heutigen Tag ungetrübt ist. Dabei macht der Daimler-Vorsitzende keinen Hehl daraus, daß er nicht nur den Überbringer der schlechten Nachricht spielen mußte, sondern an der AEG-Entscheidung maßgeblich beteiligt gewesen ist.

☆

Es ist bereits Mittagszeit, als Hilmar Kopper den sechsten Tagesordnungspunkt aufruft. Wieder einmal äußert der Aufsichtsratsvorsitzende seinen Mißmut über eine Veröffentlichung im *Spiegel*. Bestens informiert, hat das Hamburger Magazin in seiner letzten Ausgabe das alsbaldige Ausscheiden des Mannes an der AEG-Spitze vorab verkündet.

Kopper stellt den Antrag, Stöckls Abgang in Anwesenheit aller Vorstandsmitglieder beschließen zu dürfen. Kein Problem, meinen die anderen Aufsichtsräte, schließlich hat der AEG-Chef sein Ausscheiden akzeptiert, was »Respekt und Anerkennung« verdient, so der Aufsichtsratsvorsitzende. Die harten Gefechte um die AEG – Hilmar Kopper spricht von »intensiven Gesprächen« – sind bereits gelaufen, und Ernst Stöckl hat sie nach fünfjährigem Kampf verloren. Die AEG-Sanierung gilt trotz Stöckls radikaler Verkäufe als gescheitert, nur ein einziges Mal konnte eine schwarze Null geschrieben werden. Alles in allem hat Daimler-Benz einen gut zehnstelligen Betrag in den Sand gesetzt.

»Für eine ausführliche Würdigung seiner Verdienste sei die Zeit noch nicht gekommen«, tröstet der Banker, dem nur der Hinweis auf die vorzeitige Beendigung von Stöckls Vorstandsberufung bis Ende des Jahres sowie seiner Bestellung als Vorsitzender der AEG bis zum 31. Dezember 2000 bleibt. Doch jeder im Saal weiß, wie illusorisch diese Zeitvorgabe angesichts des bevorstehenden Endes der Frankfurter Daimler-Tochter ist.

Tags zuvor hat bereits der Personalausschuß Stöckls Ausscheiden befürwortet, das genaue Datum hängt noch vom Verschmelzungstermin der AEG-Reste in die Daimler-Benz AG ab. »Möchte noch jemand das Wort ergreifen?« erkundigt sich der Aufsichtsratsvorsitzende. Als das nicht der Fall ist, leitet Kopper den Abstimmungsvorgang ein.

☆

Stöckls Schicksal veranlaßt manchen Schrempp-Kenner zu einem kritischen Stirnrunzeln. Warum hat Schrempp seinen Freund und Vertrauten Stöckl nicht in ein Vorstandsamt gehoben? Warum läßt er einen Mann ziehen, der – wie Stöckl – in verschiedenen Führungspositionen mit großem Erfolg für die Mercedes-Benz AG gewirkt hat?

Seine rhetorische Frage, wo Erich Stöckl sei, beantwortet der vormalige CDA-Vorsitzende trocken: »Irgendwo in Chicago oder New York.« Und schließt den auf Schrempp gemünzten Vorwurf an: »Wenn Leute nicht richtig funktionieren«, so Borman, »stößt er sie beiseite.« Der Weggefährte aus alten Tagen bilanziert: »Nicht jeder geht mit ihm« – und manche werden gegangen.

☆

Mit Stöckls Ausscheiden aus dem Vorstand der Daimler-Benz AG, formal vollzogen am 20. September 1996, ist die Springbok-Connection endgültig beendet. Lieners Selbstmord und Stöckls Entlassung markieren das Ende eines Bundes dreier enger Freunde, die eine Zeitlang füreinander durch dick und dünn gegangen sind.

Dank der Deutschen Bank

»...Journalisten, die auch nicht davor zurückschreck-
ten, noch nicht einmal Besprochenes als fest beschlossen zu verkünden.«

Hilmar Kopper laut Protokoll der Aufsichtsratssitzung
vom Juni 1994 über die Schuld der Medien

»Ich begrüße die Bereitschaft des Aufsichtsrats, bereits zu einem derart frühen Zeitpunkt Klarheit über
die künftige Führung des Konzerns zu schaffen.«

Edzard Reuter in der Aufsichtsratssitzung
im Juni 1994 über seine Nachfolge

»Das Gerücht wurde in der Endphase stark kolportiert.«

Jürgen E. Schrempp zum Versuch Edzard Reuters,
Manfred Gentz zu seinem Nachfolger zu küren

Am 29. Juni 1994 wird der Frieden von Möhringen ausgerufen.
Blickt man zurück, welch gewaltige Beben zuletzt auf der
nach oben offenen Reuter-Skala verzeichnet werden mußten,
dann wundert sich so mancher Beobachter über die seismische
Ruhe dieses Mittwochmorgens. In den vergangenen Monaten jag-
te ein Gerücht das nächste, und jedes war sensationeller als das
vorhergehende. Vor allem Reuters bevorstehende Abwahl als Vorstandsvorsitzender und seine weitere Verwendung, womöglich
als Vorsitzender des Aufsichtsrats, ist in den Medien rauf und runter dekliniert worden. Mit diesem Schauspiel – und der damit
verbundenen Diskussion um das Duell Werner-Schrempp – hätte
Dr. Gerhard Liener die Konzernkassen sanieren können. Der
Finanzchef hätte nur rechtzeitig auf die Idee kommen müssen, das
Trio bei öffentlichen Schaukämpfen gegen Eintritt auftreten zu
lassen.

☆

Der Vorstandsvorsitzende gibt seinen Bericht zur Lage des Konzerns, und wie so manches Mal liegen Schein und Wirklichkeit des Herrn Reuter nahe beieinander.

Denn mag irgend jemand daran zweifeln, daß alles besser wird? »Das erste Halbjahr ist fast vorbei, und wir können Ihnen berichten«, so ein selbstzufriedener Redner, »daß sich die Entwicklung in nahezu allen Bereichen immer mehr im Sinne unserer Ihnen vorgetragenen Ziele verfestigt hat.«

Richtig gut läuft es bei Mercedes-Benz: »Unsere Pkw-Zulassungen in Deutschland«, so Reuter in Pfauenmanier, »weisen weiterhin ein Plus von über vierzig Prozent im Vergleich zum Vorjahreszeitraum auf.« Und während der deutsche Gesamtmarkt bestenfalls stagniere, »können wir auch weiterhin mit Fug und Recht von einer speziellen Firmenkonjunktur sprechen«, strahlt der Berliner. Dazu darf sich er selbst beglückwünschen. Schließlich »verläuft die Entwicklung in einigen Geschäftsfeldern sogar besser als erwartet«.

Vor allem dank Ihnen und Ihrem Team, Herr Werner – doch das sagt Reuter nicht. Und daß Helmut Werner gerade diese Sitzung als eine seiner schwersten Niederlagen empfindet, versteht sich angesichts des Kommenden von selbst.

☆

Mit Fug und Recht läßt sich aber auch davon sprechen, daß 1994 in der Luft- und Raumfahrt weiterhin eine »spezielle Firmensituation« gegeben ist. Immerhin ist der Umsatz der von Schrempp geführten Dasa um weitere neun Prozent hinter den des Vorjahreszeitraumes zurückgefallen. Besonders bei Fokker sei »der erwartete Absatzrückgang jetzt durch eine weitere massive Verschärfung des Wettbewerbs noch einmal deutlich verstärkt worden«, die bisherige Planung müsse »drastisch nach unten angepaßt« werden.

Zumindest an einem Punkt springt Reuter über seinen Schatten. »Mein Kollege Schrempp hat sich am vergangenen Freitag«, gemeint ist der 24. Juni, »mit dem niedersächsischen Ministerpräsidenten geeinigt«, so die Botschaft des Daimler-Chefs an den Dasa-Chef angesichts der erfolgreichen Vertragsverhandlungen für das Werk Lemwerder. Doch »nach betriebswirtschaftlichen Gesichtspunkten«, so Reuters rückwärtsgerichtete Perspektivenplanung, könne man bei der Dasa weiter »überschüssige Kapazitäten abbauen«.

Der Vorstandsvorsitzende endet seinen Lagebericht mit der appellativen Feststellung, in »allen Bereichen wird mit Hochdruck« daran gearbeitet, die »anspruchsvollen Ziele« zu erreichen. Er sage das, »um uns alle nachdrücklich vor der Annahme zu warnen, wir [seien] schon wieder beim ›business as usual‹ angelangt«. Davon, so Reuter, sind wir noch »weit entfernt«.

Näher dran ist ein ganz anderer. Die vom Vorsitzenden geforderte Weitsicht beweist Schrempp. In vorbildlicher Art und Weise sorgt er höchstpersönlich dafür, daß die Verringerung überschüssiger Kapazitäten der Dasa zügig vonstatten gehen kann: Mit der Entscheidung dieses Tages trägt der Freiburger aktiv dazu bei. Und daß Edzard Reuter gerade diese Sitzung als eine seiner schwersten Niederlagen empfindet, versteht sich angesichts des Kommenden von selbst.

☆

Als Hilmar Kopper den dritten Tagesordnungspunkt aufruft, haben, bis auf Edzard Reuter, alle Vorstandsmitglieder den Raum verlassen. Jetzt ist der entscheidende Augenblick gekommen, da der Nachfolger gesucht wird, der – wen wundert's – schon lange gefunden ist. Dennoch holt Kopper zum großen Rundumschlag gegen die Medien aus: Daß die heutige Sitzung Gegenstand zahlreicher Pressekommentierungen gewesen sei, läge an der Spekulationsfreude der Journalisten. Woran auch sonst?

Kopper übergibt an Reuter, und der demontiert – das kann er ganz gut – sich selbst: Er begrüße den frühen Zeitpunkt, über seine Nachfolge Klarheit zu schaffen. Ihm erscheine dies auch deshalb angeraten, weil Daimler-Benz noch nicht alle Schwierigkeiten endgültig überwunden habe. Warum aber sagt der Berliner nicht, daß er sie selbst lösen will?

Reuters Kapitulationserklärung gipfelt in der Erkenntnis, daß »die Befindlichkeit der Belegschaften, vor allem der für den geschäftlichen Erfolg verantwortlichen Führungskräfte«, einen baldigen Beschluß nahelege. Forsch fordert der Vorstandsvorsitzende, »den Spekulationen und Verunsicherungen durch schnelle, klare Entscheidungen ein Ende zu bereiten und zumindest in diesem Punkt Ruhe einkehren zu lassen«.

So resolut hat noch kein Vorstandsvorsitzender der Daimler-Benz AG das schnellstmögliche Ende seiner Amtszeit gefordert. Und zumindest in diesem Punkt verläuft alles nach Plan.

☆

In den vergangenen Monaten ist es kaum noch vorgekommen, daß Edzard Reuter Hilmar Koppers Gunst auf sich lenken konnte. Dieses eine Mal – und das wird nur noch selten vorkommen – steht der Aufsichtsratschef voll und ganz zum Daimler-Chef: »Erst die Bereitschaft von Herrn Reuter zur Verkürzung seiner Bestellung zum Vorsitzenden des Vorstands hat die jetzt vorgestellte Nachfolgeregelung ermöglicht«, heißt es im Protokoll. Bei voller Ausschöpfung der bis Ende des Jahres 1995 währenden Bestellperiode »hätte sich die nach meinem Eindruck von allen Beteiligten gewünschte Ruhe nur schwerlich einstellen können«.

Die Aussage stimmt zweifelsohne. Ruhe aber ist dennoch nicht eingekehrt.

☆

Mit unüberhörbarer Kritik am Mercedes-Chef verweist Hilmar Kopper auf das aktuelle Interview, das Helmut Werner dem *Spiegel* gegeben und das knapp eine Woche zuvor publiziert worden ist. In der Tat, so der Aufsichtsratschef säuerlich, lasse das Interview Rückschlüsse auf das voraussichtliche Ergebnis der Meinungsbildung zu.

»Vorwegfestlegungen in irgendeine Richtung liegen nicht vor.« Hilmar Kopper wahrt die Form, auch wenn die Würfel de facto längst gefallen sind: Längst hat das Präsidium den Aufsichtsräten eine Personalempfehlung zugesandt, längst ist Jürgen E. Schrempp von den hohen Herren der Deutschen Bank und den Aufsichtsratsmitgliedern der mächtigen IG Metall »gegrillt« und für tauglich befunden worden.

Die Beschlüsse, Reuters Vorstandszeit mit dem 24. Mai des Folgejahres zu beenden und Schrempp zugleich zu inthronisieren, werden einhellig unterstützt.

Der Rest ist Formsache: »Schrempp wird mit Wirkung vom Ende der Hauptversammlung der Daimler-Benz AG, die über das Geschäftsjahr 1994 beschließt, zum Vorsitzenden des Vorstands der Daimler-Benz AG ernannt«, so das Ergebnis eines monatelangen, erbittert geführten Machtkampfs um den neuen Herrn der Sterne.

☆

29. Juni 1994. Als Schrempp den Tagungssaal betritt und ihm das Abstimmungsergebnis mitgeteilt wird, bedankt er sich bei den Mitgliedern des Aufsichtsrats für das in ihn gesetzte Vertrauen, bei Hilmar Kopper für die freundlichen Worte, bei seinen Vorstandskollegen und allen voran bei Edzard Reuter für die Unterstützung: Er sei sich »sehr wohl bewußt, welche große und ernste Verantwortung« er gegenüber den Anteilseignern habe. Und er wisse, so ein zufriedener Schrempp mit Blick in Richtung der Gewerkschaftsvertreter, daß er diese »auch in sozialpolitischer Hinsicht« trage.

Besonders betont Hilmar Kopper die Tatsache, daß Schrempps Ernennung »anders als in vergleichbaren Fällen der Vergangenheit« einstimmig erfolgt ist. Von jetzt an müsse jeder dafür Sorge tragen, das Unternehmen aus den Schlagzeilen herauszuhalten, appelliert Kopper an Vorstände wie Aufsichtsräte gleichermaßen. Ein redliches, jedoch zum Scheitern verurteiltes Unterfangen, wie die kommenden Monate zeigen werden. Realistischer schätzt Bernhard Wurl die Zeit bis zur folgenden Hauptversammlung ein. Das Führungsduo Reuter–Schrempp werde, so die Analyse des Vordenkers aus der IG-Metall-Zentrale, im Mittelpunkt öffentlichen Interesses stehen. Künftige Stellungnahmen von Herrn Reuter, so Wurl, würden »auf mögliche Reaktionen und Dissonanzen abgeklopft«.

☆

Jetzt steht er vor dem Ziel seiner Träume. Es gilt, das knappe Jahr bis zu seiner Inauguration zu nutzen, um die besten Startvoraussetzungen für den Sommer 1995 zu schaffen. Für Schrempp keine leichte Aufgabe, zumal der Berliner – zu diesem Zeitpunkt noch als kommender Kopper-Nachfolger im Aufsichtsrat gehandelt –

mit Argusaugen darüber wachen wird, ob sein Zögling seine Vision vom diversifizierten Automobil- und Luftfahrtgiganten wie erwartet fortführen wird. Als Hilmar Kopper die Aufsichtsräte kurz vor ein Uhr verabschiedet, ahnt Edzard Reuter noch nicht, daß er mit Schrempp einen Mann zu seinem Nachfolger vorgeschlagen hat, der seine ganze Kraft in die Verwirklichung der Vision vom profitabelsten Unternehmen der Welt investieren wird. Und dabei steht das Schremppsche Konzept Reuters Konglomerat diametral entgegen.

Dennoch muß in der Öffentlichkeit das Bild des geduldigen Kronprinzen gewahrt werden, gleichzeitig müssen Reuters Fehlentscheidungen schnellstmöglich revidiert und die Restrukturierung eingeleitet werden. Erst Monate später wird der Berliner seinen Fehler erkennen, dann aber ist es zu spät. Hilf- und einflußlos muß er mitansehen, wie seine Vision Entscheidung für Entscheidung demontiert wird. In seiner Verzweiflung startet er einen letzten Versuch zu retten, was nicht mehr zu retten ist.

☆

Als der Visionär erkennt, daß der Pragmatiker den integrierten Technologiekonzern bis auf die Grundmauern abtragen will, versucht Reuter die Notbremse zu ziehen. An Schrempps Stelle soll Manfred Gentz Vorstandsvorsitzender werden. Der in Riga geborene Gentz gilt als erfolgreicher Personalvorstand und betreut mit der Daimler-Benz Interservices den florierenden Geschäftsbereich in Reuters Heimatstadt. So setzt der Berliner seine ganze Hoffnung auf Gentz, der ihm als einer der letzten Vertrauten geblieben ist.

In dieser Situation erfährt Schrempp breite Rückendeckung. »Mein Gott, ich habe ja im Prinzip nichts gegen Gentz, aber ein Unternehmensführer ist er nun wirklich nicht«, äußert sich Gerhard Liener, dessen Verhältnis zu Reuter abgrundtief gestört ist. Dem Finanzchef ist schon zuvor aufgefallen, wie Reuter jede Gelegenheit nutzt, die debis und deren Vorsitzenden Gentz zu loben. »Irgendwie« müsse zwischen den beiden eine »Art Koalition« entstanden sein.

Entscheidend aber ist die Unterstützung des mächtigsten Mannes im Aufsichtsrat: Der Banker hat sich für Schrempp und gegen alle anderen entschieden. »Das gute Verhältnis von Herrn Schrempp zu Herrn Kopper hat verhindert, daß Gentz durchgekommen ist«, verrät ein Insider.

☆

Ginge es nach Edzard Reuter, so würde er diesen letzten Versuch heute gerne vergessen machen. Mit keinem Wort erwähnt er den Fehlschlag in seinen Memoiren. Sein vergeblicher Versuch, Schrempps Aufstieg zum Vorstandsvorsitzenden zu verhindern, war nur eine Zwischenstufe beim Abstieg vom Vorstandsvorsitzenden zum Rentner.

Schrempp weiß wohl um die Tatsache, daß Reuter einen letzten Versuch unternommen hat, ihn kurz vor dem Ziel auszubremsen. Das Gerücht sei »in der Endphase stark kolportiert« worden. »Ich weiß es nur vom Hörensagen«, meint Schrempp. Logischerweise hat ihm Reuter »nie etwas davon gesagt«, wohl aber der Finanzchef des Unternehmens. Liener habe das auch erzählt, erklärt Schrempp. Und der war bekanntlich einer der besten Freunde des Freiburgers, wie Liener selbst in seinem im *manager magazin* veröffentlichten Dossier schreibt.

☆

Am Ziel seiner Wünsche angekommen, muß ihm eines klar sein: Vorsitzender des größten europäischen Industrieunternehmens wird – und bleibt – man nicht zufällig, dahinter verbergen sich handfeste Interessen: die eigenen und vor allem die der größten deutschen Geldinstitute, zugleich die einflußreichsten Anteilseigner des Konzerns.

Daimler-Vorsitzender bleibt, wer die Machtinteressen aller Mitspieler rundum befriedigt: der Banken- und Industrievertreter, der Aktionäre, der Kunden und der Beschäftigten. Im Gegensatz zu seinen Vorgängern hat der heutige DaimlerChrysler-Chef diese Erkenntnis verinnerlicht und – was ihn auszeichnet – auch die Arbeitnehmerseite im Blick. Wie keinem seiner Vorgänger gelingt es ihm, die Interessen dieser Gruppen bestens zu befriedigen – aber allen voran die der Deutschen Bank.

II. TEIL

Der Sanierer

VIERTES KAPITEL

Pulverdampf und Rosenblüten

Pyrrhus siegt

»Sie können es sich doch gar nicht leisten, nein zu
sagen.«

Koos Andriessen,
Wirtschaftsminister des Königreichs Niederlande

»Ich habe den Fokker-Kauf befürwortet und in der
Vorlage geschrieben: Die gleichzeitige Kumulation
aller Risiken kann ausgeschlossen werden.«

Dr. Manfred Bischoff,
Vorsitzender der Deutschen Aerospace

»Noch ein solcher Sieg, und wir sind verloren.«

Pyrrhus, König von Epirus

In seiner Freizeit spielt Schrempp Schach: mit Freunden oder
mit Alex und Marc. Nach seinen Söhnen kommt Garri Kasparow. Wer Schrempp kennt, wundert sich wenig über den inneren
Drang, in einer Partie auch den Weltmeister zu schlagen. Permanent muß dieser Mann seine Grenzen ausloten, privat wie beruf-

lich. Nach Kasparow kommt der Konzern. Auch bei diesem Spiel gilt es strategisch zu entscheiden. Auch da werden Figuren verschoben, werden Könige gekrönt oder Bauern geopfert, werden Unternehmen aufgekauft oder abgestoßen. Schrempp ist ein guter Schachspieler, diesmal aber begeht er einen derart folgenschweren Fehler, daß er ihn den Kopf als Konzernchef kosten kann.

☆

Mit den Turbopropflugzeugen von Dornier und den großen Airbus-Maschinen deckt die Dasa bereits das untere wie das obere Marktsegment ab. Es fehlt »nur das Mittelstück«, meint Manfred Bischoff. Mit der Akquisition des holländischen Luftfahrtkonzerns Fokker soll die Lücke der Regiojets geschlossen werden. Die Zeit ist günstig, »der Preis für Fokker nicht sehr hoch«, erhofft sich der Finanzchef der Daimler-Benz Aerospace. Der Vorstand zeigt sich optimistisch. Anfang 1993 prognostiziert der Calwer für den Markt der Flugzeugbauer eine »vernünftige Perspektive«.

Bereits im März 1992 hat der Dasa-Vorstand mit Unterstützung des Vorstandsvorsitzenden den Aufsichtsrat über die Ambitionen informiert, die Führungsrolle der Dasa im Segment der Regionalflugzeuge ausbauen zu wollen. Bei 80- bis 130sitzigen Jets ist Fokker Weltmarktführer, eine ideale Ergänzung zum Aufstieg an die Spitze der europäischen Luftfahrtgiganten.

Schrempp und Bischoff sehen Chancen wie Risiken. In der Theorie sind letztere beträchtlich, allerdings nur dann, wenn der »worst case« eintreten sollte: das gleichzeitige Zusammentreffen aller Negativfaktoren – vom Markt über den Preis bis hin zum Dollarkurs. Daß dieser Super-GAU nahezu unmöglich ist, darüber sind sich die Verantwortlichen im Dasa- wie im Daimler-Vorstand einig.

☆

»Why don't you try? Warum versuchen Sie es nicht einfach?« Die Kaufverhandlungen befinden sich in der entscheidenden Runde. Schrempp provoziert, die Wirkung bleibt nicht aus. Erregt springt sein Gegenüber auf. Der Holländer ist sichtlich verärgert über den Deutschen, der ihn immer wieder unerbittlich auflaufen läßt.

Schließlich kommt es auch nicht alle Tage vor, daß sich ein Wirtschaftsminister von einem Konzernchef Konditionen für einen Deal dieser Dimension diktieren lassen muß.

Seit Stunden stocken die Gespräche. Koos Andriessen, seine Regierungsbeamten und Staatssekretäre auf der einen, Schrempp, Bischoff und der Dasa-Stab auf der anderen Seite. Der niederländische Staat verfügt mit seinem 31prozentigen Aktienanteil über maßgeblichen Einfluß auf die Geschäftspolitik von Fokker. Wer die industrielle Kontrolle über Fokker erlangen will, muß diese Regierungsshares erwerben. Die Atmosphäre ist geladen, alle Beteiligten sind sich der Relevanz des heutigen Treffens bewußt. Die Bedeutung von Fokker ist in Holland allenfalls mit der von Rolls-Royce in Großbritannien vergleichbar. Es ist, »als ob wir die Kronjuwelen der holländischen Identität klauen würden«.

Die beiden Dasa-Manager sind zum Kauf bereit, allerdings nur weit unter dem Preis, den die Regierungsseite in Den Haag fordert. Schrempp verlangt zudem eine zusätzliche Kapitalzufuhr von 400 Millionen Gulden, wovon die Dasa die Hälfte aufbringen will. Die Fronten sind absolut verhärtet, Kompromißbereitschaft ist kaum erkennbar.

☆

Koos Andriessen arbeitet mit sämtlichen Tricks. Er steht auf, geht raus, kommt zurück, um bald darauf wieder wütend aus dem Raum zu stürmen. Schließlich bleibt er eine ganze Stunde fort, um mit der eigenen Seite zu verhandeln – wie von offizieller Seite vorgeschoben wird. »In Wirklichkeit« seien das alles »taktische Manöver«, unterstellt ihm Manfred Bischoff. Böse Zungen sprechen sogar davon, daß Andriessen ein ausgiebiges Schläfchen hält, um die wartenden Dasa-Vertreter mürbe zu machen. Die Stimmung ist explosiv. Der holländische Wirtschaftsminister will »uns austrocknen«, klagt ein sichtlich verärgerter Dasa-Finanzchef über den Verhandlungsführer der Gegenseite.

☆

Wäre die Lage nicht todernst, könnte man schmunzeln. Wein ist tabu, Alkoholfreies angesagt, und der Freiburger wettert über den Saftladen. »Soviel Apfelsaft hat Jürgen Schrempp in seinem Leben noch nicht getrunken«, meint ein Beteiligter. Schrempps Saftpegel steht mittlerweile bei vier Litern, für einen weinerprobten Badener Ausdruck unterdrückter Lebensfreude. Um vier Uhr ziehen die Deutschen aus und holen sich an einer Bude Würstchen. Bloß mit Kartoffelbrei, beschwert sich ein halb verhungerter Manfred Bischoff.

☆

Nach stundenlangen Diskussionen und teilweise heftigem Streit treten die Verhandlungen am frühen Morgen in die entscheidende Phase. Erstaunlicherweise geht die holländische Regierung von der Ansicht aus, Fokker stünde eine absolut positive Entwicklung bevor – und fordert vor allem Garantien seitens der Dasa. Manfred Bischoff hält dagegen und erklärt dem Minister, »was ein Eisberg ist«: Fokker schiebt aktivierte Anlauf- und Entwicklungskosten für neue Modelle in Höhe von 1,5 Milliarden Gulden vor sich her. Dagegen hegt Koos Andriessen die Befürchtung, die Dasa würde Fokker kaufen, schließen und den Rest nach Deutschland verlagern wollen. Die Fronten sind verhärtet.

»Nein, das machen wir nicht«, Schrempp reagiert gereizt. Längst hält es auch den Dasa-Vorsitzenden nicht mehr auf seinem Platz. Rücksichtslos nebelt er seine Kontrahenten mit Zigarettenrauch ein. Andriessen kontert aggressiv: Die Deutschen könnten es sich doch gar nicht erlauben, das Angebot der holländischen Seite abzulehnen. Dabei ist sich Schrempp seiner starken Verhandlungsposition vollauf bewußt. Im Gegensatz zu Andriessen kann sich der Freiburger den Ausstieg aus den Verhandlungen leisten. Gleichzeitig mit Franzosen und Briten entwickelt die Deutsche Aerospace gerade den Euroliner. Allerdings, und das sagt Schrempp weniger laut, sind die Forschungs- und Entwicklungskosten mit drei Milliarden Mark immens. Da käme der Fokker-Kauf – und das Schließen der strategischen Lücke mit der Übernahme bereits fliegender Flugzeuge – deutlich billiger.

☆

»Probieren Sie es aus«, schiebt Schrempp frech nach. Die Zeit des Redens ist vorbei, die Antwort bleibt aus. Schweigen. Minutenlanges Schweigen. Die Kontrahenten sitzen sich gegenüber und haben sich nichts mehr zu sagen. Endlich bricht der holländische Wirtschaftsminister die schier unerträgliche Stille: »Ich muß mich mit meinen Verhandlungspartnern beraten«, heißt es erneut. Noch immer ist der Holländer der festen Überzeugung, die Dasa-Oberen würden nachgeben. »Eine phantastische Situation«, beschreibt Manfred Bischoff diesen verhaltenstaktischen Showdown.

☆

Mittwoch, 29. Juni 1994, kurz nach 10.00 Uhr. Die Aufsichtsräte haben gerade den ersten Tagesordnungspunkt durchgewinkt. Protokoll der vorigen Sitzung, keine Aussprache. Kopper übergibt an Reuter, und der stellt die Lage so dar, wie er sie sehen möchte.

Nach hartem Verhandlungspoker haben Schrempp und Bischoff den totalen Triumph eingefahren und die gewünschten Anteile an Fokker spottbillig erworben. Gerade mal magere 600 Millionen Gulden blättert der deutsche Luftfahrtriese für die holländische Juwelensammlung hin – derlei Beträge zahlt man bei Daimlers fast schon aus der Portokasse. Edzard Reuter bekundet seine Freude über den günstigen Kaufpreis, auch wenn er befürchtet, daß eine Kapitalspritze nötig werde, und geht ansonsten wie selbstverständlich davon aus, daß »unsere Strategie richtig bleibt«. Für die Zukunft prognostiziert der Vorstandsvorsitzende »eine hervorragende strategische Ausgangslage«, schließlich bringe Fokker durch seine Produktpalette »eine attraktive Marktposition« bei Regionaljets in die Firmenehe mit ein.

☆

»Paß auf, Ben, wir kennen uns schon lange«, beginnt Schrempp vertrauensvoll und kommt sofort zum Kern des Problems. Der Dasa-Chef muß eine Personalentscheidung von beträchtlicher Bedeutung treffen. Bei der Besetzung dieser Schlüsselposition gilt es vor allem auch Fingerspitzengefühl zu beweisen. Für den Posten, der im Falle des Scheiterns einem Schleudersitz gleichkommt, hat der Dasa-Vorsitzende einen Wegbegleiter fest im Visier: Ben van Schaik und Jürgen E. Schrempp blicken auf gemeinsame Zeiten zurück: Beide stammen aus der Nutzfahrzeugfraktion, und deren Reihen stehen bekanntlich fest geschlossen. »Für diese Aufgabe

brauche ich einen guten Unternehmer, der Holländer sein muß«,
erklärt Schrempp. Er schätzt Schaiks »hartes und zugleich ver-
bindliches Auftreten« und zögert dementsprechend nicht, den Vertrauten aus früheren Tagen anzurufen. Schrempp macht keinen
Hehl aus den potentiellen Gefahren: »Das Risiko dieser Aufgabe
ist hoch«, warnt der Freiburger. Und dennoch sagt Ben van Schaik
sofort zu – was dem Vorsitzenden der Deutschen Aerospace
mächtig imponiert.

✩

Die Verhandlungen seien »absolut erfolgreich« gelaufen, so Manfred Bischoff zähneknirschend, »nicht aber die folgende Entwicklung«. Schlimmer noch: Die Übernahme der Regierungsanteile
der Koninklijke Nederlandsche Vliegtuigfabrieken Fokker entpuppt sich als bitterer Pyrrhussieg und eine der schlimmsten Niederlagen des Jürgen E. Schrempp.

Schlimmer als schachmatt

»Ich saß in meinem Haus in Südafrika, und ich mußte den Knoten durchhauen.«

Jürgen E. Schrempp über die folgenschwerste Entscheidung
seines beruflichen Lebens

Der Daimler-Benz-Konzern »befindet sich derzeit in
der dramatischsten Situation seiner Geschichte«.

Karl Feuerstein in der
außerordentlichen Aufsichtsratssitzung im Januar 1996

Kein Flecken der Welt kann schöner sein, kein Szenario beeindruckender. Das Land erstreckt sich flach nach Norden, wo
ein zu dieser Jahreszeit ausgedehnter Fluß den Privatpark begrenzt. Nur hier erheben sich aus der Ebene des Naturreservats
einige Hügel. Von dieser Stelle aus ist es auch nicht mehr weit
zur Landebahn, die die hiesigen Manager zur schnellen Anreise
nutzen.

Ornithologen haben ihre helle Freude in diesem Gelände. Mehr
als 360 Vogelarten finden sich in dem Privatreservat, dessen
Wohnhäuser nach Vögeln benannt sind: Im »Eisvogel«, »Seead-
ler« und »Fliegenfänger« verbringen Rainer Jahn, Mercedes-Vorsitzender im fernen Tokio, Terry Briceland und Christoph Köpke,
Pretorias Mercedes-Chef, ihre freien Tage. Die Familie von Farmverwalter Jo Puck, vor Jahren als Spitzentechniker im Kundendienst tätig, lebt im »Specht«. Nur einer tanzt wieder einmal aus
der Reihe. Jürgen E. Schrempp residiert im »Krokodil«. Der Name
paßt zu ihm wie zu den Szenen, die sich über das Jahr hinweg unterhalb seines Hauses abspielen.

☆

An der Wand hängt ein beeindruckendes expressionistisches
Gemälde, das dem Besitzer schon deshalb gefällt, weil viele Menschen erkennbar sind. Auf den ersten Blick vermittelt das geräu-

mige Büro einen wohltuenden Eindruck. Wäre da nicht die dunkle Schrankwand mit den zahlreichen Modellen von Flugzeugen und Helikoptern, man könnte kaum erahnen, daß man sich im Herzen des größten deutschen Rüstungsriesen befindet, in der Dasa-Zentrale in Ottobrunn bei München.

»Jürgen, wir können Fokker nicht halten«, der Mann mit dem kräftigen Schnauzer ist sichtlich zerknirscht. Als Finanzchef trägt er die Verantwortung für Umsatz und Profit. Und die nackten Zahlen sprechen von einer unabwendbaren Katastrophe. Schrempp schweigt. Zu sehr hängt sein Herz an der Idee, den größten europäischen Luftfahrtriesen zu schaffen. Und was sein Freund Manfred Bischoff in diesem Augenblick sagt, steht dieser Wunschvorstellung diametral entgegen. »Wir kommen aus der Kostensituation nicht heraus«, ergänzt der Schwabe und hofft auf eine Reaktion des Badeners. Noch immer zögert Schrempp, und Bischoff läßt nicht locker: »Wir müssen immer mehr zuschießen«, inzwischen stünden zwei Milliarden Mark Kredite aus. »Jürgen, wir können so nicht weitermachen.«

Der Freiburger springt aus dem schweren, schwarzen Ledersessel auf. Wie ein Panther in einem viel zu engen Käfig dreht er seine Runden, eine Marlboro nach der anderen in sich hineinsaugend. »Manfred, weißt du, was du da sagst?« Schrempp wie Bischoff sind sich der Tragweite ihrer Worte vollauf bewußt: Werksschließungen, Vernichtung von Arbeitsplätzen, Entlassung Tausender – und vor allem der zerstörte Traum von der Vormachtstellung in Europa. Bischoff drängt auf einen schnellen Beschluß, und Schrempp – ganz untypisch für ihn – bittet um Bedenkzeit. Zwei Tage, dann will er sich melden und ihm seine Entscheidung mitteilen.

Am übernächsten Tag kommt der versprochene Rückruf, tatsächlich hat sich der Dasa-Chef zu einer Entscheidung durchgerungen. »Wenn es sein muß«, verkündet Schrempp mißmutig, »dann gehe ich den harten Schritt mit.« Die beiden Männer sind sich einig: Was vormals als Meisterstück der Akquisition erschien, hat sich als fataler Fehler herausgestellt.

☆

Bereits fünf Tage vor dieser folgenschweren Zusammenkunft stellen der Vorstandsvorsitzende und der Dasa-Chef dem Aufsichtsrat in einem internen Schreiben die Gretchenfrage: Soll Daimler-Benz die notwendige Kapitalaufstockung zur Fortführung von Fokker selbst vornehmen oder soll die Überbrückungsfinanzierung, die bislang vom Konzern geleistet worden ist, eingestellt werden? Nachdem die holländische Regierung nur in unzureichendem Maße bereit ist, sich an der benötigten Summe in Höhe von insgesamt 2,3 Milliarden Gulden zu beteiligen, ist die Entscheidung für Schrempp und Bischoff bereits gefallen.

☆

Es ist Frühling, und die Regenzeit nähert sich ihrem Ende. Bald werden die bis in den September hinein dauernden, schier nicht enden wollenden Monate der Trockenheit folgen. Wie in jedem Jahr wird der Stausee, den man von der Krokodilsterrasse aus beobachten kann, wieder zu einem winzigen Wasserloch verkümmern. Und nach Sauerstoff schnappend werden sich unzählige Fische in dem schmutzigen Schlammbecken sammeln – eine leichte Beute für die bissigen Besucher aus dem Bushveld Südafrikas.

Hunger und vor allem Durst werden dann Impalas und Burchells Zebras, Löwen, Büffel und Elefanten hierher locken. Wollen sie überleben, dann müssen sie das Reich der Krokodile aufsuchen und sich dabei in Lebensgefahr begeben. »Live and let die«, fressen und gefressen werden, jeder ist Jäger und Gejagter zugleich – in der Natur wie in der Wirtschaft gleichermaßen.

☆

Fokker könne in der heutigen Form nur dann weitergeführt werden, wenn die Regierung in Den Haag Mittel in vergleichbarer Größenordnung wie die Dasa investiert. Schrempp ist sich der Bedeutung seiner Worte vollauf bewußt. Mit todernster Miene blickt der neu ernannte Daimler-Chef in die Runde: Wenn nicht – dann stehen die Folgen fest.

Eineinhalb Jahre sind vergangen. In dieser Zeit hat sich nicht nur die personelle Machtkonstellation an der Führungsspitze des Konzerns grundlegend geändert: Reuter ist mittlerweile zum einfachen Aufsichtsratsmitglied degradiert, auf dem Sessel des Vorstandsvorsitzenden hat Jürgen E. Schrempp Platz genommen. Wirtschaftspolitisch bläst dem neuen Daimler-Chef der Wind heftig ins Gesicht. Die desaströse Gesamtsituation des Unternehmens zwingt den Aufsichtsrat zu einer Mammutsitzung, die, um eine Stunde vorverlegt, bereits um 9.00 Uhr beginnt und nach teilweise deftiger Debatte sechs Stunden später endet.

Erneut ist der Geschäftsbereich »Zivile Luftfahrt« Gegenstand heftiger Auseinandersetzungen, und erneut steht Schrempps »Love Baby« Fokker in der Schußlinie massiver Kritik. In seinem Lagebericht läßt der Freiburger keine Zweifel am Stand der Dinge. Zur Sanierung des holländischen Luftfahrtunternehmens bedarf es einer Kapitalerhöhung um zwei Milliarden Mark.

Jetzt, meint Schrempp, müsse man sich Gedanken über einen Vergleich machen. In dieser Situation könne er keine Arbeitsplatzgarantien geben, verkündet der tief frustrierte Daimler-Chef und weist den Weg in eine Richtung, der sich als scheinbar unabdingbar abzeichnet. Bei einem Konkursverfahren seien zwischen 2,5 und 3 Milliarden Mark an Kosten zu befürchten. »Bei Fokker haben wir alle möglichen Szenarien untersucht«, sagt Schrempp, »von der Sanierung bis hin zu einem Vergleich mit Anschlußkonkurs.«

☆

In Fernglasweite, geschützt von einem dünnen, elektrisch geladenen Drahtnetz, läßt sich das schaurige Spektakel bestens beobachten. Noch aber ist es nicht soweit, noch ist Wasser im Überfluß vorhanden, noch gleicht der See einem Paradies auf Erden. Doch diesmal ist Jürgen E. Schrempp nicht auf seine Farm gekommen, um abzuschalten und aufzutanken.

☆

Das Thema ist brisant, entsprechend deftig das Kreuzfeuer kritischer Fragen – von Arbeitgeber- und Arbeitnehmerseite gleichermaßen. Die Restrukturierungsbemühungen im Regionalflugzeugbau seien gescheitert, analysiert der Stuttgarter Rechtsanwalt Dr. Roland Schelling mißmutig. Was denn im Falle eines Fehlschlags der Verhandlungen mit der holländischen Regierung geschehe, erkundigt sich Commerzbank-Sprecher Martin Kohl-haussen in weiser Voraussicht nach notwendigen Absicherungen.

Nachhaltig erinnert Karl Feuerstein an das Trio der Fokker-Freunde, das angetreten ist, den größten Luftfahrtgiganten Europas zu schmieden: Jürgen E. Schrempp, Manfred Bischoff und Hartmut Mehdorn »haben uns seinerzeit mit ihren überzeugenden Ausführungen zu den strategischen Vorteilen der Fokker-Übernahme entscheidend auf eine europaweite Kooperation bei Regional-Jets« hingeführt, so der Gesamtbetriebsratsvorsitzende in Erinnerung an die flammenden Voten für die Akquisition des holländischen Luftfahrtunternehmens. Mittlerweile aber, gibt Feuerstein zu bedenken, habe sich in der Öffentlichkeit ein Eindruck festgesetzt. Und der sei ganz und gar eindeutig: »Der Fokker-Kauf ist eine unternehmerische Fehlentscheidung.«

Schrempp und Bischoff wehren sich nach Kräften. Der Calwer sucht nach Entschuldigungen. »Ruinöse Preiskämpfe von Mc-Donnell Douglas«, lautet einer seiner Erklärungsversuche. »Die Dasa hat zu spät reagiert. Und sie hat nicht hart genug reagiert.« Das, so der Freiburger, könne man ihm vorwerfen. Die defensiven Reaktionen zeigen, wie dünn das Eis geworden ist, auf dem die beiden Fokker-Fans ihre Pirouetten drehen.

☆

Wenn ein Bücherregal etwas über seinen Besitzer verrät, dann ist die Botschaft in diesem Fall mehr als eindeutig: Links von der Ausgangstür herrschen die klassischen Kriminalautoren, in harter Konkurrenz zu ihren Nachfolgern Crichton, Grisham und Simmel. Ein klarer Punktsieg der Unterhaltung über die Politik. Die Abgeordnetenanalyse eines Wolfgang Schäuble kann hier genausowenig beeindrucken wie die Biographie des »unbequemen Präsidenten« Roman Herzog – den Papierhasser Schrempp schon gar nicht.

Das Interieur erzählt von der Historie. Schwere Teakholz-schwellen, längst zu schwergewichtigen Möbeln verarbeitet, rufen die frühere Bedeutung des südafrikanischen Schienenwesens ebenso in Erinnerung wie die an der Wand aufgehängten Eisenbahnbilder. Längst mußten die Züge der Macht der automobilen

Motorisierung weichen. Im Raum sitzt einer der mächtigsten Männer der Automobilindustrie und grübelt über einer Entscheidung, die für Hunderte, wenn nicht Tausende von Familien im fernen Europa von existentieller Bedeutung ist.

☆

Finanzchef Manfred Gentz begeht seinen 54. Geburtstag. Zum Feiern ist ihm an diesem Tag dennoch nicht zumute. Selbst dann nicht, als ihm der Aufsichtsratsvorsitzende Hilmar Kopper zu Beginn der außerordentlichen Sitzung des Kontrollgremiums kurz nach 10.00 Uhr in aufgesetzter Fröhlichkeit gratuliert. Denn damit ist der einzig erfreuliche Teil des Treffens auch schon beendet. Es folgt eine Aussprache, in deren Verlauf Karl Feuerstein als Sprecher der Arbeitnehmervertreter bilanzieren muß, daß sich Daimler-Benz in der dramatischsten Situation seiner mehr als hundertjährigen Geschichte befindet.

Diese Aufsichtsratssitzung im Januar 1996 nimmt denn auch ganz schnell einen anderen Verlauf als üblich. Nur kurz begründet Hilmar Kopper den Grund der außerordentlichen Zusammenkunft in der Stuttgarter Hauptverwaltung.

Jürgen E. Schrempp ist erst gar nicht willens, einen Lagebericht »üblichen Zuschnitts« abzuhalten, gewöhnlich als zweiter Tagesordnungspunkt das Topthema nach der Verabschiedung des Protokolls der vorigen Sitzung. In der ihm eigenen Art bringt er die Sache sofort auf den Punkt: Die Bilanz dieses Geschäftsjahres verdiene das Prädikat »schrecklich«. Schrempp beziffert den Fehlbetrag auf sechs Milliarden Mark, der höchste, den je ein deutsches Unternehmen in einem Geschäftsjahr eingefahren hat.

☆

Auch wenn sich die Pucks vor dreißig Jahren in Südafrika niedergelassen haben und sich Jürgen und Jo seit 1973 kennen, spricht der Daimler-Chef weder mit dem Farmverwalter noch mit dessen Frau über seine Firmengeschäfte rund um den Globus. Auch dann nicht, wenn das Faxgerät wieder einmal heißläuft und sich die Entwicklung in Stuttgart ein weiteres Mal überschlägt. Wenn überhaupt, dann zieht Schrempp seine Frau Renate als Ratgeberin hinzu.

150

Diese Entscheidung macht er sich nicht leicht. Es gibt gute Gründe dafür, Fokker abzustoßen, je schneller, desto besser für die Kasse des Konzerns: Jeder weitere Monat kostet zweihundert Millionen Gulden. Der Mann weiß um die Tragweite seiner Entscheidung. Als Schrempp – wie er sagt – den Knoten durchschlägt und für sich beschließt, Fokker fallenzulassen, trennt er sich auf Jahre hinaus von seiner Vision, einen der mächtigsten Luftfahrtkonzerne zu schmieden. Keine leichte Entscheidung für einen, der ausgezogen ist, Europas Flugzeugindustrie nach seinen Vorstellungen zu revolutionieren.

☆

Atemlose Stille. Der Vorstandsvorsitzende kommt zur Sache: Sie hätten »weit mehr« für Fokker unternommen, als dies »für strategisch wichtige Beteiligungsgesellschaften« üblich ist. Es klingt bitter, als Schrempp sagt, die Dasa müsse ihre finanzielle Unterstützung von Fokker einstellen, und zwar mit sofortiger Wirkung. Schrempp weiß, daß er seinem »Love Baby« mit dieser Entscheidung den Todesstoß versetzt.

Dennoch ist die Aussage für alle im Saal nachvollziehbar, denn die derzeitigen Zahlen und die Prognosen sprechen eine eindeutige Sprache. Sie sind jedoch nicht nur Ausdruck einer Entwicklung, bei der es unaufhaltsam bergab gegangen ist. Sie sind auch Ausdruck einer Fehleinschätzung von Schrempp und Bischoff. Sie sind es gewesen, die dem Vorstand und dem Aufsichtsrat den Erwerb von Fokker schmackhaft gemacht haben. Und es wäre das normalste der Welt, sie für diese Fehlentscheidung zur Rechenschaft zu ziehen.

Jürgen E. Schrempp ist sich der Gefahr bewußt, in der er sich in diesem Augenblick befindet. Er kann seinen Kopf nur dann aus der Schlinge ziehen, wenn er von Verteidigung auf Angriff umschaltet – und zwar sofort: Er übernehme für die Akquisition von Fokker die »volle moralische Verantwortung«.

Die Taktik ist klug, sehr klug sogar. Denn nur scheinbar bietet der Dasa-Chef seinen Kritikern die einmalige Chance, den Vorstandsvorsitzenden zur einzig logischen Konsequenz aufzufordern. Wer dieses Angebot ungenutzt verstreichen läßt und jetzt nicht seinen Rücktritt fordert, der kann es auch zu einem späteren

Zeitpunkt nicht mehr wagen. Jetzt, und nur jetzt, kann Schrempp gekippt werden.

☆

Manfred Bischoff ist der erste, der reagiert, und das riecht nach Absprache. Er habe mit Herrn Schrempp »bei der Übernahme von Fokker eng zusammengearbeitet«. Auch er fühle sich »in die angesprochene moralische Verantwortung eingebunden«. Unmißverständlich ergänzt der Dasa-Chef: Wenn die Frage des Fokker-Outsourcings mit Schrempps Schicksal verbunden werde, dann »müsse man diese Frage auch im Hinblick auf seine Person erörtern«.

Dabei läßt der Calwer keine Zweifel an der desaströsen Lage der holländischen Unternehmenstochter aufkommen: Ein »weiterer Einsatz finanzieller Mittel in Milliardenhöhe sei sehr viel wahrscheinlicher als eine Dividendenzahlung durch Fokker«. Bischoffs Resümee liegt ganz auf Schrempp-Linie: Jegliche weitere finanzielle Zuwendung müsse mit sofortiger Wirkung eingestellt werden.

Diese Form der Rückendeckung ist nur konsequent. Wie aber wird sich die Arbeitnehmerseite verhalten?

☆

Der Gesamtbetriebsratsvorsitzende nickt seinem Gegenüber über den drei Meter breiten Tisch hinweg anerkennend zu. Karl Feuerstein ist beeindruckt, daß sich Schrempp und der zwei Plätze rechts von ihm sitzende Bischoff ihrer »moralischen Verantwortung für die Fokker-Akquisition« stellen.

Mit dem Votum des Mannheimers, des mächtigsten Mannes der Metaller, geht Schrempps Strategie voll auf: Indem er nicht nur sich selbst, sondern auch die anderen Aufsichtsräte als befangen einstuft, erweitert er den Kreis der Verantwortlichen um die Mitglieder des Kontrollgremiums. Mitgefangen, mitgehangen, lautet die Devise, die die Arbeitgeber- wie Arbeitnehmervertreter ins Netz früherer Entscheidungen bindet und Schrempp vor Verurteilung schützt.

Feuerstein verwirft den Gedanken einer förmlichen Abstimmung und erteilt dem Daimler-Chef die Absolution. Jürgen E.

Schrempp hat hoch gepokert und alles gewonnen. Und wieder einmal war auf Karl Feuerstein Verlaß.

☆

Mit den von Jürgen E. Schrempp geforderten und vom Aufsichtsrat beschlossenen Entscheidungen sind die härtesten Sargnägel in Reuters integrierten Technologiekonzern eingeschlagen. Denn mit dem heutigen Aufsichtsratsbeschluß, Fokker weitere finanzielle Zuwendungen zu versagen, mit dem Schremppschen Hinweis auf die erwogene völlige Trennung vom Turboprop-Bereich bei Dornier und mit der im Juni anstehenden Auflösung der AEG ist die Reutersche Vision wie eine Seifenblase zerplatzt. Für den vormaligen Vorstandsvorsitzenden ist diese außerordentliche Aufsichtsratssitzung mehr als nur eine schallende Ohrfeige. Sie stellt schlichtweg das definitive Ende der Ära Reuter dar.

Was der zu diesem Zeitpunkt nicht wissen kann: Diese Sitzung des Daimler-Aufsichtsrats, an der er in seiner Funktion als Vertreter der Arbeitgeberseite teilnimmt, wird die letzte seines Lebens sein. Kurz nach 13.00 Uhr verläßt Edzard Reuter den Raum, in dem er in den vergangenen Jahren so viele Siege errungen hat. Diese Niederlage wird er nie verwinden. Der freie Fall des Berliners von der Konzernspitze ins wirtschaftspolitische Nichts wird ungebremst vonstatten gehen.

☆

»Das Duell mit Kasparow hat zweieinhalb Minuten gedauert«, gesteht er freimütig seine vernichtende Niederlage ein. Der Kampf um Fokker hat dagegen drei Jahre gewährt und endet für den Daimler-Chef ebenfalls mit einem Desaster. »Am Ende konnte ich keine Figur mehr bewegen, ohne einen tödlichen Unfall zu erleiden«, faßt Schrempp das Schachspiel gegen den Weltmeister zusammen. Die Bilanzen von Fokker sind das Todesurteil für den holländischen Prestigekonzern.

Der Fall dieser Firma »war größer und spektakulärer als der Euclid-Verkauf durch Prinz«, ordnet Manfred Bischoff die Trennung von der holländischen Luftfahrttochter ein. Bischoff begründet diese Einschätzung mit der Tatsache, daß es sich nicht einfach um einen Verkauf gehandelt habe: »Das war das erste Mal, daß wir uns von einer Gesellschaft, an der wir beteiligt waren, zurückzogen haben.« Dabei wird der Fokker-Verkauf nicht nur als eine grandiose Fehlinvestition und eine gewaltige Kapitalvernichtung in die Firmengeschichte eingehen. Für Jürgen E. Schrempp wird der Name »Fokker« immer das Synonym für eine seiner vernichtendsten Niederlagen bleiben.

Beim Spiel gegen Kasparow bleibt Schrempp chancenlos. Obwohl ihn der Russe »in zwei Fällen eine Figur zurückziehen« läßt, verliert er sang- und klanglos. Treffend erklärt Schrempp anschließend: »Das ist schlimmer als schachmatt.« Zweifelsohne trifft diese Analyse auch auf das Kapitel Fokker zu. Da aber hat es sich nicht um ein Spiel gehandelt, sondern um ein Desaster, das in der holländischen wie in der deutschen Wirtschaftsgeschichte seinesgleichen sucht.

Rücktritt vom Rücktritt

»Schrempp: Fokker nicht zu retten, ich habe deshalb geweint.«

Schlagzeile im »NCR Handelsblad«

»Das ist mein Love Baby.«

Jürgen E. Schrempp über Fokker

»Ich habe nie mit Rücktritt gedroht.«

Jürgen E. Schrempp zum Fall Fokker

Am Vorabend der alljährlichen Bilanzpressekonferenz trifft sich der Vorstandsvorsitzende der Daimler-Benz AG mit holländischen Journalisten. Diese interessieren sich sowohl für die Bilanzen der Ära Reuter als auch und vor allem für ihren Prestigekonzern. Warum haben Sie Fokker gekauft? War Fokker wirklich nicht zu halten? Wollten Sie womöglich einen mißliebigen Konkurrenten aufkaufen und loswerden? Denken Sie nach den Milliardenverlusten an Rücktritt?

Zumindest an einem Punkt ist sich Jürgen E. Schrempp seiner Verantwortung vollauf bewußt: Wer auf der Basis rational begründbarer Argumente eine derart schwerwiegende Entscheidung trifft, wird in ganz Holland größtes Entsetzen auslösen. Schrempp leidet sichtlich, es sei ihm aber gar nichts anderes übriggeblieben, als das Band mit Fokker zu zerschneiden. Holländische Zeitungen werden anschließend berichten, das Herz sei ihm gebrochen, er habe um Fokker geweint, seine Frau könne das bestätigen. Ist Schrempp ein sentimentaler Sanierer?

☆

Wie ist Ihre Einstellung zu Deutschland, zu Ihrem Heimatland? So lautet eine Frage aus dem Pulk der zahlreich versammelten Journalisten. Nach erfolgreichen Verhandlungen in Frankfurt hat

Schrempp zumindest fünf Bier gebechert, berichtet einer, der es wissen muß. Entsprechend gelöst taucht er gegen 8.00 Uhr abends im Untertürkheimer Mercedes-Museum auf.

»Ich sage denen, was ich von Deutschland halte«, poltert der Daimler-Vorsitzende ungehalten los. »Ich habe mit Deutschland nichts am Hut«, behauptet der Konzernchef mit stockender Stimme und ergänzt sichtlich angeheitert: »Ich gucke mir lieber die Impalas an«, zitiert der *Stern*. Viele der Journalisten sind hellauf entsetzt – von seinem Verhalten wie von seinen Aussagen. Er sei »vor Selbstvertrauen strotzend« aufgetreten, lautet einer der wohlwollenderen Kommentare hinterher. Andere sprechen von Arroganz, nicht zuletzt Schrempp selbst. Bezogen auf seine Gefühle nach dem Fokker-Verkauf antwortet der Freiburger: »Phantastisch. Sie können mich arrogant nennen, das ist mir egal.« So jedenfalls zitiert der *Telegraaf* aus Amsterdam den Vorstandsvorsitzenden.

☆

Die Frage, ob nicht nur die Mission Fokker, sondern mit ihr auch der Fokker-Vorsitzende Ben van Schaik gescheitert ist, hat ihre Berechtigung – jedoch ganz und gar nicht für Schrempp. »Im Gegenteil«, widerspricht der Daimler-Chef vehement. Van Schaik habe »als Holländer in Holland den Balanceakt vollbracht und zwischen der öffentlichen Meinung, den Betriebsräten und der Regierung extremst gut« vermittelt. Aus diesem Grund genieße er »heute einen unglaublich guten Ruf in Holland«.

Ein Schrempp vergißt nicht, daß der gelernte Nutzfahrzeug-Experte damals »sofort zugesagt« und sich »mit Begeisterung an die neue Aufgabe gemacht« hat, als er vom Dasa-Chef um Unterstützung gebeten worden ist. Schrempps Dank folgt umgehend: Nach dem gewagten Engagement bei Fokker wird van Schaik nicht etwa strafversetzt, sondern zum Vorsitzenden der Geschäftsführung beim Nutzfahrzeugproduzenten Mercedes-Benz do Brasil befördert. »In Brasilien brauchte ich einen Nachfolger für den ausscheidenden Eckrodt«, lautet die formale Begründung des Daimler-Vorsitzenden. Schaik ist »heute Chef für Lateinamerika, sozusagen der Schrempp für Lateinamerika«, und Rolf Eckrodt immerhin Vorsitzender der Adtranz Deutschland und stellvertretender Chef der Adtranz weltweit, einem Joint-venture von Daimler-Benz und der ABB, das heute weltgrößter Anbieter von Bahnsystemen ist.

Betrachtet man die nüchternen Zahlen, dann ist Schrempp bei der Dasa gescheitert und van Schaik bei Fokker. Doch was dem Deutschen auf der übergeordneten Ebene gelungen ist, hat der Holländer eine Ebene tiefer geschafft: Während die Bilanzen nach unten weisen, steigen beide im Konzern auf. Und so beständig ein Schrempp seine Gefolgsleute belohnt, so konsequent verfolgt er seine Gegner. Während Reuters Ruf heute restlos ruiniert ist, gilt für Ben van Schaik: »Er hat seine Aufgabe sehr, sehr gut gelöst«, so jedenfalls die Rückendeckung für seinen Getreuen.

Der Fall Fokker belegt aber auch, mit welcher Konsequenz und Radikalität sich der Freiburger auf der wirtschaftspolitischen Bühne bewegt. »Er hat Fokker gekauft und geschlossen«, resümiert Hugh Murray. Denn Schrempp, so der südafrikanische Publizist, »nimmt nie eine Entscheidung zurück«.

☆

Die kleine afrikanische Bodenstatue unter der Flagge Südafrikas verrät viel über Schrempps Sehnsüchte. Auf dem halbhohen Regalschrank an der rückwärtigen Wand stehen weitere Erinnerungsstücke: der Steuerknüppel eines Tornado-Kampfflugzeugs, das Modell einer Fokker 100 mit Unterschriften der Vertragspartner aus dem Jahr des Fokker-Erwerbs – Symbol einer der herbsten Niederlagen aus Schrempps Zeit als Dasa-Chef.

Wer hier im elften Stock über allen anderen Vorständen thront, trifft Entscheidungen, die weit über die Grenzen der Republik hinausreichen. Doch wer hier im Punktturm, dem Herzen des Konzerns, thront, kann auch unglaublich einsam sein. Die Zahl der Freunde sinkt mit der Höhe des Gebäudes. Und je höher der Aufstieg, desto tiefer der Fall.

☆

»Die ganze Welt war offensichtlich der Meinung: Schrempp hat sich heimlich in den Zug gesetzt und Fokker gekauft«, so die ironische Reflexion. Noch heute glaubt Schrempp, daß »die Entscheidung, Fokker zu kaufen, strategisch richtig« gewesen ist.

Nach der negativ verlaufenen Entwicklung zurückzutreten wäre der »deutlich leichtere Weg« gewesen. Aber »es war meine verdammte Aufgabe, die Sache wieder in Ordnung zu bringen«. Wenn er so spricht, ist er ganz der alte: kämpferisch, hart und selbstbewußt. Darauf, daß auch die Betriebsräte Verständnis signalisiert haben, ist er »wirklich stolz«, und letztlich sei die Trennung von Fokker »sauber, fair und anständig« verlaufen.

☆

Seit 1987 sitzt er im Vorstand der Daimler-Benz AG. Und zu keinem Zeitpunkt habe er eine Rücktrittsdrohung ausgesprochen. »Aber in zwei Situationen habe ich mir selber diese grundsätzliche Frage gestellt«, bekennt der mächtige Manager.

Zum einen spielt Schrempp auf die Konfliktsituation mit Helmut Werner an, zu der es im Rahmen der Konzernumstrukturierung kam. Zum anderen aber hat ihn der Fall Fokker doch in eine seiner berühmten Entweder-Oder-Situationen geführt. Als sich die Frage nach der Verantwortung stellt, steht Schrempp dazu: »Ich habe immer gesagt: Das ist mein Fehler«, erklärt er in seiner forschen Art. Und er stelle sein Amt zur Verfügung, so schildert ein Teilnehmer der vertraulichen Runde Schrempps Position. Daß darin auch Kalkül steckt, darüber spricht er nicht. Denn zweifelsohne ist es ihm mit dieser Taktik gelungen, die Aufsichtsräte von jeglichem Gedanken an eine Rücktrittsforderung abzubringen.

»Wenn man einen Fehler erkannt hat, gibt es zwei Möglichkeiten zu reagieren«, erklärt Schrempp. »Erstens: Man geht. Oder zweitens: Man korrigiert den Fehler. Ich habe mich für die zweite Möglichkeit entschieden.« Was aber heißt »Korrektur« im Fall Fokker für die Betroffenen?

In aller Offenheit

»Das Geschäftsfeld Automatisierungstechnik verfügt
mit dem Joint-venture mit der Groupe Schneider …
über eine Position auf dem Weltmarkt, wie sie besser
nicht sein könnte.«

Edzard Reuter im März 1995
vor dem Daimler-Aufsichtsrat

»Nach der Portfoliokonzentration … ist eine Struktur
der AEG als Unternehmensbereich nicht mehr haltbar, aber auch nicht notwendig.«

Jürgen E. Schrempp im November 1995
vor dem Daimler-Aufsichtsrat

»Für die Vertreter der Arbeitnehmer ist die grundsätzlich neue Bewertung der Zukunftsperspektiven
der AEG-Kernbereiche nicht nachvollziehbar.«

Wolfgang Gabele, Mitglied im
Aufsichtsrat der Daimler-Benz AG

Es grenzt an Masochismus, was sich Ernst Stöckl zumutet,
und an Sadismus, was seine Beschäftigten erdulden müssen. Die Beerdigung der AEG Daimler-Benz Industrie erfolgt
über Monate hinweg, hält Vorstände, Aufsichtsräte, Beschäftigte und Öffentlichkeit gleichermaßen in Atem, allerdings in un-
terschiedlichem Grad der Betroffenheit. Für die einen geht es
primär um verbesserte Bilanzen der Daimler-Benz AG, für die
anderen um ihren Arbeitsplatz und für außenstehende Beobachter um eine Theateraufführung von besonderem Unterhaltungswert.

☆

Die entscheidende Schlacht ist geschlagen, der Verlierer gesteht
seine Niederlage und streckt die Waffen. Äußerlich ruhig und in-

nerlich von Perspektivlosigkeit geplagt, verkündet Ernst Stöckl – Chef und Chefabwickler der AEG in einem – »seine« Interessen. Daß diese nicht die seinen, sondern allenfalls die seines Vorsitzenden Jürgen E. Schrempp sind, ist offensichtlich. Im Hinblick auf die strategische Ausrichtung des Konzerns und die voraussehbare Notwendigkeit der weiteren »Bereitstellung finanzieller Ressourcen«, so ein Schrempp ergebener Ernst Stöckl, »haben wir uns im AEG-Vorstand dazu durchgerungen, den Rückzug einzuleiten«.

Diese Verlautbarung vor dem Aufsichtsrat der Daimler-Benz AG ist Kapitulation pur. Daß der Rückzug zudem »auch seinen Beschäftigten« dienen solle, so Stöckls Formulierung, grenzt an blanken Zynismus. Denn die angestrebte «Überführung der Aktivitäten der AEG-Daimler-Benz-Industrie in andere industrielle Gruppierungen« stellt allenfalls eine Zielvorgabe, keinesfalls eine vertragliche Vereinbarung, geschweige denn eine Arbeitsplatzgarantie dar.

Vielmehr paßt die Situation der AEG an diesem Nachmittag des 8. November zur trüben Jahreszeit. Das Geschäftsfeld der AEG-Energieverteilung weist ein »marginal positives« Jahresergebnis aus, der Geschäftsbereich Automatisierungstechnik sei, so Stöckl, von einem negativen Ergebnis geprägt. Für beide Geschäftsbereiche sei trotz der teilweise guten Produkte und deren Erfolgen auf Teilmärkten »keine hinreichende Sicherheit« des Geschäftsergebnisses und der Arbeitsplätze erreicht. Wolle man dem Desaster entgegensteuern, müsse man viel Zeit und noch mehr Geld investieren. Auf 750 Millionen Mark veranschlagt der Finanzexperte den benötigten Mitteleinsatz, ein Volumen, das er allenfalls im Bereich des Denkbaren, nicht jedoch des Machbaren sieht.

Während Ernst Stöckl seine Litanei des Schreckens verkündet, herrscht im Tagungssaal der Möhringer Daimler-Zentrale betretenes Schweigen der Aufsichtsrats- und Vorstandsmitglieder. Die Ausführungen des AEG-Vorsitzenden weisen den Weg in den Zusammenbruch eines der renommiertesten deutschen Traditionsunternehmen und – ganz nebenbei – in seine eigene Freistellung.

☆

Ernst Stöckl muß man zugute halten, daß ihm seine Grundein-
stellung die in solchen Fällen sonst übliche Übernahme eines
reinen Versorgungspostens verbietet. Auch wenn die Abwicklung
der AEG den gebürtigen Sulzburger seinen Job als Chef des
Elektrokonzerns und in der Konsequenz auch als Vorstandsmitglied der Daimler-Benz AG kosten wird, vollzieht er deren
»Zerschlagung«. So jedenfalls lautet der Vorwurf Tausender von
Betroffenen, die den Streikaufrufen der IG Metall folgen und
die AEG auf zahlreichen Protestmärschen symbolisch zu Grabe
tragen.

Trotz aller Angriffe hält sich Schrempps langjähriger Freund
aus alten Südafrikatagen an die Vorgaben, und der Vorsitzende
kann den Verlauf der Sitzung mit innerer Genugtuung verfolgen.
Alles läuft ganz nach Plan. Denn was gibt es Besseres, als daß
der von Schrempp geforderte Konzentrationsprozeß von den Vorstandskollegen vertreten und, falls etwas schiefgeht, verantwor-
tet wird?

Die Springbok-Connection funktioniert – bis hin zur Selbstauf-
lösung, denn genau die hat Jürgen E. Schrempp für das Frankfurter Traditionsunternehmen beschlossen. Als ihm kurz nach 9.00
Uhr von Hilmar Kopper das Wort erteilt wird, läßt er keinen Zweifel an seinen Absichten. Der nüchternen Analyse der aktuellen
Situation aller Geschäftsbereiche und Projekte der AEG Daimler-
Benz Industrie läßt der Vorstandsvorsitzende knallharte Worte
folgen.

In Schrempps neuem Portfolio haben defizitäre Geschäftsfelder
keinen Platz – und zu diesen zählen auch zentrale Teile der AEG
Daimler-Benz Industrie. Die Temic in Heilbronn, so der Daimler-
Chef deutlich, »haben wir sehr kritisch auf den Prüfstand gestellt«, vor allem wegen der »sehr positiven Beurteilung seitens
des wichtigsten Leitkunden«, gemeint ist die Mercedes-Benz AG.
Mit den geplanten Deinvestitionen bei der AEG sei die Struktur
des Unternehmensbereichs nicht mehr haltbar, zudem nicht notwendig. Schrempp kündigt die »schnellstmögliche« Abwicklung
unrentabler Aktivitäten an und verweist im übrigen auf die wenigen vorerst verbleibenden AEG-Projekte. Was dann noch übrig-
bleibe, könne »nach der vollständigen Portfoliobereinigung«
Daimler direkt zugeordnet werden.

Längst hat sich auf seiten der Arbeitnehmervertreter spürbare Unruhe breitgemacht. Karl Feuerstein versucht zu mäßigen und kann doch nicht verhindern, daß die Kritik in aller Deutlichkeit geäußert wird.

☆

Hilmar Kopper eröffnet die Aussprache, und Wolfgang Gabele, der sich während Schrempps Lagebericht wohl nur mühsam zusammenreißen konnte, läßt sofort kräftig Dampf ab. Als Vorsitzender des Konzernbetriebsrats sowie des Gesamtbetriebsrats der AEG zählt der Bremer Gewerkschafter zu den direkt Betroffenen. Gabele fühlt sich von Stöckl und Schrempp verschaukelt und macht aus seinem Mißmut keinen Hehl: Es komme ihm »eigenartig« vor, daß dem Aufsichtsrat eineinhalb Jahre zuvor ein AEG-Konzept mit fünf Geschäftsfeldern vorgestellt worden sei, das heute schlichtweg Makulatur sein solle. Fachleute hielten die ungünstigen Wettbewerbsbedingungen in den Geschäftsbereichen Automatisierungstechnik und Energieverteilung für »nicht so gravierend«. Der von Jürgen E. Schrempp angedrohte Verkauf sei »zum jetzigen Zeitpunkt« nicht zwingend.

Längst hat Wolfgang Gabele Schrempps Strategie durchschaut und erkannt, daß dieser der AEG mit dem Abstoßen der beiden Kernbereiche »im Grunde ihren Geschäftszweck« und damit ihre Existenzgrundlage entzieht. Entsprechend deutlich hält Gabele dagegen: Es liege doch die Vermutung nahe, »daß es sich hier um den Ausfluß einer konzernpolitisch motivierten Entscheidung« handle, so sein Vorwurf. Die Neubewertung der Zukunftsperspektiven sei für die Arbeitnehmervertreter nicht nachvollziehbar.

Treffen Gabeles Schlüsse zu, dann ist die Auflösung der AEG nicht ausschließlich Ergebnis einer desaströsen Geschäftslage bei völlig aussichtsloser Perspektive, sondern durchaus im Sinne des Daimler-Vorsitzenden. Dessen Interessenlage besteht womöglich eben nicht im Erhalt der AEG und der Sicherung der Arbeitsplätze.

Auch wenn Jürgen E. Schrempp derlei Vorhaltungen weit von sich weist: Auf seiner Prioritätenskala schien der Profit ganz oben zu stehen, nicht aber der Mensch. So jedenfalls sehen das die Opfer seiner Rationalisierungs- und damit Entlassungspolitik – und nicht nur sie.

☆

Die Pfeile treffen, und wieder stellt sich Ernst Stöckl vor den Mann, der ihm seinerseits einzig Unterstützung bei der AEG-Abwicklung gewähren kann. Entweder müsse man »kräftezehrende Investitionsvorhaben« durchführen, oder, so Stöckl, durch »die zügige Überführung in die Hände anderer« der Situation Rechnung tragen. Die fortschreitende »Erosion der Marktbedingungen« werden wir nicht stoppen können, verteidigt der AEG-Chef die Linie des Vorstands.

Mit Bernhard Wurl meldet sich erneut ein Skeptiker zu Wort. Der Abteilungsleiter im IG-Metall-Vorstand sitzt für die Arbeitnehmerseite als eines von vier Mitgliedern im Präsidialausschuß. Seiner Stimme kommt im Aufsichtsrat besonderes Gewicht zu. Die »drastische Veränderung der Einschätzung binnen kurzer Zeit« sei schwerlich nachvollziehbar, kritisiert der ansonsten so versöhnlich auftretende Wurl. Wieso habe man in der ersten Jahreshälfte noch Optimismus in bezug auf die AEG-Kerngeschäftsfelder an den Tag gelegt, wenn jetzt das Gegenteil propagiert werde?

Wurls Vorwurf trifft, jedoch nicht den derzeitigen Vorsitzenden, sondern dessen Vorgänger. In der Diskussion über die Perspektiven der AEG und ihrer Teilbereiche hatte Edzard Reuter dem Aufsichtsrat eine Zukunftsperspektive suggeriert, die Jürgen E. Schrempp acht Monate später unsanft ad absurdum führt.

In der Aufsichtsratssitzung Anfang März des Jahres 1995, seiner zweitletzten als Vorstandsvorsitzender, hatte der Berliner für die AEG-Automatisierungstechnik brillante Perspektiven ausgemalt. Gerade bei speicherprogrammierbaren Steuerungen und der Postautomatisierung, die zum Geschäftsfeld Automatisierungstechnik zählen, verfüge die AEG über eine optimale Position auf dem Weltmarkt. »Ähnliches gilt auch für die Temic und die MTU Friedrichshafen«, so Reuters damaliges Versprechen als Vorsitzender der Daimler-Benz AG.

☆

Sind sie einem Edzard Reuter auf den Leim gegangen, der ihnen das Blaue vom Himmel herab versprochen hat? Hat sich Reuter in Verkennung der Realitäten zu Fehlprognosen hinreißen lassen? Wollte er die Schwierigkeiten seines Diversifikationsprozesses vertuschen? Haben sich die Arbeitnehmervertreter von Vorständen einlullen lassen? Fragen, die nur die Betroffenen selbst beantworten können, doch das wollen sie gar nicht.

Edzard Reuter, der an dieser Sitzung in seiner Funktion als Aufsichtsratsmitglied teilnimmt, wählt den Weg des Schweigens. Die Akquisition der AEG hat sein Vorgänger Professor Werner Breitschwerdt zu verantworten, und der hält die Entscheidung auch heute noch für richtig. Er sei für »einen Konsolidierungs- und nicht für einen Expansionskurs« gestanden, sagt Breitschwerdt heute. Im Gegensatz zum MBB-Erwerb hat er den Kauf von AEG wie von Dornier befürwortet.

Reuter zieht sich auf den Standpunkt zurück, daß er den AEG-Erwerb nicht zu verantworten habe. Damit aber endet seine Absolution. Denn die Auflösung der AEG ist nicht ausschließlich die unumgängliche Konsequenz einer negativen Geschäftsentwicklung aufgrund ungünstiger Rahmenbedingungen. Vielmehr ist der wirtschaftliche Zusammenbruch der AEG sowohl Ausdruck unterschiedlicher Partialinteressen von Vorständen und Aufsichtsräten als auch Ergebnis einer langen Reihe fehlerhafter Prognosen – vor allem derer des Edzard Reuter.

Man kann Jürgen E. Schrempp vieles nachsagen, nicht aber Zögerlichkeit und Zurückhaltung. Während sich der Berliner in einen Elfenbeinturm von Taubheit und Tatenlosigkeit zurückzieht, schlägt der Freiburger zurück. Als Rudolf Kuda, wie Wurl im Vorstand der IG Metall, Stöckl Widersprüche bei früheren Aussagen gegenüber dem Aufsichtsrat vorwirft, kann sich Schrempp nicht länger bremsen.

Doch im Gegensatz zu seinem Vorgänger beschönigt er weder die Situation der AEG noch die der Beschäftigen: Nach Aussagen verantwortlicher Führungskräfte »komme man um deutliche Personalanpassungen nicht herum«, verkündet Schrempp in der Diskussion mit der Arbeitnehmerseite über das Abstoßen der Automatisierungstechnik. »In aller Offenheit«, so ein provozierend offener Vorstandsvorsitzender, würde die »notwendige Verbesserung der Kostenposition mit einem teilweisen Verlust von Arbeitsplätzen einhergehen«. Schrempp schenkt den Anwesenden reinen Wein ein. Für die betroffenen Beschäftigten aber bleibt ein bitterer Nachgeschmack.

☆

Bei der Aufsichtsratssitzung im April des Folgejahres wird die Verschmelzung des Frankfurter Elektrokonzerns auf die Daimler-Benz AG beschlossen und damit der vorletzte Sargnagel eingeschlagen. Stufe drei der Überführung besiegelt das Erlöschen der Aktiengesellschaft AEG, so Schrempp und seine Vorstandskollegen in ihrer Vorlage an den Aufsichtsrat. Die Verschmelzung führt dazu, daß die nicht nutzbaren Verlustvorträge der AEG AG in Höhe von insgesamt 747 Millionen Mark zukünftig durch Daimler-Benz genutzt werden können. »Der Vorstand bittet um Unterstützung zur Verschmelzung« und erhält diese in überraschender Einmütigkeit.

Zufrieden bilanziert der oberste Kontrolleur Kopper die einstimmige Annahme der von Jürgen E. Schrempp verteilten Vorlage – bei Enthaltung des Bremer Betriebsrats. Zuvor hat sich Wolfgang Gabele ein letztes Mal zu Wort gemeldet: »Der Verschmelzungsbeschluß zieht einen Schlußstrich unter die Geschichte der AEG«, so der Gewerkschafter betreten, »und er bedeutet im Ergebnis ihre Liquidation.« Zwei Monate später wird diese auf der Hauptversammlung der AEG vollzogen. Mit Wolfgang Gabele scheidet im Oktober 1996 einer der wenigen wagemutigen Aufsichtsräte aus dem Kontrollgremium aus.

☆

In der Folgezeit führt Dr. Eckard Cordes die Portfoliobereinigung konsequent fort. Als vorweihnachtliche Überraschung verkündet der Beteiligungsvorstand im Dezember 1997 den Verkauf der Halbleiterfertigung der Mikroelektroniktochter Temic an einen US-Konzern. Erinnern wir uns: Was hatte ein euphorischer Edzard Reuter auf der Aufsichtsratssitzung zweieinhalb Jahre zuvor in bezug auf die Temic und ihre Erfolgsaussichten versprochen?

Damals hat er von »brillanten Perspektiven« für bestimmte Temic-Geschäftsfelder gesprochen. Heute ist man schon zufrieden, wenn das Betriebsergebnis der Heilbronner Temic Telefunken von 32,1 Millionen im Jahr 1996 auf 5,4 Millionen Mark im Folgejahr verbessert wird – im Verlustbereich, versteht sich. Für die MTU Friedrichshafen trifft die Prognose des früheren Vorsitzenden zu. Der Motorenbau läuft wie geschmiert. Doch am Ende ist herzlich wenig geblieben von den hochtrabenden Vorgaben des geradezu weltfremd operierenden Vorsitzenden der Daimler-Benz AG.

Im September 1987 ist der Freiburger zum stellvertretenden und im April 1989 zum ordentlichen Mitglied des Vorstands der Daimler-Benz AG berufen worden. Seither, und das sollte bei keinem an Reuter gerichteten Vorwurf vergessen werden, hat Schrempp alle Entscheidungen mitgetragen – ausnahmslos alle.

☆

Daß Jürgen E. Schrempp nicht zu den Softies und Smarties in der Riege deutscher Topmanager zu zählen ist, bestreitet niemand, nicht einmal er selbst. Als ich ihn nach seiner Selbsteinschätzung und seinen Sanierungsmethoden befrage, antwortet der Vorstandsvorsitzende so ehrlich wie typisch: »Ich komme nicht in den Geruch, in einem Mädchenpensionat groß geworden zu sein.« Stimmt: Beim Verkauf von Fokker und der Zerschlagung der AEG hat eher Pulverdampf über der Szenerie gelegen als der Duft von Rosenblüten.

FÜNFTES KAPITEL

König der Schlangen

Spanische Stolperstufen

»Ihr naht euch wieder, schwankende Gestalten,
Die früh sich einst dem trüben Blick gezeigt.
Versuch ich wohl, euch diesmal festzuhalten?
Fühl ich mein Herz noch jenem Wahn geneigt?«

Johann Wolfgang Goethe: Faust. Der Tragödie erster Teil

»Damit sind andere, falsche Darstellungen, die in
verschiedenen Medien kursieren, richtiggestellt.«

*Presseerklärung der Daimler-Benz AG,
Abteilung VV, vom 26. Juli 1995*

»Ich lasse mich nicht umbiegen.«

Jürgen E. Schrempp, ein Jahr nach dem Vorfall in Rom

Rom ist kein gutes Pflaster für die Daimler-Oberen. Im Mai 1990 fährt der Professor Niefer bei einer Spritztour mit einem Omnibus eine Stuttgarter Touristin an und verletzt diese schwer am linken Bein. Daimlers Presseabteilung versucht den Fall herunterzuspielen: Der Mercedes-Manager habe den Bus gar nicht gelenkt, heißt es zwischenzeitlich.

Erst nach und nach stellt sich heraus, daß Werner Niefer sehr wohl das Fahrzeug gesteuert hat und – entgegen der Firmendarstellung – nicht einmal eine Stunde bei dem Opfer geblieben ist. Die Tragikomödie gipfelt in einer Erkenntnis ganz besonderer Art: Der Chef der Mercedes-Benz AG, eines der renommiertesten Automobilunternehmen weltweit, besitzt keinen deutschen, sondern lediglich einen brasilianischen Omnibusführerschein.

Niefers Verkehrsunfall in Rom ist in Erinnerung geblieben, nicht zuletzt aufgrund einer grandiosen Öffentlichkeitsarbeit im Hause Daimler-Benz.

☆

Auch Schrempp hat seine Erfahrungen mit Rom machen müssen. Zeitungen schreiben über einen Eklat in der Tiberstadt, der sich – glaubt man spektakulären Presseberichten – etwa so zugetragen haben soll:

Mittwoch, 19. Juli 1995, eine laue Sommernacht. Die meisten Römer genehmigen sich ihren wohlverdienten Schlaf. Wer um diese Stunde noch rund um die Spanische Treppe unterwegs ist, ist entweder ein Tourist oder ein Vergnügungssüchtiger. Und von beiden gibt es in Nächten wie dieser einige.

Kurz nach Mitternacht schlendern zwei Männer unterschiedlichen Alters und eine jüngere Frau von der Piazza di Spagna in Richtung Spanische Treppe. Ihre Stimmen schallen in der Nacht deutlich durch die engen Gassen der römischen Innenstadt. Nach einer kleinen Feier ist man ausgelassen. Wer sind die Typen, die – so später deutsche Zeitungen – die nächtliche Ruhe Roms stören?

Ihrer Sprache zufolge muß es sich um Touristen aus Deutschland handeln.

Plötzlich taucht eine Polizeistreife auf: »Was haben Sie um diese Zeit hier zu suchen? Ihre Papiere bitte!« Die drei sind überrascht. Man habe keine Papiere dabei, meint der etwa fünfzigjährige Mann, die lägen im Hotel. Die Frau ist über die Kontrolle verärgert und bringt dies gegenüber der Polizistin in deutlichen Worten zum Ausdruck.

In einigen Berichten heißt es dann, als man die Frau zur Personalkontrolle habe mitnehmen wollen, seien die beiden Männer eingeschritten. Es kam zu einem Handgemenge und schließlich endete der fröhliche Abend für alle zwecks Aufnahme der Personalien auf einem Polizeirevier. Betroffen waren:

Schick, Hartmut, geb. am 5. 10. 1961 in Oberiflingen
Deininger, Lydia, geb. am 18. 7. 1964 in Landsberg
Schrempp, Jürgen Erich, geb. am 15. 9. 1944 in Freiburg.

☆

Doch was geschah wirklich in dieser römischen Nacht, fünf Sommer nach Niefers skandalträchtigem Unfall? Tatsächlich hat Schrempps persönliche Referentin Lydia Deininger in Begleitung ihres Chefs, des Leiters des Planungsstabs Hartmut Schick, nach einem Geschäftstreffen ihren 31. Geburtstag gefeiert. In tiefster Nacht schlendert das Trio in freundlicher Begleitung einer vom Planungchef gekauften und entkorkten Rotweinflasche durch die engen Gassen der römischen Innenstadt.

Die Spanische Treppe liegt gerade mal hundert Meter von ihrem Luxushotel entfernt. Urplötzlich geraten die drei in eine Ausweiskontrolle. »Zwei stinknormale Beamte«, so Schrempps Chefplaner, fordern die Papiere. Ein angesäuerter Schrempp eilt zum Hotel Hassler Medici, um die Ausweise an der Rezeption zu holen. Anschließend werden die Personalien der drei Deutschen auf dem Revier erfaßt – so die weitgehend unstrittige Beschreibung des Hergangs. Im übrigen scheiden sich die Geister und die Versionen.

☆

»Auf Veranlassung von Herrn Jürgen Erich Schrempp wird hiermit erklärt, daß um 02.00 h am 19. d. M. drei Bürger deutscher Nationalität zum Büro des ersten Kommissariats ›Trevi – Campo Marzio‹ begleitet wurden, deren Namen die folgenden sind ...« So die Übersetzung des Polizeipräsidiums von Rom, das mit einer Darstellung des Vorfalls aus Sicht der Behörde fortfährt: »Dieselben kamen von der Piazza di Spagna, wo sie vom dort stationierten Wachpersonal angehalten wurden, von denen sie in fröhlicher Stimmung mit einer Flasche Wein in der Hand bemerkt worden waren.« Besonders auffällig hat sich »insbesondere die junge Frau« verhalten, die »sich in unopportunen Worten an das uniformierte Personal gewandt« hat. Nach Aufnahme der Personalien, so der Polizeileiter Dr. A. Puglisi, habe man die drei Deutschen »unverzüglich gehenlassen«.

Für Schrempp ist die Sache mit Veröffentlichung des Polizeiprotokolls exakt eine Woche nach dem Vorfall »richtiggestellt«. Für den Rest der Welt eher nicht.

☆

»Wir mußten mit der Polizei zur Wache, dort wollten sie ein Protokoll aufnehmen«, so Schick, für den die ganze Aufregung sowieso schwer nachvollziehbar ist. »Danach haben wir ein Taxi bestellt«, erläutert der Schrempp-Vertraute, der zu dem Ergebnis kommt: »An allem war nichts dran. Wir waren noch nicht einmal an der Spanischen Treppe, nur auf dem Weg vom Hotel dorthin.«

☆

In der Sache geht es weniger darum, ob Lydia Deininger die beiden Beamten tatsächlich in astreinem Italienisch als »Polizia stupida« beschimpft hat. Auch die Behauptungen, die eine Polizistin sei bei einem Handgemenge am Handgelenk gequetscht worden und habe für vier Tage krank geschrieben werden müssen, dienen einem anderen Zweck. Und bereits nach wenigen Tagen sind Tatsächliches und Erfundenes kaum noch zu unterscheiden.

Als wesentlich folgenschwerer erweisen sich die Presseberichte über »Schrempps römische Nächte«. Die Darstellungen, die in diesen Tagen durch die Weltpresse geistern, lassen für Schrempp und seine beiden Begleiter das Schlimmste befürchten. Denn rund um den Globus posaunen es die Headlines unisono heraus: »Nach Handgemenge mit Polizei nun Anzeige gegen Daimler-Chef«. Die Vorwürfe würden »jetzt von der Justiz in Rom geprüft«, melden die Medien. Und »die Ermittler haben nach Angaben aus Justizkreisen sechs Monate Zeit, um zu entscheiden, ob gegen Schrempp und seine Begleiter ein Verfahren eröffnet werden soll«.

Versucht man sich ein objektives Bild der Geschehnisse von Rom zu verschaffen, ist eines allemal feststellbar: Wie Geier haben sich manche Journalisten und Schrempp-Gegner auf den Daimler-Chef gestürzt. Wohl in der Hoffnung, ihrem Opfer schweren Imageschaden zuzufügen oder ihn gar auf diesem Weg aus dem Amt zu befördern. Antialkoholiker aller Länder, vereinigt euch.

☆

Die Katastrophe hätte vermieden werden können, hätte die hausinterne Presseabteilung auch nur halbwegs funktioniert. Doch der Daimler-Vorstandsvorsitzende steht nach dieser Nacht alleine da, im Juli 1995 ist die Kommunikationszentrale schlichtweg verwaist. Während der altgediente Medienfuchs Detmar Grosse-Leege unter schweren gesundheitlichen Problemen leidet, hat Schrempp seinen erfahrenen Pressefürsten Matthias Kleinert just im selben Monat zum Außenminister des Konzerns wegbefördert. Und dessen Nachfolger Dr. Christoph Walther steht noch bis zum Herbst des Jahres in Diensten der Hamburger Zigarettenfabrik Reemtsma.

☆

In seiner Not sucht der Vorstandsvorsitzende Rat bei Roms höchsten Konzernrepräsentanten. Schrempp trifft sich zur vertraulichen Besprechung mit Roland Klein, dem Leiter der Presseabteilung, und dem italienischen Mercedes-Benz-Präsidenten. Dieser verspricht Abhilfe, nach dem Motto: In Italien kann der mächtige Mercedes-Chef alles regeln. Auch Schrempp, erst seit knapp zwei Monaten im Amt des Vorstandsvorsitzenden und noch immer dem typischen Hierarchiedenken der altehrwürdigen Daimler-Benz AG verhaftet, kommt, sieht und verliert.

Den Fehler haben Freunde in Südafrika schneller erkannt. Hugh Murray, einer der besten Schrempp-Kenner der Szene, weiß um die Schwächen wie die Stärken seines langjährigen Wegbegleiters. »Schrempp ist der beste Kommunikator. Wenn andere Leute diesen Job übernehmen«, so der Publizist des *Leadership Magazine*, »endet das meistens im Desaster.« Die Affäre zu Rom ist hierfür ein Musterbeispiel par excellence.

☆

Um Jürgen E. Schrempp ist es nicht nur in dieser Situation ruhig geworden. Wie auch später im Fall Fokker, kann er seine Freunde an einer Hand abzählen. »Die Peer-group hat Schrempp signali-

171

siert: Das geht nicht«, deutet sein Vertrauter Schick die Lage. »Damals haben nur sehr wenige angerufen und sind zu ihm gestanden.«

Um die Situation zu retten, muß der Freiburger seinerseits in die Offensive gehen. Gegenüber seinen Vorstandskollegen spricht er die römischen Stolperstufen gleich bei der nächsten Sitzung an. Alles sei ganz harmlos gewesen, versucht er den Vorfall herunterzuspielen. Deininger, Schick und er hätten lediglich die Flasche entkorkt, keinesfalls aber gesoffen, zu einem Handgemenge sei es erst gar nicht gekommen. Schrempps Fazit: Das müsse er jetzt durchstehen. »Die anderen Vorstandsmitglieder haben sich das angehört und gemeint, das sei ja keine Todsünde. Sie haben offen reagiert«, beurteilt ein Insider die hausinterne Rückendeckung für den Daimler-Vorsitzenden.

☆

Alles in allem haben Schrempp und seine beiden Begleiter noch Glück im Unglück gehabt. Dem zuständigen Richter liegen viereinhalbtausend Fälle zur Bearbeitung vor. Nicht zuletzt deshalb wird das Geschehen an der Spanischen Treppe als Bagatellverfahren eingestuft, die Einstellung des Verfahrens zur Formsache.

☆

Seit dem Sommer 1995 verfolgen Schrempp die Spanischen Stolperstufen. Dabei stellt sich weniger die Frage, ob der ausgelassene Badener in Rom ein Promilleproblem gehabt hat. Schenkt man seiner Darstellung Glauben, dann ist – zumindest aus besagter Flasche – kein einziger Tropfen geflossen. Daß davor, anläßlich der Geburtstagsfeier der als lebensfroh und humorvoll geschätzten Lydia Deininger, italienischer Rebensaft ausgeschenkt worden ist, ist absolut normal und nachvollziehbar. Zweifelsohne ist es jedermanns Recht, sich im abendlichen Rom eine Runde Rotwein zuzuführen.

Allerdings hat Schrempp schmerzlich erfahren müssen, daß er nicht mehr der kleine Vertriebsleiter im fernen Südafrika ist, wo er jenseits aller Medienwahrnehmung tun und lassen konnte, was er wollte. Sind die nächtlichen Touren in den Bars Südafrikas öffentlich unbeachtet geblieben, so reicht heute die Rotweinflasche für die Frontpage der internationalen Printmedien – selbst wenn der Korken noch kront.

☆

Sein Problem ist das aller Prominenten. Was für einen Normalsterblichen gilt, gilt noch lange nicht für den wichtigsten Wirtschaftsführer Europas, der auf dem gesamten Kontinent als Sicherheitsstufe 1 eingestuft ist. Die Privatsphäre ist damit auf ein Minimum begrenzt, allerorten warten Paparazzi auf das nächste Daimler-Desaster – und nichts Schöneres, als daß der Chef persönlich darin verwickelt ist.

Für einen Menschen vom Schlage Schrempps ist das eine Bedrohung ersten Grades. Wie kein anderer Topmanager der Republik zeichnet er sich durch eine wohltuende Spontaneität aus. Wo andere Vorsitzende großer Konzerne stocksteif sind, bleibt der Badener unberechenbar, zuweilen herrlich erfrischend.

»Ich nehme an möglichst wenigen Empfängen teil, die sind mir meist zuwider«, erklärt Schrempp unbekümmert. Zwänge jeglicher Art meidet er. »Ansonsten halte ich mich von manchen Peer-group-Treffen fern« – aus dem Munde des Wirtschaftskanzlers der Republik ein erstaunliches Bekenntnis. »Das hat man mir schon übelgenommen«, bekennt Schrempp, doch er steht dazu, schließlich »geht es dort meist nur ums Gesehenwerden«.

☆

Am eigenen Leib hat der Freiburger erfahren, daß man nicht nur in Deutschland übelnimmt, wenn die Etikette verletzt wird. Unter vier Augen auf den Vorfall von Rom angesprochen, steht er auch ein Jahr danach noch voll und ganz zu seinem Verhalten: Er wolle sich »nicht umbiegen lassen«, auch wenn er »erkennen muß, daß es nicht nur den Privatmann Jürgen Schrempp gibt, sondern auch den Vorstandsvorsitzenden«. Und von dem »erwartet man zu Recht eine Vorbildfunktion«. Der Wind hat Schrempp frontal ins Gesicht geweht, und die Stolperstufen haben ihre Spuren hinterlassen. »Dazwischen abzuwägen fällt mir nicht immer leicht«, gesteht Schrempp offen.

☆

173

»Die Reaktionen auf meine Ausgelassenheit waren nicht immer positiv.« Hinter dem Understatement steckt eine bittere Wahrheit, denn hinter den Kulissen knallt es heftigst. Zu spät erkennt Jürgen E. Schrempp, daß es für ihn um Kopf und Kragen geht. Und zu sehr verläßt er sich auf die Hilfe anderer. Sein Aufsichtsratsvorsitzender Hilmar Kopper, den mit Schrempp ein fast freundschaftliches Verhältnis verbindet, fackelt diesmal nicht lange. Der Vorsitzende der Deutschen Bank läßt den Daimler-Chef in seinem Büro in Frankfurt antanzen: Wenn sich Schrempp noch einmal einen Skandal erlaubt, dann kann er gehen – so, dem *Spiegel* zufolge, die eindeutige Drohung des Bankers an die Adresse des Managers. Und auch Koppers Stellvertreter im Aufsichtsrat stellt unmißverständlich klar, daß Schrempps Eskapaden ein für allemal ein Ende finden müssen. Ansonsten, so Karl Feuerstein, sei Schrempp die längste Zeit Vorstandsvorsitzender gewesen.

☆

Auch wenn der Freiburger – aus verständlichen Gründen – nicht gerne darüber spricht: Das katastrophale Medienecho und der Druck aus der Zentrale der Deutschen Bank haben ihm vor Augen geführt, daß er auf einem Schleudersitz residiert. In der Folge ist der alte Schrempp in sich gegangen, hat an sich gearbeitet und gelernt, sich anzupassen.

Der neue Schrempp meidet die Öffentlichkeit eines Restaurants, heute setzt er sich auf eine Hotelterrasse in Rom. Der neue Schrempp lustwandelt kein zweites Mal in angeheitertem Zustand um Mitternacht zur Spanischen Treppe. Der neue Schrempp hat seine Machosprüche inzwischen in Watte gepackt. Der neue Schrempp wahrt bei gemeinsamen Abenden mit Journalisten mehr Distanz als früher.

»Was ihm früher völlig egal war«, so Andreas Richter, Vorsitzender der Stuttgarter Industrie- und Handelskammer, »gilt heute nicht mehr.« Der neue Schrempp ist gereifter und gesitteter, kontrollierter und damit auch kantenloser und kälter. Diese Entwicklung war abzusehen, positiv ist sie nicht.

Die Reise nach Möhringen

»Meine Frau findet meinen Krawattengeschmack gar nicht gut.«

Helmut Werner, Vorsitzender der Mercedes-Benz AG

»Hilmar Kopper hat die Umstrukturierung fair und klar gemanagt.«

Jürgen E. Schrempp, Vorsitzender der Daimler-Benz AG

Der Machtkampf an der Spitze, der die Konzernführung über Monate hinweg gelähmt, die Medien und mit ihnen die Öffentlichkeit in Atem gehalten und den Ruf rüde ramponiert hat, dieser Machtkampf ist beendet. Im Januar 1997 wird im Hause Daimler-Benz Unternehmensgeschichte geschrieben: Der erste Tag des Jahres geht als der sogenannte Verschmelzungsstichtag in die Annalen ein, die Mercedes-Benz- wird in die Daimler-Benz-Aktiengesellschaft überführt.

Zugleich kann der Konflikt zwischen dem Mercedes-Chef und dem Daimler-Vorstandsvorsitzenden gütlich beigelegt werden. »Herr Werner sieht keine Möglichkeit, im Rahmen der neuen Konzernstruktur seine industrielle Erfahrung in der bisherigen Weise einzubringen«, verkündet der Aufsichtsratsvorsitzende nach der Präsidiumssitzung am 16. Januar der Öffentlichkeit. Bei der außerordentlichen Sitzung am 23. Januar ist das Kapitel Werner bereits Geschichte. Das vom Vorstand unterbreitete Angebot der Übernahme einer neuen Verantwortung bei Daimler-Benz sei »dem von ihm selbst gestellten Anspruch nicht gerecht geworden«, teilt Hilmar Kopper seinen Aufsichtsräten mit. Keiner von ihnen wünscht eine Aussprache.

Am letzten Tag des Monats scheidet der vormalige Herr des Mercedes-Sterns in Frieden aus der Firma – und im Unternehmen herrscht endlich wieder eitel Sonnenschein.

☆

Ein Jahr zuvor hat alles ganz anders ausgesehen. Schrempps Ausgangslage im Sommer 1996 ist denkbar schlecht: der Rotwein von Rom, die Fehlakquisition von Fokker, das Dolores-Programm der Dasa, die bevorstehende Zerschlagung der AEG – all das hat dem Daimler-Chef heftigen Gegenwind beschert und den Mercedes-Chef Morgenluft schnuppern lassen. Eher unerwartet eröffnet sich Helmut Werner nach 1994 ein zweites Mal die Chance, Herr der Sterne zu werden. Und wie zwei Jahre zuvor, hat der gebürtige Kölner eine deutlich bessere Ausgangsposition als sein Freiburger Kontrahent.

»Es ist überlebenswichtig, daß es Herrn Schrempp gelingt, Herrn Werner abzuschießen und daß er sich auch keinen weiteren Fehler erlaubt«, analysiert ein Wirtschaftsjournalist die Situation. Die Analyse trifft: Will Schrempp an die Spitze, muß er Werner verhindern. Und ein zweites Rom kann er sich nicht leisten.

☆

Mit welcher Strategie kann es Werner gelingen, selbst Vorstandsvorsitzender zu werden? Wie kann Schrempp die Attacken seines Mitstreiters abwehren?

Dem Mercedes-Chef ist gerade eine ganz besondere Ehre zuteil geworden: Die renommierte Business Week hat ihn als einzigen Europäer zu einem der fünfundzwanzig besten Manager weltweit gekürt. Nicht nur bei den scheinbar bedingungslos hinter ihm stehenden Mercedes-Männern gilt Helmut Werner als »everybodys darling«, als Inbegriff alles Guten. Und während Werners Image zu immer neuen Höhenflügen ansetzt, sinkt das des Hardliners, des Zerstörers, des Rambos Schrempp auf den absoluten Tiefpunkt.

☆

Der Freiburger wäre ein äußerst erfolgreicher Feldherr geworden. Seine Analyse ergibt ein klares Bild: Die direkte Konfrontation auf dem Gefechtsfeld – Mann gegen Mann – wird er verlieren. Auf keinen Fall darf der klassische Grabenkampf zum offenen Krieg der starken Mercedes-Fraktion gegen den schwächeren Rest des Konzerns werden.

Der Riß zwischen der Schrempp- und der Werner-Fraktion geht

quer durch den Konzern und alle Gremien. Die Mercedes-Vorstände stehen weitgehend geschlossen hinter ihrem Chef, die Dasa-Fraktionäre ebenso einheitlich zu ihrem vormaligen Vorsitzenden. Der Daimler-Vorstand ist gespalten. Auch der Aufsichtsrat ist gespalten, zumal Feuerstein mit Werner für den Erhalt der Mercedes-Benz AG votiert.

Mit Hilmar Kopper deckt der Aufsichtsratsvorsitzende, und damit auch die Deutsche Bank, Schrempp den Rücken. Und der weiß, was er an seinem Oberkontrolleur hat: »Er hat in allen Höhen und Tiefen zu mir gestanden«, resümiert der Daimler-Vorsitzende. Auf der einen Seite »regiert er nicht in meine Geschäfte hinein«, auf der anderen Seite »ist er da, wenn ich ihn brauche«. So Schrempp, der vor allem Koppers Fairneß in der Umstrukturierungsphase betont. Kurzum: »Er ist ein unglaublicher Gentleman.«

☆

Die beiden Kontrahenten wissen, daß es bei diesem Duell nur einen Sieger geben kann. Die finale Schlacht beginnt: General Schrempp bringt seine Geschütze in Stellung – und Gentleman Werner überlegt, welche Krawatte er heute umbinden soll.

☆

Schrempps Chancen liegen in der ehedem geplanten und in sich schlüssigen Umstrukturierung der Daimler-Benz AG. Dabei hält der Daimler-Chef alle Asse in Händen: Nach dem Reuterschen Vorjahresdefizit in Höhe von 6,5 Milliarden Mark leitet Schrempp die Neugestaltung des Portfolios ein und reduziert die Geschäftsbereiche um ein Drittel auf dreiundzwanzig. Die direktere und schnellere Leitung der Unternehmensbereiche läge dann nicht mehr in den Händen der Vorstände der Konzerntöchter, sondern direkt beim Daimler-Vorstand. Der vormalige Mercedes-Chef könnte im neuen Gesamtvorstand bestenfalls das Pkw-Geschäft vertreten – so Schrempps Modell.

Die Auseinandersetzung um Beibehaltung der alten oder Einführung der neuen Struktur kann Schrempp gewinnen. Für den Freiburger gilt es die eigenen Bataillone in Stellung zu bringen und zugleich die feindlichen hinter sich zu formieren.

Werners Perspektive liegt einzig in der Erstellung und Durchsetzung einer sinnvollen Strukturalternative, in der er seine Freiheiten als Mercedes-Vorsitzender wahren kann. Mißlingt dieses Vorhaben, dann wird er seine bisherige Autonomie verlieren und sich fügen müssen. Denn mit der Eingliederung des renommiertesten Automobilunternehmens der Welt in die Daimler-Benz AG ist die Existenz der Mercedes-Benz AG beendet.

Und danach bestimmt nur noch einer, was Sache ist.

☆

Heute kann sich Helmut Werner schwerlich entscheiden. Zu seinem blaßblauen Jackett paßt einfach keine der Krawatten in seinem Schrank. Womöglich die mit den roten Punkten? Lieber nicht, wirkt zu auffällig, beunruhigend, fast alarmierend. Die Grüngestreifte vielleicht, in der Farbe der Hoffnung? Auch nicht.

Der scheinbar belanglose innere Konflikt hat einen todernsten Hintergrund: Schlipse stellen im Hause Werner die Quelle ständiger Konflikte dar. Und mit seiner Frau Erika möchte sich der Kölner beim besten Willen nicht überwerfen. Nach reiflicher Überlegung entscheidet sich der Vorsitzende der Mercedes-Benz AG doch für ein dezenteres Modell im hellen Grauton. Da ist die Gefahr am geringsten, mit der Gattin zusammenzurasseln – und die hat bekanntlich schon so manche Krawatte kurzerhand verschwinden lassen.

☆

Schrempps Bestellung als Vorsitzender währt ebenso bis zur Jahrtausendwende wie die Bestellung von Manfred Gentz zum Finanzchef. Professor Hartmut Weule, bislang verantwortlich für das Forschungsressort, scheidet auf eigenen Wunsch aus dem Unternehmen aus. Das Ende der AEG bedeutet auch das Ende von Ernst Stöckls Vorstandstätigkeit. Die beiden ersten Plätze sind fest gebucht, die neue Konzernstruktur läßt acht weitere Namen zu.

☆

»Die Defensive liegt mir nicht«, erklärt der Freiburger. Die Offensive um so mehr: Schrempp strafft, Schrempp rationalisiert,

Schrempp optimiert. Schrempp leitet die gewaltigste Umbesetzung des Daimler-Benz-Vorstands seit Jahrzehnten ein. Schrempp forciert die endgültige Auflösung der AEG. Schrempp setzt seine Neugestaltung der Konzernstruktur um.

Von den vormals achtundzwanzig Vorstandsmitgliedern – darunter sieben Daimler- und einundzwanzig Bereichsvorstände – werden am Ende nicht alle überleben. Zuallererst verlieren die sechs Mitglieder des Führungsgremiums der AEG ihre Aufgabe. Auch wenn der Gesamtvorstand auf zehn Mitglieder aufgestockt wird, bleiben dennoch nur fünf Dasa- und vier debis-Bereichsvorstände übrig. Dabei ist nicht auszuschließen, daß auch neue Mitglieder berufen werden. Jeder, der sich um ein Amt im Schlüsselgremium des Daimler-Vorstands bemüht, weiß: Der Selektionsprozeß ist knallhart. Wer überleben will, muß sich mittels Fachkompetenz, Führungsfähigkeit und Wohlverhalten die Gunst des Mannes an der Konzernspitze erwerben.

Das Hauptkriterium ist zwar ein inoffizielles, aber doch das entscheidende: Bei der anstehenden Vorstands- und der außerordentlichen Aufsichtsratssitzung im Januar 1997 wird es zur entscheidenden Kampfabstimmung über die neue Konzernstruktur kommen – und damit zugleich zum Personalentscheid über den Vorstandsvorsitzenden. Und ein Schrempp versteht sich darauf zu regeln, wer an dieser Abstimmung teilnimmt und wer nicht.

☆

Der Fahrer der gepanzerten 600er Mercedes-Limousine hält direkt vor der Eingangstür des Stuttgarter »Schloßgartens«. Das Restaurant zählt zu Werners Stammlokalen. Der Mercedes-Chef nimmt sich für seine Bestellung alle Zeit der Welt. Der Tag ist lang und von einem vollem Arbeitsprogramm bestimmt. Wer da das Ausspannen vergißt, der wird früher oder später gesundheitliche Folgen verspüren.

»Felchen, bitte. Und einen leichten Württemberger Riesling«, ordert der Gourmet, der beim Essen sorgsam auf die Sauberkeit seiner Krawatte achtet. Die Klammer bewahrt ihn vor einem familiären Desaster. Später wird sich Helmut Werner noch ein Himbeerdessert genehmigen – ohne Sahne und Eis. Verständlicherweise legt der sportlich Talentierte auch heute noch allergrößten Wert auf gesunde Ernährung.

☆

Mit dem bisherigen debis-Vorsitzenden Klaus Mangold und dem Dasa-Chef Manfred Bischoff sitzen bereits zwei langjährige Wegbegleiter und ausgewiesene Schrempp-Sympathisanten im Führungsgremium der Daimler-Benz AG. Beide haben dem Freiburger einen guten Teil ihres Erfolgs zu verdanken und werden sich zu revanchieren wissen.

»Bei passender Gelegenheit ist Mangold meine erste Wahl«, hat Schrempp vor Jahren signalisiert und 1995 dann dafür gesorgt, daß sein Freund Klaus in den Daimler-Vorstand berufen wird. »Wir haben ein persönliches, sehr gutes Verhältnis«, bekennt Bischoff offen. Der Dasa-Chef hegt größtes Interesse am Schremppschen Erfolg: Bleibt der Freiburger der Frontmann, dann kann der Calwer auf Jahre hinaus den Vorsitz im Geschäftsfeld der Luft- und Raumfahrt für sich beanspruchen. Mit Mangold und Bischoff, deren Bestellung bis zum Jahr 2000 währt, sind nach Schrempp und Gentz auch die Plätze drei und vier bereits fest vergeben.

☆

Woche für Woche ficht er einen harten Kampf aus – um den einzigen freien Tag, an dem er sich seinen Hobbys widmen kann. Helmut Werner ist ein Sportsfreund, der sich am liebsten im Wasser austobt. In jungen Jahren hat es der Kölner bis zum westdeutschen Meister gebracht. Keine schlechte Leistung für einen Manager, der sich ansonsten um die Geschäfte des renommiertesten deutschen Automobilunternehmens kümmern muß.

☆

Platz fünf: Dr. Eckhard Cordes. »Ich bin kein typischer langjähriger Weggefährte« von Schrempp, sagt der mittlerweile zum zweitwichtigsten Mann im Konzern aufgestiegene Shooting-star. Noch heute erinnert sich Cordes bestens an seine erste Begegnung mit dem Freiburger. Als sich der gebürtige Neumünsteraner 1986 auf seine neue Aufgabe als Controller bei Mercedes-Benz do Brasil vorbereitet, »kommt »ein flotter Mann« in das Beteiligungs-

180

zimmer von Dr. Gerhard Liener. Die beiden wechseln kein Wort miteinander, dennoch glaubt Cordes bereits damals zu wissen: »Der ist etwas Besonderes.«

Erst sechs Jahre später treffen sie sich im privaten Rahmen wieder. Manfred Bischoff hat zu einer Privatfeier eingeladen. Bei einer Blindverköstigung mit auserlesenen Weinen, eingepackt in Stanniol, verbringen sie ausgelassene Stunden miteinander. »Wir haben viel Spaß gehabt«, freut sich Cordes. Erst das Vergnügen und dann die Arbeit.

☆

Eng zusammengearbeitet haben die beiden erst beim Fokker-Verkauf und bei der AEG-Auflösung. »Wir waren ein kleiner Kreis, angetrieben von Jürgen Schrempp«, erzählt Cordes so locker und leicht, als sei es nicht um das historische Ende eines der großen deutschen Traditionsunternehmen und um die Vernichtung von Zehntausenden von Arbeitsplätzen gegangen. »Es war kein Erfolg abzusehen«, so Cordes nüchtern, dessen Begründung fast lapidar klingt: »Wir hatten die AEG nicht im Griff.« Also habe man das Problem lösen müssen. Konsequent veräußert Cordes wesentliche Teile der Daimler-Tochter, denn Schrempp habe den »Mut zur Auflösung gehabt«, er selbst habe dann »die Verkäufe der AEG gemanagt«. Zugleich, und das sollte bei dem späteren Daimler-Chrysler-Deal von großer Bedeutung sein, gewinnt Cordes die Achtung seines Chefs.

Jetzt ist der Weg frei für den Neumünsteraner, der drei Vorgaben für eine erfolgreiche Vorstandskandidatur anführt: »Erstens: Man muß sich anständig angestellt haben. Zweitens: Da müssen mehrere sagen: Der hat sich anständig angestellt. Und drittens«, so Cordes, müßten »gleich mehrere günstige Konstellationen aufeinandertreffen«.

Bei Cordes ist genau das eingetreten. Entsprechend zufrieden, bilanziert er, bei seiner Karriere sei »auch viel Glück« dabeigewesen. Und wie nah sich die beiden an der Daimler-Spitze heute stehen, wird deutlich, als Cordes einen wie auch immer gearteten Dissens mit Schrempp benennen soll: »Meistens sehen wir die Welt ähnlich, deshalb fällt mir kein Beispiel ein.«

☆

Der Mann verlangt sich und anderen Höchstleisungen ab. Wer, wie er, einmal die hundert Meter Rücken in einer Bestzeit von 1:05 Minuten geschwommen ist, den juckt es noch heute. Nur allzu gerne erinnert sich der Automanager an seine großen Erfolge in den Schwimmbädern von Bonn und Frankfurt zurück. Besonders schnell war Werner im Rückenschwimmen, und fast hätte es ihm sogar zum Leistungssportler gereicht.

☆

Die Frage, weshalb Schrempp für die Daimler-Beteiligungen an der Motoren- und Turbinen Union MTU, der Temic oder den rudimentären Resten der AEG ein eigenes Vorstandsressort geschaffen hat, läßt sich aus der Logik der jetzigen Konzernstruktur kaum erklären. Dazu kommen die Mergers und Akquisitionen, so daß Cordes selbst von zwei »faktisch unabhängigen Bereichen« spricht. Allerdings plaziert Schrempp seinen Günstling an entscheidender Stelle: Als Beteiligungsvorstand wird ihm die direkte Kontrolle der Neuausrichtung der Konzernorganisation obliegen.

Um den Betriebswirt in den Vorstand hieven zu können, hebt Schrempp dessen Berufung zum stellvertretenden Vorstand auf und läßt ihn am 3. April 1996 zum ordentlichen Mitglied im obersten Führungsgremium aufsteigen. Eckhard Cordes seinerseits spricht eher humorvoll, aber hintergründig davon, sein Ressort der Konzernentwicklung und der direkt geführten industriellen Beteiligungen sei »ungewöhnlich« und »widerspricht der organisatorischen Lehre«. Deshalb geht das alles nur, »wenn das zuständige Vorstandsmitglied sich mit dem Vorsitzenden gut versteht«.

☆

Wer glaubt, Helmut Werner besäße keinen Ehrgeiz, der täuscht sich gewaltig: »Hätte man damals aus dem Sport einen Beruf machen können«, so der verhinderte Leistungssportler, dann wäre er dafür wohl ins Wasser gegangen. Immerhin hat er es bis zum Mitglied der Nationalmannschaft im Wasserball gebracht. Doch in den fünfziger Jahren war mit dieser Sportart kaum ausreichend Geld zum Ernähren einer Familie zu verdienen. Das kann man bedauern, vor allem wenn man sich die heutigen Sponsorengelder für Spitzenschwimmer vor Augen hält.

Im März 1996 streut der Vorstandsvorsitzende erste Informationen über die unabdingbare Notwendigkeit, die Konzernholding umzubauen. Davon, den Mercedes-Chef zu entmachten, spricht er wohlweislich nicht. In der Begründung für seinen Sanierungskurs kann der Daimler-Vorsitzende auf der Hauptversammlung am 22. Mai ein schlagendes Argument anführen: Aus der Talsohle des Reuterschen Defizits heraus, das sich – berechnet nach den US-GAAP (den amerikanischen Rechnungslegungsnormen) – am Ende auf 7,2 Milliarden Mark belaufen hat, konnte Schrempp den Operating Profit auf plus 2,4 Milliarden Mark steigern. Und obwohl Werners Mercedes-Benz AG dabei einen Profit von 2,9 Milliarden Mark eingefahren und die Geschäftsbereiche Luft- und Raumfahrt – vormals Schrempps Revier – die größten Verluste eingeflogen haben, bedanken sich die Aktionäre mit artigem Beifall bei – Jürgen E. Schrempp.

☆

Bleiben noch fünf Stühle frei. Das Spiel von der »Reise nach Möhringen« tritt in seine entscheidende Phase, und zumindest einer der beiden Spieler setzt sein Herzblut ein.

Der Kampf des Titanen

»Menschlich verstehen wir uns prächtig.«

Helmut Werner über Jürgen E. Schrempp

»Er sieht es als seine Aufgabe, anderen zu helfen, damit sie es mit ihm an die Spitze schaffen.«

Werbung der DaimlerChrysler AG
mit Jürgen E. Schrempp vom Januar 1999

»Die Mercedes-Benz AG überträgt ihr Vermögen als Ganzes mit allen Rechten und Pflichten unter Auflösung ohne Abwicklung gemäß § 2 Nr. 1 UmwG auf die Daimler-Benz AG.«

Verschmelzungsvertrag

Bernd Gottschalk ist ein mächtiger Mann bei Mercedes-Benz – gewesen. Gut vier Jahre lang hat er als Nachfolger von Helmut Werner das Nutzfahrzeuggeschäft geleitet und galt damit als einer der führenden Köpfe im Konzern. Im Juli 1996 ist er das erste renommierte Opfer der neuen Konzernstruktur, die bereits ein Jahr die bislang funktionalen Einheiten aufgelöst hat.

Je größer die Eigenverantwortung der Sparten Lastwagen und Transporter sowie der US-Tochter Freightliner, desto größer auch Gottschalks Groll. Vergeblich hat sich der Nutzfahrzeug-Vorstand gegen die, wie er sagt, »Durchlöcherung« seiner Weisungsbefugnis gegenüber der ihm untergeordneten Verantwortlichen gewehrt. Auch die Mitte 1995 erfolgte Ausgliederung an Dieter Zetsche, der seither die Verantwortung für den Vertrieb des Pkw- und Nutzfahrzeug-Bereichs trägt, bedeutet de facto einen Machtverlust des Nutzfahrzeug-Vorstands. Am Ende hat Gottschalk selbst das erklärtermaßen gute Verhältnis zu den Arbeitnehmervertretern nichts genutzt, und so geht er, wie es im Daimler-Deutsch heißt, »auf eigenen Wunsch«.

☆

Neue Konzernstrukturen bedeuten neue Positionierungen, neue Machtverhältnisse, neue Köpfe an der Konzernspitze. Platz sechs bis zehn: die mächtige Mercedes-Fraktion. In ihrem Zusammenhalt kaum zu knacken. Zetsche, Lauk, Tropitzsch, Hubbert und Werner. Es gilt, die verschworene Gemeinschaft der Mercedes-Männer aufzubrechen.

☆

Jung an Jahren und reich an Auslandseinsätzen: Dr. Dieter Zetsche zählt zu den vergleichsweise wenigen Mercedes-Managern in der Topetage, die einen reichhaltigen Fundus internationaler Erfahrung einbringen. Seit mehr als zwanzig Jahren im Unternehmen, hat es Zetsche alsbald ins außereuropäische Ausland verschlagen: 1987 wird er Leiter des Entwicklungsbereichs der Mercedes-Benz do Brasil, zwei Jahre danach bereits Präsident der Mercedes-Benz Argentina und weitere zwei Jahre später Präsident der Freightliner Corporation in Portland – eine solche Karriere entspricht den Vorstellungen des Freiburgers von internationaler Erfahrung. Und was nicht vergessen werden darf: Zetsche ist Schrempp loyal ergeben, was dieser mit der »Lex Zetsche« honoriert hat: Statt eines Entwicklungsressorts ist der Vertrieb im Vorstand vertreten.

Als Allrounder hat Dieter Zetsche lange Zeit als Idealkandidat für die Pkw-Spitze gegolten. Nach Hubbert am längsten im Leitungsgremium von Mercedes-Pkw vertreten, ist er nicht nur für die Erfolge des Bereichs verantwortlich, ihm wird auch die Mitschuld für den »Elchtest« der A-Klasse in die Schuhe geschoben. Und ob er den Umfaller als Vorstandsmitglied überlebt, ist in diesem Moment deshalb äußerst fraglich.

☆

»Weil er ein Quereinsteiger ist, kann Lauk in der schwäbischen Mafia nicht überleben«, prophezeit einer aus der alleobersten Mercedes-Riege. Tatsächlich ist die Position des prominenten Managers in der Belle Etage nicht unumstritten. Daß sich Kurt J. Lauk auf Dauer bei Daimler-Benz etabliert, »das ist unmöglich, das hat noch keiner von außen geschafft«, so die Prognose der Führungskraft.

Dennoch sprechen gleich zwei gewichtige Gründe gegen diese These. Zum einen gilt der promovierte Politikwissenschaftler als

»ganz heller Kopf«, der sich als stellvertretender Vorstandsvorsitzender der Audi AG »mit Piëch angelegt« hat – was ihm beim Daimler erst einmal ein positives Image verschafft. Entsprechend steil verläuft seine Karriere: Im August 1996 wechselt Kurt J. Lauk direkt vom VEBA- in den Mercedes-Vorstand, übernimmt die Leitung des Nutzfahrzeuggeschäfts und zählt zu den Getreuen des Mercedes-Benz-Vorsitzenden Helmut Werner.

☆

Wer wird zum neuen Pkw-Vorstand gekürt? Natürlich Helmut Werner. Warum Werner? Du sollst keine anderen Götter neben dir haben, eine Lebensweisheit, die Lothar Späth in der Politik und Jürgen E. Schrempp in der Wirtschaft mit größtem Erfolg praktiziert haben.

☆

Es soll sie gegeben haben, diese Zusammenkünfte mit seinen Mercedes-Vorständen. Helmut Werner hat sich mit ihnen getroffen und seine Vorstandskollegen der Reihe nach befragt: Stehen Sie alle voll hinter mir? Decken Sie mir den Rücken gegenüber all denen, die versuchen, uns über die neue Konzernstruktur in unsere Geschäfte hineinzureden?

Genickt hätten sie alle, heißt es hausintern. Daß sich daran heute aber keiner mehr erinnern will, ist verständlich: Zetsche wie Lauk, Tropitzsch und vor allem Werner-Nachfolger Hubbert müßten eingestehen, daß sie damals nicht den Mut besessen haben, ihrem Chef die Wahrheit ins Gesicht zu sagen. Die »haben platt gelogen« sendet der Möhringer Flurfunk und verweist zugleich auch auf zwei Treffen ganz anderer Art: Schrempp meets Zetsche und Schrempp meets Hubbert.

☆

Wieder einmal beweist der Freiburger, was für ein kluger Kopf er ist. Die Werner-Fraktion, die auch im Herbst 1996 noch immer geschlossen zu ihrem Chef steht, wird mit einem verführerischen Modell ausgehebelt: In der Vorstandssitzung am 16. Oktober 1996 legt Schrempp ein Personalkonzept auf den Tisch, wonach sie alle im neuen Vorstand vertreten sein werden: Gentz gibt seine Doppelfunktion als Finanz- und Personalchef auf und kümmert sich künftig einzig um das Finanzwesen. Zetsche erhält den Vertrieb, Lauk die Nutzfahrzeugsparte und Hubbert den Pkw-Bereich. Für den Kölner, und das ist Schrempps Coup, wird die »Lex Werner« geschaffen: Der bisherige Mercedes-Chef soll im Vorstand das gesamte Fahrzeuggeschäft verantworten. Vakant sind damit nur noch die Posten des Forschungs- und des Personalvorstands. Mit diesem Konzept sind drei Mercedes-Vorstände bereits vereinnahmt, und Werner muß wissen, was er will.

☆

Die innere Struktur des Zetsche-Ressorts erscheint selbst Insidern zumindest »merkwürdig«. Die Frage, warum eines der zehn Vorstandsmitglieder für den Vertrieb zuständig sein muß, ist schwerlich zu beantworten. Hier, so die Vermutung eines renommierten Dasa-Mannes, sei es wohl weniger um die neue Konzernstruktur als um den Machterhalt der Fahrzeugfraktion und die Eigeninteressen des Vorstandsvorsitzenden gegangen. Mit Dieter Zetsche wird somit ein Mercedes-Mann in die Top-Ten-Truppe befördert, dessen Dank sich Schrempp gewiß sein kann.

☆

Das Ziel ist offensichtlich: Sollte ein über seine Niederlage tief enttäuschter Werner den Konzern verlassen, darf keine Lücke entstehen – weder im Pkw- noch im Nutzfahrzeugbereich. Wer aber verschafft dem gebürtigen Stuttgarter den Zutritt zur sogenannten »Schwabenmafia«? Es klingt schon abstrus, daß ein Badener dem Schwaben die Tür in den Kreis der mächtigsten zehn Männer der Daimler-Benz AG öffnet: »Jürgen Schrempp ist auch Teil der schwäbischen Mafia«, erklärt ein Insider.

Doch bis zum heutigen Tag ist der »Quereinsteiger« der Wackelkandidat ins Schrempps Kabinett. »Wer sägt an seinem Stuhl?« fragt Deutschlands Boulevardblatt Nummer eins. »Dummes Geschwätz und Neider«, kontert Lauk offensiv, der die »Ebene genau kennen« will, aus der Schüsse kommen.

☆

Bei der Neubesetzung des Forschungsressorts spielt Schrempp geschickt zwei einander völlig entgegengesetzte Profile gegeneinander aus, um sich im entscheidenden Moment für den Aspiranten stark zu machen, auf dessen Unterstützung er bei der Strukturabstimmung zählen kann: Mit der Zusage des Freiburgers für die Unterstützung seiner Vorstandskandidatur zeigt sich auch Klaus-Dieter Vöhringer erkenntlich.

☆

Mit Edzard Reuter hat sich Jürgen Hubbert bereits in den Jahren zuvor überworfen. In seiner dirigistischen Art beliebte sich Reuter im Aufsichtsrat über alle Bedenken hinwegzusetzen. Selbst Professor Johannes Semler, Vertreter der Anteilseigner, hat Reuters rüde Art zu kritischen Kommentaren veranlaßt, und Manfred Göbels hat sich zu der Aussage hinreißen lassen, es sei ein »Drama, eine richtige Form des Pharisäertums« gewesen, so der Sprecher der Leitenden Angestellten, für den die Art des damaligen Vorstandsvorsitzenden »ganz schlimm« gewesen ist.

Immer wieder hat Reuter propagiert, er wolle keine Duckmäuser. »In Wirklichkeit gab es keine offene Unternehmenskultur«, erinnert sich Göbels. Eines der Reuterschen Opfer heißt Jürgen Hubbert. Als der Mercedes-Mann es wagt, bei einer Aufsichtsratssitzung kritisch nachzufragen, fährt ihn der Berliner böse an: »Es zwingt Sie keiner, hier mitzumachen.« Seitdem sind die Fronten zwischen den beiden geklärt. Jürgen Hubbert ist an einem fundamentalen Umbruch interessiert.

Jürgen Hubbert Ambitionen zu unterstellen, er habe Werner demontieren wollen, um im Pkw-Bereich das Sagen zu haben, scheint verfehlt. Sowohl unter Werner als auch im Schremppschen Strukturkonzept sitzt der Westfale an entscheidender Stelle: Hubbert leitet das Geschäft der Mercedes-Personenwagen. Kein Grund für ihn, gegen Werner zu intervenieren, auch wenn das Verhältnis zwischen den beiden Managern als äußerst angespannt gilt.

☆

Gedient hat er im In- und Ausland: in Schwaben und in Baden. 1969 ist der 27jährige Niedersachse zu Daimler gekommen und gleich nach zwei Jahren über die Grenze ins Werk Gaggenau verschickt worden. Nach einer Zwischenstation in der Untertürkheimer Zentrale führt ihn der Weg erneut ins badische Kleinstädtchen, ehe er über seine Tätigkeit im Werk Sindelfingen endlich ganz nach oben kommt: 1989 steigt Heiner Tropitzsch zum Verantwortlichen für das Personalressort im Mercedes-Vorstand auf und zählt erst einmal zu den Getreuen des Mercedes-Benz-Vorsitzenden Helmut Werner.

Schrempps Schachzug, Gentz das Personalressort zu nehmen, eröffnet die Chance, einen weiteren Mercedes-Mann zum Daimler-Vorstand zu krönen. Logischerweise fällt Schrempps Wahl auf den bisherigen Personalvorstand Heiner Tropitzsch. Und zu wem der im Zweifelsfall steht, ist klar.

Diesmal bindet auch Schrempp seine Krawatte. Helmut Werner wird sechzig, ein gewichtiger Grund für ein Freudenfest im Kreise seiner Lieben. Der Freiburger gratuliert mit einer sehr persönlichen Rede, in der er seine »Verbundenheit und Freundschaft« mit dem Kölner bekundet. Im Gegensatz zur weithin verbreiteten Annahme, zwischen den beiden herrsche ein persönlicher Kleinkrieg, beteuert auch Werner immer wieder, dem Konflikt lägen inhaltliche Divergenzen, keinesfalls aber persönliche Animositäten zugrunde. Dennoch gesteht der Mercedes-Mann »eine gewisse Begeisterung für den konstruktiven Konflikt«. Und den, so der Kölner, »leben wir sehr intensiv«. Nett formuliert, Herr Werner.

Die Sitzung des Vorstands entwickelt sich zu Schrempps totalem Triumph. Der Punktsieg ist so deutlich, daß er einem Knockout gleichkommt: Mit sieben zu eins unterstützen die Daimler-Vorstände die neue Konzernstruktur und die damit verbundene Überführung der Mercedes- in die Daimler-Benz AG. Ein solch deutliches Abstimmungsergebnis hätte noch vor wenigen Wochen kaum einer für möglich gehalten. Schrempp ist das Kunststück gelungen, das Mercedes-Erfolgsteam – das bis dato mehr als 70 Prozent des Konzernumsatzes erwirtschaftete – auseinanderzudividieren.

Im Dezember 1996 wenden sich Schrempp und Gentz an den Aufsichtsrat, um auf der bevorstehenden außerordentlichen Aufsichtsratssitzung am 23. Januar 1997 das Votum für die Neuordnung des Unternehmens einzuholen: »Der Aufsichtsrat stimmt dem vorgelegten Konzept zur Neuordnung der Konzernstruktur der Daimler-Benz AG einschließlich des Zeitplans für seine Umsetzung zu.« So die Vorstandsempfehlung an das Kontrollgremium.

☆

Am 17. Januar teilt Hilmar Kopper den Aufsichtsräten vorab und vertraulich mit, daß der Präsidialausschuß am Vortag den Tagesordnungspunkt 3 der außerordentlichen Aufsichtsratssitzung behandelt hat und fünf neue Vorstandsmitglieder »zur Zustimmung empfiehlt«.

Vorgeschlagen wird, mit Jürgen Hubbert, Dr. Kurt J. Lauk, Heiner Tropitzsch, Klaus-Dieter Vöhringer und Dr. Dieter Zetsche gleich fünf Mercedes-Vorstände in die Top Ten der Daimler-Benz-Führung zu befördern. Deren Amtszeit soll, wie die des neuen Forschungschefs Klaus-Dieter Vöhringer, bis zum 31. März 2002 währen. Ein Name taucht in der neuen Konzernstruktur nicht mehr auf, und Helmut Werner weiß, daß die Schlacht verloren ist.

☆

Der Rivale ist bezwungen, der Vorstandsvorsitz in den kommenden Jahren unantastbar – und der Sieg dennoch nicht perfekt. Jetzt tritt Stufe zwei des Schremppschen Schlachtplans in Kraft: Es gilt demjenigen die Hand zu reichen, den er gerade erst mit einer brillanten Strategie aus dem Rennen geworfen hat. Dabei sind die attraktiven Angebote an Helmut Werner durchaus ernst gemeint. Werners drohendem Weggang wird mit beträchtlicher Besorgnis entgegengezittert. »Wir haben furchtbare Angst, daß der Kurs unserer Aktien fällt, wenn er geht«, offenbart einer aus der Führungsriege seine Sorgen im vertraulichen Gespräch.

☆

Wie kann Helmut Werner gehalten werden? Was muß ihm geboten werden, damit er nicht geht? Die womöglich rettende Idee kommt Karl Feuerstein, und sie hat tatsächlich ihren Reiz: Bei Daimler-Benz wird erneut das Amt des stellvertretenden Vorstandsvorsitzenden geschaffen, Werner wird Koordinator des Automobilbereichs und damit zur Nummer zwei im größten deutschen Industrieunternehmen befördert. Das ist mehr, als er sich erhoffen durfte, denn soviel Macht hat unter Schrempp kein zweiter im Konzern.

☆

Helmut Werner hat sich entschieden – gegen Daimler-Benz und vor allem gegen Jürgen E. Schrempp. Zu tief sitzt die Wunde, die ihm der frühere Freund aus Freiburg zugefügt hat: Erst der verlorene Kampf um den Vorstandsvorsitz im Sommer 1994, dann die Beschneidung seiner Macht als uneingeschränkter Herr des Mercedes-Sterns.

»Die Koordination des gesamten Fahrzeuggeschäfts muß in der Hand des Vorstandsvorsitzenden liegen«, hat der Mercedes-Chef im Vorfeld der Entscheidung gefordert. Doch da es ihm weder im Vorstand noch im Aufsichtsrat gelungen ist, seine Vorstellungen durchzusetzen, ist der Dauerkonflikt mit dem Daimler-Chef absehbar. »Eine permanente Reibungsfläche mit dem Vorstandsvorsitzenden Schrempp darf nicht programmiert sein«, erklärt Werner – und nimmt konsequenterweise seinen Hut. Bis heute können viele nicht nachvollziehen, warum der Kölner gegangen ist. Wer sich die Persönlichkeitsstruktur des Freiburgers genauer anschaut, kennt die Antwort: Es kann nur einen geben, der das Sagen hat.

Bereits eine Woche vor der außerordentlichen Sitzung des Aufsichtsrats wirft der Kölner sichtlich entnervt das Handtuch, eine Woche danach scheidet er formal aus den Vorständen der beiden Aktiengesellschaften aus. Das scheinbar Unmögliche ist eingetreten.

☆

Die ansonsten übliche umfassende Lageanalyse entfällt, Schrempp gibt den Aufsichtsräten lediglich einen knappen Statusbericht. Und selbst der neue Superjumbo A3XX – wenn er gebaut werden sollte, immerhin das größte Flugzeug der Welt – ist gerade mal für eine banale Nachfrage des Stuttgarter Rechtsanwalts Dr. Roland Schelling gut genug.

»In einem internationalen Benchmarking haben wir rund zwanzig Unternehmen analysiert, die global agieren.« Schrempps Analyse seiner Strategie wirkt selbst für die Aufsichtsräte beeindruckend, obwohl sie vom Vorstandsvorsitzenden immer wieder über den Zwischenstand informiert worden sind. Neben hausinternen Konzepten »haben wir uns von weltweit führenden Business Schools und Universitäten Expertisen eingeholt«. Am Ende sind »mehrere Strukturmodelle« vorgelegen, die dann auf den oberen Ebenen gegeneinander abgewogen worden seien. Was Schrempp in wenige Sätze gießt, ist Ausdruck monatelanger harter Arbeit.

☆

Jeder der Anwesenden ist sich der Bedeutung dieser Zusammenkunft bewußt, einer ganz besonders: Genüßlich führt der Freiburger die zahlreichen Schwächen des bisherigen Führungskonzepts vor und preist statt dessen die Vorzüge seiner neuen Konzernstruktur: »Damit entbürokratisieren wir Abläufe und verlagern mehr Verantwortung in die operativen Bereiche.« Das besondere Anliegen Schrempps aber bleibt »die Gestaltung der Unternehmenskultur«, eine Forderung, mit der er offene Türen einrennt. Der Vorstandsvorsitzende weiß um die Defizite seines Vorgängers, die dieser mit seiner verbal toleranten, de facto jedoch ausgrenzenden Art hinterlassen hat. Doch erste Reaktionen, so Schrempp beruhigend, lassen »eine hohe Akzeptanz bei den Medien und unseren Mitarbeitern sowie den Investoren erwarten«. Jetzt sei es an der Zeit, »die Strukturdebatte abzuschließen«.

Recht hat er, denn mit der Neuordnung ist auch die Frage beantwortet, wer das Unternehmen ins neue Jahrtausend führen wird. »Wir müssen uns den eigentlichen Aufgaben zuwenden«, fordert der Freiburger von den anwesenden Vorständen und Aufsichtsräten. Und genug geredet, jetzt wird abgestimmt. Nach dem im Vorfeld so erfolgreich verlaufenen Votum des Vorstands und des Präsidialausschusses kann sich Schrempp der breiten Unterstützung der Aufsichtsräte gewiß sein.

☆

Vergleicht man den Schremppschen Ideenreichtum mit der Konzeptionslosigkeit seines Kontrahenten, dann ist es kein Wunder, daß der Kölner den Kampf um die Konzernspitze verloren hat. Werner wollte die Autonomie der Automobilbauer aufrecht erhalten und versuchte Schrempps Neukonzeption mangels eigenem Alternativmodell auszubremsen. Die Diskrepanz zwischen dem, was zu leisten gewesen wäre, und dem, was er geleistet hat, ist eklatant.

Und während sich Werner in seiner vermeintlich sicheren Mercedes-Burg verschanzte, weckte Schrempp das Machtinteresse der Mercedes-Vorstände. Zuletzt stand nicht einmal der mächtige Mercedes-Vorstand auf Werners Seite, die konzertierte Aktion der Autofraktion unterblieb. Im Kampf des Neinsagers gegen die Jasager ist der Mercedes-Chef auf einsamem und letztlich auf verlorenem Posten gestanden.

Werners Konzept, soweit es diesen Namen überhaupt verdient und als solches erkannt wird, war schlecht durchdacht, noch schlechter vermarktet – und folgerichtig wurde es denn auch niemals verwirklicht. Letztlich ist Helmut Werner nicht bereit gewesen, in den Kampf zu ziehen. Mit aller Kraft wollte der Gentleman die Personalschlacht vermeiden. Wenigstens das ist ihm gelungen.

☆

Dr. Eckhard Cordes, der intensiv in den Diskussionsprozeß involviert gewesen ist, hat gemeinsam mit Schrempp um Werners Verbleib im Unternehmen gekämpft: »Nächtelang haben wir diskutiert«, weil »die Struktur auf vielen Ebenen nicht funktioniert« hat. Deshalb hätten sie im Vorstand »viele Modelle diskutiert, die Werner alle nicht haben wollte«. Allerdings habe es dabei kein Modell gegeben, bei dem Werner in seiner vollen Funktion hätte bleiben können.

Während der Mercedes-Vorsitzende auf die Beibehaltung des Status quo gesetzt habe, sei gerade dies nicht möglich gewesen. Und, darin liegt wohl das Grundproblem, Werner habe eben keinen eigenen konstruktiven Gegenvorschlag präsentiert, was eine Fehleinschätzung der tatsächlichen Lage gewesen sei. Und das habe er dann auch erkannt. Für Schrempp jedenfalls »war erst im

November oder Dezember 1996 klar, daß er Vorstandsvorsitzender bleiben würde«.

☆

Die Diskrepanz könnte nicht größer sein: Als einzigen Deutschen krönt ihn die internationale Fachpresse zu einem der weltbesten Manager. Kurz darauf verkündet Helmut Werner frustriert, daß er den Konzern verlassen wird. Die Bestürzung ist beträchtlich, Daimler-Benz ohne den charismatischen Mercedes-Chef für viele kaum vorstellbar. Um das Desaster in Grenzen zu halten, muß Helmut Werner öffentlich gelobt und gleichzeitig sein Image intern angekratzt werden. Mit Werners Weggang setzt dann gleich die Umkehrargumentation ein.

Ist es ein Nachteil für ein Unternehmen, wenn uns ein Mann verläßt, der bei Mercedes nicht immer eine glückliche Hand gehabt hat? Warum hat Mercedes unter Werners Führung 1993 1,8 Milliarden Mark Verlust eingefahren? Hat es nicht an Werners fehlendem Mut zu innovativen Entscheidungen gelegen, wenn die Lkw-Sparte in Europa rote Zahlen schreibt? Und warum bleibt die C-Klasse hinter den Verkaufserwartungen zurück?

Selbst ein hoher Repräsentant des Hauses – der großen Wert darauf legt, namentlich nicht genannt zu werden – listet die vielzähligen Verfehlungen des »viel zu hoch gelobten« Helmut Werner auf. »Es ist nicht alles Gold, was glänzt«, schallt es plötzlich aus der Daimler-Führungsetage. Als Mercedes-Chef habe er »eine Sparnummer im Entwicklungsbereich gefahren«, nicht umsonst läge der Lkw-Bereich darnieder. Beim Kleinwagen Smart habe Werner nicht optimal agiert. »Die Verträge mit Hayek mußten neu verhandelt werden«, lautet der Vorwurf an die Adresse des Aussteigers. Werner wird zudem vorgehalten, er habe unsinnigerweise mit dem Stuttgarter Sportwagenhersteller Porsche Gespräche wegen eines gemeinsamen Geländewagens für den US-Markt geführt. »Wir können die M-Klasse auch alleine bauen«, heißt es nunmehr vorwurfsvoll.

Plötzlich scheint der Abgang des Helmut Werner verkraftbar: »Das Charisma eines Jürgen Schrempp hat er nicht«, lautet die neue Linie in der Führungsetage der Daimler-Benz AG. Dieser Satz wäre keinem der Daimler-Oberen über die Lippen gekommen, wenn Werner das Angebot angenommen hätte, stellvertretender Vorstandsvorsitzender zu werden. So schnell dreht sich der Wind in der Möhringer Konzernzentrale.

☆

Werner gegenüber werden in seiner letzten Aufsichtsratssitzung andere Worte gewählt, und Koppers Kapriolen kennen keine Grenzen: Was hat er nicht alles geleistet, unser Herr Werner, für das Unternehmen und die Beschäftigten und überhaupt für uns alle. Himmlische Hymnen erheben sich über dem Haupt des scheidenden Mercedes-Managers. »In besonderer Art und Weise« habe er sich verdient gemacht, »mit hervorragenden Leistungen« habe er zum Erfolg beigetragen – die Litanei des Lobes ließe sich nach Lust und Laune fortführen.

Werner dankt für die warmen Worte und wahrt den Anstand. Seine Entscheidung treffe er aus »innerer Überzeugung«, erklärt der Mercedes-Chef in einer persönlichen Stellungnahme. Vieles sei von den Medien hochgepuscht worden, bedauert er, um anschließend die weiße Fahne zu hissen und der ihm vorgelegten Kapitulationserklärung zuzustimmen. Sang- und klanglos befürwortet Helmut Werner, daß das Vermögen der Mercedes-Benz AG »im Innenverhältnis mit wirtschaftlicher Wirkung zum 31. Dezember 1996, 24.00 Uhr / 1. Januar 1997, 0.00 Uhr« auf die Daimler-Benz AG übergeht – so der Wortlaut des Verschmelzungsvertrags. Die jetzt vom Vorstand vorgeschlagene und dem Aufsichtsrat vorliegende Struktur findet auch die Zustimmung des vormals zweitmächtigsten Mann im Konzern, der damit seines Amtes enthoben ist. Anstatt vom Herrn des Mercedes-Sterns zum Herrn der Sterne aufzusteigen und in der Schaltzentrale der deutschen Wirtschaft die Befehle zu erteilen, muß er aussteigen und darf von nun an seinen Hobbys im Formel-1-Geschäft frönen.

In der Presseerklärung des Hauses wird es tags darauf heißen: Werner würdige insbesondere die weitere Bedeutung der Automobilsparte, die durch die »Integration der bisherigen Mercedes-Benz-Ressorts für Pkw, Nfz und Vertrieb in den Vorstand der Daimler-Benz AG zum Ausdruck gebracht« werde. Und Hilmar Kopper findet zur folgenden Hauptversammlung die Formel, wonach »Herr Werner auf eigenen Wunsch aus dem Vorstand vorzeitig ausgeschieden« sei. Ende gut, alles gut für Jürgen E. Schrempp, den nunmehr unangefochten herrschenden Herrn der Sterne.

☆

Nach Edzard Reuter hat jetzt auch Helmut Werner den Machtkampf gegen Schrempp verloren. Doch im Gegensatz zu Reuter wahrt Werner die Etikette und wird dafür fürstlich belohnt – mit der Unterstützung seiner Tätigkeit als Aufsichtsratsvorsitzender der EXPO 2000 und, was schwerer wiegt, mit einem soliden Salär.

Die Bedingung für die millionenschwere Abfindung ist ein Gelübde. Werner scheidet in Ehren und muß gemäß Trennungsvertrag schweigen. Kein leichtes Unterfangen angesichts der Erinnerung an eine Zeit, da ihm als Mercedes-Chef das unausgesprochene Anrecht auf den Vorstandsvorsitz in der Nachfolge Edzard Reuters vermeintlich zugestanden hat. So hatte der *Spiegel* 1987 darauf verwiesen, daß »auf den auch schon 59jährigen Reuter in fünf Jahren ein Seiteneinsteiger folgen« wird: »Helmut Werner, 50, gegenwärtig noch Chef der Hannoveraner Reifenfirma Continental.«

☆

Und doch wären wohl noch mehr Menschen bereit, für die im Verschmelzungsvertrag vereinbarte Abfindung in Höhe von 5 643 284 Mark Stillschweigen zu wahren. Für diesen Betrag, der Helmut Werner anläßlich seines Ausscheidens aus den Vorständen der Daimler-Benz AG und der Mercedes-Benz AG zum 31. Januar 1997 gewährt wird, muß selbst Daimler-Chef Schrempp erst einmal gut zwei Jahre arbeiten. Zumindest um das finanzielle Wohl und Wehe des Multimillionärs Werner braucht sich in Zukunft niemand zu sorgen.

☆

»Als Freund nicht«, antwortet Jürgen Schrempp auf die Frage, ob er mit Helmut Werner nicht nur seinen Mercedes-Chef, sondern auch dessen Freundschaft verloren habe. Und verweist als Beispiel für das andauernd gute Verhältnis auf das gemeinsame Essen im September 1997, an dem neben Werner auch seine Vorgänger Joachim Zahn, Werner Breitschwerdt und Edzard Reuter teilgenommen haben. Tatsächlich geben sich die hohen Herren zuweilen die Ehre, auch wenn sie erklärte Gegner waren und es zum Teil noch heute sind. Denn in den Tagen, in denen Reuter mit seinem ehemaligen Ziehsohn diniert, verfaßt er zugleich ein Buch, in dem er mit seinem Nachfolger in aller Deutlichkeit abrechnet.

☆

Als Schrempp im Juni 1994 vom Aufsichtsrat zum Reuter-Nachfolger bestimmt worden ist, hat er um die Probleme gewußt, die ihm sein Vorgänger hinterläßt. Ob er anfangs jedoch deren ganzes Ausmaß einschätzen konnte, darf getrost bezweifelt werden. Denn »niemals zuvor habe ich eine Firma mit einer solch schlechten Moral gesehen, mit solch einer schlechten Kommunikation und solch schlechtem Blut«, urteilt Hugh Murray über Daimler-Benz am Ende der Reuter-Ära.

Noch heute erinnert sich der Südafrikaner an ein Gespräch unter vier Augen, als er seinem Freund Schrempp davon erzählte, wie ein anderer Konzernkenner die Situation in der Umbruchphase kennzeichnet: »Möhringen ist eine Schlangengrube«, lautet das vernichtende Urteil über die Zustände in der Daimler-Zentrale vor Schrempps Amtsübernahme. Als der Freiburger von diesem Vergleich hört, faßt er den Verleger des *Leadership Magazine* um die Schultern und entgegnet humorvoll: »Und ich bin der König der Schlangen.«

☆

Erinnert man sich an diese Phase zurück, da die wirtschaftliche Lage von Daimler-Benz kritisch war und Schrempp seinen Platz im Zentrum eines aus dem Tritt geratenen Konzerns eingenommen hat, dann wird die Leistung des Freiburgers offensichtlich: Kein anderer hätte das Kunststück fertiggebracht, die mächtige Fahrzeugfraktion geschlossen gegen den Mercedes-Vorsitzenden Werner votieren zu lassen, den Daimler-Vorstand auf Linie zu bringen und den kompletten Aufsichtsrat für die neue Konzern- und Personalstruktur zu gewinnen. Und aus der schrottreifen Jolle namens »Bullshit Castle«, wie Schrempp früher die Konzernzentrale bezeichnete, hat dieser das hochmoderne Flaggschiff der deutschen Wirtschaft geschaffen, das Volldampf voraus einen Rekord nach dem anderen bricht.

☆

»Der sogenannte Kampf der Titanen« habe »nur in den Magazinen und in den Köpfen von Journalisten« stattgefunden, sagt Schrempps PR-Berater Detmar Grosse-Leege zu Recht. Tatsächlich hat der eine kaum gekämpft, der andere locker und leicht gesiegt. Auch eine Leistung, Herr Schrempp!

SECHSTES KAPITEL

Rote Zahlen, roter Teppich

Konzeptionslos

>>In dieser Situation ist Schrempp klug genug gewesen, einfach aufzugeben.<<

Ein hochrangiger Dasa-Mitarbeiter über Schrempps Leistungen als Vorstand im Bereich Nutzfahrzeuge

>>Sie sind keine Manövriermasse, die man einfach verschieben kann. Sie brauchen die Sicherheit, die nur ein vernünftiges unternehmerisches Konzept bieten kann.<<

Jürgen E. Schrempp über die Dasa-Mitarbeiter vor der öffentlichen Anhörung zur Fusion von MBB mit der Dasa

Juli 1986. Die konzerninterne Logik spricht eine klare Sprache: Dr.-Ing. Johann Schäffler muß zum ersten Chef der neu gegründeten Deutschen Aerospace AG (Dasa) befördert werden. Als Vorsitzender der Geschäftsführung der Messerschmitt-Bölkow-Blohm GmbH, des größten Produzenten militärischer Flugzeuge und Hubschrauber der Bundesrepublik, bringt er sowohl jahrelange Erfahrung als auch sämtliche Qualitäten mit, die für diesen Posten vonnöten sind. Zu Recht gilt Dr.-Ing. Schäffler als »der« Luftfahrt-experte Deutschlands, und konsequenterweise wird er mit Zu-ständigkeit für den Luft- und Raumfahrtbereich der Dornier-Gruppe in den Daimler-Benz-Vorstand befördert. Zudem verfügt Schäffler über die besten Drähte zu einem alles entscheidenden Feld – dem der Bundespolitik.

Wie kein anderer Industriezweig hängt die zivile wie militäri-sche Luftfahrt am Subventionstropf des Bundesverteidigungs- und des Bundesforschungsministeriums. »In Bonn hat er ein su-per Standing«, bestätigt ein verdienter Dasa-Mitarbeiter, für den außer Frage steht, wer der erste Dasa-Vorsitzende werden wird.

☆

Juli 1986. MBSA-Chairman Schrempp bereitet seinen Abflug aus Südafrika vor. Mit aller Macht zieht der Vorstand für Nutzfahr-zeuge Gerhard Liener den Freiburger zu sich in die Konzernzen-trale und setzt dessen Berufung im Daimler-Führungsgremium durch. Liener schätzt das Wissen des Truckers Schrempp, mit dem ihn auch eine tiefe Freundschaft verbindet.

Ein halbes Jahr später ist es dann soweit: Jürgen E. Schrempp landet dort, wo er vierzehn Jahre zuvor seine internationale Kar-riere begonnen hat: in der Zentrale der Daimler-Benz AG in Stutt-gart-Untertürkheim – diesmal jedoch nicht als Sachbearbeiter Technik für Nutzfahrzeuge, sondern als Bereichsleiter des neu eingerichteten Geschäftsbereichs Nutzfahrzeuge der Daimler-Benz AG, verantwortlich für den Vertrieb. Bereits ein dreiviertel Jahr darauf wird er zum stellvertretenden Vorstandsmitglied in diesem Bereich berufen.

Als Liener im Rahmen der Restrukturierung an der Vorstands-spitze neuer Finanzchef wird, wird dem Freiburger ein neuer Chef zugewiesen: Das Duo Helmut Werner und Jürgen Schrempp führt von nun an den Nutzfahrzeugbereich – und der entwickelt sich längst nicht so, wie sich die beiden das vorgestellt haben.

☆

Die Zustände seien »katastrophal« gewesen, beschreibt ein hoch-rangiger Mercedes-Beschäftigter die Leistung des Führungsduos. »Das war das Chaos im Werk Wörth«, denn »von zehn Lastwagen sind acht stehengeblieben, wenn sie lange Strecken zurücklegen mußten«. Auch wenn derlei Aussagen übertrieben wirken, läuft vieles nicht nach Schrempps Plan. Bereits unter dem vormaligen Nutzfahrzeug-Vorsitzenden Gerhard Liener ist der Jahresumsatz von 20,2 auf 17,8 Milliarden Mark eingebrochen und bereits mächtig Sand im Getriebe des Lastwagen- und Transporterbereichs.

Immerhin können sie in den zwei folgenden Geschäftsjahren einen Umsatzzuwachs auf 19,5 und 23,0 Milliarden Mark verbuchen. Die Verkaufszahlen steigen in der kurzen Schrempp-Ära von 234000 auf 258000 Nutzfahrzeuge, was vor allem auf die »gute Mengenkonjunktur« und die »lebhafte Nachfrage« auf den internationalen Märkten zurückzuführen ist. Für die deutschen Nutzfahrzeugwerke kann der Mercedes-Mann eine »volle Auslastung der Kapazitäten« bei einem Produktionszuwachs von 6,7 Prozent melden, obwohl der heimische Absatzmarkt stagniert.

Den Karren aus dem Dreck gezogen haben weder Werner noch Schrempp. Ihnen eine unzureichende Geschäftsentwicklung auf dem deutschen Markt anlasten zu wollen wäre angesichts der kurzen Dauer ihres Engagements verfehlt. In der verfahrenen Situation sei er »klug genug gewesen, einfach aufzugeben«, analysiert ein intimer Kenner der Szene, früher selbst in der Dasa-Führungsebene tätig, im nachhinein. Denn die Prognosen der kommenden Jahre sind eindeutig uneindeutig: Der Sektor Nutzfahrzeuge wird langfristig ein Sorgenkind der Mercedes-Benz AG bleiben.

Jürgen E. Schrempp ist weitblickend genug, bereits Ende 1988 – nach nur zweijähriger Tätigkeit in seinem angestammten Bereich – das Feld freizumachen. Mit der Sicherung des unbefriedigenden Status quo ist er nicht ausgefüllt.

Es mutet geradezu grotesk an, daß die Jahre 1987 und 1988 als die wirtschaftlich erfolgreichsten auf seinem Weg zum Vorstandsvorsitzenden verbucht werden. Auch wenn man zugesteht, daß die politischen Rahmenbedingungen in Südafrika äußerst schwierig waren und daß die von ihm eingeleiteten Veränderungen bei der Dasa möglicherweise – mit einiger zeitlicher Verzögerung – doch noch positive wirtschaftliche Effekte bewirkten, selbst wenn man Schrempp all dies zugute hält, ist die kurzfristige Bilanz unbefriedigend: Auch bei der Dasa konnte er vor seinem Weggang die positiven Auswirkungen der von ihm eingeleiteten harten Anpassungsmaßnahmen nicht mehr als persönlichen Erfolg für sich verbuchen.

☆

Ende der achtziger Jahre herrscht beträchtliche Unruhe an der Spitze der Daimler-Benz AG. Nach massivem Druck des Aufsichtsratsvorsitzenden Alfred Herrhausen sieht sich Werner Breitschwerdt genötigt, das Amt des Vorstandsvorsitzenden aufzugeben und seinen Platz für Edzard Reuter zu räumen. Der allerdings gilt lediglich als Interimskandidat, so daß bereits kurz nach der Wahl des Berliners am 1. September 1987 die Gerüchteküche brodelt.

In dieser Zeit tauchen erstmals zwei Namen in den Listen potentieller Thronfolger auf: Helmut Werner, vormaliger Vorsitzender des Reifenherstellers Continental in Hannover, will das Nutzfahrzeug-Ressort als Durchlaufstation zur Konzernspitze nutzen. Mit seinem Aufstieg zum Mercedes-Chef im Mai 1990 scheint der Weg an die Vorstandsspitze vorprogrammiert. Doch schon damals ist ein weiterer Name im Spiel: Jürgen E. Schrempp gilt als ambitionierter Aufsteiger mit besten Verbindungen zum amtierenden Vorstandsvorsitzenden.

☆

Die Version aus dem Hause Dasa klingt logisch: Schrempp habe bei Euclid und in Südafrika Steherqualitäten bewiesen. Und so sei es eine ganz persönliche Entscheidung des Vorsitzenden Edzard Reuter gewesen, Schrempp zum Dasa-Vorsitzenden zu berufen, wobei die charakterlichen Eigenschaften des Freiburgers den alles entscheidenden Ausschlag gegeben hätten. Für Schrempp selbst, so die offizielle Version, sei die Entscheidung zu seinen Gunsten überraschend gekommen. Grund zur Freude also über eine glückliche Fügung und einen tollen Typ? Mitnichten.

Richtig ist, daß Edzard Reuter jemanden benötigt, der als loyal ergebener Gefolgsmann das Konzept des integrierten Technologiekonzerns nach innen wie nach außen aktiv vertritt. Da ist ein Mercedes-Manager bei der Dasa besser als ein MBB-Vorsitzender, dessen Horizont nicht über den Tellerrand der Luft- und Raumfahrt hinausreicht.

☆

Als einziger der drei Schrempp-Buben ist Jürgen zum Bund gegangen. Den Ältesten hat die Bundeswehr, wie er sagt, »vergessen« und erst mit 29 Jahren überhaupt erfaßt. Eine Einberufung wäre damals aber nur bis zum Alter von 27 Jahren möglich gewesen. Gemeldet hat er sich wohlweislich nicht. Der Jüngste wurde in die Ersatzreserve zwei eingestuft und nicht eingezogen. Geärgert hat es auch ihn nicht.

Ganz anders Jürgen E. Schrempp, der in den Jahren 1968 und 1969 dient, zu einer Zeit, da die US Air Force die Wälder Vietnams mit Agent Orange entlaubt und die Dörfer mit Napalm bombardiert, die Rolling Stones den »Street fighting Man« fordern, die Jugend mit schulterlangem Haar die Revolution probt und Rudi Dutschke der Republik den Kampf ansagt. Schrempp schert das wenig. Er läßt sich die Haare abschneiden, absolviert seine Grundausbildung in Immendingen, eine Ausbildung als Panzergrenadier in Stetten am Kalten Markt und bringt als technischer Ausbilder seinen Mitstreitern in Ludwigsburg bei, wie Hydraulik und Elektronik in Militärfahrzeugen funktionieren.

Schrempp sollte Fähnrich werden. »Die wollten mich unbedingt behalten«, erinnert er sich mit einem gewissen Stolz. Entsprechend positiv resümiert der Freiburger heute seinen Dienst beim Bund: Das sei »keine verlorene Zeit« gewesen.

☆

Sein Ruf als »Schrauben-Johann« hat durchaus den Beiklang eines absoluten Luftfahrtspezialisten. Zugleich aber signalisiert der Spitzname, daß Schäfflers Stärken weniger in der Führung des neu zu schaffenden Luftfahrtriesen als auf der technischen Ebene liegen. Um diesen Eindruck zu verstärken, wird Schäffler nachgesagt, er sei »entscheidungsschwach« und ein reiner Techniker. Der »Schrauben-Johann« ärgert sich jedenfalls mächtig über seinen Spitznamen.

Seine letzten Chancen verspielt der MBB-Chef, als er sich mit Edzard Reuter anlegt. Schäffler gilt als Mann der uralten Flugzeuggeneration, der in klassischen Messerschmitt-Kategorien denkt. »Ein typischer Flugzeugbauer der Nachkriegsgeneration: Ein Flugzeug mußte sich nicht rechnen, nur fliegen mußte es«, heißt es aus seinem direkten Umfeld. Für Reuter, selbst kein Flugzeugfachmann, ist »das Ding im PC geflogen«, deshalb habe der Daimler-Chef spätestens bei technischen Detailfragen um Rat gebeten. Vom Vorstandsvorsitzenden mit strategischen Fragen konfrontiert, antwortet der Vollbluttechniker belehrend – was den Berliner massiv verärgert. »Daraufhin hat der Reuter den Schäffler ausgebootet«, erinnert sich einer der nächsten Beobachter. Und damit hat der Berliner beste Erfahrungen gemacht: Wie schon Werner Breitschwerdt wird auch Dr.-Ing. Johann Schäffler auf das Abstellgleis des tollen Technikers befördert – zum Nutzen von Schrempp.

☆

Aus seiner Zeit bei der Ludwigsburger Luftwaffeneinheit rührt auch sein Faible für das Fallschirmspringen her, das er bis heute ausübt. Innerlich getrieben, lotet der frühere Topsportler immer wieder seine physischen Grenzen aus. Im Sommer 1998 freut er sich auf den geplanten Flug mit einem Eurofighter 2000 bei 2,2 Mach und einer Gravitation von 9 G im Cockpit – an Bord einer zweisitzigen Trainingsversion des Jagdflugzeugs. Nach einem erfolgreichen Bodycheck erwirbt der 53jährige eine Passenger Licence und läßt sich von den britischen Geschäftspartnern des Projekts einen solchen Mitflug versprechen.

»Mein Bruder war ein unglaublich guter Sportler«, sagt Schrempps großer Bruder, »im sportlichen Wettkampf war er unschlagbar.« Tatsächlich sprintet Jürgen die hundert Meter in elf Sekunden. Beruflich wie sportlich geht Schrempp voll an seine Leistungsgrenze.

Alles in allem verfügt er also über reichhaltiges Wissen und einen beträchtlichen Erfahrungsschatz im Umgang mit Militär und Rüstung sowie über eine ausgeprägte Konstitution. Wenn das nicht reicht, um Dasa-Chef zu werden?

☆

Reuters Entscheidung ist gefallen: Sein Zögling wird Dasa-Vorsitzender, Schäffler hat sich unterzuordnen. Mit Schrempps Aufrücken in den Daimler-Vorstand, 1988 noch als stellvertretendes Mitglied der Deutschen Aerospace, ist Johann Schäfflers Abstieg vorprogrammiert.

Danach geht alles ganz schnell: Am 1. Januar 1989 hat Schrempp sein Zwischenziel erreicht: Er avanciert zum designierten Vorstandsvorsitzenden der neu gegründeten Deutschen Aerospace AG, Dr.-Ing. Johann Schäffler wird zu seinem Stellvertreter ernannt. Mit der folgenden Hauptversammlung im Mai 1989 nimmt Schrempp Schäfflers Platz im Vorstand des Gesamtkonzerns ein. Der Dornier-Chef weicht dem Dasa-Vorsitzenden – der Anfang vom Ende der Karriere des Johann Schäffler, einst mächtigster Mann im mächtigsten Luftfahrtkonzern der Republik.

☆

»Könnten Sie sich Jürgen Schrempp als seinen Nachfolger vorstellen?« So die Frage an den Freiburger selbst nach dem kommenden Vorstandsvorsitzenden in der Daimler-Zentrale. Schrempp sieht sich gleich beim allerersten Pressegespräch als neuer Dasa-Chef mit der für ihn wichtigsten aller Fragestellungen konfrontiert. Geschickt bestreitet der Freiburger eine direkte Ambition auf die Konzernkrone: »Gerade dieser hervorragende Mann«, so Schrempp über Reuter, »hat dem Jürgen Schrempp eine Generationsaufgabe übergeben.« Er sei bereit, diese Aufgabe zu erfüllen. Und »was ich vor mir habe, wird viele, viele Jahre in Anspruch nehmen«.

Zwischen den Zeilen sagt er es dennoch: Sollte es ihm gelingen, die Generationsaufgabe zu lösen und die Dasa zu einem erfolgreichen Unternehmen zusammenzuführen, dann besitzt er die besseren Karten im Vergleich zu seinen drei Hauptkonkurrenten im Gesamtvorstand. Finanzchef Gerhard Liener ist nur vier Jahre jünger als Reuter. Und auch der stellvertretende Vorstandsvorsitzende scheint bereits zu diesem Zeitpunkt kein gleichgewichtiger Gegner mehr zu sein: Professor Werner Niefer wird mit der Hauptversammlung im Sommer 1993 als 64jähriger aus Altersgründen aus dem Amt scheiden. Der Hauptkonkurrent heißt Helmut Werner – und der ist ein hartes Kaliber.

Für Schrempp ist der Umweg über die Dasa risikoreicher. Sollte er jedoch funktionieren, dann träte Schrempp endlich aus Werners Windschatten heraus und käme weitaus schneller nach oben als über den klassischen Weg der einflußreichen Mercedes-Fraktion.

☆

Schäffler nur zweiter Mann unter Schrempp? Auch in Fachkreisen wird Reuters Entscheidung mit großer Überraschung aufgenommen. Mit Schrempp übernimmt ein in der Luftfahrtszene völlig unbekannter Nutzfahrzeug-Manager die Führung des Rüstungsriesen. Daß sich ein Schrempp nicht einmal mit diesem Vorstandskonstrukt zufriedengeben wird, könnten vor allem Schrempp-Kenner aus Pretoria prognostizieren. Doch die, die es wissen, sitzen im fernen Südafrika und nicht in München.

In Deutschland haben nur ganz wenige Schrempps Weg über die MBSA in den Daimler-Vorstand unter dem Aspekt verfolgt, wie Schrempp nach oben gekommen ist und wen er neben sich geduldet hat – niemanden nämlich.

☆

Der Freiburger hat keinerlei Vorstellung davon, welche Wellen das Zusammenschmieden dreier völlig autonomer Firmen mit völlig unterschiedlichen Firmenphilosophien schlagen wird. Sieht man einmal vom Verkauf der Euclid Inc. ab, war Schrempp nie zuvor federführend am Akquirieren und Mergen von Unternehmen beteiligt. Und es ist kein geringer Unterschied, ob man ein Firmenkonglomerat zu einem schlagkräftigen Konzernverbund zusammenschmieden oder bereits harmonisierende Unternehmen miteinander vereinen muß. Schrempp jedenfalls weht ein furchtbarer Sturm ins Gesicht. Will er überleben, so muß der Neumünchner – wie in Südafrika – Freunde finden und Feinde ausschalten.

☆

»Haben Sie Interesse?« fragt der noch amtierende Nutzfahrzeugvorstand über den Tisch hinweg. Der Angesprochene weiß nicht so recht, was er antworten soll. Der Calwer läßt sich Zeit, blickt sich in Schrempps Büro um. Hier in Untertürkheim fallen die relevanten Entscheidungen, und heute wird eine fallen, die das Leben von Manfred Bischoff nachhaltig beeinflussen wird. In seiner unvergleichlich direkten Art macht Schrempp keinen Hehl daraus, daß er seinem Wunschkandidaten gegenübersitzt. »Großes Interesse«, antwortet dieser, um sofort einzuschränken, »aber ich bin erst vor vier Monaten nach Brasilien gegangen.« Und dort hat er es immerhin zum Geschäftsführer der Mercedes-Benz do Brasil gebracht.

☆

Kein schlechter Job, doch Schrempps Angebot klingt gleich doppelt verlockend: Statt den Chef fernab der Heimat zu spielen, kann der studierte Diplom-Volkswirt zum Finanzchef der Deutschen Aerospace AG aufsteigen. Die Gründung des größten Luft- und Raumfahrtkonzerns in der deutschen Unternehmensgeschichte verspricht geradezu unbegrenzte Perspektiven für einen, der es im Leben zu etwas bringen will. Und schon vor dem alles entscheidenden Gespräch mit Schrempp im Dezember 1988 hat sich Manfred Bischoff vorgenommen, »im Konzern keinen normalen Werdegang zu beschreiten«. Er will »etwas Neues aufbauen«. Genau dazu bietet sich jetzt die Chance.

☆

Angesichts des Risikos der Aufgabe geben aber weniger die verlockenden Karriereaussichten den Ausschlag dafür, daß Bischoff nach Ottobrunn vor den Toren Münchens geht. Vielmehr vermittelt der Badener dem Schwaben den Eindruck: Ich brauche dich! Und er läßt keine Zweifel am richtigen Zeitpunkt aufkommen: »Die Frage stellt sich jetzt.« Der Calwer wägt Herausforderung gegen Risiko ab und faßt einen folgenschweren Beschluß: »Dann bin ich dafür.«

☆

Die einen werden es ihm ewig danken, die anderen nie verzeihen. Der Freiburger spielt eine Schlüsselrolle bei der Fusion der Ottobrunner Messerschmitt-Bölkow-Blohm GmbH mit der Deutschen Aerospace. Nachdem das Bundeskartellamt den Zusammenschluß aufgrund der befürchteten Marktbeherrschung im Wehrtechnik-, Luft- und Raumfahrtbereich abgelehnt hat, beantragt Daimler-Benz die Ministererlaubnis zur Aufhebung des Kartellamtsbeschlusses. Reuter schickt seinen klügsten Kopf ins Rennen: Schrempp.

☆

Das bringt so schnell keiner zustande. In einer zweiundfünfzigseitigen Rede überschlägt sich der Dasa-Chef in wirtschaftspolitischen Analysen und hehren gesellschaftspolitischen Versprechungen. Da gilt es »den Weg in neue wachstumsträchtige Technologiegebiete zu gehen«, in Branchen »mit starken Wachstumspotentialen« aktiv zu sein und die »Entwicklungschancen in hervorragender Weise« im Luft- und Raumfahrtsektor zu vereinen.

Und weil es nicht nur um das Wohl des Unternehmens, sondern eben auch um »unsere unternehmerische Verantwortung« geht und »das Gemeinwohl auch Maßstab unseres Handelns« ist, solle sich der Wirtschaftsminister liberal gesinnt zeigen.

Bei der öffentlichen Anhörung vor dem Bundeswirtschaftsministerium wirft Dasa-Chef Schrempp sein machtpolitisches Gewicht in die Waagschale. Es gilt den Kartellamtsbeschluß zu kippen. Entsprechend eindringlich appelliert er an die politischen Entscheidungsträger, dem Fusionsantrag zuzustimmen, und suggeriert die »langfristige Sicherung der Arbeitsplätze« und die »Zukunftssicherung für Tausende von Menschen«.

Visionär verkündet der Vorsitzende der Deutschen Aerospace, daß »die Strategie des Daimler-Benz-Konzerns klar ins nächste Jahrhundert gerichtet« ist. Dem kann man vorbehaltlos zustimmen. Denn in diesem Jahrhundert bereinigt Schrempp – mit Reuters voller Rückendeckung – seine Beschäftigtenbilanz: Von den vormals 86 000 Mitarbeitern werden allein in den Jahren von 1993 bis 1995 mehr als 35 000 Arbeitsplätze »abgebaut«. Allerdings, so die Sprachregelung, ohne einen einzigen Mitarbeiter entlassen zu müssen.

☆

Am 8. September 1989 erteilt der – im wahrsten Sinne des Wortes – liberale Bundeswirtschaftsminister Helmut Haussmann die

Ministererlaubnis. Der »größte ordnungspolitische Sündenfall in der Geschichte der Bundesrepublik«, so einer der zahlreichen kritischen Pressekommentare, ist vollzogen – nicht zuletzt dank der Versprechungen eines Jürgen E. Schrempp.

☆

Die Ausgangslage hätte kaum schlechter sein können: Eine völlig zersplitterte deutsche Luftfahrtindustrie, bestehend aus einer Vielzahl konkurrierender und zumeist kränkelnder Privatfirmen. Eine angesichts der milliardenschweren Dauersubventionen aus dem Bundesetat argwöhnische Öffentlichkeit. Und die harte Konkurrenz im eigenen Unternehmen um das Amt des mächtigsten Luftfahrtmanagers der Republik – all diese äußerst ungünstigen Rahmenbedingungen lassen Schrempp in einen Vielfrontenkrieg hineinschlittern, den er per Frontalangriff austrägt.

»Wir wandeln MBB in zwei Jahren um«, prognostiziert ein von Optimismus geprägter Manfred Bischoff. Schrempps Entgegnung ist typisch für den an Forschheit unüberbietbaren Freiburger: »In zwei Jahren? Das machen wir jetzt.« Neidlos muß der Calwer anerkennen: »Jürgen Schrempp hat einen ungeheuren Drive.«

☆

Zwei Jahre später ist nicht mehr viel geblieben von den visionären Vorstellungen eines integrierten Luftfahrtkonzerns. Das Renommee der Dasa ist denkbar schlecht, der Mann an der Spitze kämpft gegen das Bedrohungsvakuum, das der zusammenbrechende kommunistische Gegner hinterläßt. Und die nach der Auflösung der Warschauer Vertrags-Organisation immer lauter gestellte Frage nach dem Sinn militärischer Flugzeugproduktion macht Schrempp schwer zu schaffen.

Mit jeder weiteren Negativmeldung muß der Mercedes-Mann damit rechnen, daß er als inkompetenter Luftfahrtexperte bloßgestellt wird und daß sein Stellvertreter, immerhin der frühere Vorsitzende von MBB, seine Lorbeeren erhält. Der Freiburger muß in gewohnter Manier handeln, bevor der Konkurrent doch noch triumphiert.

☆

Das ist schon eine Leistung ganz besonderer Art: In sechs Jahren hat es Schrempp auf immerhin vier verschiedene Konzepte für die Struktur der Deutschen Aerospace und späteren Daimler-Benz Aerospace gebracht. Im Takt von durchschnittlich eineinhalb Jahren hat er den gesamten Luft- und Raumfahrtkonzern ein ums andere Mal umgebaut. »Da waren doch die Konzepte zuvor einfach falsch«, sagt einer aus der Dasa-Führungsebene und ergänzt: »Wir konnten das gar nicht alles verarbeiten.«

Kellerkinder

»Eine bessere Erfolgsformel kann es eigentlich gar
nicht geben.«

Jürgen E. Schrempp, Dasa-Vorstandsvorsitzender
zu einer seiner neuen Dasa-Konzernstrukturen im Jahr 1991

»Schrempp hat sich sehr schnell und präzise entschieden: Wir werden offen und ehrlich mit der Öffentlichkeit umgehen, nichts verschweigen, unsere
Positionen offensiv verteidigen und durchsetzen und
uns schützend vor die Mitarbeiter in unserem Unternehmen stellen ...«

Detmar Grosse-Leege, PR-Manager

»Sonst saßen wir immer im Keller.«

Manfred Bischoff, Vorstandsvorsitzender der
Daimler-Benz Aerospace

Sie haben bis heute die Familie Dornier nicht in den Griff bekommen. Und die Interessen der Dasa haben Sie nicht umgesetzt. Schrempps Vorwürfe gegenüber dem Dasa-Vorstandsmit-
glied Dr.-Ing. Helmut Ulke sind so hart wie ungerecht.

Zweifelsohne ist es bei den Konflikten zwischen dem Vorstand
der Deutschen Aerospace und der Dornier-Familie heißer herge-
gangen als bei Shakespeares Zähmung der Widerspenstigen. Zweifelsohne hat sich Ulke, Dornier-Vorsitzender und Dasa-Vorstand
in Personalunion, in einem inneren Konflikt befunden, der ihn die
Interessen beider Seiten – und eben nicht nur die der Dasa unter
Schrempps Führung – berücksichtigen ließ. Und zweifelsohne
stand am Ende eine der schlimmsten und eine der teuersten Niederlagen, die der Konzern in seiner Geschichte verbuchen mußte.
Dennoch gibt es auf der obersten Führungsebene der Dasa auch
andere Meinungen als die des Freiburgers: Schrempps Vorwurf an
die Adresse Ulkes »ist doch völliger Quatsch«, wettert ein Direk-
torialer, »der Vorwurf könnte genausogut einen anderen treffen.«

Ist die Do 328 nicht doch ein hervorragendes Propellerflugzeug? Und was ist mit der Dornier-Medizintechnik? Die Marktprognosen sind doch bestens; bestehen da nicht doch beträchtliche Zukunftschancen? Ulke ist kein schüchterner Mensch. Er gilt nicht nur als souverän und eloquent, sondern auch als ein gebildeter Experte mit Weitblick. Einen wie ihn muß man erst überzeugen – und das geht nicht mit einem charmanten Lächeln und dem Hinweis darauf, daß er das neue Strukturkonzept endlich akzeptieren müsse.

Jürgen E. Schrempp reibt sich an dem forschen Auftreten des Dornier-Chefs. Ulke wagt noch immer zu widersprechen, und genau deshalb knöpft ihn sich der Daimler-Chef vor. Schrempp mag Widerspruch, zumindest solange er ihn dank der Kraft seiner Argumente auszuräumen mag.

Einer, der den Konflikt hautnah miterlebt, zweifelt an der Schremppschen Argumentation: Der Helmut habe »ganz einfach gute Sachen gesagt. Zu den guten Perspektiven der Fliegerei und zur zukünftigen Bedeutung der Dornier-Medizintechnik.« Dumm sei das nun wirklich nicht gewesen, ergänzt der intime Kenner der Vorstandsebene unter Hinweis auf den heutigen Erfolg der Do 328 – allerdings in der Version als Düsenflugzeug. Immerhin schreibt der mittlerweile amerikanisch-deutsche Fugzeughersteller Fairchild Dornier inzwischen schwarze Zahlen, stellt ständig neue Beschäftigte ein und erweitert die Produktpalette. Von der Do 328 wird derzeit eine gestreckte Version »428 JET« auf den Markt gebracht, Erstkunden werden die Lufthansa und Crossair sein. Wie man sich doch täuschen kann, Herr Schrempp.

☆

Genutzt hat das alles nichts. Lange läßt sich Jürgen E. Schrempp die vorstandsinterne Kritik nicht gefallen. Ulke wird zwar nicht das renommierteste, dafür aber Schrempps erstes Opfer im Vorstand der Deutschen Aerospace. Ende Oktober 1991 ist Ulkes Vorstandsuhr bei der Dasa abgelaufen. Einen Tag später rückt mit dem neuen Dornier-Vorsitzenden Werner Heinzmann ein durch und durch loyaler Schrempp-Verbündeter in den Dasa-Vorstand auf. Zu diesem Zeitpunkt ist Heinzmann noch ausschließlich für das Raumfahrtressort des Friedrichshafener Tochterunternehmens zuständig. Ulkes Degradierung erfolgt – wie es so schön in Daimler-Deutsch heißt – »einvernehmlich«.

☆

Die in der Deutschen Aerospace zusammengefaßten Gesellschaften Dornier, MBB, MTU und Telefunken SystemTechnik »sind zu einem leistungsfähigen Unternehmensverbund zusammengewachsen«, verkündet der Dasa-Vorstand 1991 selbstzufrieden. Allerdings muß der Vorstandsvorsitzende eingestehen, daß die neue Aufteilung der Führungsstruktur in die vier Geschäftsbereiche Luftfahrt, Raumfahrt, Verteidigungstechnik und Antriebe »aufgrund der besonderen rechtlichen Situation in unseren Gesellschaften noch nicht optimal sein kann«.

Dennoch gibt sich Schrempp hoffnungsfroh. Von sich und seinem Leistungsvermögen überzeugt, bilanziert der Dasa-Chef: Die Zusammenfassung der Kompetenzen in der deutschen Luft- und Raumfahrt sei »richtig gewesen«, die Entwicklungen in Europa »bestätigen eindrucksvoll das eigene Konzept«. Soweit Schrempps Präsentation des vermeintlichen Erfolgsjahrs 1990.

Natürlich kann er einen ersten Erfolg vorweisen: Im Jahr zwei nach der Dasa-Gründung hat sich das Konzernergebnis dank Schrempp von einem Verlust von 139 Millionen auf nunmehr 135 Millionen Mark – ebenfalls Verlust – verbessert. Der Umsatz ist zudem von 12,7 auf 12,5 Milliarden Mark gesunken. So war das Jahr 1990 »vor allem durch die wesentlichen Fortschritte geprägt, die im Rahmen der Ost-West-Entspannung erreicht worden sind«, so ein Schrempp, der sich dennoch enttäuscht zeigt: Mit der Annexion Kuwaits durch den Irak »wurden viele Erwartungen gleich wieder enttäuscht«. Enttäuscht aber wurden auch die Erwartungen hinsichtlich des erhofften Innovationsschubs, den die deutsche Wirtschaft durch die Vereinigung Luft- und Raumfahrt unter dem Dach der Dasa erfahren sollte.

☆

Was lange währt, wird endlich gut. Schrempp will das Unternehmen konsolidieren und stellt sich forsch den Herausforderungen: Die ursprünglich miteinander konkurrierenden Unternehmen hat er »sinnvoll strukturiert«. Außerdem hat er Doppelkapazitäten abgebaut und »Centers of Competence« geschaffen. So ist es ihm in einem »evolutionären Prozeß« gelungen, die Verzahnung der unterschiedlichen Firmenkulturen zu ermöglichen. Durch »flache Hierarchien und hohe Autonomien« wird »Unternehmertum im Unternehmen« verwirklicht. Soweit Schrempps Präsentation des vermeintlichen Erfolgsjahrs 1991.

☆

Was nun, Herr Schrempp? Haben sich Ihre Bilanzen gebessert? Sind Ihre Versprechungen eingetreten? Mitnichten, müßte der Freiburger eingestehen. Doch er ist klug genug, rechtzeitig mit dem Finger auf den Unternehmensbereich Verteidigung und Zivile Systeme, geleitet von Dr.-Ing. Gerhard Jäger, zu zeigen. Dessen Umsatz hat sich weiter verringert, der Auftragseingang ist »erneut unerwartet stark« zurückgegangen, so der Vorwurf aus dem Vorstand. Ist es da nicht logisch, daß Jäger im Juli 1992, ein dreiviertel Jahr nach Ulke, aus dem Vorstand der Deutschen Aerospace ausscheiden muß?

Wieder einmal geht alles ganz schnell. Im September wird der Dornier-Vorsitzende Werner Heinzmann als Jäger-Nachfolger für das Vorstandsressort Verteidigung und Zivile Systeme inthronisiert. Heinzmann vereint nunmehr Ulkes Raumfahrt- und Jägers Wehrtechnikbereich in Personalunion.

Nur fünf Monate später hat dann auch Johann Schäfflers letztes Vorstandsstündchen geschlagen. Der Leitwolf räumt rücksichtslos in seinem Revier auf.

☆

Natürlich kann er einen weiteren Erfolg vorweisen: Im Jahr drei nach der Dasagründung hat sich das Konzernergebnis dank Schrempp von einem Verlust von 135 Millionen auf nunmehr 50 Millionen Mark – endlich im Gewinnbereich – tatsächlich verbessert. Auch wenn der Umsatz von 12,5 auf 12,3 Milliarden Mark weiter gesunken ist, scheinen Schrempps Bemühungen erste Blüten zu tragen. Die Freude jedoch, sie währt nicht lange. Bereits im Jahr darauf steckt die Karre tiefer im Dreck als je zuvor: »Die Dasa hat nur 1991 schwarze Zahlen geschrieben.« Ansonsten, so Manfred Bischoff, seien sie »immer im Keller« gesessen.

Herkules von Ottobrunn

»Der Aufsichtsrat der ›neuen‹ Deutschen Aerospace
AG hat … dem Wunsch von Herrn Dr. Johann Schäffler entsprochen, zum 31. Dezember 1992 aus dem Vorstand der Deutschen Aerospace AG auszuscheiden.«

Edzard Reuter, Vorsitzender des Dasa-Aufsichtsrats

»… unfähig zu delegieren und viel zu selten an seinem Schreibtisch in Ottobrunn anzutreffen.«

»Focus« über den Dasa-Luftfahrtvorstand
Hartmut Mehdorn

»Von Anfang an ist sich der Vorstand darüber im
klaren gewesen, welche Herkulesaufgabe das bedeutet, die Dasa zu einer wettbewerbsfähigen Unternehmenseinheit zusammenzuschmieden.«

Edzard Reuter, Vorstandsvorsitzender,
vor dem Aufsichtsrat im November 1993

Seinen alles entscheidenden Fehler hat der Ingenieur Schäffler
bereits 1988 begangen, auch wenn er sich zu diesem Zeitpunkt
dessen gar nicht bewußt sein kann. Als er für die Dornier GmbH
einen neuen Leiter der Öffentlichkeitsarbeit sucht, entscheidet er
sich für einen der versiertesten Kenner der deutschen Medien-
landschaft. Detmar Grosse-Leege arbeitet beim Hamburger Gru-
ner + Jahr Verlag und scheint der richtige Mann für diesen Job zu
sein. Was Schäffler nicht weiß, ist, daß dieser Grosse-Leege Weltmeister darin ist, wenn es darum geht, Informationen zu streuen
und damit gezielt Stimmung zu machen.

Einen seiner genialsten Schachzüge hat Schrempp gemacht, als
er den Vollprofi Detmar Grosse-Leege zu seinem persönlichen
PR-Manager berufen hat. Es ist kein Zufall, daß es Schrempp
gelingt, einen Gegner nach dem anderen aus dem Feld zu räumen.
Dahinter steckt ein kluger Kopf, der weiß, wie man mit Medien
umgeht. Die Namen Ulke und Schäffler – und im folgenden auch

Mehdorn – stehen auch für eine hervorragende Pressearbeit im Umfeld des Dasa-Vorsitzenden.

☆

Wie es sich für das Dasa-Duo Schrempp und Schäffler geziemt, gehen die beiden ab und zu auf Werbetour für ihr angeschlagenes Unternehmen. Bei den gemeinsamen Ausflügen ins Bonner Verteidigungsministerium oder ins Koblenzer Beschaffungsamt ist die Aufgabenverteilung klar geregelt: »Da macht der Schrempp die Begrüßung und der Schäffler den Rest«, berichtet ein Beobachter aus der Deutschen Aerospace. Das Dumme ist nur: Schrempp ist der Dasa-Chef und Schäffler sein Stellvertreter.

In derlei Dingen ist mit Schrempp nicht gut Kirschen essen. Und Schäffler tut alles, so erzählen es damalige Dasa-Führungskräfte, um seine Position selbst noch weiter zu untergraben. Immer wieder tauchen Meldungen in den Medien auf, wonach sich Johann Schäffler in seiner Position unwohl fühle und aus diesem Grund als zweiter Mann der Deutschen Aerospace vorzeitig ausscheiden wolle.

Am Ende drängt sich dem stillen Beobachter der Vergleich auf, wie Edzard Reuter mit Unterstützung von Werner Niefer den damaligen Daimler-Chef demontiert hat. »Bei Werner Breitschwerdt war die Kasse voll, aber sie haben ihn zum Blödmann abgestempelt«, so der Schrempp-Kenner, der ergänzt: Mit dem Image als einfältige Techniker behaftet seien Breitschwerdt wie Schäffler »zum Schluß als Witzfiguren abgestempelt« worden.

☆

In seiner ersten Sitzung in Ottobrunn kommt der Dasa-Aufsichtsrat dem »Wunsch« des Schrauben-Johann nach, ihn zum Jahresende vom Vorstand freizustellen. Dementsprechend fällt die Silvesterfeier im Hause Schäffler diesmal eher dezent aus. Bereits im September hat Schäffler seinen Posten als MBB-Chef verloren, formal wird der bisherige stellvertretende Vorsitzende zum 31. Dezember 1992 dankend aus dem Vorstand verabschiedet.

Statt der Führung des Luftfahrtriesen Dasa darf der Münchner von nun an den Freistaat Bayern – personifiziert durch Edmund Stoiber – »in Technologiefragen« beraten. Lange geht ihm die Niederlage gegen Schrempp nach: »Schäffler hat das nie verarbeitet, daß er nicht Dasa-Chef geworden ist«, sagt einer, der ihn sehr gut kennt.

☆

Schäffler raus, Mehdorn rein. Mit dem ausgewiesenen Luftfahrt-experten Hartmut Mehdorn schließt Schrempp die Lücke, die der Fachmann Schäffler hinterläßt. Der Schachzug ist klug: Mehdorn gilt als Luftfahrtprofi und bringt das Wissen mit, das Schrempps bisherigen Stellvertreter ausgezeichnet hat. Wie Schäffler ist er der Toptechniker in der Vorstandsrunde, der – im Gegensatz zu Schrempp und dessen Finanzchef Bischoff – weiß, wie ein Flug-zeug funktioniert. Mehr noch: Engagiert wie der Schrauben-Johann, spielt Mehdorn den neuen Tankwart an der Bonner Zapf-säule. Massiv fordert er vor versammelter Mannschaft des Ver-teidigungsministeriums »eine sehr viel bessere Abstimmung, Koordinierung und zielorientierte Forschungs- und Entwick-lungspolitik zwischen der Industrie und den zuständigen Mini-sterien«. Mehdorn kämpft für »eine verstärkte politische Unter-stützung bei internationalen Vermarktungsaktionen«, will eine »100prozentige Förderquote« für die Dasa-Luftfahrt und »eine Budgetbereitstellung für Technologievorhaben« in Höhe von bis zu 340 Millionen Mark jährlich. Hartmut Mehdorns Stimme zählt in Bonn, was Jürgen E. Schrempp imponiert.

Und daß Mehdorn – wie der Freiburger – ein freundlicher Fa-brikmensch vom Schlag eines Werner Niefer ist, läßt die beiden auch persönlich auf derselben Wellenlänge funken. Schrempp hat den richtigen Mann für den richtigen Posten gefunden.

☆

Im Daimler-Vorstand wie im Aufsichtsrat ist das Drama Dasa ein Dauerbrenner. Kaum eine Sitzung eines der Führungsgremien, in der nicht Edzard Reuter oder Schrempp einen weiteren Mißerfolg oder neuerlichen Fehlschlag verkünden müssen. Angesichts der immer dramatischeren Entwicklung hätten die Vorstandsmitglie-der längst aufschreien und die Aufsichtsräte lauthals gegen das Dasa-Desaster opponieren müssen. Daß dem nicht so ist, liegt ein-zig und allein am Vorstandsvorsitzenden, der sich in geradezu unglaublicher Verblendung in sein Modell eines integrierten Technologiekonzerns verbeißt, und am Aufsichtsratsvorsitzenden, der dem Berliner bis zum bitteren Ende weitgehend tatenlos zuschaut.

☆

Schrempp kann machen, was er will: Keines seiner Strukturkonzepte erweist sich als schlagkräftig genug, um den sich weiter verschlechternden Rahmenbedingungen erfolgreich standzuhalten. Jahr für Jahr darf der oberste Offizier in Ottobrunn neue Rekordzahlen verkünden: Dem Rekordumsatz von 1993 – einzig verursacht durch den Fokker-Deal – folgt der kontinuierliche Abstieg von 18,1 auf 14,2 Milliarden Mark in den beiden Folgejahren. Allein in seinen drei letzten Dasa-Jahren verpulvert Jürgen E. Schrempp 5,3 Milliarden Mark. Danach, im Sommer 1995, macht Schrempp den Abflug in Richtung Möhringen.

☆

3. November 1993. Auf Anregung von Hilmar Kopper legen Aufsichtsräte wie Vorstandsmitglieder eine Gedenkminute ein. Drei Wochen zuvor ist der stellvertretende Vorstandsvorsitzende Werner Niefer gestorben. Und fast scheint es so, als ob Niefers Tod die folgenden Stunden prägen sollte. Walter Riester, Nachfolger von Franz Steinkühler, nimmt an diesem Tag zum ersten Mal an einer Daimler-Aufsichtsratssitzung teil. Der Metaller wird noch eine Zeitlang benötigen, bevor er sich an das Klima dieses Gremiums gewöhnt.

☆

»Bekanntlich ist die Dasa erst vor wenigen Jahren aus der Zusammenführung einer Vielzahl teils kleinerer, teils größerer Unternehmen entstanden.« Edzard Reuter läßt sich Zeit, die Gründe der höchst unerfreulichen Entwicklung ausgiebig darzulegen. »Alle diese Unternehmen seien allerdings wenig homogen gewesen«, erklärt der Daimler-Vorsitzende. Das betreffe beispielsweise »MBB auf der einen und Dornier auf der anderen Seite«, nimmt Reuter formal Jürgen E. Schrempp in Schutz, während er de facto das von Schrempp und ihm selbst erarbeitete Konzept rechtfertigen muß.

Hinzu komme das Problem, daß sich »die Aktivitäten dieses Unternehmensbereichs«, der Dasa, »auf eine Vielzahl von Standorten verteilen«. Diese Rahmenbedingungen, meint der Berliner, bedeuteten keine leichte Aufgabe »für eine sinnvolle Ausrichtung und Bereinigung«. Spätestens jetzt müßte Hilmar Kopper die Handbremse ziehen. Derlei Allgemeinplätze kennt mittlerweile jeder interessierte Zeitungsleser. Kopper aber schweigt.

Von Anfang an sei sich der Vorstand darüber im klaren gewesen, »welche Herkulesaufgabe« es bedeutet, die Dasa zu einer »international wettbewerbsfähigen Unternehmenseinheit zusammenzuschmieden«, so der Daimler-Chef. Keine Frage: Reuter hat recht. Und doch hätte sich jetzt endlich einer der Aufsichtsräte zu Wort melden müssen. Denn alle, die seit vier Jahren Mitglied dieses Gremiums sind, müssen bei nahezu jeder Zusammenkunft diese Litanei des Vertuschens und Verklärens über sich ergehen lassen. Zeus Reuter aber kann ungestört fortfahren, und Herkules Schrempp kann seine Methode des Machterhalts ungehindert umsetzen.

☆

Eigentlich hätte ihm das Schicksal von Helmut Ulke eine Lehre sein sollen. Wer den Dasa-Chef kennt, der weiß: Schrempp liebt den Widerspruch – solange man ihm am Ende doch recht gibt. Schließlich glaubt Schrempp, immer die besseren Argumente zu haben. Mehdorn dagegen ist ein selbständiger Kopf: zuweilen kritisch und immer präzise in seinen Analysen. Von Anfang an steht er dem Erwerb der Fokker-Anteile skeptisch gegenüber. Dennoch sieht er sich zum Mitmarschieren genötigt, schließlich kann er nicht Dasa-Luftfahrtvorstand werden und das Fokker-Merging seines Chefs in aller Offenheit kritisieren.

Als sich der Fall Fokker zur schlimmsten Niederlage Schrempps entwickelt, ist der Bruch mit Mehdorn programmiert. Der Freiburger muß seine milliardenschwere Fehlentscheidung offen eingestehen, und ein selbstbewußter Luftfahrtchef hat das schon immer prophezeit.

Dazu aber, daß das persönliche Verhältnis der beiden mittlerweile Temperaturwerte der Würm-Eiszeit erreicht, trägt auch Hartmut Mehdorn seinen Teil bei: Aus seiner Sicht hat Schrempp von den Feinheiten der Avionik keine Ahnung. Und so, wie Sie das machen wollen, fliegt das Flugzeug sowieso nie, signalisiert Mehdorn überdeutlich. Sprich: Ich kann alles besser, glaubt ein überheblich wirkender Luftfahrtexperte dem Mercedes-Mann zeigen zu müssen. Durchaus nachvollziehbar tendiert der Pegel der Mehdornschen Sympathiewerte bei Schrempp fortan gegen null. Der Rest läßt sich regeln.

☆

Reuter überschlägt sich schier in seinen Huldigungen, denn alle Beteiligten hätten sich der Herausforderung gestellt, »die Aufgabenverteilung zu straffen« und für die Standorte »ein betriebswirtschaftlich gesundes Fundament zu schaffen«. Wüßte man nicht um die katastrophalen Bilanzen eines durch und durch maroden Luftfahrtkonzerns, könnte sich ein neutraler Beobachter an die Jahresabschlußfeier eines florierenden Familienunternehmens erinnert fühlen. Reuter sendet Durchhalteparolen aus: an die Vorstände, die Aufsichtsräte und an sich selbst.

So oberflächlich die Aussagen bleiben, so geschickt verteilt er die Verantwortung auf die Schultern aller. »Sie, Frau Breuel und meine Herren Aufsichtsräte, sind regelmäßig über unser Konzept unterrichtet worden. Und Sie sind jederzeit zu unserem Leitmotiv gestanden«, dankt Reuter in seinem Lagebericht. Auch damit liegt er richtig, denn auch die Arbeitnehmervertreter haben – abgesehen von der Fusion mit Messerschmitt-Bölkow-Blohm – jeweils für die Seite der Anteilseigner votiert. Reuter spricht seit nunmehr einer guten halben Stunde. Es ist etwa 10.30 Uhr, geduldig harren zwanzig Aufsichtsratsmitglieder und neun Vorstände der Dinge, die da noch kommen mögen. Ein Blick aus dem Fenster bestätigt den Eindruck dieses Vormittags: Die Novembernebel des Jahres 1993 drücken die Stimmung im Punktturm zu Möhringen.

☆

1. August 1994. Gleich zum Montagsfrühstück darf der Vorsitzende der Airbus Geschäftsführung und Dasa-Luftfahrtvorstand einem bayerischen Politmagazin entnehmen, wie unfähig er ist: »Noch immer wartet Schrempp auf zukunftsweisende Strategien seines Spartenchefs für die Produktbereiche Regionaljets und Tur-

220

boprop-Flugzeuge.« Das mit einer Milliarde Mark Entwicklungs-kosten gestartete Dornier-Regionalflugzeug Do 328 werde die Gewinnschwelle nie erreichen, »fürchtet Schrempp, falls nicht schleunigst ein neues Vertriebskonzept erstellt wird«. Und da der oberste Dasa-Mann keinerlei Lust verspüre, für die anhaftende Mißerfolgsserie den eigenen Kopf hinzuhalten, »werden die aus-bleibenden Erfolge intern Mehdorn angelastet«, behauptet das Magazin für die Info-Elite. »Damit gerät Hartmut Mehdorn bei der Deutschen Aerospace unter Druck«, kommentieren die Mei-nungsmacher in München die Vorlage aus der obersten Etage der Ottobrunner Dasa-Zentrale. Gänzlich den Appetit verschlägt es Mehdorn, als ihm via *Focus* mitgeteilt wird, daß er nicht delegie-ren könne und sich »in Details verbeiße«. Überhaupt sei er »viel zu selten an seinem Schreibtisch anzutreffen, nörgelt Kettenrau-cher Schrempp«.

Die Pointe klingt nett: Kein anderer als Jürgen E. Schrempp nutzt jede Gelegenheit, seinen ungeliebten Schreibtisch zu verlas-sen und in die Werke oder auf Auslandsreisen zu gehen. Freund-licherweise wird dem noch amtierenden Luftfahrtvorstand verra-ten, daß »seine Galgenfrist bis September« laufe und der Nach-folger bereits Turbine bei Fuß stehe.

Die Methode ist gang und gäbe im Hause Schrempp, und wer im Hintergrund für den Dasa-Vorsitzenden die Fäden zieht, ist weithin bekannt. Zumeist, aber eben nicht immer, scheint ein Me-dienprofi den *Spiegel* zuschlagen zu lassen. Diesmal aber ist das unmöglich, schließlich verfügt Hartmut Mehdorn selbst über gute Drähte in die Hamburger Nachrichtenzentrale. So hat eben dies-mal *Focus* die Insiderinformationen einer interessierten Öffent-lichkeit bekanntgeben.

In den kommenden Monaten erscheint Mehdorn in immer schlechterem Licht, verliert einen Posten nach dem anderen und wird am 30. September 1995 aus dem Dasa-Vorstand freigestellt. Am Ende landet er als Vorstandsvorsitzender bei der Heidelber-ger Druckmaschinen AG. Deren Pressesprecher heißt Dirk Gros-se-Leege – nicht zu verwechseln mit seinem Vater Detmar.

☆

Ganz so einfach, wie Schrempp sich Hartmut Mehdorns Abgang gewünscht hätte, funktioniert die ganze Sache dann ab er doch nicht. 1994 kommt der Verkauf der Dornier 328 »in Schwung«, wie der Freiburger im Mai des Folgejahres eingestehen muß. Auf dem US-Markt hat der Kurzstreckenflieger bereits einen Marktanteil von 40 Prozent erobert, Festbestellungen und Optionen sind erfreulich. Trotz des fulminanten Erfolgs muß Mehdorn im Juli 1995 seinen Sitz für Dr. Dietrich Russell freimachen. Schrempp und Mehdorn, dessen Bestellung regulär erst 1997 ausgelaufen wäre, können sich nicht einmal auf die ansonsten übliche Formel einer gütlichen Trennung einigen.

Daß Schrempp ein nachtragender Mensch ist, diese Erfahrung haben bereits seine Wegbegleiter aus früheren Tagen gemacht. Der Daimler-Vorsitzende vergibt nicht leicht.

☆

Ein Schrempp versorgt nicht nur seine Lieben, er kümmert sich auch darum, daß er selbst unterkommt. Zum Dank für seine überzeugenden Leistungen wird Schrempp in der Aufsichtsratssitzung im Juni 1994 zum neuen Daimler-Vorstandsvorsitzenden gewählt und tauscht im Folgejahr zudem den Schreibtischsessel des Dasa-Vorsitzenden mit dem des Dasa-Aufsichtsratsvorsitzenden. Seither kontrolliert er die Geschäfte des Luft- und Raumfahrtgiganten. Kurz vor dieser Juni-Sitzung signalisiert der Chef der Deutschen Bank und Daimler-Aufsichtsratsvorsitzende dem vormaligen Daimler-Chef Edzard Reuter, daß dessen Wechsel an die Spitze des Aufsichtsrats entgegen dem ursprünglichen Versprechen nun doch auf »erhebliche Widerstände der Anteilseignervertreter« stoße. Letztlich wird Reuters Nominierung von Kopper vereitelt. Aber diese Entscheidung hat mit der des Freiburgers nun wirklich nichts zu tun gehabt.

☆

Als im August 1997 erstmals die Chance besteht, einen Deutschen zum neuen Airbus-Chef in Toulouse zu küren, signalisiert die französische Seite Kompromißbereitschaft. Hartmut Mehdorns Chancen gelten als beträchtlich, nachdem die französische Regierung »dem großen Europäer« die »Medaille der Luftfahrt« verliehen hat. Jean Pierson, bisheriger Vorsitzender des Airbus-Konsortiums, könnte zum Aufsichtsratschef gewählt werden, Hartmut Mehdorn zum Vorstandsvorsitzenden. Dazu allerdings wäre das Engagement eines Daimler-Vorstands und Dasa-Aufsichtsratsvorsitzenden erforderlich, der die Querelen ad acta legen und seinen früheren Dasa-Vorstand Mehdorn aus Heidelberg zurückholen müßte.

Daß Hartmut Mehdorn letztlich nicht Chef der Airbus wird, hat verschiedene Gründe. Einer der gewichtigsten liegt darin, daß Schrempp ein Airbus-Aufsichtsratsvorsitzender Manfred Bischoff lieber ist als ein Vorstandsvorsitzender Hartmut Mehdorn. Mit Sicherheit ist mit dem Calwer ein würdiger Reuter-Nachfolger gefunden worden, doch Bischoffs Wahl ist kein Zufall – denn Schrempp ist, wie er ist: Freunde fördert der Freiburger nach Kräften, seinen Widersachern verzeiht er kaum jemals. Mehdorn ist dennoch seinen Weg gegangen und 1999 zum Vorstandsvorsitzenden der Deutschen Bahn AG avanciert.

☆

Wie schon in Südafrika ist Schrempp auch bei der Dasa kein Freund smarter Personalentscheidungen. Wer sich nicht hundertprozentig auf seine Seite schlägt oder es gar wagt, sich ihm argumentativ in den Weg zu stellen, sieht sich dem Dauerfeuer des Freiburgers ausgesetzt – und das hat noch keiner überlebt. Entweder der vermeintliche Opponent ordnet sich ganz schnell unter, oder er geht und darf sich – zumeist bei ordentlicher Abfindung und in gegenseitigem Einvernehmen – nach einem neuen Betätigungsfeld umsehen. Nahtlos reihen sich Ulke, Schäffler und Mehdorn in die lange Liste derer ein, die auf Schrempps Weg an die Spitze der Daimler-Benz AG am Wegesrand zurückgeblieben sind.

☆

Abgesehen von den mageren 50 Millionen Mark des Jahres 1991 sind die Bilanzen durchweg rot bis dunkelrot. Am Ende liegt das Geschäftsergebnis der Schrempp-Jahre 1989 bis 1995 bei einem Gesamtdefizit von 5 879 000 000 Mark.

Warum gerät der Dasa-Chef Schrempp dennoch nicht ernsthaft unter Druck? Warum fordert kein ernstzunehmender Daimler-Repräsentant seinen Rücktritt? Zwei Gründe sind dafür ausschlaggebend: Zum einen fehlt nach dem – nicht ganz freiwilligen – Ausscheiden des einzigen ernstzunehmenden Konkurrenten Schäffler die personelle Alternative. Zum anderen hat der Konzernvorsitzende alle Mißerfolge unter den Teppich seiner Visionen gekehrt. Hätte Edzard Reuter Schrempps Forderung nach einer zwölfprozentigen Mindestrendite aller Unternehmensbereiche damals, als Schrempp noch nicht seinen Stuhl als Vorstandsvorsitzender erklommen hatte, selber geltend gemacht, dann wäre der Freiburger heute kaum mehr Beschäftigter der Daimler-Benz AG.

Doch Reuter höchstpersönlich hat den Dasa-Chef jahrelang gedeckt. Hätte er ihn entlassen, so seine Furcht, dann wäre seine Seifenblase vom integrierten Technologiekonzern geplatzt. In seiner Verblendung hat der Berliner den Badener unterschätzt. Dieser Chance mag Edzard Reuter mittlerweile – vergebens – nachtrauern.

☆

Mit Blick auf seine sechsjährige Amtszeit als Dasa-Vorstandsvorsitzender von Mai 1989 bis Mai 1995 erntet Schrempp hausintern vor allem für seine schlechte Bilanz wenig wohlwollende Worte: »Schauen Sie doch mal den Bischoff an: der hat Format und Talent – und der bringt die Dasa jetzt auf Vordermann«, lautet das Lob für den einen und die Kritik für den Vorgänger. Auf solche, von Vorbehalten gegen Schrempp geprägte Aussagen stößt man immer wieder, wenn man sich mit Beschäftigten der Daimler-Benz Aerospace zusammensetzt. So beliebt Schrempp zu sein scheint, so kritisch sind die Kommentare hinter vorgehaltener Hand. Vielen gilt Schrempp weiterhin als ein Trucker, der vom Flugzeugbau wenig bis keine Ahnung hat.

☆

Man kann Schrempp durchaus zugute halten, daß seine Dasa-Jahre von »extrem« ungünstigen Determinanten geprägt gewesen sind: Der Zusammenbruch des Ost-West-Konflikts, das Fehlen eines Feindes nach der Auflösung der Warschauer Vertrags-Organisation, die daraus resultierende Verminderung des investiven Anteils im Verteidigungsetat und die anhaltende Dollarschwäche haben zu einer Konstellation geführt, in der sich Jürgen E.

Schrempp allenfalls mittels massiver Lobbypolitik und mit Hilfe von Milliardenzuwendungen aus dem Bundeshaushalt über die Runden retten konnte.

Das aber ist nur ein Teil der Wahrheit. In seinen Erklärungsmustern flüchtet sich der Freiburger in die Argumentation des von allem Übel Überraschten. Daß jedoch von Kritikern – auch konzernintern – vor der Diversifikationsstrategie eines Edzard Reuter und seines Zöglings Schrempp frühzeitig und vehement gewarnt worden ist, will er heute ebensowenig wahrhaben wie sein früherer Ziehvater.

Zu keinem Zeitpunkt ist es Schrempp gelungen, die Deutsche Aerospace zu einem auch nur ansatzweise profitablen Unternehmen werden zu lassen. Dem bis dahin unerreichten Rekorddefizit des Jahres 1992 folgt die Verdoppelung der Defizite auf 694 Millionen Mark im darauffolgenden Jahr. Das Geschäftsjahr 1995 schließt die sechsjährige Ära des Dasa-Vorsitzenden Schrempp mit einem Rekordverlust von über zwei Milliarden Mark ab. Schrempp schreckt nicht davor zurück, gleich noch kräftig draufzusatteln und das Defizit dieses einen Jahres auf über 4,1 Milliarden Mark hochzuschrauben. Darin enthalten sind die außerordentlichen Belastungen des Fokker-Verkaufs. Alles Reuter, oder was?

☆

Blicken wir nochmals zurück: Nach den roten Zahlen als MBSA-Chef, der fehlgeschlagenen Euclid-Sanierung und einer dunkelroten Sechsjahresbilanz als Dasa-Vorsitzender wird in Möhringen der rote Teppich ausgerollt: Im Sommer 1995 wird Schrempp zum Herrn der Sterne gekrönt. Dafür gibt es vielerlei Erklärungen – keinesfalls aber die einer wirtschaftlich auch nur ansatzweise erfolgreichen Leistungsbilanz während seiner bisherigen Regentschaft.

☆

Oder sollte Schrempp immer nur zu früh gegangen sein, bevor er die Früchte seiner Arbeit einheimsen konnte? Heute, nach der Erholung wichtiger Märkte, sieht die Lage nämlich ganz anders aus: Nach Schrempps Abgang erwirtschaftet die Dasa 1997 einen

»Operating Profit« von 284 Millionen Euro (432 Millionen Mark), der schon im Jahr darauf auf beachtliche 623 Millionen Euro gesteigert werden konnte.

Heute ist der europäische Luftfahrtkonzern ein höchst erfolgreiches Unternehmen. Nach 460 Festbestellungen 1997 konnte Airbus-Chef Noel Forgeard 1998 sogar 556 Festaufträge verbuchen. Die Tendenz beim weltweit zweitgrößten Luftfahrtkonzern ist weiter steigend. »Airbus fliegt Rekordergebnis ein« – in den Wirtschaftsmedien macht die Geschäftsentwicklung der im französischen Toulouse ansässigen GIE Airbus Industrie Schlagzeilen. Alles Schrempp, oder was?

☆

Aber auch der Erzrivale, die Boeing Company aus Seattle, verbucht 1998 Umsatzzuwächse, wenn auch spürbar bescheidenerer Natur. Das Unternehmen leidet massiv unter den Folgen der Asienkrise und muß im Sommer 1999 weitere 7000 Beschäftigte entlassen, nachdem bereits 12 000 der vormals 231 000 Arbeitnehmer gefeuert worden waren. Und vor dem Jahr 2001, so die Boeing-Verantwortlichen, würden sich die Bilanzen kaum bessern.

Dagegen knallen im Hause Airbus zur Jahrhundertwende die Champagnerkorken: »Die Steigerung der Airbus-Fertigung auch in Deutschland ist sensationell«, jubiliert Dasa-Sprecher Rainer Ohler selbstzufrieden und verkündet Anfang 1999 ein Auftragspolster von mehr als 1300 noch auszuliefernden Flugzeugen im Wert von über 92 Milliarden Dollar. Alles Schrempp, oder was?

Schrempps Spenden,
Rühes Rückzieher

»Schrempp ist doch nicht der Hilfssheriff des
Bundeskanzlers.«

Paul Russmann, Sprecher der
Kritischen AktionärInnen DaimlerChrysler

»Der Eurofighter ist tot.«

Volker Rühe, Verteidigungsminister

»Rühe ist einer der besten Politiker.«

Jürgen E. Schrempp
über seinen Verteidigungsminister

Jürgen E. Schrempp führt die Dasa zielstrebig an die Spitze der deutschen Rüstungsproduzenten und -exporteure. Im Jahr 1993 umfaßt das Waffengeschäft ein Volumen von 3,3 Milliarden US-Dollar. Ein Jahr danach steigt die Daimler-Benz AG vom 13. auf den 11. Platz in der Rangliste der weltweit führenden Rüstungsexporteure. Geliefert wird in alle Welt, auch in alle Krisen- und Kriegsgebiete, von wenigen Ausnahmen abgesehen. Als die französische Regierung den Export von 436 Leclerc-Panzern mit Dasa-MTU-Motoren an die Vereinigten Arabischen Emirate bewilligt, rechtfertigt Schrempp den Vorgang lapidar: »Das ist ein Auftrag, der vom Bundessicherheitsrat genehmigt worden ist.«

Solche Versteckspiele stoßen Rüstungskritikern übel auf. Paul Russmann, seit 1986 Geschäftsführer der Friedensorganisation »Ohne Rüstung Leben« (ORL) und seit 1991 einer der Sprecher der Kritischen Daimler-Aktionäre, wirft dem Dasa-Chef vor, mit dem Motorenexport »Benzin ins hochexplosive Pulverfaß Naher Osten« zu gießen. Denn in der »jetzt schon hochgerüsteten Region finden harte Verteilungskämpfe um Öl und Wasser statt«.

Seit Jahren streitet Russmann auf Hauptversammlungen und in direktem Gespräch mit Schrempp. Doch der oberste aller Rüstungsmanager Deutschlands sieht sich zu Unrecht von dem Diplomtheologen angegriffen. Auch für ihn gebe es »problematische Staaten«, beispielsweise sei »Indonesien auch bedenklich«. Außerdem »haben wir schon Lkw-Anfragen nach Afrika abgelehnt«, rechtfertigt er sich. Doch Russmann glaubt nicht an die Moral beim Waffengeschäft: »Hier spricht der Wolf im Schafspelz«, kontert der Niederrheiner. Denn wahrscheinlich habe Schrempp schon vergessen, daß Mercedes 1992 hundert Unimogs »mit Tarnanstrich, verstärktem Fahrerhaus, schwenkbarer Dachluke und zwei Gewehrhalterungen versehen« über Saudi-Arabien in den Südsudan exportieren wollte. Die Falschdeklaration führte 1994 zur Strafanzeige. »Erst danach«, so Russmann, »wurden Folgelieferungen abgelehnt.«

Immerhin erweist sich Schrempp mitunter als lernfähig. Zwei Jahre später gesteht der Chef des Rüstungsriesen: »Auch die Motoren für die Vereinigten Arabischen Emirate sind bedenklich.«

☆

Ungern läßt er sich mit skrupellosen Waffenhändlern in einen Topf werfen und hält sich die freiwillige Selbstkontrolle zugute. »Es entscheidet ein Team und der Vorstand, nicht nur einzelne Vorstandsmitglieder, zum Beispiel bei einer Anfrage aus Chile«, erläutert er den internen Entscheidungsprozeß. Er bilde sich »eine eigene Meinung« und rufe danach seine »Kontakte in Washington an«. Das geschehe »auch, wenn gecheckt ist, daß der Export legal ist«. Anders, als die Kritiker glauben, »führen wir Diskussionen über bedenkliche Länder und Regionen: zum Beispiel den Nahen Osten, Indonesien, Teile Indiens, Pakistan, mehrere südamerikanische Staaten, Nigeria und die Türkei«.

So habe es 1996 »zwei Exportanfragen für den Fahrzeugbereich« gegeben, »bei denen ich ›Nein‹ gesagt habe«. Allerdings gebe es »auch umgekehrt den Fall, daß ich ›Ja‹ sage und der Vorstand ›Nein‹«.

Angesichts der unleugbaren Tatsache, daß Militärs rund um den Globus mit Dasa-Waffen schießen, greifen für Russmann die hausinternen Kontrollmechanismen der Dasa jedoch zu kurz.

»Wenn Schrempp wollte, könnte er insgesamt auf Rüstungsaufträge verzichten.« Es grenze doch, so der kritische Aktionärssprecher, »an Schizophrenie, wenn man weltweit Mercedes-Kunden gewinnen« und zugleich zerstörerische Waffen exportieren wolle.

☆

»Oft ist sogar durch völkerrechtlich verbindliche Verträge der Bundesregierung gar kein Ermessensspielraum für uns mehr gegeben«, so der Dasa-Vorsitzende, der als Beispiel den deutsch-französischen Partnerschaftsvertrag anführt, »der von der Regierung Helmut Schmidt abgeschlossen wurde«. Unternehmen »wie wir können doch nicht ablehnen, was die Bundesregierung erlaubt. Das«, rechtfertigt sich Schrempp, »ist nicht unsere Aufgabe.« Hier sei eine »politische Regelung notwendig«.

Alles Ausflüchte, hält Russmann dagegen, der Dasa-Chef sei »doch nicht der Hilfssheriff des Bundeskanzlers«. Wie jeder andere Unternehmer könne er Aufträge annehmen oder ablehnen. Warum aber sollte er? Bei Waffentransfers spielen ethische oder moralische Fragen keine Rolle. Schrempp wird so lange Rüstungsgüter exportieren, wie sich das Geschäft finanziell lohnt. Der Dasa-Chef fühlt sich vor allem den Daimler-Aktionären verpflichtet – und nicht den unzähligen Opfern seiner Waffenexporte. Und so bleibt der Tod ein Meister aus Ottobrunn.

☆

Warum stellen Sie die Produktion in den Dasa-Werken nicht auf zivile Fertigung um? »Warum soll Konversion eine einzelunternehmerische Veranstaltung sein?« lautet Schrempps Gegenfrage. Für diese Umstellung bräuchte man erst einmal »den Konsens zwischen der Industrie und der Politik«, die Gestaltungsaufgabe liege »bei der Politik«. Und da schlummert sie Mitte der neunziger Jahre unselig vor sich hin, denn weder die politisch Verantwortlichen in der Bundeshauptstadt noch der Rüstungsmanager in Ottobrunn haben ein ernsthaftes Interesse am Strukturwandel.

Wenn Paul Russmann derartige Entgegnungen vernimmt, wird er wütend: Er sieht »keinen Grund für Schrempp, den Kopf in den Sand zu stecken« und – so sein Vorwurf – »in die Geschäfte mit dem Tod zu investieren«. Um das Morden mit Dasa-Waffen rund um den Globus zu beenden, müsse »Jürgen Schrempp endlich das Gehirnschmalz seiner Mitarbeiter aktivieren, um herauszufinden, welche Ersatzprodukte ökologisch verträglich, sozial nützlich und beschäftigungspolitisch sinnvoll« seien.

Der Dasa-Chef kontert trocken. »Es gibt keine Konversion«, allenfalls Substitution, also den Wechsel der Mitarbeiter und den Austausch von Produkten. Damit seien bis zum Frühjahr 1994 »bei der Dasa 4500 Arbeitsplätze geschaffen worden«. Weltweit gebe es »keine erfolgreiche Firma bei Konversion«.

Genau dieses Argument läßt der Pazifist nicht gelten. Er verweist auf Studien der Evangelischen Kirche, wonach zumindest die Firma Fritz Werner in Geisenheim und BMW Rolls-Royce in Oberursel erfolgreich konvertiert hätten. »Rüstungsdinos à la Dasa« seien, so der katholische Theologe, »sicherlich nicht die Unternehmen, die unseren Kindern und Enkeln eine lebens- und liebenswerte Zukunft sichern« – für den Freiburger ist das kein maßgebliches Argument.

Warum aber bleibt der Dasa-Chef angesichts von Russmanns Forderung – Gehirnschmalz statt Geschäfte mit dem Tod – scheinbar ungerührt? Auf den Milliarden aus dem Einzelplan 14, dem Verteidigungshaushalt, sitzt man in Ottobrunn eben sanfter als auf dem harten Stuhl der freien Marktwirtschaft, wie der Skandal um den Eurofighter belegt. Die Vorgänge um die Bewilligung des teuersten Rüstungsprojekts der deutschen Geschichte sind brisant.

☆

Langfristig sei »nur das durchzusetzen, was man gut begründen« könne, verkündet der Verteidigungsminister im August 1992. Im Frühjahr erst zum Nachfolger Gerhard Stoltenbergs berufen, geht der Hamburger forsch und frech an die Arbeit. »Der Jäger 90 ist tot«, erklärt Volker Rühe, der damit einen Sturm der Entrüstung in der Ottobrunner Zentrale auslöst. Denn die Dasa war und ist bis heute Systemführer bei der Entwicklung und Produktion des Abfangjägers mit den vielen Bezeichnungen: Hinter dem Jäger 90 verbergen sich der Eurofighter (EF 2000), das European Fighter Aircraft (EFA), das New European Fighter Aircraft (NEFA) und der Typhoon. Alle diese Namen stehen für die unterschiedlichsten Konzepte und Versionen ein und desselben Militärjets in jeweils anderem Gewand.

Ursprünglich ist der Eurofighter als Verteidigungssystem gegen angreifende MiG-29-Flieger der Sowjetunion konzipiert worden. Mit dem Zusammenbruch des Warschauer Pakts und seit der deutsch-deutschen Vereinigung hat das Jagdflugzeug seine Funktion verloren – was selbst bei Rühe einen Umdenkungsprozeß auslöst. Nicht jedoch bei Schrempp, der die Milliardenprofite zur Aufbesserung seiner schlechten Dasa-Finanzen dringend benötigt.

☆

Rühe hat Rückgrat bewiesen und sieht sich einem Sturm der Entrüstung ausgesetzt. Wolfdietrich Hoeveler, Chefredakteur des Militärmagazins *Luftwaffenforum* moniert, es sei »im Grunde unvorstellbar«, daß sich der Verteidigungsminister gegen das europäische Jagdflugzeug stelle und damit »der gesamten Bundeswehrführung in den Rücken« falle. Und wütend poltert Erich Riedl, CSU-Staatssekretär im Bundeswirtschaftsministerium: »Volker, du machst die Bundeswehr kaputt.«

Die Rüstungswelt steht Kopf. Einzig Schrempp weiß, wie sich die Sache regeln läßt. Ausgestattet mit der Macht des Dasa-Chefs und der Kasse des Konzerns will er Volker Rühe zur Ruhe bringen. Der allerdings sorgt vorerst weiterhin für viel Wirbel.

☆

Noch neu im Waffengeschäft und noch nicht integriertes Mitglied im militärisch-industriell-politischen Komplex der Bundesrepublik kommt Volker Rühe nach sorgfältiger Abwägung zu dem Schluß: Das Vier-Länder-Rüstungsprojekt muß gestoppt werden. Entsprechend aufmüpfig verkündet der frischgebackene Hardthöhenchef beim Madrider Treffen der Verteidigungsminister im Hochsommer 1992 seine Position. Er glaube nicht, »daß die Straßen von Birmingham mit Gold und Silber gepflastert« seien. Und er glaube nicht, »daß die Briten sich alles leisten können, was die Militärs haben wollen«.

So kann nur einer sprechen, dem das Rückgrat noch gerade gewachsen ist und der noch keine Erfahrung mit der Kampfkraft des Eurofighters Schrempp gemacht hat.

☆

Wie wohl kein anderes Rüstungsunternehmen pflegen die Ottobrunner den Draht zum Verteidigungs- und Haushaltsausschuß, was der Dasa selbst in Zeiten knapper Kassen immer wieder milliardenschwere Aufträge beschert hat.

Allein 1995, als das EFA-Projekt massiv gefährdet ist, finden sechs Zusammenkünfte von Dasa-Repräsentanten mit Mitgliedern des Verteidigungsausschusses (VA) statt: in der 9., der 10., der 11., der 13., der 17. und der 19. Kalenderwoche. Gesprächsinhalte sind das Projekt Eurofighter 2000 und die strategische Aufklärung. Auch seitens der Dasa wird höchste Prominenz aufgeboten: nicht nur Produktbereichsleiter, sondern auch Vorstände nehmen an den internen Treffen teil.

Hinzu kommt das Meeting einer VA-Delegation mit Dasa-Vorständen am Rande der Rüstungsmesse Le Bourget in Paris in der 24. Kalenderwoche. Dabei geht es neben Fragen zur Bewilligung der Rüstungsprojekte NATO-Hubschrauber NH 90 und des militärischen Transportflugzeugs Future Large Aircraft (FLA) – allesamt profitable Aufträge für die Dasa – immer wieder um das Schlüsselprojekt der militärischen Luftfahrt: das European Fighter Aircraft, kurz Eurofighter genannt.

☆

Schrempp, versiert im politischen Geschäft, läßt nicht nur Treffen von Führungsmitgliedern der Dasa mit VA-Vertretern der Regierungsparteien CDU/CSU und FDP einberufen – er behält auch die Sozialdemokraten im Blick, die zu diesem Zeitpunkt mehrheitlich gegen das Projekt opponieren. Denn »wenn der Einzelplan 14 geheim abgestimmt wird, ist die SPD geschlossen dagegen«. Wenn es aber, so Schrempp in trauter Runde entwaffnend offen, »über den Eurofighter eine Einzelabstimmung gibt, zeigt sich, daß die SPD in Teilen auch dafür ist«.

☆

Die Wege sind kurz von Schrempps Dasa-Zentrale zu den politischen Entscheidungsträgern. »Was meinen Sie, wie MBB in den vergangenen Jahrzehnten ihre Standorte gewählt hat?« lautet seine belustigte Antwort auf die Frage, weshalb die bayerische Vorläuferfirma der Dasa auch in den SPD-Hochburgen Werke aufgebaut hat. Und freimütig bestätigt er: »Da spielten neben wirtschaftlichen sicher auch politische Motive eine Rolle.«

So sind ihm im entscheidenden Moment auch die Stimmen der Sozialdemokratie gewiß. Bereits als niedersächsischer Ministerpräsident hat Gerhard Schröder den Dasa-Chef »bei Aufenthalten in Süddeutschland« regelmäßig besucht, weiß Gerlinde Schrempp aus den Erzählungen ihres Schwagers zu berichten. Der Kontakt der beiden Machtmänner dauert bis zum heutigen Tag. Und bis zum heutigen Tag gilt Schröder als einer der energischsten Verfechter des Eurofighters.

☆

Jürgen E. Schrempp ist klug genug zu wissen, daß auch der willigste Rüstungslobbyist im Verteidigungsausschuß machtlos bleibt, wenn die benötigten Milliardenbeträge nicht bewilligt werden. Diese Erkenntnis führt zu einem folgerichtigen Schluß von Dasa-Finanzchef Manfred Bischoff: Neben den VA-Mitgliedern müssen auch die Haushaltspolitiker an den Tisch gebracht werden.

Logische Konsequenz: In der 10., der 13., der 17., der 19. und der 22. Kalenderwoche des Jahres 1995 finden vertrauliche Gespräche mit Mitgliedern des Haushaltsausschusses (HA) statt. Gesprächsthemen sind unter anderem der Nato-Hubschrauber und das FLA, im Mittelpunkt aber steht der Eurofighter. In der 20. Woche wird diesmal auch der Bewilligungsausschuß eingeschaltet.

Dabei hat Schrempp vor allem den Haushalt 1996 im Blick, der sowohl bei den Runden mit den HA-Abgeordneten als auch mit den Parteienvertretern Gesprächsgegenstand ist. Für den September und Oktober sind zudem Parlamentarische Abende angesetzt – eine bis ins Detail hinein geplante Strategie, angelegt über mehrere Jahre.

☆

Wenn Schrempp sich etwas in den Kopf gesetzt hat, dann räumt er sämtliche Widerstände mit einer Willenskraft aus dem Weg, die selbst seine Wegbegleiter zuweilen geschockt und entsetzt hat. Zumal manch einer aus seiner Umgebung selbst ein Opfer der Schremppschen Rücksichtslosigkeit geworden ist. Hätte sich Volker Rühe auch nur in Ansätzen darüber informiert, mit wem er sich da eingelassen hat, wäre es für den Verteidigungsminister klüger gewesen, gleich klein beizugeben und sich eine der größten Blamagen seiner Karriere zu ersparen.

Als der unerfahrene Rüstungspolitiker Rühe seinen Entschluß verkündete, das Eurofighter-Projekt zu kippen, wurde der Dasa-Chef höchstpersönlich aktiv und nahm sich den Widerspenstigen zur Brust. »Wir haben vernünftige Hintergrundgespräche geführt, die haben das gegenseitige Verständnis gefördert«, erläutert er 1996 im Vier-Augen-Gespräch.

☆

Gerade mal vier Monate hat es gedauert, bis Rühe erkannt hat, daß es nicht um die Frage »Eurofighter ja oder nein?« geht, sondern schlichtweg um seine politische Existenz. Die aber ist dem Hamburger näher als die Frage, ob es gerechtfertigt ist, Steuergelder für ein Militärprojekt aus der Zeit des Kalten Krieges zu verschwenden.

Ende des Jahres einigt sich Volker Rühe mit den drei Kooperationspartnern auf den Bau des Eurofighters. Das von Rühe zuvor für tot erklärte European Fighter Aircraft (EFA) ist zum quicklebendigen New European Fighter Aircraft (NEFA) mutiert. New Rühe bleibt Verteidigungsminister, und seine Partei wird reichlich belohnt.

☆

Das EFA-Projekt bedeutet den Erhalt des Arbeitsplatzes für Tausende von in der Rüstung Beschäftigten und für die darin verwickelten Bundestagsabgeordneten. Für die Dasa springen seit Jahren Milliardenzuwendungen für die Eurofighter-Forschung und -Entwicklung heraus. Die Kosten des Gesamtprojekts werden sich auf rund 30 Milliarden Mark belaufen – bezahlt aus dem Etat des Bundesverteidigungsministeriums, gespült zum Großteil in die Kasse der DaimlerChrysler Aerospace.

Dagegen sind die Millionenzuwendungen der Konzernmutter in Stuttgart-Möhringen und der Konzerntochter in Ottobrunn nach Kopperschen Maßstäben gerade mal Peanuts. Die CDU allerdings, eine Partei, die unter Helmut Kohl jahrelang über ihre Verhältnisse gelebt hat, braucht die Daimler-Millionen dringend. So fällt der Obolus für die CDU und ihre bayerische Schwesterpartei 1993 – im Jahr nach dem Kniefall des Verteidigungsministers – üppig aus: Sage und schreibe 710 000 Mark macht Daimler-Benz 1993 für die Christenpolitiker locker. 480 000 Mark fließen an Rühes CDU, 230 000 Mark an die treu ergebenen Gesinnungsgenossen der CSU. Ein Schelm, wer Böses dabei denkt.

Noch aber ist der Eurofighter nicht bewilligt, noch heißt es für Schrempp kämpfen um die Milliarden aus dem Einzelplan 14.

☆

Das Geschäft läuft wie geschmiert. Jürgen E. Schrempp – bis Sommer 1995 Dasa- und seither Daimler-Chef – darf 1997 seinen größten Erfolg als Kämpfer für die Interessen der Rüstungsindustrie feiern. Im Oktober beschließt das Bundeskabinett die Beschaffung des NEFA, im November stimmen die – von Schrempp & Co. über Jahre hinweg intensiv bearbeiteten – Bundestagsausschüsse für Verteidigung und Haushalt der Beschaffungsvorlage zu.

Damit haben die Spendengelder ihren Zweck erfüllt und können, zum Schrecken des CDU-Bundesschatzmeisters Matthias Wissman, drastisch heruntergefahren werden. Trotz der Daimler-Rekordumsätze und der nach jahrelangen roten Zahlen endlich wieder positiven Dasa-Bilanz – 1998 verzeichnet der Luft- und Raumfahrtbereich einen Rekordprofit von 731 Millionen Dollar – werden die Spenden für die Christdemokraten zusammengestrichen. Im Jahr 1 nach der Eurofighter-Bewilligung empfängt die CDU noch magere 185 000 Mark aus Möhringen und 45 000 Mark aus Ottobrunn.

Auch das ist typisch Schrempp: Sobald er auf seine Spezis verzichten kann, läßt er sie fallen – seine Karriere spricht da Bände.

☆

»Rühe ist einer der besten Politiker«, erklärt der Freiburger selbstzufrieden. Zwar sei der Verteidigungsminister »beim Thema

Eurofighter vorübergehend dem Populismus erlegen«, aber das ist passé. Denn daraufhin haben Jürgen E. Schrempp und Manfred Bischoff »viele Gespräche geführt, die nicht in der Presse waren, zum Teil auch deutliche«.

Nachträglich kommt Schrempp zu einer positiven Beurteilung seines Verteidigungsministers: »Rühe hat jetzt Entscheidungskompetenz bewiesen, nachdem er anfangs das Thema auf die leichte Schulter genommen hat.« Und auch persönlich ist alles geregelt: »Heute haben Rühe und ich ein ausgesprochen gutes Verhältnis.«

Der vormalige Verteidigungsminister hat mit seinem subventionierten Rückzieher vor allem die rot-grüne Bundesregierung in die Bredouille gebracht. Will sie aus dem teuersten Rüstungsprojekt aller Zeiten aussteigen, muß sie den Mut aufbringen, Verhandlungen über die Auflösung geschlossener Verträge aufzunehmen.

Selbstsicher triumphiert Schrempp: »Auch die neue Regierung kann den Eurofighter nicht mehr stoppen.«

Festung Europa

»Wir stehen vor der Herausforderung, unser Unternehmen für den globalen Wettbewerb in eine führende Position zu bringen.«

Jürgen E. Schrempp in Straßburg über die Rolle der Dasa

»Economically, the defence industries of Europe and America could become fierce competitors.«

»Wall Street Journal« am 15. Oktober 1999

»In Wirklichkeit wurde in den vergangenen Jahren ein Bollwerk Amerika errichtet.«

Harry Pretzlaff, Journalist

Will die europäische Luft-, Raumfahrt- und Rüstungsindustrie gegen die übermächtige amerikanische Konkurrenz bestehen, muß sie fusionieren. Entsprechend hoch sind Schrempps Ziele gesteckt: Gemeinsam mit anderen europäischen Rüstungsunternehmen will er den übermächtigen US-Konzernen Boeing und Lockheed Martin die schlagkräftige European Aerospace and Defence Company (EACD) entgegensetzen – ein, zumindest für europäische Maßstäbe, gewaltiger Rüstungsriese mit einem Jahresumsatz von 60 Milliarden Mark und immerhin 130 000 Beschäftigten. In dessen Cockpit, so Schrempp, sollen selbstverständlich auch die Deutschen sitzen.

Kurz vor Heiligabend 1998 gilt die Fusion des britischen Luftfahrtkonzerns British Aerospace (BAe) mit der DaimlerChrysler Aerospace als eine Frage von Tagen. Dann aber formiert sich überraschend die Front der britischen Großindustrie. In der Weihnachtspause unterbreitet Lord Simpson, Managing Director des Mischkonzerns General Electric Company (GEC), dem BAe-Chairman Sir Dick Evans ein lukratives Angebot, dem dieser nicht widerstehen kann: Simpson offeriert die Auslagerung der attraktiven GEC-Rüstungselektronik unter dem Namen Marconi, und Evans willigt ein.

☆

Schrempp trifft diese Enwicklung wie ein Blitz aus heiterem Himmel. Der von ihm angestrebte Zusammenschluß unter halbwegs gleichwertigen Partnern ist damit gescheitert. Immerhin hatten sich die deutschen Topmanager im Vorfeld auf eine Anteilsverteilung von 60 zu 40 zugunsten von British Aerospace geeinigt.

Dasa-Chef Manfred Bischoff hatte eine europäische Lösung und damit verbunden ein »gleichgewichtiges industrielles Mitspracherecht« zur Bedingung gemacht, »sonst geht es nicht«. Nach der Marconi-Übernahme aber würde der Dasa-Anteil auf spärliche 20 Prozent sinken, Schrempps Einfluß zur marginalen Größe verkommen.

Daß der Deal der Dasa mit BAe letztlich fehlschlägt, habe »schlicht an der Führungsfrage« gelegen, erklärt Manfred Bischoff zerknirscht. Wenn es zwei Spitzenpositionen gebe, dann müsse, so Bischoff, »eine von uns besetzt werden«. Schließlich sei die Dasa kein »Ausverkäufer der deutschen Interessen« und werde sich »deshalb nicht unter die Dominanz eines anderen begeben«.

Und ein Schrempp schon gar nicht. Der hatte den Zusammenschluß mit British Aerospace zur Chefsache erklärt und in ausgezeichneter Atmosphäre mit Dick Evans persönlich verhandelt. Entsprechend enttäuscht verkündet der DaimlerChrysler-Vorsitzende bei der Bilanzpressekonferenz im Frühjahr 1999: Der europäische Luft- und Raumfahrtriese werde »als ganz großer Wurf« einer EACD »so nicht kommen«. Und deutlich wie kein anderer europäischer Rüstungsmanager sagt Schrempp, was Sache ist: »Ich glaube, dieser Traum ist ausgeträumt.«

☆

Der Kampf der Rüstungskonzerne wird härter denn je ausgefochten. »Es gibt in Europa nur Platz für einen Luftfahrt- und Verteidigungskonzern«, droht BAe-Chairman Evans unverhohlen.

Für den Deutschen steht in der kommenden Phase ein Zweifrontenkrieg bevor: um die industrielle Vorherrschaft im europäischen Flugzeugbau und um die globale Lufthoheit – ausgetragen gegen die übermächtig scheinende Konkurrenz aus den Vereinigten Staaten. Jürgen E. Schrempp nimmt die Kriegserklärung an. Ein halbes Jahr später schlägt er zum ersten Mal zurück.

☆

»Ich freue mich sehr auf die Mitarbeit im Aufsichtsrat«, meint Stephen P. Yokich aus Detroit, der Präsident der amerikanischen Gewerkschaft United Auto Workers (U.A.W.). Von der IG Metall hat er einen der Arbeitnehmersitze im Verwaltungsrat erhalten.

Tatsächlich ist ihm die Vorfreude anzumerken, die er seiner neuen Aufgabe entgegenbringt. »Die deutsche Mitbestimmung ist eine großartige Sache«, denn sie erlaube den kontinuierlichen Dialog zwischen Arbeitnehmern und Geschäftsführung. Rasch könne man gemeinsam auf neue Entwicklungen reagieren. Soweit die Theorie.

☆

Lange haben sie auf Manfred Bischoff eingewirkt, und der Dasa-Chef – immerhin einer der engsten Schrempp-Vertrauten und ernstzunehmender Kandidat für die Nachfolge von Manfred Gentz als Finanzchef im Gesamtkonzern – hat sein Wort gegeben: Eine Entscheidung über die Zukunft der Dasa, sprich die Fusion mit einem europäischen Luftfahrtunternehmen, darf und wird »nicht am Aufsichtsrat vorbei« getroffen werden.

Briefe werden gewechselt, alles soll in der zwischen Vorständen und Aufsichtsräten gebotenen Offenheit ablaufen. Und damit seitens des Dasa-Vorstandsvorsitzenden oder des Personalchefs Dr. Hartwig Knitter auch kein fadenscheiniger Grund vorgeschoben werden kann, haben die Gewerkschaftsvertreter zugesichert, »jeden noch so kurzfristig angesetzten Termin« anzunehmen.

In der zweiten Juni-Woche 1999 »pfeifen es die Spatzen von den Dächern«, wie ein Mitglied aus dem Kontrollgremium sagt, daß sich die Verhandlungen mit der spanischen Casa in der Endphase befinden. Und wieder einmal zeigt der Dasa-Chef, was er von seinen Aufsichtsratsmitgliedern – zumindest von denen der Arbeitnehmerseite – hält.

»Hoch und heilig hat er uns die sofortige Unterrichtung versprochen«, wettert der Metaller, »und dann mußte ich den Fernsehnachrichten entnehmen, was Sache ist.« Die Bilanz dieses Tages ist aus seiner Sicht eindeutig: »Wir sind alle maßlos enttäuscht.« Soweit die Praxis.

☆

Daß Manfred Bischoff seine sogenannten Kontrolleure dann informiert, wann er es für richtig hält, und nicht, wann diese es wünschen, ist nicht sonderlich überraschend. Allerdings hat er besonders leichtes Spiel, wenn sich auch ein Jahr nach Vollzug der Fusion noch nicht alle Aufsichtsräte – nicht einmal die Arbeitnehmervertreter untereinander – namentlich kennen. Solange sich die Zusammenarbeit der Gewerkschafter nicht über den großen Teich hinweg erstreckt, brauchen Manfred Bischoff und Jürgen E. Schrempp nicht mit nennenswertem Widerstand zu rechnen.

☆

Das spanische Luftfahrtunternehmen Construcciones Aeronauticas SA (Casa) schreibt wieder schwarze Zahlen. Die rund 8000 Mitarbeiter erzielten im Vorjahr mit 47 Millionen Euro einen um 20 Prozent gesteigerten Rekordgewinn – ein attraktiver Übernahmekandidat. Anfang 1999 bekunden mit der British Aerospace, Aerospatiale Matra, Alenia und der Dasa alle vier großen europäischen Flugzeughersteller ihr Interesse an der Casa.

☆

11. Juni 1999. Zufrieden kann der DaimlerChrysler-CEO die Unterzeichnung einer Absichtserklärung zur Gründung einer gemeinsamen Gesellschaft verkünden. Sein geschicktes Vorgehen hatte Früchte getragen: Bischoff wie Schrempp waren nach den Negativerfahrungen im Verhandlungspoker um Marconi bemüht, eine einseitige Übernahme der Casa zu vermeiden. Nicht zuletzt deshalb haben sich die Eigner des spanischen Staatsbetriebs für die Deutschen entschieden.

Der Jubel des Daimler-Vorsitzenden ist berechtigt: Mit dem Zusammenschluß der Dasa mit der Casa entsteht ein Luft- und Raumfahrtkonzern, der mit 53 000 Mitarbeitern einen Jahresumsatz von 9,8 Milliarden Euro erwirtschaftet. Wichtiger noch sind die Beteiligungen der Construcciones Aeronauticas SA an zwei

Jürgen E. Schrempp im 11. Stock der Konzernzentrale:
Die Zigarettenschachtel ist immer dabei.

Oben: *Schrempps Haus »Crocodile« auf der Farm in Eastern Transvaal.*

Oben: *September 1982: Christoph Köpke verabschiedet Jürgen E. Schrempp, der die Euclid Inc. sanieren soll.*

Rechts: *Jürgen E. Schrempp kehrt 1984 als stellvertretender Vorstandsvorsitzender zur Mercedes-Benz of South Africa zurück.*

Links: *November 1986: Gerhard Liener und seine Frau mit dem Ehepaar Renate und Jürgen E. Schrempp kurz vor dessen Abschied aus Südafrika*

Rechts: *Ein von roten Zahlen gepeinigter Dasa-Chef.*

Oben: *Flankiert von Hilmar Kopper (links) und Edzard Reuter löst Schrempp im Mai 1995 Reuter als Vorstandsvorsitzenden der Daimler-Benz AG ab.*

Unten: *Schrempp und Ex-Mercedes-Chef Helmut Werner im November 1997: Nach der Trennung wieder versöhnt?*

Oben: *September 1995: Finanzchef Manfred Gentz und der neue Vorstandsvorsitzende müssen einen Dasa-Fehlbetrag in Höhe von 1,6 Milliarden Mark eingestehen, den Schrempp als vormaliger Dasa-Vorsitzender mit zu verantworten hat.*

Hauptversammlung Daimler-Benz 1997: Schrempp hat als Vorstandsvorsitzender Grund zur Freude.

Er hat Schrempp immer den Rücken freigehalten: Aufsichtsratschef Hilmar Kopper präsentiert den versammelten Aktionären im Mai 1998 seinen erfolgreichen Vorstandsvorsitzenden.

Oben: *Bedrückte Gesichter: Schrempp,
Finanzchef Manfred Gentz und Dasa-Chef
Manfred Bischoff* (rechts) *müssen auf einer
Pressekonferenz im Januar 1996 die Einstel-
lung der Zahlungen für Fokker bekanntgeben.*

Oben: *Der Anfang vom Ende
eines Traditionsunternehmens:
Ernst Georg Stöckl, Vorstandsvorsitzender der AEG, und
Schrempp im März 1996 vor
der entscheidenden AEG-Haupt-
versammlung, die dann die
Auflösung des Elektrokonzerns
beschloß.*

Links: *Aufstand der Beschäftigten: Karl Feuerstein, der Vorsitzende des Gesamtbetriebsrats,
wendet sich im Oktober 1996
vor Mitarbeitern des Mannheimer Mercedes-Werks gegen die
Lohnkürzung bei Krankheit.*

Smarte Gesellschaft: Kanzler Kohl im Kleinwagen.

Oktober 1997: Noch ist die A-Klasse nicht gekippt, doch einen Monat später muß Schrempp die Notbremse ziehen.

Der Mega-Deal ist besiegelt: Schrempp und Chrysler-Chef Robert Eaton bei der Verkündung der geplanten Daimler-Chrysler-Fusion im Mai 1998 in London.

Die Zukunft heißt Afrika: Im Mai 1996 trifft sich Südafrikas Präsident Nelson Mandela anläßlich der Gründung der »Südliches Afrika Initiative der Deutschen Wirtschaft« mit dem SAFRI-Vorsitzenden Jürgen E. Schrempp.

europäischen Gemeinschaftsprojekten: am Jagdflugzeug Euro-fighter-Typhoon und am Airbus-Konsortium. Die Dasa-Casa-Gruppe ist mit 42,1 Prozent jetzt auch der größte Teilhaber beim Airbus.

Den Spaniern eilt der Ruf voraus, ein »anspruchsloser Partner« zu sein. »Das Know-how bleibt bei uns«, so ein führender Dasa-Vertreter, der – hinter vorgehaltener Hand – in den Spaniern allenfalls die »verlängerte Werkbank« der deutschen Produktlinie sieht.

☆

»Die Investitionen belaufen sich auf mehrere zehn Milliarden Dollar«, schätzt Richard James, Europa-Chef des weltweit führenden Luft- und Raumfahrtkonzerns Boeing. Für den Superjumbo mit einem Startgewicht von 550 Tonnen bei 555 Passagieren – spätere Versionen sollen über 800 Sitzplätze verfügen – muß ein unglaubliches Finanzvolumen veranschlagt werden.

Wie immer bei derartigen Großprojekten werden die benötigten Gelder im Vorfeld an der Untergrenze angesetzt: Beim A3XX sind das aus heutiger Sicht 23 Milliarden Mark Entwicklungskosten. Dabei sind nach James' Einschätzung bis zum Jahr 2020 allenfalls 350 der Supervögel absetzbar. Aber wie immer bei derartigen Großprojekten wird das zu erwartende Auftragsvolumen im Vorfeld an der Obergrenze festgelegt: Das ist – so die Dasa-Sicht – das Drei- bis Vierfache der von Richard James prognostizierten Aufträge.

Boeing setzt realistischerweise auf den Ausbau ihrer bewährten 747-Maschinen, Airbus wohl auf den A3XX – und das, obwohl der Riesenflieger derzeit allenfalls auf 19 Flughäfen weltweit landen könnte. Ein Vabanquespiel, bei dem Schrempp & Co. mit Umsicht statt Wagemut entscheiden sollten – doch Besonnenheit zählt schwerlich zu den Stärken des DaimlerChrysler-Chefs.

☆

Die Frage ist auch, wo das weltweit größte Flugzeug gebaut werden wird: in Sevilla, Hamburg oder – was am wahrscheinlichsten ist – in Toulouse. Obwohl die spanische Regierung den Ausbau der Straßen für den zur Verschiffung notwendigen direkten Meereskontakt garantiert hat, sind die Chancen Sevillas mit dem Dasa-Casa-Zusammenschluß gesunken. Es sei denn, die Regierenden auf der Iberischen Halbinsel machen Schrempp die A3XX-Fertigung schmackhaft – mit weiteren millionenschweren Subventionen.

Wenn alles planmäßig läuft, können die ersten Flugzeuge im Jahr 2005 an die Kunden ausgeliefert werden. Bis dahin aber ist noch ein weiter Weg, auch wenn der Airbus-Vorsitzende Noel Forgeard bereits heute verkündet, technisch sei alles bereit.

☆

»Einige da oben haben sich über Aktiengeschäfte ganz kräftig bereichert«, manch einer »hat sich wieder einmal eine goldene Nase verdient«, beurteilt ein Insider die Dasa-Casa-Fusion, der – wen wundert's – seinen Namen an dieser Stelle nicht genannt sehen möchte.

☆

Der Dasa-Vorsitzende hatte in den letzten Monaten wenig Grund zur Freude, diesmal aber fließt Sekt statt Selters: »Gemeinsam können wir den bislang größten grenzüberschreitenden Schritt zur Neuordnung unserer Industrie in Europa unternehmen.« Bei den »großen erfolgreichen Programmen wie dem Airbus oder dem Eurofighter« werden laut Bischoff nunmehr »die Konsolidierung und Optimierung« erfolgen.

Auch Jürgen E. Schrempp spricht von einem »großen Erfolg« und sieht in der Verbindung beider Konzerne eine Stärkung der globalen Position von DaimlerChrysler. Damit würden sich neue Möglichkeiten für die Zukunft eröffnen. Was derlei Aussagen aus dem Munde Schrempps in Richtung der amerikanischen Konkurrenz bedeuten, ist klar: Die nächsten Ziele im Visier, bietet er weiteren europäischen Luftfahrtunternehmen Fusionsverhandlungen an.

☆

Bekanntlich zählt für den Freiburger einzig und allein das Motto: Wer zuletzt lacht, lacht am besten. Und heute, am 12. Juni 1999, beweist der Daimler-Vorsitzende, daß die Fusion mit der Construcciones Aeronauticas SA lediglich ein erster Schritt in seinem

Kampf um die industrielle Vorherrschaft in Europa – und darüber hinaus – gewesen ist.

An diesem Samstag sitzen sechs führende Köpfe der Daimler-Chrysler AG und der Aerospatiale Matra SA abseits der Pariser Luftshow zusammen. Das Ziel des Treffens im Novotel ist klar definiert: die Fusion der beiden europäischen Großkonzerne.

☆

Wolfgang Piller, unter Schrempp Dasa-Vorstand und heute Präsident des Bundesverbands der Deutschen Luft- und Raumfahrtindustrie (BDLI), jubiliert: »Wir repräsentieren 75 Prozent« – drei Viertel aller zivilen wie militärischen Luft- und Raumfahrtprodukte Deutschlands werden in den Werken der DaimlerChrysler Aerospace gefertigt. Das Angebot für Demokraten wie für Diktatoren in aller Welt ist reichhaltig: von der Panzerabwehrrichtmine über Kampfhubschrauber bis zum neuen Jagd- und Kampfflugzeug Eurofighter/Typhoon. Und ernsthafte Hinderungsgründe hat ein Jürgen E. Schrempp bei Rüstungsexporten – selbst an menschenrechtsverletzende Systeme wie die Türkei oder Indonesien unter der Regierung Suharto – in den seltensten Fällen jemals gesehen.

Was aber interessieren Rüstungsmanager moralische Erwägungen? Was zählt, sind Bilanzen, und die sprechen im Jahr 1999 eine eindeutige Sprache: Die DaimlerChrysler Aerospace ist bestens positioniert.

☆

Am 14. Oktober 1999 marschiert »die willkommene Staffage« vor den Augen der Weltpresse – so der Kommentar der *Stuttgarter Zeitung* – in Gestalt von Gerhard Schröder und Lionel Jospin in den Konferenzsaal des Straßburger Hilton International ein. Dem deutschen Kanzler und dem französischen Premierminister folgen die Chefs des Wirtschaftsgipfels: DaimlerChrysler-CEO Jürgen E. Schrempp und Jean-Luc Lagardère, der Aufsichtsratsvorsitzende von Aerospatiale Matra.

Die anschließende Vertragsunterzeichnung ist vor allem eine Inszenierung für die Medien: Signiert werden fünf Papiere in fünf schwarzen Ledermappen, auf denen sich am Ende gerade mal die

Unterschriften befinden. Der Rest ist eine später zu erledigende Formalität.

Schrempp hat allen Grund, auf das Erreichte stolz zu sein. Noch Anfang des Jahres schien seine Niederlage besiegelt. Die Vertragsverhandlungen mit British Aerospace waren gescheitert, mit der Fusion der Matra Hautes Technologies mit Aerospatiale war im Frühjahr der weltweit viertgrößte Rüstungskonzern entstanden, und die Dasa verlor zusehends an Boden.

Wie ein Damoklesschwert hing seither die Drohung einer erniedrigenden Übernahme durch einen der großen britischen oder französischen Luftfahrtkonzerne über der DaimlerChrysler Aerospace. Für sich genommen ist die Dasa nämlich trotz mittlerweile beachtlicher Profite zu klein, um auf Dauer ernsthaft im Konzert der ganz Großen mitspielen zu können.

☆

Die hohen Herren haben längst am Pressetisch Platz genommen. Kurz nach 17 Uhr ertönt sanfte Musik, den mehr als hundert Journalisten aus aller Herren Länder wird auf einem übergroßen Monitor ein ebenso kurzer wie beeindruckender Werbeclip vorgeführt, der die Potenz des neuen Luft- und Raumfahrtriesen demonstriert.

Noch vor Schrempp dürfen die beiden Repräsentanten der beteiligten Staaten artig als Trauzeugen der Fusion auftreten, darf Lionel Jospin den Zusammenschluß als einen »Beitrag zur Integration Europas« loben, darf Gerhard Schröder pathetisch verkünden: »Dies ist ein guter Tag für Frankreich, dies ist ein guter Tag für Deutschland, und dies ist vor allem ein guter Tag für Europa.« Der Zusammenschluß sei, so der Bundeskanzler, ein »Symbol des freien Willens der Europäer, im globalen Wettbewerb« mitzuhalten. »Wir« – gemeint sind die beiden Großkonzerne und nicht die beteiligten Regierungen – »werden gemeinsam stärker, indem wir unsere Kräfte bündeln.« Schröder ist froh, daß die deutsch-französische Kooperation wenigstens auf wirtschaftlicher Ebene vorankommt, denn der politische Prozeß ist längst ins Stocken geraten.

Damit hat die Politik ihre Pflicht getan. Als Schrempp zum Mikrofon greift, macht sich erwartungsvolle Stille breit. Was der Daimler-Chef in den folgenden sechs Minuten verkündet, ist eine wirtschaftspolitische Kriegserklärung an die Konkurrenten in den USA.

✩

Jürgen E. Schrempp weiß seine Triumphe auszukosten. »Wir leisten heute einen entscheidenden industriellen Beitrag zum Zusammenwachsen Europas«, verkündet er mit ernster Miene. Heute würden er und Jean-Luc Lagardère »das bedeutendste und größte Luft- und Raumfahrtunternehmen Europas«, zugleich »das drittgrößte weltweit« begründen.

Und wer Schrempp kennt, der weiß, daß auch dieser Schritt lediglich ein weiterer auf dem Weg nach ganz oben ist. Das Ziel ist klar definiert: Für den globalen Wettbewerb müsse das Unternehmen »in eine führende Position« gebracht werden – global führend, versteht sich. Auch wenn Boeing und Lockheed Martin 1998 mit Jahresumsätzen von 55,4 beziehungsweise 26,0 Milliarden Dollar noch immer deutlich vor dem fusionierten Konzern aus Dasa und Aerospatiale rangieren – die Kampfansage aus Europa ist deutlich.

Gut 89 000 Mitarbeiter wird das neue Unternehmen mit dem absonderlichen Namen European Aeronautic, Defence and Space Company (EADS) beschäftigen. Rechnet man die Umsätze der deutsch-französischen Vertragspartner zusammen, wäre EADS 1998 mit 19,1 Milliarden Dollar immerhin schon auf Platz drei vorgerückt.

Während »zentrale Funktionen« in München und Paris bleiben werden, sprechen die günstigen Steuersätze in den Niederlanden dafür, die Holdinggesellschaft dort anzusiedeln.

Aber das ist nicht der einzige Grund: Für Schrempp, der in Straßburg keine Zweifel daran aufkommen läßt, daß er die Briten nur allzu gerne ins Boot holen möchte, empfiehlt sich das Nachbarland auch wegen seiner geographischen Lage. Würde die Fusion mit British Aerospace Realität, dann käme der neue europäische Luftfahrtgigant selbst Boeing bedrohlich nahe.

Heute aber schaut der Mann aus Möhringen selbstzufrieden zurück: »Wir haben in den vergangenen Jahren aus der Daimler-Chrysler Aerospace ein erfolgreiches, stark wachsendes und hoch profitables Unternehmen gemacht.« Und so ist seine Frage »Wollen wir am Rande stehen oder unsere Zukunft selbst gestalten?« natürlich rein rhetorisch: »Es wird Sie nicht überraschen, daß wir uns für den zweiten Weg entschieden haben.«

Was folgt, ist ein Feuerwerk an Superlativen: »EADS ist der erste wirklich grenzüberschreitende Luft- und Raumfahrtkonzern in Europa, die Nummer zwei – vielleicht auch ebenbürtig – bei Zivilflugzeugen.« Damit nicht genug, denn in diesem Jahr sei Airbus »bei den Auftragseingängen« führend, so der gezielte Seitenhieb auf die Konkurrenz in Seattle. Zudem stellt die EADS mit Eurocopter den »größten Hubschrauberhersteller der Welt«, ist mit Ariane »Weltmarktführer bei Trägerraketen, global führender Anbieter bei Satelliten, Militärflugzeugen und Verteidigungstechnik«. Schrempp weiß, daß er eine Signalrakete abgeschossen hat, deren Leuchtspur bis nach Washington sichtbar ist.

Fragen aus dem Journalistenkreis sind verboten, diese müssen später an die beiden EADS-Vorsitzenden gerichtet werden.

☆

Phil Condit gibt sich gelassen und würdigt die auf eine »rein kommerzielle« Basis zielende Fusion. Schließlich hatte der Boeing-Chef europäischen Regierungen in der Vergangenheit wiederholt unterstellt, Airbus erhalte staatliche Subventionen. Damit, so Condits Hoffnung, sei jetzt wohl Schluß.

Ganz anders fallen die Reaktionen aus US-Regierungskreisen aus, für die der Zusammenschluß »eine beunruhigende Niederlage« darstellt. Die Enttäuschung ist verständlich vor dem Hintergrund, daß die ein Jahr lang währenden Bemühungen, transatlantische Allianzen und Fusionen zu fördern, endgültig gescheitert sind. Denn Schrempp hatte zuvor seine Ambitionen aufgegeben, eine Kooperation – wenn nicht gar Fusion – der Dasa mit Northrop Grumman Co. herbeizuführen.

Bereits im Dezember 1998 hatte der Chef der Akquisitionsabteilung im Pentagon, Jacques Gansler, in einem Interview vor einem Kampf der »Festung Amerika« gegen die »Festung Europa« um die Waffenverkäufe an Staaten in der Dritten Welt gewarnt – Gedanken, die jetzt plötzlich breiten Widerhall finden.

Die politischen Wellen schlagen hoch in den Vereinigten Staaten, höher, als Schrempp und den Seinen lieb sein kann. Mit der separaten Entwicklung steuere die europäische Rüstungsindustrie zielstrebig auf einen Rüstungskrieg zu, heißt es von »privaten« Quellen im Pentagon. In jedem Fall würden mit diesem Zusammenschluß »isolationistische Tendenzen« gefördert, zitiert das *Wall Street Journal* tags darauf einen Vertreter des Pentagon. Dadurch könne sogar die Zusammenarbeit verschiedener NATO-Partner auf dem Schlachtfeld gefährdet sein.

☆

An diesem Tag aber kann sich Jürgen E. Schrempp genüßlich zurücklehnen. Wieder einmal hat er hoch gepokert, und wie so oft hat er auf breiter Front gewonnen. Immerhin ist es dem Deutschen gelungen, den Druck auf die französische Regierung derart zu verstärken, daß Paris seinen bestimmenden Einfluß auf den Konzern aufgegeben hat. Zuvor war nämlich ohne Zustimmung der Regierung eine strategische Entscheidung unmöglich gewesen. Doch jetzt reduzierte der französische Staat, der bislang knapp 48 Prozent der Unternehmensanteile gehalten hatte, seine Anteile im neuen Unternehmen auf 15 Prozent. Die Finanzgruppe Lagardère, die bislang 33 Prozent bei Aerospatiale Matra besitzt und in Zukunft 11,25 Prozent der EADS-Anteile halten wird, bleibt Frankreich zweitgrößter Eigner. 3,75 Prozent werden andere französische Investoren verwalten, 30 Prozent DaimlerChrysler, die restlichen 40 Prozent werden an die Börse gebracht.

Gerade die enormen Einflußmöglichkeiten der Regierung als Großaktionär haben aus Schremppscher Sicht die Sanierung des vormaligen Staatskonzerns verhindert. Jetzt aber hat Paris de facto das Mitspracherecht bei der Schließung von Werken und der massenhaften Entlassung von Beschäftigten verloren.

☆

Doch die Elefantenhochzeit birgt Risiken, über die der Daimler-Chief Executive Officer (CEO) nur ungern spricht. Pauschal werden Fragen vom Tisch gewischt, die die neue Unternehmensführung klären muß, soll das Unternehmen EADS dauerhaft von Erfolg gekrönt sein.

Welchen Einfluß wird der französische Staat, auch nach der Anteilsminderung weiterhin einer der Großaktionäre, in Zukunft auf die Beschäftigtenpolitik des EADS-Vorstands nehmen? Können tatsächlich alle Arbeitsplätze gesichert werden, wie Manfred Bischoff großspurig versprochen hat? Was geschieht mit dem Motorenhersteller MTU, der von der Firmenehe ausgeschlossen worden ist? Wie kann das Konzerngefüge gesichert werden, in dem eine profitable deutsche Dasa mit einem unrentablen französischen Partner zusammenwachsen soll?

Wie auch immer, in Zukunft werden der bisherige Dasa-Chef Bischoff und der Aerospatiale-Aufsichtsratsvorsitzende Lagardère das fusionierte Unternehmen gleichberechtigt steuern. Bekanntlich betrachtet die französische Seite ihre Luftfahrtindustrie traditionell als nationales Heiligtum und läßt sich kaum Vorschriften machen. Wie also wird sich Manfred Bischoff verhalten, wenn sein Co-Chairman Jean-Luc Lagardère Führungsansprüche geltend macht? Wie werden die Deutschen mit den Forderungen der Franzosen fertig, eben doch die Schlüsselpositionen besetzen zu wollen? Oder zieht sich Schrempps Dasa in drei Jahren ganz aus dem Rüstungsprojekt zurück, wenn der französische Staat zuviel Einfluß nimmt?

☆

Jürgen E. Schrempp hat derweil für jeden erdenklichen Fall vorgesorgt. Erst einmal werden die Ottobrunner aus dem Daimler-Chrysler-Verbund ausgegliedert. Sollten die Entwicklungen in den kommenden drei Jahren schlechter als gedacht verlaufen, kann sich die Dasa – so die Ausstiegsklausel im Vertragswerk – völlig aus EADS zurückziehen und die Anteile zum Marktwert an die Vertragspartner in Frankreich abtreten.

Die entscheidende Frage also lautet: Gelingt es den deutsch-französischen Managerfreunden in der EADS, das konzerninterne Sprengpotential zu entschärfen? Wenn nicht, dann wird aus der vielgepriesenen Freundschaft im Himmel ganz schnell ein hochexplosiver Streit auf Erden – sehr zur Freude der US-Konkurrenten Boeing und Lockheed Martin.

Der Herr der Sternschnuppen

»Sie kommt nur über die scheinbare Konfrontation
mit Reuter oder mir in die Medien.«

Jürgen E. Schrempp über Martine Dornier-Tiefenthaler

»Jürgen Schrempp ist kein unglaublicher Mensch.
Nur der richtige Mensch zur richtigen Zeit.«

Martine Dornier-Tiefenthaler

»Ich bin nicht sicher, daß der Mann an der Spitze
wirklich so wichtig ist.«

Morris Shenker,
Vorsitzender der Mercedes-Benz of South Africa

J. E. S. Zufälligerweise sitzt der Mann in der Untertürkheimer
Gästekantine neben ihr, und weniger zufällig sendet er Signale
aus. »Ich schreibe es Ihnen auf«, sagt er, schreibt seinen Namen
mit den Initialen und schiebt den zur handgeschriebenen Visiten-
karte umfunktionierten Pappdeckel über den Tisch.

Dem 1996 verstorbenen Patenonkel »Erich« aus Isny, dem ältesten Bruder des Vaters, verdankt er seinen zweiten Vornamen.
Und auf das »E« legt er besonders Wert, was ihr sofort auffällt.

Sie findet den ihr bislang Unbekannten »klasse, weil unkompli-
ziert«. Ihr erster Eindruck von dem Mercedes-Manager ist entsprechend positiv, die Bayerin zeigt sich vor allem beeindruckt
von der Direktheit und Offenheit des Badeners.

Zweifelsohne ist Jürgen E. Schrempp ganz anders als die Masse
der Menschen. Martine Dornier-Tiefenthaler zeichnet denn auch
ein positives Bild von ihm: »Er ist wirklich engagiert. Ein wacher
Mensch, der die Umwelt wahrnimmt.« So ernst die Worte gemeint
sind, sie klingen ironisch, angesichts der Tatsache, daß die Münchnerin, zumindest in der Wahrnehmung vieler, Schrempps erklärte Lieblingsfeindin ist.

☆

Wenn ihr Name fällt, dann geht der Schремppsche Rolladen runter. »Sie hatte einmal einen großen Erfolg: 1988«, sagt Schrempp trocken und verweist auf die Vertragsverhandlungen seines Vorgängers, die die Rechtsanwältin für die Erbengemeinschaft des Luft- und Raumfahrtunternehmens Dornier mit erquicklichem Erfolg geführt hat. Als der Daimler-Vorstand die Friedrichshafener Firma Ende der achtziger Jahre vollständig in die Dasa überführen will, droht die gewiefte Juristin mit dem Abbruch der Verhandlungen und setzt durch, was sie will.

Am Ende hält ein konsternierter Edzard Reuter einen Vertrag in Händen, mit dessen Unterzeichnung er zugesteht, daß 570 Millionen Mark an die Familiengesellschafter fließen. Und ganz nebenbei garantiert der Daimler-Chef eine 15prozentige Mindestdividende auf die Dornier-Anteile – lebenslang und unabhängig vom Geschäftsergebnis. Heute endlich bekennt Reuter, Frau Dornier-Tiefenthaler habe »ihn über den Tisch gezogen«, was die Rechtsanwältin zu dem Unterstatement veranlaßt: «Ich hasse diesen Satz.« Sie wollte einfach »nicht aufgeben, daß die Familie Anteile hat«, begründet sie ihren Einsatz. Und außerdem liege ihr das Wohl und Wehe der deutschen Luftfahrt am Herzen, und nicht nur das Schremppsche Portfolio einer deutschen Beteiligung.

Als 1988 der Mercedes-Aufsichtsrat gebildet wird, kommt Alfred Herrhausen auf die Idee, darin sollte auch eine entscheidungsfreudige Frau vertreten sein. Reuter will das Gremium mit einer Außenstehenden besetzen und erinnert sich – zu seinem Unglück – an die pfiffige Juristin. Naiver kann man sich nicht selbst über den Tisch ziehen.

☆

»Ich erwäge, mein Mandat im Aufsichtsrat niederzulegen«, bemerkt Martine Dornier-Tiefenthaler eher beiläufig, denn sein Anruf gilt einem anderen Thema. Helmut Werner aber weiß, wie problematisch die Außenwirkung sein wird. »Ich möchte aber nicht, daß Sie gehen«, so Werner am anderen Ende der Leitung. »Und Sie wissen doch: Ich lasse mir in keiner Weise den Mund verbieten, gerade was den Dornier-Konzern anbetrifft«, betont die Rechtsanwältin selbstbewußt.

Werner muß erst zweimal schlucken, denn solche Töne ist der mächtige Mercedes-Mann nicht gewöhnt. »Dann überdenken Sie Ihre Entscheidung wenigstens bis nach der nächsten Aufsichtsratssitzung«, bittet Werner. Und die Aufsichtsrätin willigt unter einer Bedingung ein: »Dann müssen Sie mir allerdings garantieren, daß ich nach der kommenden Sitzung nicht plötzlich von Ihnen entlassen werde.« Werner stimmt zu, entlassen wird sie dennoch – wenn auch ein paar Tage später.

☆

»Kann schon sein, daß ich auch eine Quotenfrau bin«, beschreibt Martine Dornier-Tiefenthaler nüchtern ihre Rolle, »aber auch der Versuch eines Neuanfangs«. Genau der mißlingt, zumindest aus Schremppscher Sicht. Als sie im Februar 1996 in einem Interview den Verkauf der Dornier-Medizintechnik – aus ihrer Sicht »ein Markt der Zukunft« – kritisiert und den verantwortlichen Jürgen E. Schrempp hart attackiert, platzt dem Daimler-Chef der Kragen.

In einem bitterbösen Schreiben an die »Sehr geehrte Frau Dornier-Tiefenthaler« sieht der Freiburger »eine weitere vertrauensvolle Zusammenarbeit« im Mercedes-Aufsichtsrat »nicht mehr gegeben«. Und aus diesem Grund veranlaßt er, daß »Ihre Abberufung aus dem Aufsichtsrat« auf der kommenden Hauptversammlung vorgeschlagen wird.

☆

Die Mutter von vier Kindern ist eine drahtige und dynamische Frau, die den positiven Seiten des Lebens eine Menge abgewinnen kann. So nutzt die Porsche-Fahrerin die Gelegenheit zu einem ihrer seltenen Aktivurlaube: Weiße Berge, strahlender Sonnenschein, Martine Dornier-Tiefenthaler befindet sich auf Skitrip in den Alpen, als sie den Schremppschen Zehnzeiler in ihrer Tageszeitung lesen darf.

☆

Das Schattenboxen entwickelt sich zum offenen Schlagabtausch. Und dabei muß Jürgen E. Schrempp auf unerfreuliche Weise erfahren, daß auch die Macht des Herrn der Sterne begrenzt ist. Die Erfahrung mag schmerzen, aber sie tut ihm auch ganz gut. Zwei

Tage nach Schrempps knappem, aber deftigem Schreiben darf er der *Stuttgarter Zeitung* einen ellenlangen Antwortbrief entnehmen.

Mit der Abberufung ihrer Person aus dem Mercedes-Benz-Aufsichtsrat verlasse Schrempp »einmal mehr die Grundlage der Entscheidung der Daimler-Benz AG«, kontert die Münchnerin selbstbewußt. Und was sie »als Juristin interessiert«, ist die Frage, »wie sich ein Vorstand verhält, wenn er ein Aufsichtsratsmitglied wegen Differenzen über die Konzerngeschäftspolitik abberufen will«. Schließlich gehöre »Wohlverhalten gegenüber Vorständen nicht zu den Aufgaben, die das Gesetz von einem Aufsichtsrat« verlange. Und damit sich der Mann an der Konzernspitze so richtig ärgern darf, verschiebt Martine Dornier-Tiefenthaler die Entscheidung, ob sie das Amt wirklich von sich aus niederlegt, wie das in solche Fällen üblich wäre. Denn die »Peinlichkeit meiner Abberufung« will sie Jürgen E. Schrempp eben nicht ersparen.

☆

Derlei Töne ist der Freiburger nicht gewohnt. Normalerweise wagt es niemand aus seinem Umfeld, den Konzernchef öffentlich mit frechen Bemerkungen oder gar harten Vorwürfen zu konfrontieren. So wird überdeutlich, daß Martine Dornier-Tiefenthaler zu den wenigen Menschen gehört, die mit Schrempp zu tun haben, ohne sich vor ihm zu fürchten oder von ihm abhängig zu sein. Und wenn Jürgen E. Schrempp geglaubt haben sollte, daß er mit ihrem Rauswurf aus dem Mercedes-Aufsichtsrat irgend etwas erreichen würde, dann hat er sich getäuscht. Im Vier-Augen-Gespräch trumpft die Münchnerin auf: »Ich wollte das. Das war klasse.«

☆

Nur über die gegen Reuter und ihn gerichteten Dauerattacken käme die Münchnerin in die Medien, spottet Schrempp zu Unrecht und signalisiert in seiner ganzen Körpersprache, daß ihn das Thema Tiefenthaler nicht weiter interessiert.

Trotzdem: Diese Frau hat ihm zugesetzt. Denn die jahrelang über alle Kanäle und vor einer Vielzahl von Gerichten ausgetragenen Schlachten mit der versierten Anwältin zeigen dem Herrn der Sterne, daß die Leuchtkraft des Sterns über Möhringen im Netz kontroverser Positionen und eindeutiger Paragraphen ganz schön an Ausstrahlung verlieren kann. Und aus dem Herrn der Sterne wird ganz schnell der Schrempp der Sternschnuppen.

☆

»Ist er ein Macho?« frage ich sie. »Ja klar, und was für einer!« lacht Martine Dornier-Tiefenthaler. Und ihre Gegenfrage – »Welcher normale Mensch geht schon ohne Atemgerät ins Hochgebirge?« – spricht für sich. »Der Mann muß sich selbst physisch beweisen.«

Unter Männern findet Jürgen E. Schrempp durchaus noch Verteidiger. »Bergsteiger sind mit dem Image des Machotypen behaftet. Aber das«, so Reinhold Messner, »ist ein Vorurteil aus den dreißiger Jahren.« Der Südtiroler definiert einen Macho ganz anders: »Wenn Bergsteiger mit der Fahne der Kraft, des Mutes und der Frauenfeindlichkeit herumlaufen, das wäre Machogehabe.« Jürgen E. Schrempp aber sei »ein Macher, kein Macho«.

☆

Martine Dornier-Tiefenthaler kann sich ihre Ironie beim besten Willen nicht verkneifen, wenn sie über Schrempps Habitus philosophiert. »Sein ganzes Auftreten ist doch so, wie klein Fritzchen sich das vorstellt.« Sie meint das gar nicht böse, das Freiburger »Fritzchen« aber hat da so seine Schwierigkeiten. Schrempp sei eben »ganz sexy«, sagt sie süffisant grinsend. Zweifelsohne hat der mächtige Manager ein Problem mit Frauen, die sich ihm selbstbewußt in den Weg stellen. »Er ist rührend, will aber nicht rührend sein«, gibt die Münchnerin ihren Eindruck wieder.

☆

»Frauen haben sich nie geändert im Profil«, wenn sie mit Schrempp zusammengewesen sind, urteilt Christoph Köpke im Rückblick auf die Südafrika-Jahre des Freiburgers. Und das sei »ein total unterschätztes Phänomen« in seinem Leben. In den ganzen achtzehn Monaten ihrer Zusammenarbeit habe Karola Block ihm »gegenüber kein Blatt vor den Mund genommen« und dem mächtigen MBSA-Chef auch »den Kopf gewaschen«. Jürgen Schrempp »hat

Probleme, damit umzugehen«, meint der heutige Vorsitzende der Mercedes-Benz of South Africa.

☆

Freund wie Feind, Bewunderer wie Gegner, einig sind sie sich alle: Als Edzard Reuter unter Nachhilfe seines Nachfolgers den Chefsessel räumen muß, steht mit Jürgen E. Schrempp der richtige Mann zur richtigen Zeit Gewehr bei Fuß. »Nur« der richtige Mann zur richtigen Zeit, relativiert Martine Dornier-Tiefenthaler. Schrempp sei »kein unglaublicher Mensch«, urteilt sie und setzt sich damit vom Heer derer ab, die den Vorstandsvorsitzenden der Daimler-Benz AG vergöttern – oder zumindest so tun als ob.

»Vieles«, so die Schrempp-Kennerin, »entsteht nur im Empfängerhorizont.« Ein Job wie der des Vorsitzenden der Daimler-Benz AG sei »viel größer, als ein einzelner Mensch« auszufüllen vermag: »Genauso wie bei Kaisern und Königen.« Es sei einfach nur so, daß »die Leute glauben, daß es solche Menschen gibt, die das leisten können«.

Mit solchen Ansichten befindet sich Martine Dornier-Tiefenthaler in bester Gesellschaft. Als Morris Shenker nach einem Vierteljahrhundert an der Mercedes-Spitze in Südafrika gefragt wird, wie denn das Unternehmen ohne ihn funktionieren solle, winkt er nur ab. Das Lob empfindet er als ganz »nett«. Aber »wenn Sie ein Produkt wie Mercedes-Benz zu produzieren und zu verkaufen haben«, dann sei der Mann an der Spitze nicht so bedeutend.

☆

Ohne Zweifel hätte ein Helmut Werner auch eine Menge Charme und Charisma in die Waagschale werfen können, wie sein Kontrahent. Und womöglich wäre auch ein Werner keine Fehlbesetzung auf dem Platz des Vorstandsvorsitzenden der Daimler-Chrysler AG – Werner, der sympathische, eloquente Repräsentierer, der Automann von Welt.

Dennoch ist es kein Zufall, daß die Deutsche Bank den Freiburger vom Dasa-Chef zum Vorstandsvorsitzenden ihres Vorzeigeunternehmens gemacht hat. 1995 ist nicht der charmante Keep-smiling-Manager gefragt, sondern erst einmal der rauhe Radikalsanierer. Mitte der neunziger Jahre ist Schrempp der richtige Mann zur richtigen Zeit. Bei der Hauptversammlung im Sommer 1998 wird Hilmar Kopper im Amt bestätigt. Das Duo Kopper–Schrempp funkt, ähnlich wie das frühere Gespann Herrhausen–Reuter, auf der gleichen Wellenlänge. Und solange der Banker seine schützende Hand über den Manager hält, so lange darf Jürgen E. Schrempp schalten und walten, wie er will.

SIEBTES KAPITEL

Politik und Peinlichkeiten

Schmiergelder, Steuergelder und ein Stadtoberhaupt

»Zu dieser schwierigen Lage hat ganz wesentlich der Abbau von Arbeitsplätzen im Hause Daimler-Benz beigetragen.«

Wolfgang Schuster, Oberbürgermeister von Stuttgart

»Nun hat er mit einem Kniefall reagiert – und damit ungewollt die Ohnmacht eines Lokalpolitikers in Zeiten der Global Player demonstriert.«

Achim Wörner, »Stuttgarter Zeitung«

»Die Spekulation über einen eventuellen Verlust des Daimler-Firmensitzes verbreitet Entsetzen im Rathaus.«

Konstantin Schwarz, »Stuttgarter Nachrichten«

Politiker gleich welcher Couleur haben heutzutage einen schweren Stand: Ein Skandal jagt den nächsten, das Image ist im Keller und hat sich dort fest etabliert. Nur Rüstungsdealer können im öffentlichen Ansehen noch tiefer sinken, wobei die Grenzen zwischen Politik und Waffenhandel mitunter fließend sind.

So hat beispielsweise Baden-Württembergs CDU 1998 von einer Spende in Höhe von 40 000 Mark der Oberndorfer Waffenschmiede Heckler & Koch (H & K) profitiert – immerhin doppelt soviel wie in den Jahren zuvor. Im gleichen Jahr hat sich der CDU-Generalsekretär mit Erfolg für eine lukrative H&K-Gewehrlieferung in das Bürgerkriegsland Türkei stark gemacht.

☆

Auch Schrempps DaimlerChrysler AG zählt traditionell zu den Unternehmen, die für die Bedürftigen und Notleidenden dieser Welt ein offenes Ohr haben und sich sozialpolitisch engagieren. Beispielsweise erhält die CDU 1998, im Jahr der Bundestagswahlen, eine freundliche Wahlkampfhilfe in Höhe von 185 000 DM aus Stuttgart-Möhringen. Aufgestockt wird die Politsubvention durch 45 000 Mark aus Ottobrunn, wo Deutschlands größter Waffenhändler seinen Stammsitz hat: die DaimlerChrysler Aerospace (Dasa).

Da heißt es sich dankbar zeigen, mag der Stuttgarter Oberbürgermeister gedacht haben. Und so müht er sich seit langem mit erstaunlichem Fingerspitzengefühl um Anerkennung beim Big Spender.

☆

Juni 1998. Ruchbar wird der Bruch an dem Tag, da Schusters Brief an den Daimler-Vorstand Dieter Zetsche die Gemüter im Punktturm der Konzernzentrale erregt. Rund 500 Daimler-Mitarbeiter sollen in die Bundeshauptstadt Berlin umziehen, wo der Inlandsvertrieb künftig seinen Sitz hat. Anlaß genug für das Stuttgarter Stadtoberhaupt, den Verlust von »40 000 Arbeitsplätzen in den vergangenen fünf Jahren« zu beklagen. Und kühn schreibt er, das »Haus Daimler-Benz« habe dazu »beigetragen«.

Drei Wochen später verfaßt der Gemeinderat eine zwar abgeschwächte, aber vergleichbare Resolution. Der Zeitpunkt ist geschickt gewählt, denn der Daimler-Vorstand hat bereits entschieden, und so kann man ja nichts mehr verderben.

☆

September 1998. »Bereits im Frühjahr war Oberbürgermeister Schuster bei Herrn Schrempp«, rechtfertigt sich die Stadt gegen den Vorwurf, das Stadtoberhaupt vernachlässige die Kontakte zu dem mächtigsten Mann der Republik. Im Stuttgarter Rathaus beschwört man »das gute Verhältnis der Stadt zum wichtigsten Unternehmen der Region«.

Doch seit seinem Amtsantritt im November 1996 hat der Oberbürgermeister einen schweren Stand. »Haben Sie schon einmal ein lobendes Wort von Schuster gehört? Wo ist die Reklame?« fragt einer aus der obersten Führungsebene und verweist darauf, daß der Ärger über den Oberbürgermeister bis zum Konzernchef höchstpersönlich reicht.

Schrempp ist dafür bekannt, öffentlich »nie einen Einzelpolitiker anzugreifen«. Hinter den Kulissen aber nimmt er kein Blatt vor den Mund. In diesem Jahr zählt Wolfgang Schuster zu seinen bevorzugten Zielscheiben, berichtet der Insider.

Es ist nicht sonderlich schwer, Schrempps Emotionen nachzuvollziehen. Denn während der Konzern seit Jahren das Wohlergehen der CDU finanziell fördert, wagt es der Stuttgarter OB, eine Entscheidung des Daimler-Vorstands öffentlich zu kritisieren. Ein Fauxpas, wie er in dieser Form allenfalls einem Provinzpolitiker passieren darf.

☆

Der Daimler-Chef sprüht Gift und Galle, als er der *Bild*-Zeitung Schusters Stellungnahme entnehmen darf. Schließlich ist es nicht lange her, daß er für die Daimler-Werke im Großraum Stuttgart eine Arbeitsplatzgarantie gegeben hat. Wolfgang Schuster, poltert ein wütender Schrempp, brauche ihm nicht wieder unter die Augen zu treten. Auch der Außenminister des Konzerns, Parteifreund »Matt«, kann den Bruch nicht kitten – zumal Matthias Kleinerts Überprüfung der Presseerklärung des OB die Vorwürfe eher noch bestätigt.

»Künftige Gespräche von Schrempp mit Schuster werden delegiert«, lautet die Parole auf den Fluren im 11. Stock der Konzernzentrale, wo der Herr der Sterne regiert.

☆

Nur drei Monate nach seinem Schreiben an Vertriebsvorstand Zetsche biedert sich der Oberbürgermeister mit einer Presseerklärung beim Konzern an, die in der Hitliste politischer Peinlichkeiten einen der vordersten Plätze einnehmen wird.

Schrempp hat gerade sein Meisterstück abgelegt und die Übernahme der Chrysler Corporation als Zusammenschluß zweier gleichberechtigter Partner verkauft. Die Fusion, meint Schuster loben zu müssen, sei ein Signal für die Zukunft. Er empfinde Dank, daß die Landeshauptstadt zum Unternehmenssitz auserwählt wurde. Seine »besonderen Glückwünsche gelten Herrn Jürgen Schrempp«. Denn der Daimler-Vorsitzende habe »die Verhandlungen mit viel Energie und Geschick zu diesem großartigen Ergebnis geführt«. Ende von Schusters Loblied.

Bei solchen Verbeugungen besteht immer die Gefahr, daß einer sein Rückgrat verliert, wenn er den Diener gar zu tief macht. Wohin lenkt Wolfgang Schuster seine Stadt, wenn er vor Schrempp den Bückling permanentus praktiziert?

☆

Frühjahr 1999. In einem beachtlichen Kraftakt und erstaunlich kurzer Zeit ist es Schuster gelungen, die Fusion der städtischen Spar- und Girokasse mit der SüdwestLB sowie der L-Bank unter Dach und Fach zu bringen. Die neue Landesbank Baden-Württemberg könnte *sein* Meisterstück werden.

Dann allerdings begeht er zwei folgenschwere Fehler: Erst möchte er den hyperbeschäftigten Manfred Gentz als Kundenvertreter im Verwaltungsrat gewinnen. Wie nicht anders zu erwarten, gibt ihm der Daimler-Finanzchef einen Korb: Er sei mit der Fusion vollauf beschäftigt. Schuster, unverdrossen, denkt sich: Wenn nicht Gentz, dann eben Schrempp.

Welcher Teufel reitet den OB? Schrempp sagt erwartungsgemäß mit der Begründung »Zeitmangel« ab. Hätte Schuster nur den Hauch einer Ahnung, wie der Daimler-Chef denkt, dann hätte er wissen müssen, daß Schrempp dieses Angebot nie und nimmer annehmen würde – schon gar nicht, nachdem sein Opponent und Untergebener bereits abgelehnt hat.

Wohin man den Blick auch wendet, immer deutlicher tritt das Defizit zutage: Gegenüber dem Global Player kommt Lokalpolitikern eine Statistenrolle zu. Das ist bedenklich genug. Warum tritt der Oberbürgermeister der baden-württembergischen Landeshauptstadt dann aber auch noch zielstrebig in nahezu jedes Fettnäpfchen?

☆

März 1999. Bilanzpressekonferenz in der Stuttgarter Liederhalle. Mehr als 350 Journalisten aus aller Welt lauschen den Worten der mächtigen Männer. Schrempp verkündet die neuesten Rekordzahlen, Eaton – eigens mit seinem Privatjet eingeflogen – assistiert.

Diesmal müht sich OB Schuster um ein Treffen, wenigstens die Nummer 2 im Konzern soll es sein. Die Antwort kommt einer Abfuhr gleich: Robert J. Eaton werde sich die Zeit nehmen, »wenn er Luft hat«. Schlimmer noch: Trotz des Andrangs von Reportern aus aller Herren Länder bleibt die Stadt Stuttgart außen vor. DaimlerChrysler »hat uns nicht um ein Rahmenprogramm gebeten«, verkündet der persönliche Referent des OB, Raimund Gründler, lapidar.

☆

Mai 1999. Worauf es wirklich ankommt, wird spätestens dann klar, wenn der Mann an der DaimlerChrysler-Spitze über sein Weltbild philosophiert: Die Aktionäre müßten zufriedengestellt werden, die Rendite weiter steigen, der »Operating Profit« verbessert, der Shareholder value optimiert werden. Für Lokalpatriotismus ist da kein Platz.

Nachdem das Bemühen gescheitert ist, mit DaimlerChrysler im begehrten US-Aktienindex Standard & Poor's notiert zu werden, sinniert Schrempp unverhohlen über die Frage nach dem sinnvollsten Standort der Konzernzentrale. Läge diese in London oder gar New York, dann würde der Börsenkurs explosionsartig nach oben katapultiert, so die Prognosen von Finanzexperten.

In Stuttgart schrillen sämtliche Alarmglocken, denn auch die Politgrößen wissen: Standortgarantien können nationale Unternehmen geben, nicht aber der Chief Executive Officer einer Welt AG. Die gesamte Region droht dorthin manövriert zu werden, wohin sich Schuster immer wieder selbst begibt: ins Aus.

Selbstverständlich bezeichnet Schrempp solche Planspiele gegenüber dem besorgten Ministerpräsidenten Erwin Teufel als »totalen Quatsch«. Und selbstverständlich darf OB Schuster anschließend seiner »großen Freude« und Erleichterung Luft verschaffen. Eines aber muß ihnen allen klar sein: Schrempps Wort gilt genau so lange, wie die Vorzüge einer Beibehaltung des Firmensitzes im Schwäbischen die Nachteile überwiegen. Wenn sich die Konstellation grundlegend ändert – und dazu braucht der Daimler-Aktienkurs, der allein 1999 ein Viertel seines Werts eingebüßt hat, nur noch weiter abzubröckeln –, dann geht alles ganz schnell.

☆

Im Januar 2000 wird es dem Daimler-Chef zu bunt. Nach den tagtäglichen Meldungen über halblegale und illegale Geschäfte der CDU-Oberen mit dunklen Koffern und schwarzen Konten erkennt Jürgen E. Schrempp, daß die Politchristen mit Spendengeld nicht umgehen können. Kurzerhand friert der DaimlerChrysler-Vorsitzende die Zuwendungen ein – was weder im Konrad-Adenauer-Haus noch in der Stuttgarter CDU-Zentrale gern gesehen wird.

Jetzt ist guter Rat teuer. Wie wäre es mit einem Bettelbrief, Herr Schuster? Hier schon mal eine fiktive Mustervorlage:

Hochwohlgeborener Herr Schrempp,
in unserer Not wende ich mich persönlich mit einer dringlichen Bitte an Sie: Überzeugen Sie Ihre Vorstandskollegen von der Notwendigkeit, die CDU weiterhin umfassend finanziell zu fördern.
Ich versichere Ihnen im Gegenzug, das gestiftete Geld auf inländischen Konten zu belassen und ausschließlich für unsere Wahlkämpfe einzusetzen. Meinerseits werde ich keine weiteren konzernkritischen Presseerklärungen abgeben, Ihre Wünsche nach Erweiterungsgelände in Möhringen oder wo auch immer aktiv unterstützen und Ihren Namen, werter Herr Schrempp, bei jeder passenden Gelegenheit würdigend erwähnen.
Untertänigst Ihr ...

☆

19. April 2000. »Uns war seit langem klar, daß die Aktionärsversammlung in der Schleyer-Halle nicht zu halten ist«, hat Raimund Gründler bereits im Vorfeld der Hauptversammlung erklärt, »und wir haben Verständnis, wenn DaimlerChrysler andere Lösungen sucht.« Der persönliche Referent des Stuttgarter Oberbürgermeisters beherrscht die angemessene Sprachregelung seines Dienstherrn perfekt. Und so gibt sich die Stadt erst einmal damit zufrieden, daß der Konzern die beiden Aktionärstreffen vor und nach der Fusion in der schwäbischen Metropole ausgerichtet hat.

In diesem Frühjahr aber ruft Jürgen E. Schrempp seine Shareholder in Berlin zusammen. Für Schuster und seine Mannen ein Beweis dafür, wie wichtig der Bau der Großsporthalle auf dem Cannstatter Wasen sei, mit dem man »auch die Strukturen schaffen« wolle, um zukünftige Hauptversammlungen nach Stuttgart zurückzuholen.

Peinlicherweise hat der Badener Schrempp die Verlegung in die Bundeshauptstadt allerdings auch damit begründet, daß er die Zusammenkünfte der Aktionäre dort abhalten wolle, wo weniger Besucher erwartet würden – also fernab vom Schwabenland.

☆

Von der Fiktion zur Realität ist der Schritt nicht weit. Längst beeinflussen Banken und Großkonzerne politische Entscheidungen nach Belieben. DaimlerChrysler steht dabei an vorderster Front: von der Bewilligung der milliardenschweren Subventionen für den Eurofighter 2000 über die staatlichen Fördermittel für die Daimler-Forschung bis zu den Dauersubventionen für den Straßenbau – immer haben die Lobbyisten des mächtigsten deutschen Konzerns massiv und erfolgreich auf die Willensbildung der politischen Entscheidungsträger Einfluß genommen.

Ein Mann wie Wolfgang Schuster ist im Poker um Macht und Moneten ein vergleichsweise unbedeutendes Rädchen. Daß er sich lange Zeit quergestellt und dem Konzernchef anfangs den geforderten Respekt versagt hat, ist wohl eher auf Ungeschick als auf inhaltliche Kritik am Mißbrauch wirtschaftlicher Macht zurückzuführen. Erst als ihm unüberhörbar zugeflüstert worden ist, wie er sich zu verhalten habe, hat er das Gewand des reuigen Büßers angezogen. Und mittlerweile reiht er sich ein in die Phalanx derer, die den aufrechten Gang verlernt haben.

Schrempp im Elchtest

»Die umfangreichen und intensiven Tests zur aktiven
Fahrsicherheit der A-Klasse bestärken uns in der
Überzeugung: die A-Klasse ist ein sicheres Auto.«

Jürgen Hubbert, Pkw-Vorstand
auf der Pressekonferenz nach dem Elchtest

»Die müßten mir dankbar sein.«

Robert Collin zu seinem erfolgreichen
Elchtest mit der A-Klasse

»Deswegen glaube ich, daß wir gestärkt aus der
Sache herausgehen werden.«

Jürgen E. Schrempp im November 1997

Abends, wenn die Schrempps ihre von einer hohen Holz-
wand umgebene Grillstelle nutzen, schleudert Sohn Sander
ab und zu Knochen über den Elektrozaun, der die Wohnanlage
umgibt. Sehr zum Leidwesen von Jo Puck, denn der Farmverwalter weiß um die Folgen. Der Duft des gebratenen Fleischs zieht
Löwen und Leoparden an, die des Nachts hungrig um das Gelände streichen.

Aber Knochen machen nicht satt, und so haben die Raubtiere
längst eine Technik entwickelt, ihre Beute in die elektrisch geladenen Zäune des Parks zu jagen, sehr zum Mißmut mancher
Menschen.

☆

Es zählt zu seinen größten Vergnügungen, das private Areal öst-
lich der Wohnhäuser zu allen möglichen und unmöglichen Tages-
zeiten mit seinem Mercedes 290 GD abzufahren. Der Feldweg
schleicht serpentinenartig durch das Gelände, und die vielen Schlag-
löcher lassen das Fahrzeug nur langsam vorankommen. Aber Zeit
spielt hier sowieso keine Rolle.

Mit den Besitzern der anliegenden Parzellen besteht ein geregeltes Verhältnis, die Spritztour kann in Ausnahmefällen sogar auf das Nachbargelände ausgedehnt werden. Oft genug nutzt Schrempp den Jeep auch zum Einkaufen, mit offenem Verdeck, versteht sich. Seine extravaganten Bedürfnisse haben ihn einen Geländediesel in Militärausführung beschaffen lassen, einen mit Gewehrhalterung. Dieses Fahrzeug hat sich der Daimler-Chef einiges kosten lassen, allein die Steueraufzahlung belief sich beim Import auf satte 120 Prozent.

An diesem Abend wirft der Daimler-Chef wieder einmal sämtliche Vorsicht über Bord und läßt den Fahrer zur Farm zurückkehren. Alleine macht er sich auf den Rückweg, wandert ohne jede Begleitung durch den Wald, gerade mal mit seiner österreichischen 9-Millimeter-Pistole vom Typ Glock bewaffnet. Es ist August, die Trockenzeit hat ihren Höhepunkt erreicht. Kaum ein grünes Blatt weit und breit, dürr die Sträucher. Kahl auch die Bäume, zumal die Elefanten in der Dunkelheit wieder rücksichtslos wüten werden. Getrieben vom Hunger, kratzen sie mit ihren Stoßzähnen die Rinde ab oder reißen jahrzehntealte Baumstämme um. Die Wurzeln sind vergleichsweise zart und schmackhaft.

Wer es hier wagt, ohne den Schutz des Jeeps und ohne gut bewaffnete Bodyguards durch den Wald zu wandern, muß tollkühn oder lebensmüde sein. Vier Kilometer sind eine endlos lange Strecke, wenn sie nicht auf der asphaltierten Straße, sondern im Busch zu bewältigen sind.

Zu Hause macht sich Mißmut und eine gewisse Unsicherheit breit, als das Fahrzeug ins Camp zurückgebracht wird und Schrempp nicht mit dabei ist. Beunruhigt steigt Sander in sein Fahrzeug und bricht auf, um den Vater zu suchen. Er ist selbst einer, der nachts gerne draußen ist. Manchmal tourt er bis vier Uhr morgens durch die Welt der Savannen, aber eben im Wagen und ausgerüstet mit Nachtsichtgerät.

Als der Gesuchte endlich eintrifft, ist Renate Schrempp sauer auf ihren Mann. Rücksichtnahme, auch gegenüber sich selbst, steht nicht an erster Stelle seiner Lebensregeln. Schrempp reizt die Natur, und ihn reizt das Risiko. »Jeder weiß, daß man dort nicht spazierengeht«, erklärt Geschäftsfreund Theo Swart. Aber

Schrempp geht, ganz ohne Bodyguards, dorthin, »um seine Batterien aufzutanken«.

☆

Auf dem Genfer Automobilsalon findet im März 1997 die erste Präsentation der A-Klasse statt. Zwei Monate später wirbt Mercedes mit einem in der Automobilgeschichte einmaligen Feldzug für den neuen Fahrzeugtyp. Als Jürgen E. Schrempp im August von seiner Farm in Eastern Transvaal in die Konzernzentrale in Möhringen zurückkehrt, laufen die Geschäfte wie geschmiert, ist die Mercedes-Welt noch in Ordnung. Wenige Wochen später werden die ersten A-Klasse-Fahrzeuge ausgeliefert, und die Katastrophe nimmt ihren Lauf.

Der 23. September ist der Auftakt einer unglaublichen Pannenserie. Bei einem Fahrtest hebt die A-Klasse in einem extremen Ausweichmanöver bei Tempo 55 ab. Diesmal noch fährt das Testfahrzeug weiter. Hinter den Kulissen läuten die Alarmglocken, nach außen wird mit dem feierlich zelebrierten Produktionsstart im Werk Rastatt eine Ruhe vorgegaukelt, die es so nicht gibt. Der 18. Oktober geht als erster Verkaufstag der A-Klasse in die Konzernannalen ein. Fünf Tage danach ist das Desaster perfekt: Beim sogenannten Elchtest, einem Ausweichmanöver in Extremsituation, legt ein schwedischer Autojournalist die A-Klasse aufs Dach.

☆

Die Nachricht wird von der Motorpresse weltweit verbreitet. Jürgen E. Schrempp, und mit ihm die gesamte Konzernspitze, wird auf der Tokioter Motor Show von der Wirklichkeit eingeholt. Während der Maybach im Blitzlichtgewitter ganz gut dasteht, kippt die A-Klasse. Wenige Tage später veranlaßt »das hohe Maß an Verunsicherung« den Mercedes-Chef zu einer Pressekonferenz, in der Hubbert versucht, das Negativimage zu kippen: Der Anspruch der Marke Mercedes-Benz »war und ist: bei Komfort, Zuverlässigkeit, Qualität, Fahrspaß, der passiven und aktiven Sicherheit den Trend zu bestimmen«. Mercedes wolle diesbezüglich auch weiterhin »eine Führungsposition einnehmen«.

Hubberts Berufung dauert bis ins Jahr 2002, dann kann sich der 63jährige überlegen, ob er sich weiter mit den Medien und einer kritischen Öffentlichkeit herumschlägt – falls man ihn überhaupt so lange schlagen läßt. Dabei ist er sich bewußt, auf welchem Schleudersitz er Platz genommen hat. Sollte das Drama vom Elch nicht bald ein Ende finden, stehen seine Karten denkbar schlecht, selbst wenn ihn Schrempp – aus Dankbarkeit wie Eigeninteresse – in diesen Tagen deckt. Bekommt der Mercedes-Chef seine Probleme nicht in den Griff, dann wird Jürgen Hubbert alsbald in die Fußstapfen seines Vorgängers treten. Da hilft es wenig, daß der Herr der Sterne von der Detroiter Autoausstellung aus Mediengerüchten widerspricht: Es sei »lächerlich«, Hubbert jetzt abzulösen.

Dieser beschwört auf der Stuttgarter Pressekonferenz derweil gebetsmühlenartig, daß die umfangreichen, intensiven und allesamt erfolgreichen Tests bezüglich der aktiven Fahrsicherheit eines ergeben hätten: Die A-Klasse sei ein rundum sicheres Auto. Unglücklicherweise habe man bei den Tests in Schweden Reifen benutzt, die »für diese extremen Fahrmanöver zu weich« gewesen seien. Aber Mercedes mache von nun an alles besser: Das Reifenfabrikat werde gewechselt und das elektronische Stabilisierungsprogramm ESP serienmäßig eingebaut.

Wie hoch der finanzielle Schaden im Endeffekt sein wird, kann zu diesem Zeitpunkt noch niemand einschätzen. Auf Nachfrage des IG-Metall-Vorstands Rudolf Kuda veranschlagt Jürgen Hubbert allein die Umrüstungskosten für bereits ausgelieferte Fahrzeuge auf rund 50 Millionen Mark und für den ESP-Einbau auf jährlich 100 Millionen Mark. Selbst für einen Schrempp keine Kleinigkeit.

☆

Der Daimler-Chef ist schwer verärgert und wegen mancher an Sarkasmus grenzender Medienberichte zudem tief verletzt. Dennoch reißt er sich an diesem Mittwoch morgen zusammen und spult artig sein Programm herunter: Das Necar III sei das weltweit erste Brennstoffzellenfahrzeug mit bordeigener Wasserstofferzeugung – schön. Die Weltpremiere des Maybach sei auf der Tokyo Motor Show erfolgreich verlaufen – noch schöner. Und in allen Geschäftsfeldern würden die Planwerte übertroffen – am allerschönsten. So jedenfalls könnte einer denken, der nicht weiß, was

Sache ist. Aber sowohl die achtzehn anwesenden Aufsichtsräte als auch die zehn Vorstände kennen das Problem zur Genüge.

Und so hat Schrempp recht, wenn er seinen Lagebericht mit den Worten schließt, das Jahr 1997 sei »ein überaus erfolgreiches«. Er hat recht, wenn er von »einer sehr erfreulichen Geschäftsentwicklung« spricht. Und er hat vor allem recht, wenn er davor warnt, daß »weder Selbstzufriedenheit noch Trägheit« einziehen dürften. Denn so »hervorragend« die von Schrempp beschriebenen Perspektiven auch sein mögen, so katastrophal ist der Ruf des Unternehmens in diesen Tagen. Und was sich im Normalfall zu einer Jubelparty entwickelt hätte, verkommt fast zum Super-GAU.

☆

Hubberts Nerven liegen blank. In den vergangenen Tagen hat er Pressekommentare ertragen müssen, die an die düstersten Tage der Schlacht um den Vorstandsvorsitz erinnern. Damals aber haben nur Ruf und Karriere zweier Konkurrenten auf dem Spiel gestanden. Diesmal geht es um das Renommee des deutschen Vorzeigekonzerns – des Autounternehmens, das für sich in Anspruch nimmt, in puncto Sicherheit die Nummer 1 weltweit zu sein. Erneut wiederholt der Pkw-Vorstand seine Litanei vom hervorragenden Zeugnis bei unzähligen Fahrtests. Lediglich beim sogenannten Elchtest sei das Fahrzeug umgefallen, beklagt Hubbert.

An diesem Tag wirkt der ansonsten so souverän auftretende Mercedes-Chef schlicht hilflos. Und das, obwohl sich fast alle im Daimler-Aufsichtsrat einig sind: Die Schuldigen sitzen außerhalb des Konzerns und wollen Übles, und darum nehmen sich Aufsichtsräte wie Vorstände so richtig Zeit, die Verantwortlichen ausfindig zu machen.

☆

Jürgen Hubbert klagt über die Testfahrer: Natürlich könne man das Fahrzeug »eckig und aggressiv« fahren, wenn man es einer Extremsituation aussetzen wolle. Doch die Diskussion dreht sich weitgehend im Kreis und treibt dabei absonderliche Blüten. Das sei doch wie bei der »Auseinandersetzung um die Entsorgung der Shell-Ölplattform der Brent Spar« oder wie bei der »öffentlich geführten Auseinandersetzung um die Kernenergie«, kritisiert der Düsseldorfer VEBA-Manager Hartmann und poltert gleich weiter: Wir müssen aufpassen, warnt Hartmann, angesichts purer Emotionalität, die das Thema in der Öffentlichkeit hervorruft. Bayer-Chef Manfred Schneider sieht sich im Fall der A-Klasse an die gescheiterte Markteinführung von Medikamenten erinnert: Es sei »schon öfter vorgekommen, daß man ein Arzneimittel wieder vom Markt nehmen mußte.« Der Leverkusener stellt sodann die provokativ wirkende Frage in den Raum: »Warum wird die Produktion der A-Klasse nicht vorläufig eingestellt, um weitere Risiken zu vermeiden?«

Angesichts derart drastischer Forderungen muß auch ein Schrempp zucken. In der mehr als einhundertjährigen Unternehmensgeschichte ist noch nie eine Produktionsserie in einem so späten Stadium gestoppt worden. Die A-Klasse ist im normalen Straßenverkehr sicher, sind sich die Daimler-Vorstände einig. Schrempp kann darauf verweisen, daß er die zuständigen Abteilungen beauftragt hat, im Bereich der Technik, der Kommunikation und im Wettbewerb »alles zu unternehmen, um die Situation beherrschbar« zu gestalten. Dennoch hält sich Schrempp »weitere Handlungsoptionen« offen – zu Recht, wie die kommenden Tage zeigen werden.

☆

Im Mittelpunkt der Kritik steht – in unguter alter Reuter-Manier – die Zunft der Journalisten. Die Presse habe den Elchtest ungerechtfertigterweise »als normal dargestellt«, klagt ein Aufsichtsratsmitglied. Wenn man den Elchtest mit der A-Klasse bestehen wolle, so der Daimler-Chef, dann könne man das. Wenn aber ein geübter Fahrer das Fahrzeug zum Kippen bringen wolle, dann könne ihm das auch gelingen, so Schrempp in der Aufsichtsratssitzung.

Den Vogel schießt ein Arbeitnehmervertreter ab, der den Medien »beleidigende Äußerungen« unterstellt und die juristische Hausabteilung auffordert, die Behauptungen »auf Konsequenzen hin überprüfen zu lassen«. Das aber lehnt der Vorstand einhellig als nicht aussichtsreich und in der Sache erst gar nicht hilfreich ab. Auch Hilmar Kopper, so heißt es aus Aufsichtsratskreisen, warnte trotz der überzogenen Medienreaktionen vor unangemessenen Reaktionen.

☆

All das wäre noch im Rahmen dessen gewesen, was sich aufgebrachte Vorstände und Aufsichtsräte erlauben dürfen, wenn sich Jürgen E. Schrempp über diesen Vorgang nicht ganz besonders geärgert hätte. Als Walter Riester auf die möglichen Vorstandsstrategien eingeht und in Anspielung auf die Mitkonkurrenten vor »schädlichen Konsequenzen« warnt, kann sich Schrempp nicht länger zusammenreißen. Sollte die A-Klasse scheitern, so der Vorstandsvorsitzende zornig, dann werde die gesamte Automobilindustrie davon betroffen sein. Die Drohung ist eindeutig gegen die automobilen Mitkonkurrenten gerichtet, denen im Hause Daimler-Benz von verschiedenster Seite unverhohlen vorsätzliches Handeln unterstellt wird.

VW habe die A-Klasse gekauft und wochenlang getestet. Bei Daimler-Benz wird den Wolfsburgern mehr oder minder unterstellt, die A-Klasse sei absichtlich gekugelt worden. Früher sei der Elchtest durchgeführt worden, um das Umkippen zu vermeiden. Jetzt – so die Unterstellung eines Daimler-Aufsichtsrats – sollte der Stuttgarter Konkurrent gezielt unter Druck gesetzt werden. Das Sicherheitsproblem, so der Insider, sei im Konzern »schon lange bekannt« gewesen, nicht dagegen die Tatsache, daß die Konkurrenten diese Schwäche ausnutzen würden, um Mercedes an den Pranger zu stellen.

Dabei ist der kleine Mercedes auch bei den Daimler-Repräsentanten nicht unumstritten. Bereits eineinhalb Jahre zuvor hat Dr. Joachim Zahn intern vor dem Unternehmen A-Klasse gewarnt. Sie werde »noch Unglück bringen«, so der vormalige Vorstandsvorsitzende, der daran erinnert hat, daß der direkte Konkurrent Volkswagen eine Million Fahrzeuge der Unterklasse baue und dementsprechend rüde reagieren würde: »Die werden noch um sich schlagen«, wird Zahn von einem anderen Aufsichtsrat zitiert.

Mittlerweile aber haben die Autotester zugeschlagen, und Jürgen E. Schrempp macht seiner Verärgerung so offensichtlich Luft, daß keiner im Raum noch Zweifel an seiner Ernsthaftigkeit haben kann. »Jetzt kriegt der Schrempp wieder seinen durchbohrenden

Blick«, sagt einer der Arbeitnehmervertreter zu seinem Nachbarn, und dieser entgegnet: »Der guckt genauso wie der Piëch.«

Am Ende gelingt es Kopper, die aufgebrachten Gemüter zu beruhigen. Und auf diplomatischem Weg wird sichergestellt, daß die Solidarität in der Autobranche erhalten bleibt. Walter Riester sitzt nicht nur im Daimler-, sondern zugleich auch im VW-Aufsichtsrat, was einen geräuschlosen Ausgleich der Interessen ermöglicht. Der zweite Bevollmächtigte und intellektuelle Kopf der IG Metall reicht die Message aus Stuttgart, die A-Klasse stünde ebenso für die gesamte Automobilindustrie – nach Wolfsburg weiter.

☆

Über das, was in der Aufsichtsratssitzung am 5. November 1997 wirklich passiert ist, will keiner der Teilnehmer öffentlich sprechen – wohl um nicht den Mißmut des Chefs auf sich zu lenken. Schrempp müht sich im Rückblick auf die Sitzung nach Kräften, die Ereignisse der Sitzung herunterzuspielen. »Ich muß die deutsche Automobilindustrie überzeugen, daß aktive und passive Sicherheitstests durchgeführt werden müssen«, so der Daimler-Chef, der fordert, daß entsprechende Kriterien ausgearbeitet werden. Er habe »lediglich darauf hingewiesen, daß unsere Wettbewerber bei vergleichbaren Extremsituationen ein ähnliches Verhalten gezeigt haben«.

Deshalb habe man in einer Sitzung des Verbands der Deutschen Automobilindustrie eine Kommission gegründet, »um die Testkriterien auszuarbeiten«, die national wie international diskutiert werden sollen. Und was »unsere Kultur im Unternehmen anbetrifft«, so sei »der Elchtest auch positiv« gewesen. Im gesamten Unternehmen habe es »breite Solidarität« gegeben, antwortet Schrempp auf die Frage nach den Ereignissen in der Aufsichtsratssitzung Anfang November 1997.

Auch das Protokoll wird anschließend geradezu pingelig und pedantisch zurechtgerückt. Am Ende finden sich darin nur die üblichen Floskeln. Walter Riester habe vor »einer allzu aggressiven Kommunikationsstrategie« gewarnt, was immer das heißen mag. Jürgen E. Schrempp habe daraufhin erklärt, »daß das Haus Daimler-Benz – auch bei Wahrung seiner berechtigten Interessen – nichts zum Schaden der deutschen Automobilindustrie unternehmen werde«. Das Protokoll spricht hier eindeutig eine andere Sprache, als Teilnehmer der Aufsichtsratssitzung vom 5. November die Situation in Erinnerung haben. »Man« – gemeint ist wohl Schrempp – »verwahre sich jedoch gegen Wettbewerbsmethoden, die man so aus dem Markt der Oberklassenfahrzeuge nicht kenne.« Und damit der Frieden im Verband der Deutschen Automobilindustrie nicht gefährdet wird, kommt es für Jürgen E. Schrempp – zumindest laut protokollarischer Endfassung – »nunmehr darauf an, die Solidarität im VDA zu wahren«.

Derlei Aussagen klingen ganz so, als habe man damit gerechnet, daß das Papier eines Tages veröffentlicht werden würde. Vielleicht sollte man allen Beteiligten, Aufsichtsräten wie Vorständen wie Protokollanten, in Zukunft noch Maulkörbe verpassen, damit derart eklatante inhaltliche Divergenzen nicht ans Ohr einer interessierten Öffentlichkeit dringen.

Dabei hat Schrempp solche Methoden gar nicht nötig, ist er doch geschickt genug, selbst die tiefste Krise in einen unglaublichen Erfolg umzufunktionieren. Als einer von wenigen erkennt er, daß das weitere Ignorieren des Kernproblems nicht weiterhilft. Entgegen seiner Position bei der Sitzung des Aufsichtsrats zieht er nur eine Woche danach die einzig richtige Konsequenz und verkündet einen dreimonatigen Lieferstopp der A-Klasse, um Zeit zur technischen Nachbesserung zu gewinnen. Schrempps Strategie ist durchdacht: Nachdem er mit Helmut Werner den Kopf von Mercedes verloren hat, bietet sich jetzt die Chance, verlorengegangenes Terrain wiedergutzumachen – was ihm auch gelingt.

☆

Frühjahr 1998. Jürgen E. Schrempp kann dem nordeuropäischen Hirsch wieder in die Augen sehen. »Wir haben keine Elchprobleme«, erklärt der Daimler-Chef auf die Frage nach dem Volvo-Messestand beim Genfer Automobilsalon. Dort hat sich die Werbeabteilung des skandinavischen Automobilunternehmens den Spaß erlaubt, ein Elchmodell inklusive dreier darunter hängender Kuckucksuhren in Richtung Daimler-Stand zu positionieren. »Wenn Volvo dies witzig findet …«, bemerkt Schrempp, noch auf der Suche nach seinem ansonsten so bestechenden Humor. »Das war gewiß keine leichte Zeit«, gesteht er rückblickend.

Und doch ist dem Daimler-Chef dank seiner Fähigkeit, Fehler-ursachen exakt zu analysieren und Problemlösungen konsequent anzugehen, ein beachtliches Wunder gelungen: Statt der Daimler-Benz AG, deren Vorsitzender die A-Klasse zu Recht als das si-cherste Fahrzeug in seiner Kategorie bezeichnet, sehen sich längst die Konkurrenten mit kritischen Fragen konfrontiert. Die Mehr-investitionen für die neuen Stabilisierungssysteme lohnen sich spätestens in dem Moment, da die konkurrierenden Automobil-unternehmen unter Druck einer kritischen Kundschaft geraten.

Schrempps Weg an die Spitze des größten europäischen Indu-strieunternehmens ist aufgrund verschiedener Fähigkeiten erklär-bar. Eine entscheidende ist sein unglaubliches Vermögen, Fehlent-scheidungen zu revidieren und Niederlagen in Siege zu verwan-deln. Zugleich hat sich Schrempp die Sympathien der ansonsten so selbstbewußt auftretenden Mercedes-Fraktion erworben, als er sich – taktisch klug – in ihrer schwersten Krise vor sie gestellt hat.

Dem Verursacher der Krise auch noch dankbar zu sein, dafür reicht es bei Schrempp und Daimler freilich nicht – auch wenn es objektiv betrachtet allen Grund dafür gegeben hätte: »Wäre ich nicht gekippt«, so Testfahrer Collins, »hätte es später Unfälle mit Toten gegeben. Es wäre noch viel schlimmer gekommen für Mercedes.«

Wenn Schrempp bellt

»Gelegentlich wackelt der Schwanz mit dem Hund.«

Andreas Richter, Leiter der Wirtschaftsredaktion
der »Stuttgarter Zeitung«

»Ich wollte auf keinen Fall den Eindruck erwecken,
als mische sich die Politik in innere Angelegenheiten
eines großen Konzerns ein.«

Volker Kauder, Generalsekretär der CDU
Baden-Württemberg

14 Uhr, optimales Timing für den Ticker. Was jetzt über dpa verbreitet wird, steht am kommenden Tag auf den Wirtschaftsseiten – zumindest dann, wenn es um eine solche Brisanz geht. In der Schaltzentrale des Konzerns wartet man erst einmal vergebens auf die erhoffte Meldung. Dabei hat die oberste Ebene das Ultimatum unmißverständlich formuliert, in der damit verbundenen Drohung keine Fragen offengelassen: Volker Kauder müsse seine Einmischung in konzerninterne Angelegenheiten bis zum frühen Nachmittag zurücknehmen, ansonsten sei der Bruch perfekt – nicht nur mit dem Urheber allen Übels selbst, sondern mit der CDU-geführten Landesregierung insgesamt.

Die Aufregung im Hause Daimler-Benz ist nicht unbegründet, die Konzernspitze befindet sich in hellem Aufruhr. Hat es der christdemokratische Generalsekretär doch gewagt, Schrempp persönlich ins Handwerk zu pfuschen. Nach dem Lieferstopp der A-Klasse müsse nun eben doch »über personelle Konsequenzen auf der Führungsebene des Daimler-Benz-Konzerns nachgedacht werden«. Auch wenn der Name nicht fällt, Kauders Kritik zielt direkt auf das verantwortliche Vorstandsmitglied Jürgen Hubbert. Dieser steht unter Schrempps persönlichem Schutz, was den CDU-Generalsekretär aber ganz offensichtlich herzlich wenig kümmert.

Dementsprechend einhellig ist die Linie der Daimler-Oberen. So etwas Blödes habe er sein Lebtag noch nicht erlebt, wettert einer aus der Führungsetage. Hinter verschlossenen Türen verbirgt Schrempp keineswegs seine Verärgerung. Mühsam zwingt er sich Zurückhaltung auf, damit das bislang reibungslose Verhältnis zwischen den wirtschaftlichen und politischen Machthabern im Ländle weiterhin so ungetrübt bleibt wie bislang. Denn diesmal droht ein Beben, das zum Bruch zwischen Konzern und Landesregierung führen kann.

☆

Sage deinem Freund Teufel, daß die Begegnungen mit der Landesregierung beendet sind, wenn der Kauder seine Presseerklärungen nicht zurücknimmt, droht ein wütender Schrempp. Geschickterweise schaltet der Vorstandsvorsitzende nicht seinen Pressechef, sondern seinen Spezialisten fürs politische Geschäft ein. Dieser beschwert sich telefonisch bei Frau Treue. Die Sekretärin des Ministerpräsidenten weiß gar nicht, wie ihr geschieht. Kauders Anmaßung gegenüber Schrempp sei unfaßbar, muß sie sich anhören. Und dessen Vorhaltung, »gerade für Baden-Württemberg« seien Daimler-Arbeitsplätze gefährdet, klinge wie blanker Hohn: Allein im neuen Motorenwerk habe Mercedes rund zwei Milliarden Mark investiert.

Ein zutiefst beunruhigter Erwin Teufel nutzt die erste Pause der laufenden Parlamentssitzung, bereits nach zwei Stunden erfolgt sein Rückruf: Alles sei so nicht gemeint, Kauder sei falsch zitiert worden. Falsch ist jedoch allenfalls Teufels Behauptung. Der Daimler-Verantwortliche, der Sprache der Politik durchaus mächtig, entgegnet in Zwischentönen: Schrempp schätze Teufel sehr und habe ihn doch immer unterstützt. Kauder aber müsse revidieren – und Kauder revidiert.

Dann geht alles ganz schnell. Eine halbe Stunde später klingelt das Telefon in der Konzernzentrale. Die christdemokratische Kommunikation klappt, mit einstündiger Verspätung meldet dpa Kauders Kniefall. Keinesfalls habe er den Eindruck erwecken wollen, die Politik – gemeint ist er selbst – habe sich in innere Konzernangelegenheiten einmischen wollen. Damit nicht genug, der CDU-Generalsekretär läßt verlautbaren, was ihm quasi aus dem Unternehmen diktiert worden ist: »Die Entscheidung des Automobilherstellers, die Produktion der A-Klasse auszusetzen und die durch Tests aufgetretenen Fragen zu klären«, so ein kleinlaut er Kauder, »ist richtig.«

Der Mann im elften Stock des Möhringer Punkthauses kann sich zufrieden zurücklehnen. Der Hund hat kurz geknurrt, kommentiert Andreas Richter süffisant in der Stuttgarter Zeitung, »und der Schwanz wedelt wieder freundlich«. Die Machtverhältnisse sind wieder zurechtgerückt. So schnell wird aus den Reihen der Christdemokraten keiner mehr aufmucken. Und schon gar keiner wird es mehr wagen, in den Einflußbereich des Wirtschaftskanzlers hineinzupfuschen.

Smarte Saumagen-Connection

»Bei einem ›originalgetreu nachgestellten‹ Versuch
bewies die vielgeschmähte ›Rennpappe‹, daß sie
selbst bei Tempo 75 die Ausweichübung problemlos
absolviert.«

»Die Woche«

»In Kooperationen zwischen Großunternehmen und
Einzelpersonen ergeben sich immer grundsätzliche
Probleme.«

Smart-Gegner Jürgen E. Schrempp

»Diese Umstände und Herausforderungen enthalten
erkennbare Risiken, aber auch ein beträchtliches
Chancenpotential.«

Smart-Befürworter Jürgen Hubbert

Die Runde ist recht illuster besetzt, entsprechend geräuschvoll beschallen die Gesänge die Täler in der Tiefe: »Es steht ein Soldat am Wolgastrand«, intoniert der Männerbund. Auf dem König aller Berge trällert Lufthansa-Chef Jürgen Weber im Chor mit seinen Mitstreitern das Liedchen von den Bergvagabunden: »Wenn wir erklimmen schwindelnde Höhen.« Und Dr. Ulrich Cartellieri, bei der Deutschen Bank für Asien und den pazifischen Raum zuständig, posaunt auf dem Ortler »Wenn die bunten Fahnen wehen«. Das sind gar »schauerliche Gesänge«, denen sich Murmeltiere und Bergziegen ausgesetzt sehen; so jedenfalls erzählt der Tourleiter Herbert Henzler mit einem Augenzwinkern.

An diesem Sommertag zwitschert die zwölfköpfige Gruppe der Wirtschaftswandervögel alles in die zuvor unberührte Gebirgswelt hinaus, was das deutsche Liedgut an Fahrtenliedern bietet. Und Schrempps imposante Stimme ertönt am lautesten im Industrie- und Bankenchor. Sein Ruf als potentieller Opernstar ist bei Freunden und Bekannten weit verbreitet. Seine Liebe zum lautstarken Dixieland-Jazz hat schon Proteste von Anwohnern im heimischen Stuttgart hervorgerufen. Auch bei dieser Hochgebirgs-tour ist »er dabei wie kein zweiter«, so der Unternehmensberater Henzler.

☆

Ihre Bekanntschaft reicht bis in die achtziger Jahre zurück. Als Jürgen E. Schrempp aus Südafrika zurückkehrt und stellvertretendes Vorstandsmitglied für den Nutzfahrzeugbereich wird, führt ein schwäbischer Unternehmensberater gerade erste Projektarbeiten bei Daimler-Benz durch. Erst Jahre später geht von Herbert Henzler die Initialzündung aus. Mittlerweile Vorsitzender der deutschen Niederlassung von McKinsey & Company, spricht er den Vorsitzenden der Daimler-Tochter Dasa an, und der sagt gerne zu.

Ab und zu reden die beiden über die guten alten Zeiten in Freiburg, wo Henzler Verkaufsgeschäfte der deutschen Shell AG abgewickelt und Schrempp Mercedes-Karossen zusammengeflickt hat. Dabei haben sich die beiden durchaus mehr zu sagen als das, was die gemeinsame Vergangenheit hergibt. Schrempp ist mittlerweile einer der mächtigsten Männer der deutschen Wirtschaftswelt und Henzler seit zehn Jahren im Beraterkreis des deutschen Wirtschaftsministers tätig.

Überhaupt versteht sich das Team der zwölf Verschworenen bestens. Seit 1993 bringt sie Herbert Henzler alljährlich zusammen: mal in der Similaun-Gruppe, mal in den Dolomiten. Und weil es dort so schön ist, kommen die Wiederholungstäter gleich zweimal in den Geisler-Spitzen zusammen. Doch die multikulturelle Besetzung garantiert mehr als die Lust am Laufen oder den Willen zum Wandern. Wenn die so unterschiedlichen Charakterköpfe aus den Vorständen der Allianz-Versicherung, des Gerling-Konzerns, der Post AG oder des Burda Verlags über gesellschaftliche und wirtschaftliche Fragen diskutieren, geht es schon mal heiß her. Jenseits der ansonsten ganz konzernzentrierten Geschäftspolitik wird offen und kontrovers über Fragen der Arbeitslosigkeit, der Rentenreform oder der sozialen Verantwortung debattiert. Darf Technologie schrankenlos sein, oder muß man sie begrenzen? In der Runde der eher konservativen Herren hat sich Schrempp den Ruf eines sehr fortschrittlich orientierten Globalisierers erworben. »Glauben das auch die Chinesen und die Japaner?« fragt er ganz gerne und ist manch anderem damit weit voraus.

Und ab und zu rasselt da ein Vorstand von Daimler-Benz mit einem Vorstandskollegen der Münchner Konkurrenz zusammen.

☆

Wieder einmal trifft sich das Team von Henzler-Reisen zum viertägigen Meinungsaustausch. Vor allem der erste Abend ist als Gesprächsrunde angesetzt. Es ist die Zeit, da Schrempp noch im fünften Stock der Dasa-Zentrale in Ottobrunn residiert. Wenige Wochen zuvor, im Juni 1994, hat ihn der Daimler-Aufsichtsrat einstimmig zum Reuter-Nachfolger auserkoren. Nicht umsonst richtet sich sein Blick weit über den Tellerrand der Daimler-Benz Aerospace hinaus.

Ungeplant und für manchen Teilnehmer überraschend legt Dr. Wolfgang Reitzle los. Lautstark wundert sich der Vorstand der Bayerischen Motoren Werke über die Eskapaden des schwäbischen Nobelkonzerns, der doch allen Ernstes erwägt, seine Produktpalette von lukrativen Luxuslimousinen in den Bereich der unattraktiven Minimobile auszuweiten. Hemmungslos reißt Reitzle seine Witze über das mittlerweile zum Smart umgetaufte Swatch-Vehikel des Schweizer Fabrikanten Nicolas Hayek.

Schrempp, selbst kein sonderlicher Verfechter des kleinen Zweisitzers, hält pro forma dagegen, überzeugend klingt er nicht. Am liebsten wäre er wohl aus dem Projekt ausgestiegen, aber das ist zu diesem Zeitpunkt schon etwas problematisch. Reitzle bleibt bei seinem Standpunkt. Seine Gewinnprognosen, herab vom hohen Ortler auf die Niederungen der automobilen Unterklasse geschmettert, sind eindeutig: »Mit dem Smart«, so der BMW-Vorstand, »läßt sich maximal das verdienen, was das Sonnendach der S-Klasse erwirtschaftet.«

Wäre Schrempp im Sommer 1994 bewußt gewesen, mit welchen Problemen er sich dreieinhalb Jahre später herumschlagen muß, hätte er wohl seinen damaligen Einfluß als künftiger Vorstandsvositzender geltend gemacht und das Projekt tatsächlich eingestampft.

☆

Eher ein Freund PS-schwerer Limousinen oder flotter Formel-1-Flitzer, macht Jürgen E. Schrempp mittlerweile alles mit – fast alles. Denn der Smart zählt beileibe nicht zur Sammlung seiner »Love Babys«. Entsprechend heftig knallt es zuweilen hinter den Vorstandskulissen. Während Helmut Werner sich führend an den Verhandlungen beteiligt, wehrt sich der Daimler-Chef von Anfang an gegen Wünsche aus der Fahrzeugfraktion, dem Zweisitzer doch noch den Stern zu verpassen. »Das Mercedes-Logo bekommt der Smart nie«, soll der Vorsitzende in der Vorstandsrunde gesagt haben: »Ist das überhaupt ein Mercedes?« Der Vorstand müsse sich entscheiden, »halbschwanger« geht nicht. Bevor wir endgültig zustimmen können, »will ich eine vernünftige Vertriebskonzeption sehen«, zitiert ein Teilnehmer der Runde den Vorstandsvorsitzenden. Und damit die Gegenseite ihre Hausaufgaben macht, fordert Schrempp erst einmal ausgereifte Zukunftsplanungen für die zweite Modellreihe.

☆

Noch immer nutzt der Daimler-Chef so manche Gelegenheit, konzernintern Kritik anzumelden und auch mal kräftig gegen Kooperationsmodelle zu schießen, bei denen sich Daimler-Benz mit Einzelpersonen herumschlagen muß. Nicolas Hayek ist so ein Fall. Der Schweizer hat sich als Chef der Swatch-Uhren-Firma SMH weltweit einen Namen gemacht und ist über das Unternehmen Micro Compact Car (MCC) weiterhin an der von ihm entwickelten Idee des Smart beteiligt.

Werner-Nachfolger Jürgen Hubbert fällt die Aufgabe zu, dem Minicar die nötige Aufmerksamkeit in Vorstand und Aufsichtsrat zukommen zu lassen. So berichtet er regelmäßig von erfolgreichen Erprobungsfahrten unter spanischer und amerikanischer Sonne, über den ständig steigenden Reifegrad des Vehikels, das Fortschreiten der Motorenfertigung im Mercedes-Werk Berlin-Marienfelde und den aktuellen Stand im Produktionswerk Hambach. Stolz verkündet der Mercedes-Mann bei der Aufsichtsratssitzung im Juni 1997 die Steigerung des Beteiligungsanteils auf 81 Prozent zugunsten der Daimler-Benz AG.

Zu weit sind die Planungen vorangeschritten, zu viel Geld ist bereits geflossen, zu stark ist die Front der Smart-Fans, als daß das Projekt noch ohne Gesichtsverlust gekippt werden könnte. Seine Smart-kritische Meinung hat Schrempp deshalb zwar noch lange nicht aufgegeben, wohl aber einen Schweigepakt geschlossen, der zumindest so lange halten wird, wie das Projekt nach Plan läuft.

☆

Doch längst sind nicht alle Zweifel am Projekt beseitigt, und immer wieder werden Hubbert entsprechend kritische Fragen gestellt. So muß der Pkw-Vorstand dem Wörther Betriebsrat Willi Böhm die Sorge um den Zufluß weiterer Subventionen nehmen. Die Zahlungen seien »schon geflossen«, beteuert der Pkw-Vorstand in der Aufsichtsratssitzung im Sommer 1997 beruhigend. Den Juristen Dr. Michael Endres interessiert dagegen vor allem, ob sich das Experiment rechnet. Für den Deutsche-Bank-Vorstand ist der Operating Profit bekanntlich von größerer Bedeutung als die schadstoffarme Art der Fortbewegung.

Die Frage des Bankers zwingt Hubbert zu einer eher verhaltenen Aussage. »Aufbau einer neuen Marke ist nicht vergleichbar mit dem Neuanlauf eines Produkts unter einem bestehenden Markenzeichen«, so der Mercedes-Mann verklausuliert. Natürlich hat es ein Fahrzeug wesentlich leichter, den Markt zu erobern, wenn der Herr der Sterne mit seinem Markenzeichen dahintersteht. Genau das aber lehnt der Daimler-Chef weiterhin entschieden ab.

Allerdings kommt ihm die Erhöhung der Beteiligung entgegen. Mehr Daimler-Anteile bedeuten mehr Schrempp-Macht. Nach den mächtigen Bankern Jürgen Sarrazin, Vorstandssprecher der Dresdner Bank, Michael Endres und Hilmar Kopper votiert dann auch Schrempp in der ihm eigenen Deutlichkeit für die Anteilsaufstockung: »Wir wollen eine deutlich direktere Führung des Smart-Projekts durch die Daimler-Benz AG.« Er hätte auch »durch Jürgen E. Schrempp« sagen können.

☆

Neues Auto, neues Glück. Europa wächst zusammen, die Schnittstelle heißt Hambach und liegt in Lothringen. Dorthin hat Schrempp die Oberen der Politik geladen, die sich auch artig bedanken: Frankreich entsendet den Staatspräsidenten und Deutschland den Kanzler. Der nutzt die Gelegenheit, für seinen Freund Jürgen ein »Portal für die Zukunft« zu öffnen und das herausragende Aushängeschild europäischer Hochtechnologie made by Mercedes zu würdigen. Zudem sei Smartville ein hervorragendes Beispiel für den »unternehmerischen Mut« eines Managers, der zupackt. Schrempp setzt sein spitzbübisches Lächeln auf. Endlich wieder ein gelungener Akt im ansonsten so schrecklichen Schauspiel vom kippenden Konzern.

Jacques Chirac backt kleinere Brötchen als Helmut Kohl und sieht in puncto Absatzprognosen ein eher »gewagtes Unternehmen« auf Schrempp zukommen. Den Konzernchef stören derlei Zwischentöne wenig, das Risiko scheint angesichts äußerst günstiger Konditionen kalkulierbar – vom Grundstückspreis bis hin zu den Dumpinglöhnen hat Daimler alles diktiert.

Die Fabrik wird im Sauseschritt erobert, der Fahrersitz bleibt nach den Erfahrungen der Frankfurter IAA kanzlerfrei. Dort hatte sich Helmut Kohl derart inniglich in den – für ihn – etwas zu klein geratenen Mini verliebt, daß er sich nur schwer wieder aus dem smarten Flitzer herauskämpfen konnte. Endlich darf Jürgen E. Schrempp wieder einmal einen erfolgreichen Tag bilanzieren, eine kurze Ruhepause im ansonsten so heißen Herbst des Jahres 1997.

☆

Endlich ist die Smart-Welt wieder in Ordnung, endlich darf man sich bei der Daimler-Benz AG über den gesteigerten »und damit weitgehenden Einfluß auf die operative Führung des Geschäfts« freuen. Mittlerweile sind dreißig Prozent weiterer MCC-Anteile erworben, die Daimler-Benz AG hält jetzt die gewünschten 81 Prozent. Ein sichtlich zufriedener Schrempp verkündet vor dem Aufsichtsrat, daß er dem persönlichen Beteiligungswunsch von Herrn Hayek nicht entsprochen und dafür seinen eigenen durchgesetzt habe. Endlich auch darf der Daimler-Chef in Erinnerung an den »großen Erfolg« der Hambacher Werkseröffnung mit den Herren Kohl und Chirac schwelgen und über »die äußerst freundlichen« Reaktionen auf der Frankfurter Automesse IAA sinnieren. Endlich funktioniert der Laden, denkt sich Schrempp und will vom harten Kollisions- auf den smarten Harmoniekurs umschwenken.

☆

Das Daimler-Drama nimmt seinen Lauf. Erst kippt die A-Klasse, dann besteht der Trabant den Test mit dem Elch. Auf einem russischen Flugfeld nahe Eisenach steht der Trabi seinen Mann. Der linke Hinterreifen ächzt ein wenig, die Schräglage ist erkennbar, aber Deutschlands Osten reibt sich vergnügt die Hände. Über Thüringen lacht die Sonne, über Möhringen die ganze Welt – und Jürgen E. Schrempp ist das Lachen vorerst wieder vergangen.

☆

Acht Wochen nach dem Desaster in Schweden und sieben Wochen nach der smarten Kanzlerrunde in Hambach schlägt das skandinavische Megamonster schon wieder zu. Dabei werden die Opfer immer jünger und kleiner: Dem Viersitzer folgt der Zweisitzer, der A-Klasse das Smart-Mobil. Diesmal darf Nicolas Hayek die Erfüllung aller Alpträume verkünden: »Unter extremen Bedingungen« ist der Baby-Benz gekippt.

Kurzerhand legt ein restlos verärgerter Schrempp eine Vollbremsung hin und verschiebt die Erstauslieferung um ein halbes Jahr. Zum Glück für den Konzernchef ist der Smart noch nicht an die Kunden ausgeliefert. Doch Strafe muß sein: Kurzerhand wird die modifizierte Version des Minimobils beim Automobilsalon in Genf abseits des Daimler-Stands postiert. Genervt verweist Smart-Skeptiker Schrempp darauf, daß dies auch »eine andere Marke« als Mercedes sei und weniger Stabilitätsprobleme als Qualitätsmängel sowie Schwierigkeiten mit den Zulieferern den Ausschlag für die verzögerte Markteinführung gegeben hätten.

Schmerzhafter als die immensen Kosten ist es, daß der gute Ruf des Automobilunternehmens, das sich gerühmt hat, die Nummer eins weltweit zu sein, in Gefahr geraten ist. Spätestens jetzt hat es dem Daimler-Chef endgültig den Appetit verdorben. A-Klasse und Smart schlagen doch ganz unschön auf den Magen. Da kann der Konzernchef noch viel vom Kanzler lernen.

☆

Dieses Unternehmen hat einen beträchtlichen Unterhaltungswert. Während die Mercedes-Techniker ihre Stabilisierungsübungen durchführen, erschüttern unzählige Elchwitze die Republik. Weniger zu lachen haben diejenigen, die für das Kippen der A-Klasse und des Smart verantwortlich gemacht werden. Eigentlich hätte Hubbert gehen müssen. Daß er nicht gehen will, ist nachvollziehbar. Daß er nicht gegangen worden ist, ebenfalls: Hubberts Unterstützung für Schrempps Konzernportfolio ist noch nicht vergessen.

☆

An Hubberts Statt müssen andere ihren Schreibtisch wechseln. Entwicklungschef Johann Tomforde und Finanzexperte Christoph Baubin dürfen sich neuen Aufgaben zuwenden – anfangs noch im Konzern. »Statt nach Schuldigen zu suchen«, so ein betont softer Vorsitzender via Geschäftsbericht, »haben wir die Prozesse untersucht und verbessert.«

Erst als dann Gras über die Sache gewachsen ist, findet sich Tomforde im Vorstand von Europas größtem Wohnmobilfabrikanten Hymer und Baubin beim Autozulieferer Magner wieder. Da war er doch schon vorher, sagt ein Daimler-Repräsentant, der die ganze Verschiebeaktion herunterspielen will. Jürgen Hubbert aber weiß: Noch so ein Debakel, beispielsweise bei der Einführung der neuen S-Klasse, dann dürfen sich andere um seinen Vorstandssitz streiten.

☆

»Der Bundeskanzler ist der Bundeskanzler«, sagt Schrempp. Der Daimler-Chef stellt beim Kanzlerkontakt das amerikanische Prinzip obenan, wonach es nicht darauf ankommt, wer die Führungsposition innehat. Wichtig ist der direkte Draht zum Amtsinhaber, und den pflegt der Daimler-Chef nach Kräften. Geschickt lobt Schrempp Kohls Vorgehensweise, um genau diese am Objekt selbst zu praktizieren.

Zweifelsohne kenne Kohl die Methode, die politische Landschaft zu verändern, sagt Schrempp. Man müsse »hinter den Kulissen mit den Leuten reden«, und nach vielen Reden erfolge die Bewegung – zumindest »millimeterweise«. Und wie der Chef der

Bundesregierung mit anderen, so verfährt der Chef der Daimler-Benz AG mit ihm. Zwei- bis dreimal jährlich klopft Schrempp beim Kanzler an: »Dann nehmen wir uns auch die Zeit, nicht nur über die Tagesereignisse zu sprechen.« Bei so einem Gespräch »habe ich ihm auch die Hintergründe der Shareholder-Value-Debatte erklärt«. Schließlich sieht er seine »Pflicht« darin, »dafür zu sorgen, daß der Bundeskanzler meine Gedanken und ich seine« kenne.

Das Ziel der Schremppschen Strategie ist klar definiert: »Man muß im Kopf der Menschen deponieren, was man anders machen kann. Menschen wie Helmut Kohl speichern das.« Recht hat er, der Schrempp. Der Kanzler speichert und dankt, zuweilen mit großen Subventionen und kleinen Verköstigungen.

Im Februar 1998, fromm zur Fastenzeit, offeriert Kohl dem Konzernchef per Post ein Produkt Pfälzer Hochkultur: einen original Pfälzer Saumagen. Als Beilage empfiehlt Hobbykoch Kohl Kartoffeln, Kraut und Erbsenpüree. Der Saumagen selbst solle im Wasserbad aufgewärmt oder in Scheiben geschnitten, anschließend in der Pfanne gebraten werden, so des Kanzlers wohlgemeinte Empfehlung. Die zwischenmenschliche Liebe läßt sich eben immer über den Magen regeln, und die wirtschaftliche über den Subventionsbeutel.

☆

Sitzen zwei kleine Elche heulend an der Straße, daneben eine umgekippte A-Klasse. »Mami, Mami, wir haben doch gar nichts gemacht!«

Christoph Walther hat seinen Humor wiedergefunden und erzählt freimütig A-Klassen-Witze. Im Kiosk neben der Möhringer Kantine werden Stoffelche en masse verkauft. Die Welt ist jedenfalls wieder im Lot: Der Smart rollt auf allen vier Rädern; der Verkauf läuft zwar mit angezogener Handbremse, aber der Kanzlerkontakt ist dafür besser denn je.

Kanzler aller Autos

»Ich bin der Kanzler aller deutschen Autos.«
Gerhard Schröder, Bundeskanzler

»Unser Bestreben wird schon sein, ihn für das beste
Auto der Welt, einen Mercedes, zu begeistern.«
Jürgen E. Schrempp über den Audi-Fahrer Gerhard Schröder

»Ich werde kein zusätzliches Auto kaufen, aber wenn
das nächste überfällig ist, kommt ein Daimler.«
Gerhard Schröder zu Jürgen E. Schrempp

Mit dem Sozialdemokraten Gerhard Schröder wird die neue Bundesregierung von einem guten Bekannten Schrempps geführt. Die beiden Duzfreunde können auf lange Jahre intensiver und erfolgreicher Kooperation zurückblicken, die ihren Anfang genommen hat, als der Politiker noch Landesvater in Niedersachsen und der Wirtschaftsführer noch Dasa-Vorsitzender in Bayern gewesen ist.

☆

Als die christdemokratische Landesregierung Anfang der neunziger Jahre den Bau einer Mercedes-Teststrecke im baden-württembergischen Boxberg politisch nicht durchsetzen kann, springt der Schrempp-Freund ein. Der Hochgeschwindigkeitsparcours wird mit Zustimmung der rot-grünen Landesregierung unter ihrem Ministerpräsidenten Schröder im niedersächsischen Papenburg gebaut. Danke schön, Gerhard.

Quasi zum Ausgleich geht Dasa-Chef Schrempp auf die Bitten seines Politpartners ein, die drohende Schließung von Luftfahrtwerken der Daimler-Benz Aerospace im Schröder-Land nicht vorzunehmen. Der sozialdemokratische Landesvater dealt mit Schrempp, gründet eine Auffanggesellschaft und rettet mehr als tausend Arbeitsplätze. Danke schön, Jürgen.

Schröder seinerseits steht dem Vorsitzenden des Rüstungsriesen in einer seiner schwersten Krisen hilfreich bei. Anfang der neunziger Jahre schreibt die Dasa zumeist dunkelrote Zahlen und benötigt dringend neue Rüstungsaufträge von der Hardthöhe. Als Jürgen E. Schrempp 1993 gegen Sozialdemokraten und Grüne und gegen eine breite Mehrheit der bundesdeutschen Bevölkerung um die staatlichen Milliardenzuwendungen für den Dasa-Abfangjäger Eurofighter kämpft, gibt ihm sein Freund aus Niedersachsen volle Rückendeckung.

Schröder riskiert für Schrempp sogar den Bruch seiner rot-grünen Landesregierung, als er – entgegen den Beschlüssen seiner eigenen Partei – die friedenspolitischen Grundsätze der niedersächsischen Koalition »mit Füßen tritt«, so der Vorwurf der Grünen-Politikerin Andrea Hoops. Schröder fordert – ganz in Schrempps Sinn –, »vorurteilsfrei über das Kampfflugzeug Eurofighter zu reden«. Schließlich, so Schröders Lob im folgenden Jahr, sei der Dasa-Vorsitzende »ein kompetenter und verläßlicher Geschäftspartner«. Danke schön, Gerhard.

☆

Daimler-Benz pflegt die politische Landschaft. Damit auch weiterhin alles in geordneten Bahnen verläuft, erhalten die großen Volksparteien beträchtliche Spendenbeiträge – allen voran die CDU/CSU.

Auch die Sozialdemokratie genießt seit Jahren immense Finanzspritzen aus der gut gefüllten Spendenschatulle des Konzerns. Allein 1993, im Jahr der Schröderschen Eurofighter-Unterstützung, hat Daimler-Benz 400 000 DM auf das SPD-Konto überwiesen. Danke schön, Jürgen.

☆

Ende 1998 aber wird die Freundschaft der beiden Automänner getrübt: Gerhard Schröder bricht mit der altehrwürdigen Tradition, wonach des Bundeskanzlers Dienstfahrzeug aus dem Hause Mercedes-Benz stammen muß. Auf die Frage, ob es für ihn eine Herausforderung sei, daß der Kanzler ein Modell der Volkswagen-Tochter Audi als Dienstwagen fahre, reagiert Schrempp trotzig: Zwar überrasche ihn nicht, daß Schröder »bei seiner langjährigen

Tätigkeit im VW-Aufsichtsrat« einen Audi fahre. »Aber unser Bestreben«, so der DaimlerChrysler-Chef, »wird schon sein, ihn nach einiger Zeit wieder für das beste Auto der Welt, einen Mercedes, zu begeistern.«

☆

Im Frühjahr 1999 scheint Schrempp endlich einen Erfolg beim Projekt ›Daimler-Stern für Kanzler-Karosse‹ verbuchen zu können: Ausgerechnet zur Eröffnung der neuen Berliner Repräsentanz der Volkswagen AG verfrachtet das Empfangskomitee des Bundeskriminalamts Gerhard Schröder, entgegen seinen Erwartungen, in eine Mercedes- statt in die gewünschte Audi-Limousine. Schröder allerdings weiß sich zu helfen: Kurz vor dem Ziel steigt der »Kanzler aller Autos« aus dem Schwabenwagen und erreicht sein Ziel – per pedes.

ACHTES KAPITEL

Mitläufer oder Frontmann

Mister Mutlos?

»Wenn der Waigel das macht, um andere Haushalts-
löcher zu stopfen, dann leistet er keinen Beitrag für
die Umwelt.«

*Jürgen E. Schrempp über die verfehlte Verwendung
der Gelder aus einer Benzinpreiserhöhung*

»An eine Gegenfinanzierung glaubt in der Wirtschaft
keiner.«

Professor Werner Pollmann, Umweltbevollmächtigter

In den achtziger Jahren beklagte Vorstandschef Dr. Gerhard
Prinz auf der Internationalen Automobilausstellung in Frankfurt die Übertreibung »politischer Bestrebungen zur Schonung
unserer Umwelt«. Prinz-Nachfolger Werner Breitschwerdt be-
schwor die Gefahr, beim Verbraucher »utopische Hoffnungen zu
wecken«, solange der Zielkonflikt zwischen verminderten Abgasen und geringerem Lärm auf der einen sowie dem Energiever-
brauch auf der anderen Seite nicht gelöst sei.

Jahrzehntelang ist das Unternehmen ein Garant für die automobile Fertigung unbegrenzter Freiheit und Schadstoffemission gewesen. Dieses Selbstverständnis wird bis in die neunziger Jahre von den Mercedes-Managern gepflegt. Die Diskussion um den »Schadstoff der Woche« müsse angesichts der Verkehrsprobleme der Zukunft endlich beendet werden, fordert beispielsweise Mercedes-Vorstand Jürgen Hubbert 1994. Zweieinhalb Jahre später steigt Hubbert unter Schrempp in die Top ten des Daimler-Vorstands auf, wo der Werner-Nachfolger die Interessen der Pkw-Fraktion vertritt.

Dennoch ist bereits mit Edzard Reuter Bewegung in das engstirnige Daimler-Denken gekommen. Im Gegensatz zu seinen Vorgängern hat der Berliner das Blickfeld über den Horizont nationaler Lobbypolitik hinaus erweitert. Wenn 1,2 Milliarden Chinesen vierhundert Millionen Autos fahren, so der Vorstandsvorsitzende, dann entstünde »ein Umweltschaden, den wir mit unserem Umweltschutz in Europa und Amerika nie ausgleichen könnten«. Mit solchen Hinweisen macht man sich bis heute im Vorstand wenig Freunde.

Immerhin haben die Mercedes-Manager erkannt, daß auch der Markt der Unter- und Mittelklassewagen gewaltige Perspektiven birgt. Die zweite Erkenntnis, daß im globalen Wettstreit ökologische Innovationen eine Schlüsselrolle spielen werden, findet freilich nur vereinzelt Fürsprecher.

☆

Schrempp hat nicht gerade das Image eines Frontmanns der Ökobewegung. Seine Name steht für ein forciertes Rennsportengagement, für die neue Superlimousine Maybach oder den größten Lufttransporter der Welt, den A3XX. Mit Schrempp wird eine Form der Globalisierung verbunden, die rein profitorientiert ist und soziale und ökologische Belange weit hintanstellt. Schrempps Faible für Fahrradtouren und Straßenbahntrips ist begrenzt, seine Lastwagenrallyes mit Helmut Werner auf dem Hockenheimring sind Ausdruck seiner durch und durch automobil geprägten Mobilitätswelt.

Dennoch machen es sich Kritiker allzu leicht, wenn sie Schrempp als fanatischen Formel-1-Fan und borniertem Ökorambo abklassifizieren. Für viele überraschend, stimmt Schrempp einer ökologischen Steuerreform grundsätzlich zu, die er als notwendigen Schritt in die richtige Richtung versteht. Diese findet »meine Unterstützung«, wenn sie auf europäischer Ebene erfolge. »Am besten«, so Schrempp, »wäre die weltweite Umsetzung«. Aber nach dem Umweltgipfel in Kyoto »ist klar, daß das auf absehbare Zeit eine Illusion bleibt«.

☆

Ökologische Steuerreform und ökologische Steuerreform sind zweierlei: Bei identischer Wortwahl meinen die einen den Vorrang der Ökologie, die anderen das Primat der Ökonomie. Die heutige Politrhetorik fordert über die Grenzen aller Parteien hinweg, ökologische und ökonomische Prozesse miteinander zu vernetzen. Diese semantischen Feinheiten weiß auch Schrempp zu nutzen.

Der Daimler-Vorstandsvorsitzende vertritt die Ansicht, man könne »Ökologie nicht von der Ökonomie trennen« und dabei dürfe es »keine Ideologien geben«. »Wichtig ist , daß ich die Kosten der Gesamtbilanz auf die Lebensdauer des Produkts umlege«, erläutert er.

Mit der Erreichung ihrer Ziele läßt sich die Automobilindustrie Zeit. Auf der UN-Konferenz für Umwelt und Entwicklung 1992 in Rio de Janeiro hat die Bundesregierung, bezogen auf das Basisjahr 1990, eine 25prozentige Reduzierung der Kohlendioxidemissionen bis zum Jahr 2005 gefordert. »Die Umsetzung in einem Stufenplan darf die Ökonomie nicht aus den Augen verlieren«, meint Schrempp, auf derlei Vorgaben angesprochen. Der Daimler-Chef reiht sich damit nahtlos in die Phalanx derer ein, die den zeitlichen Rahmen eher länger gesetzt sehen wollen. Bliebe es dabei, gäbe es wenig Berichtenswertes.

Schrempp hat sich bislang sehr reserviert gezeigt, wenn er in dieser Frage öffentlich Position beziehen sollte. In internen Gesprächen gibt er sich da weit progressiver: »Ich habe nichts gegen eine stufenweise Erhöhung des Benzinpreises einzuwenden«, erklärt er. Das Problem sei vielmehr, daß die dadurch erzielten Mehreinnahmen »auf keinen Fall für andere Zwecke verwendet werden« dürften. So gehe es nicht darum, »das Geld für allgemeine Subventionen oder die Schuldentilgung einzusetzen. Wir dürfen mit diesen Einnahmen nicht andere Löcher stopfen.« Wenn Finanzminister Waigel dies dennoch tun würde, leiste er »keinen Beitrag für die Umwelt«.

☆

Unter Schrempp haben sich die Zuständigkeiten geändert. Professor Werner Pollmann ist mittlerweile nicht mehr dem Daimler-Chef, sondern dem Forschungsvorsitzenden Klaus-Dieter Vöhringer verantwortlich. Auch wenn Forschungs- und Entwicklungsaspekte im Mittelpunkt der Aktivitäten Pollmanns stehen, ist der Anteil seiner Arbeitszeit für Ökofragen im Vergleich zur Ära Reuter deutlich gestiegen.

Den Paderborner als Ökologen reinsten Wassers zu bezeichnen wäre ebenso falsch wie seine Klassifizierung als Alibimann für Ökosponsoring. Wie Schrempp ist auch Pollmann offen für Kommunikation: »Die Zeit der Berührungsängste ist auf beiden Seiten vorbei«, denn das »Klischee, hier die bösen Gewinnmaximierer und dort die guten Ökopaxe, zieht schon lange nicht mehr«. Unumwunden qualifiziert er die Einstellung des früheren Daimler-Chefs Prinz als »Schnee von gestern« ab. Dennoch trifft er sich mit Schrempp, wenn für ihn »ganze Welt nicht nur aus Umweltschutz« besteht und »Ökonomie zumindest gleichrangig« zu behandeln ist.

Ein- bis zweimal im Jahr steht der Daimler-Umweltbevollmächtigte dem Gesamtvorstand für rund eine Stunde Rede und Antwort. Dabei hält er große Stücke auf den Konzernchef: Unter Schrempp hätten sich die halbstündigen Vorträge des vormaligen Forschungsvorsitzenden Hartmut Weule zu ganztägigen Klausurtagungen ausgeweitet. »Schrempp hat mich, was Umweltaspekte angeht, immer unterstützt«, sagt Pollmann, der diese Vorstandstreffen entsprechend positiv sieht.

Längst hat die gesellschaftliche Debatte um Benzinpreis, Kerosinsteuer und politische Rahmenrichtlinien auch die Konzernspitze erreicht. Doch der Daimler-Vorstand hat sich bislang bewußt bedeckt gehalten. Auch Schrempp meidet Stellungnahmen zum Thema, denn die ökologische Steuerreform ist, vor allem aus Sicht der Automobilindustrie, ein heißes Eisen. Vorstandsintern aber treffen die divergierenden Positionen zuweilen deutlich auf-

einander. Und da ist Schrempp keiner aus der Fraktion der Be-
tonköpfe.

☆

Der Vorstand solle sich in der Frage der ökologischen Steuerreform nicht länger bedeckt halten, meint Werner Pollmann unumwunden. Davon könne die Daimler-Benz AG durchaus profitieren: Das Image steige, auch finanziell wirke sie sich eher positiv
aus.

Offen fordert der Umweltbevollmächtigte eine Wende in der
bisherigen Politik des Mauerns und Blockierens. Bei seinen – für
manchen in der Vorstandsrunde provozierenden – Forderungen
erfährt Pollmann Rückendeckung von höchster Stelle: Schrempp
fordert seine Vorstandskollegen dazu auf, die Frage offen zu diskutieren. Er selbst stehe diesem Vorschlag nicht abgeneigt gegenüber, schließlich sei das Unternehmen mit der neuen A-Klasse
auf dem richtigen Weg. Und wenn die Brennstoffzelle komme, sei
der entscheidende Schritt vollzogen.

In der Runde melden sich zwei weitere Vorstandsmitglieder zu
Wort, die den Pollmann-Vorstoß begrüßen. Neben Schrempp
spricht sich vor allem auch der debis-Vorsitzende Klaus Mangold
für einen offensiven Umgang mit dem Thema aus. Mangold, von
Haus aus als naturverbundener Mensch bekannt, stellt ökologische Aspekte in den Mittelpunkt seiner Argumentation. Logischerweise hat die debis als Dienstleistungsunternehmen auch
am wenigsten Probleme, das praktisch umzusetzen. Und auch
Hartmut Weule zeigt sich aufgeschlossen. Als Forschungsvor-
stand ist er von Amts wegen intensiv mit Fragen einer ökologi-
scheren Ausrichtung der Produktpalette beschäftigt.

☆

Enttäuschend bleibt das Verhalten des AEG-Vorsitzenden Ernst G.
Stöckl. Der Schrempp-Freund könnte am meisten profitieren von
neu gesetzten politischen Rahmenbedingungen. Vorfahrt für das
Schienenwesen könnte einen Bestellboom beim Zugproduzenten
Adtranz auslösen. Doch nichts dergleichen: Stöckl schweigt, was
auch eine Art von Stellungnahme ist. Offener opponiert dagegen
Helmut Werner. Für den Pkw-Bereich sehe er kein Problem,

äußert sich der Mercedes-Manager in der Vorstandssitzung. Wohl aber sieht er bei den Nutzfahrzeugen massive Probleme auf sich zukommen.

Was passiert mit der Gegenfinanzierung? Die Auswirkungen für den gesamten Wirtschaftsstandort Deutschland sind doch negativ. Da kommt doch eine Wirtschaftskrise auf uns zu. Unser Unternehmen darf keinen Schaden erleiden! Bis zum heutigen Tag ist es Manfred Gentz gelungen, den Vorstand auf Kurs zu halten. Daran hat auch die Neubesetzung im Rahmen der Schremppschen Portfoliogestaltung nichts geändert. Mit dem Finanzchef sitzt ein erklärter Gegner einer ökologischen Steuerreform an entscheidender Stelle.

☆

Die Geschäftsordnung der Daimler-Benz AG schreibt für Vorstandsbeschlüsse in Fragen besonderer Bedeutung und ab einem gewissen Finanzvolumen Einigkeit vor. Ohne Konsens kann kein Beschluß erfolgen. Im Falle, daß sich ein Vorstandsmitglied definitiv verweigert – zum Beispiel einer neuen Produktentwicklung wie dem Jagdflugzeug Eurofighter oder der Luxuslimousine Maybach –, muß im persönlichen Gespräch eine Einigung erzielt werden. Gelingt dies nicht, so wird – wie bei Werners Weigerung, der neuen Konzernstruktur zuzustimmen – der Aufsichtsratsvorsitzende eingeschaltet.

Bevor Manfred Bischoff im Mai 1995 als Nachfolger Schrempps die Führung des Luftfahrtunternehmens übernommen hat, war er für das Ressort Finanzen und Controlling und damit für die monetären Geschäfte der Dasa zuständig. Diese Jahre haben ihn geprägt. Denn aus Bischoff spricht der Finanzmensch, wenn er im Frühjahr 1998 äußert, er »habe die Angst, daß die Einnahmen nicht in die dafür bestimmten Ausgaben gehen, sondern in den großen Topf. Schließlich haben wir kein Deckungsprinzip.«

Als Schrempp erkennt, daß sich eine Mehrheit der Daimler-Benz-Vorstände gegen eine positive Stellungnahme in der Frage einer Ökosteuer abzeichnet und keinesfalls Einigkeit herbeigeführt werden kann, macht er sich die Argumente der Bedenkenträger zu eigen. »Der Schuß könnte in die falsche Richtung losgehen«, begründet Schrempp seine ablehnende Haltung. Er befürchte, der Finanzminister werde das Geld einstreichen, denn Theo Waigel befinde sich in akuter Kassennot.

Und womöglich würde Jürgen E. Schrempp heute erneut kneifen, wie schon bei der ominösen Vorstandssitzung im März 1996. Ihre Meinung in allen Ehren, hat der Vorstandsvorsitzende dem Umweltbevollmächtigten damals entgegengehalten, »aber Daimler-Benz kann sich in dieser Frage nicht exponieren«. Wo bleibt nur Ihr so oft bewiesener Mut, Herr Schrempp?

Frontmann im Vorstand

»Ich würde eine Kerosinsteuer insgesamt nicht ausschließen.«

Dr. Manfred Bischoff, Mitglied im Vorstand
der Daimler-Benz AG

»Ich bin ganz generell ein Verfechter von Anreizsystemen in die richtige Richtung.«

Dr. Eckard Cordes, Mitglied im Vorstand
der Daimler-Benz AG

»Ich werde hart dafür kämpfen, daß eine ökologische
Steuerreform nur auf europäischer Ebene gemacht
wird.«

Jürgen E. Schrempp, Vorstandsvorsitzender
der Daimler-Benz AG

Das Grundproblem der Luftfahrt läßt sich leicht auf den Punkt
bringen: Flugzeuge sind, ganz besonders bei Kurzstrecken-
flügen, das umweltschädlichste aller Verkehrsmittel. Mit jeder
Flugstunde, so die Berechnungen des Kybernetikers Frederic
Vester, werden pro Person rund sechzig Liter Kerosin in die Atmosphäre befördert.

Im Wissen um diese Problematik fordert Professor Ernst Ulrich
von Weizsäcker, Präsident des Wuppertal Instituts für Klima, Umwelt und Energie, von Schrempp wirksame Schritte zur Ökologi-
sierung der Daimler-Flieger: »Mit einem Facelifting – also leiseren
Flugzeugen, wiederverwertbaren Enteisungschemikalien oder
Ökonahrungsmitteln on board – ist das Problem nicht zu lösen.«

Mit dieser Aussage kann sich sogar Manfred Bischoff anfreun-
den. Als Schrempp-Nachfolger im Amt des Vorsitzenden des
Daimler-Benz Aerospace vertritt er die Interessen eines der größten Luft- und Raumfahrtkonzerne weltweit: »Enteisungschemikalien sind ein Nebenthema zu dem der chemischen Industrie«,

gibt Bischoff sich unbefangen und ergänzt: »Dies gilt genauso für Ökonahrungsmittel.«

Hart prallen die Fronten aufeinander, wenn Weizsäcker die Folgen der Vielfliegerei bilanziert: »Die Luftfahrtindustrie«, so der renommierte Wissenschaftler, »ist ökologisch hochproblematisch.« So deutliche Worte kann Manfred Bischoff nicht widerspruchslos hinnehmen. Diese »Aussage ist falsch«, meint Bischoff und fordert statt dessen: »Wir sollten alle Verkehrsträger in einer vollständigen Ökobilanz vergleichen.« Aus Sicht des Dasa-Chefs gehören »dann auch der Landverbrauch für Bahn und Straßen und die daraus herrührenden ökologischen Konsequenzen« berücksichtigt. Bischoff gibt sich sicher, »daß bei einem umfassenden Vergleich der Verkehrsträger Flugzeug nicht so schlecht dasteht«.

Wer den ansonsten verschlossen wirkenden Dasa-Manager kennt, wundert sich über die Eloquenz, mit der er die Frage technologischer Lösungen angeht. Wie ein Wasserfall sprudelnd, zeigt der gebürtige Calwer eine reichhaltige Palette der aus seiner Sicht notwendigen Weiterentwicklungen auf. Der Mann, der aus seinem Büro im fünften Stock der Ottobrunner Dasa-Zentrale Schlüsselentscheidungen für die deutsche Luft- und Raumfahrtindustrie trifft, sieht ein vornehmliches Ziel in der weiteren Verbesserung der Triebwerke: »Hier müssen wir bessere Lösungen finden, um nicht die bei geringerem Kraftstoffverbrauch auftretenden höheren Temperaturen zu erhöhten Abgasen führen zu lassen.«

Aber können die jüngsten Entwicklungen in der Triebswerkstechnik die explosionsartig ansteigende Zahl von Flugreisen überhaupt kompensieren? Mitnichten, die Zahlen sprechen eindeutig dagegen: Seit den siebziger Jahren hat sich der Flugverkehr verdoppelt. Mittlerweile ist die globale Flugzeugflotte mit 13 Prozent am weltweiten Kohlendioxid-Ausstoß beteiligt – Tendenz weiter steigend. Da sich aber die Folgen des Treibhauseffekts erst mit einer Zeitverzögerung von zwanzig bis dreißig Jahren bemerkbar machen, ist in der Industrie noch immer Beschwichtigung angesagt. »Wenn wir erst noch so lange warten, bis sich die Folgen daraus einstellen«, so der Kybernetiker Frederic Vester, »werden wir vielleicht nicht mehr viel handeln können.«

☆

»Eine ökologische Steuerreform ist eine Frage des Maßes«, meint Manfred Bischoff, schließlich gebe es auf der Welt »sehr unterschiedliche Formen der Energiebesteuerung«. Deshalb sei die Erhebung einer Steuer »keine intelligente Form« der Problemlösung. »Die Schadstoffemission zu mindern ist wichtiger, als eine Steuer zu erheben«, erklärt der Dasa-Vorstand, ganz so als verfolge eine Ökologische Steuerreform völlig falsche Ziele.

Jürgen E. Schrempp weiß um die Bedenken seines Vertrauten Manfred Bischoff. Der Dasa-Chef erkennt die Notwendigkeit von Regulierungen, »aber wir dürfen uns dabei nicht aus dem internationalen Wettbewerb verabschieden«. Tatsächlich steht die Dasa in hartem Konkurrenzkampf mit den US-amerikanischen Flugzeugproduzenten. Trotz alledem ist Manfred Bischoff kein Totalblocker: Eine Kerosinsteuer würde er »insgesamt nicht ausschließen«. Führe man diese aber ausschließlich in Deutschland ein, »dann tankt man eben im Ausland und fliegt dann nach Deutschland rein«. Bischoff bleibt seiner Linie treu: »Für mich ist das Hauptthema das Abgasverhalten von Triebwerken, die Aerodynamik und das Gewicht der Flugzeuge.« Und für alle, die Zweifel an seiner Treue zur Mercedes-Fraktion hegen, bekennt Bischoff, daß »Tempo 200 auf Autobahnen gut für das Image der deutschen Automobilindustrie« sei.

Mit derlei flotten Sprüchen befindet sich der Calwer im permanenten Widerspruch zwischen ökologisch orientiertem Denken und realem PS-Handeln. Ist Schrempp da einen Schritt weiter, oder formuliert er einfach nur geschickter?

☆

»Im Vorstand bin ich weiter vorne«, so Frontkämpfer Schrempp, der seine Aufgabe unter anderem in der ökologischen Innovation sieht: »Auch hier ist meine Rolle im Vorstand die des Vorreiters.« Unter vier Augen vertritt der Vorsitzende der Daimler-Benz AG durchaus vergleichsweise progressive und zuweilen selbstkritische Positionen. »Bei der Katalysatordebatte hat die deutsche Industrie zu lange geblockt«, räumt Schrempp ein. Er weiß, daß »wir in Deutschland konkrete Schritte unternehmen« können. So sieht er »bei einer stufenweisen Einführung auch mit einer Kerosinsteuer kein Problem«.

Als konkrete Schritte der Produzentenseite visiert der Daimler-Chef das Ziel an, »die Schadstoffemission von Motoren um weitere 30 Prozent zu senken« oder »die Lackierungsprozesse in Fabriken ökologischer zu gestalten«. Schrempps Thema »sind die Produkte und die Verfahren, die umweltbelastend sind. Wir müssen erreichen, daß die Umweltbelastungen reduziert werden und zugleich unsere Wettbewerbsfähigkeit erhalten bleibt.«

Für eine ökologisch orientierte Geschäftspolitik »sollte es auch Anreizsysteme geben«. Staatliche Gelder seien im Rahmen einer »Form von Generationenvertrag« legitim. Es klingt wie eine der unzähligen Politikerphrasen, wenn Schrempp propagiert, dabei müßten »alle einbezogen werden, egal welcher Couleur sie angehören«. Die selbstgestellte Aufgabe gipfelt in einer Forderung, die genausogut einem Wahlprogramm der Grünen entnommen sein könnte: »Wir müssen unseren Nachkommen eine lebenswerte Welt überlassen«, sagt der Vorstandsvorsitzende eines der weltweit führenden Hersteller von Langstreckenjets und Luxuslimousinen.

☆

Jürgen E. Schrempp verspricht Erfolge an der Ökofront. Diese sind nicht auszuschließen, wenn die Mercedes-Techniker endlich das Potential ökologischer Autoinnovationen ausreizen. Noch immer wird die Konzernleitlinie vom Umweltschutz in der breitgefächerten Mercedes-Produktpalette nicht ausreichend umgesetzt. Auch die Ökobilanz der Fahrzeuge soll konsequent verbessert werden. Viel zuwenig, meint Alexander Dauensteiner: Im direkten Vergleich der drei Konkurrenten BMW, Audi und Mercedes sieht der Sprecher der Kritischen AktionärInnen DaimlerChrysler den Mercedes-Auspuff ganz hinten: Mit einem Flottenverbrauch von 10,8 Litern auf hundert Kilometer bildet die Schremppsche Fahrzeugfamilie das traurige Schlußlicht.

☆

Welche Konsequenzen muß Schrempp ziehen? Verzicht auf die Fertigung von Fahrzeugen der besonders unökologischen Oberklasse? Ausstieg aus der Formel 1? Oder einfach nur die Erweiterung der Produktpalette in den Bereich der Unterklasse?

Der Mercedes-Mann denkt systemimmanent. Es gilt Bedürfnisse zu wecken und Kundenwünsche zu befriedigen. »Die Antwort darf nicht lauten: Wir bauen keine Autos mehr« – keine überraschende Antwort für einen, der sich ein Leben ohne Auto nicht vorstellen kann. Schrempp setzt auf innovative Motorentechnik. Allzu drängenden Erwartungen baut der Daimler-Vorsitzende sogleich vor: »Unsere Strategie muß langfristig angelegt sein.« Dennoch haben die Mercedes-Ingenieure unter Jürgen E. Schrempp konkrete Konzepte für den Bau emissionsfreier Motoren entwickelt. »Was wir brauchen, ist die Brennstoffzelle«, so die automobile Vision des Freiburgers.

Unbestritten zählt Necar III, ein von einer Brennstoffzelle angetriebenes Fahrzeug der A-Klasse, zu den von Schrempp forcierten Projekten. Auf der Herbstsitzung des Aufsichtsrats im November 1997 verkündet er, daß das weltweit erste »Brennstoffzellen-Fahrzeug mit bordeigener Wasserstofferzeugung« bereits auf der IAA präsentiert worden ist: Innovation sei der Schlüssel zum Erfolg. Gelingt es den Entwicklungsingenieuren, die Brennstoffzelle zur Serienreife zu führen, dann ist die automobile Revolution perfekt, die Eroberung des Weltmarkts mit emissionsfreien Fahrzeugen vorprogrammiert.

Betankt mit Methanol, verwandelt Necar III diesen in Wasserstoff. Dessen Reaktion mit Sauerstoff setzt »nahezu emissionsfrei elektrische Energie« zur Fortbewegung frei. Ein sichtlich stolzer Schrempp sieht in Necar III »einen bedeutenden Meilenstein«, um die Technik der Brennstoffzelle fortzuentwickeln.

☆

Mitte Dezember 1997 kann Schrempp einen weiteren Erfolg vermelden. Gemeinsam mit den Vorsitzenden der Ford Motor Company aus Michigan und der kanadischen Ballard Power Systems Inc. unterzeichnet der Daimler-Chef in Stuttgart ein Memorandum of Understanding. Ziel des Joint-ventures ist, »den ökologischen Brennstoffzellenantrieb für Fahrzeuge der Zukunft gemeinsam zur Serienreife« zu entwickeln. Die Brennstoffzelle sei eine »ernsthafte und aussichtsreiche Alternative zu den konventionellen Verbrennungsmotoren«, verkündet der Visionär.

So weit, so gut. Wäre da nicht die bei der Aufsichtsratssitzung noch im selben Atemzug folgende Freude über die erfolgreiche Weltpremiere der Konzeptstudie des Maybach bei der Tokyo Motor Show. Der luxusliebende Schrempp lobt die Weiterentwicklung des S 600 als »absolute Spitze« im obersten Marktsegment. Im Maybach sieht Schrempp »traditionelle Werte mit innovativer Technik« vereint – wie sich die Worte gleichen.

☆

»Ich bin absolut gegen Formel-1-Rennen«, sagt Werner Pollmann und kritisiert »das völlig unsinnige Fahren im Kreis«. Vor Jahren hat sich der Umweltbevollmächtigte schriftlich an Edzard Reuter und Helmut Werner gewandt, um auf solche Mißstände aufmerksam zu machen. Das Schreiben ist im Vorstand behandelt worden, erinnert sich der Umweltbevollmächtigte. Damals hätten die Rennfreunde im Führungsgremium den Kopf geschüttelt über den Ökologen im eigenen Haus.

Pollmanns Mahnschreiben an den amtierenden Vorstandsvorsitzenden steht noch aus. Denn am Ende läßt auch Schrempp mehr Fragen offen, als er Antworten gibt. Der Schremppsche Spagat zwischen Smart und Maybach, zwischen Brennstoffzelle und Formel-1-Sponsoring ist so weit, daß der Daimler-Chef zuweilen in Erklärungsnöte gerät.

Doch auch wenn Schrempp nicht an der Spitze derer steht, die den ökologischen Umbau der Industriegesellschaft fordern, so wird er diesen doch nicht blockieren. Die ökologische Steuerreform ist eine politische Entscheidung. So ist es geradezu absurd, daß Stimmen aus der Industrie – und dazu zählt auch die des Daimler-Vorstandsvorsitzenden – trotz alledem progressiver klingen als die Blockierer in der Bonner Politik. An diesem Punkt scheint es eben doch so zu sein, wie Schrempp immer wieder betont: Die politischen Parteien zeigen ein verkrustetes und kurzfristiges Denken, da sie »immer nur wenige Jahre im Blick« hätten. Schrempp sieht sich vorausschauender: »Wir müssen sehr viel langfristiger planen.«

☆

Als enttäuschend beurteilt einer der Teilnehmer an der Vorstandssitzung die »konservative« Einstellung des Vorstands aus dem Jahr 1996. Und ob mit dem globalen Denker Eckhard Cordes die große Wende kommt, darf getrost in Frage gestellt werden: Er sei »ganz generell ein Verfechter« von Anreizsystemen, wenn sie in die richtige Richtung gehen, erklärt Cordes. Für den Neumünsteraner stellt »eine ökologische Steuerreform nur dann ein Problem« dar, »wenn sie nicht weltweit eingeführt wird«. Das allerdings klingt schon reichlich utopisch, ist der geographische Bogen doch noch weiter gespannt als bei Manfred Bischoff.

Als optimal empfände es der für die Konzernentwicklung zuständige Daimler-Vorstand, »wenn wir die USA und Europa in ein Boot bekommen«. Schließlich, so die Erkenntnis von Cordes, sind »Waldbrände vergleichsweise harmlos gegenüber Abgasen«. So muß »das Verantwortungsbewußtsein der Menschen für die Ökologie zunehmen«, und die »politischen Vordenker müssen zu einem Konsens kommen«. Dabei sieht der Daimler-Vorstand die Bundesrepublik sogar in der Vorreiterrolle: »Ich bin zuversichtlich«, meint Cordes, »daß der Erfolg eher eintritt, wenn der Weltbürger so sensibilisiert ist, wie wir es heute schon in Deutschland sind.«

☆

Das ernüchternde Ergebnis bedeutet de facto: »Wir machen nichts.« Professor Werner Pollmann denkt da schon weiter: Er hält die Regierungsvorgaben einer 25prozentigen CO_2-Verminderung bis zum Jahr 2005 »bis jetzt für eine blutleere Aussage, da vernünftige Maßnahmen nicht gemacht werden«.

Angesichts des starken Verkehrszuwachses erscheint dem Daimler-Umweltbevollmächtigten die Einführung von Ökosteuern sinnvoll und machbar. »Wenn die ökologische Steuerreform richtig gemacht wird, ist sie sehr nützlich.« Voraussetzung sei, daß das Gesamtsteueraufkommen nicht steige und für die energieabhängige Industrie Übergangsfristen vereinbart werden.

Als »langfristige Entwicklung« hält Pollmann auch eine Benzinpreissteigerung für machbar. »Damit besteht die Chance, darauf zu reagieren«, und die Entwicklung als solche sei »nicht schädlich«. In dieser Form »ist die Ökosteuer eine sanfte Perspektive«. Sinnvoll erscheint dem Bevollmächtigten für Ökofragen eine Preissteigerung von »3 bis 5 Prozent pro Jahr«. Ein Benzinpreis von letztlich fünf Mark pro Liter »wird damit in einem Zeitraum

von zehn bis zwanzig Jahren erreicht«. Damit hat Werner Pollmann kein Problem, für ihn stellt sich eine ganz andere Frage: Was
ist, wenn die Fünf-Liter-Marge beim Flottenverbrauch europa-
weit geschrieben wird? Tatsächlich kommt auf die Verantwortlichen bei Mercedes ein gewaltiges Problem zu, sollten nicht nur
einzelne Fahrzeugtypen, sondern die gesamte Fahrzeugfamilie
erfaßt werden. Wenn das passiere, dann »sind wir als Hersteller
von Premierfahrzeugen besonders betroffen«.

Letztlich aber, so der Umweltbevollmächtigte, sei es »nicht Aufgabe der Industrie, solche Modelle zu entwickeln«. Das Grundproblem liegt laut Pollmann nicht auf der Ebene der Konzerne.
Vielmehr sei eine ökologische Steuerreform derzeit nicht machbar; dazu bedürfe es »einer anderen Bundesregierung«.

Gleichgültig, wer in Bonn am Steuer sitzt, Frontmann Schrempp
ist einflußreich genug, den Kurs des Dampfers Daimler zu bestimmen und damit Einfluß zu nehmen auf die gesamte deutsche
Automobilindustrie.

☆

Auch das Möhringer Unternehmen kann sich der Diskussion über
das Drei-Liter-Auto nicht entziehen. Mercedes-Benz habe »ein Zwei-
Liter-Auto entwickelt, das aber trotz großer Entwicklungserfol-
ge« nicht auf den Markt komme, wirft Alexander Dauensteiner
dem Daimler-Chef vor 14 000 erstaunten Zuhörern auf der Hauptversammlung im Sommer 1998 vor. Statt dessen, so der Sprecher
der Kritischen AktionärInnen, werde das Projekt geheimgehalten.
Bereits vor längerer Zeit sei ein Ingenieurteam beauftragt worden,
einen Pkw zu entwikkeln, der maximal zwei Liter auf hundert
Kilometer verbrauche.

Tags zuvor hatte ein Konzernsprecher eingestehen müssen, »ein
Zwei-Liter-Auto wäre machbar«. Daß das Unternehmen, neben der
Technik der Brennstoffzelle weitere Bemühungen zur Minderung
des Treibstoffverbrauchs unternimmt, gesteht Schrempp auf der
Hauptversammlung eher zögerlich ein. Sichtlich um Zurückhaltung bemüht, flüchtet sich der Daimler-Chef in Ironie. »Es gibt
viele Projekte, an denen unsere Ingenieure arbeiten. Vielleicht arbeiten die auch schon am Null-Liter-Auto.«

☆

Frischer Wind mit Frontmann Schrempp? Vier Monate nach dem Zusammenschluß der Daimler-Benz AG und der Chrysler Corporation vereinbaren die beiden Partner eine gemeinsame Ökopolitik und beschließen neue Umweltleitlinien. Die gleichen zwar fast bis aufs Wort den zuvor schon aus Möhringen bekannten, aber immerhin: Zumindest für die amerikanische Seite ist das ein Fortschritt.

Leider einigen sich die Umweltverantwortlichen jedoch nicht auf einen Schritt, der der Umwelt weit mehr dienen würde als die zunächst nur auf dem Papier stehenden Umweltleitlinien. Der Austritt aus der Anti-Klimaschutz-Lobby Global Climate Coalition (GCC) kommt vorerst nicht in Frage. Bei der GCC handelt es sich um die weltweit härteste Lobby für Großkonzerne, die seit Jahren mit millionenschweren Medienkampagnen den Klimaschutz auszubremsen versucht. Chrysler ist Mitglied – und via Merger nun auch DaimlerChrysler.

☆

Ende 1999. Ein Jahr lang haben die Kritischen DaimlerChrysler-Aktionäre gemeinsam mit der Nord-Süd-Initiative Germanwatch öffentlichen Druck erzeugt, in Pressekonferenzen die GCC-Mitgliedschaft attackiert, zum Kaufboykott von DaimlerChrysler-Fahrzeugen aufgerufen. Jetzt endlich gibt der Vorstand klein bei, jetzt endlich erklärt der Konzern gegenüber fragenden Journalisten seinen Rückzug aus dem Anti-Klimaschutz-Verband. Zu groß ist die Gefahr weiteren Renommee- und Glaubwürdigkeitsverlusts. Damit vollzieht Jürgen E. Schrempp einen überfälligen Schritt, den seine Kollegen von British Petrol, Shell und Ford in pragmatischer Abwägung der Vor- und Nachteile längst getan haben.

Frontmann Schrempp hat entschieden – endlich.

III. TEIL
Der Globalisierer

NEUNTES KAPITEL

Kapitalismus pur?

Verraten und verkauft

>»Jürgen Schrempp ist geleimt worden. Er ist regel-
recht aufs Kreuz gelegt worden.«

Manfred Göbels, Sprecher des Konzernausschusses
der Leitenden Angestellten

>»Wir warten nicht auf BMW und Siemens, wir stehen
dazu, auch wenn die anderen in den Büschen verschwinden.«

Dr. Manfred Bischoff, Vorstandsvorsitzender
der Daimler-Benz Aerospace

>»Die Eierei verschiedener Vorstandsvorsitzender war
für mich fürchterlich.«

Jürgen E. Schrempp zur Lohnfortzahlungsdebatte

Seitdem Jürgen E. Schrempp die Zügel der Daimler-Benz AG in
Händen hält, hat sich auch im Umgangsstil viel verändert: Im
Gegensatz zu seinem Vorgänger winkt er die Diskussionen in den
im vierzehntägigen Turnus stattfindenden Vorstandssitzungen
nicht einfach ab. Mit ihm werden die Schlüsselthemen ausdisku-
tiert – und wenn es sein muß, bis tief in die Nacht. Vorbei sind die
Zeiten, da Edzard Reuter in der ihm eigenen Art alles Mißliebige
durchgezogen und die Vorstände samt der beiden Protokollanten

noch am Nachmittag aus dem Möhringer Vorstandszimmer verabschiedet hat.

Am Dienstag, dem 24. September 1996, trifft sich das zehnköpfige Führungsteam ausnahmsweise am Rande der internationalen Nutzfahrzeugausstellung in Hannover. Der Vorstand nimmt Platz, Schrempp ist die Situation intensiv in Erinnerung geblieben: »Links von mir sitzt Herr Werner, rechts sitzt Herr Gentz. Herr Werner fordert, daß sich der Vorstand der Meinung der anderen anschließen soll.« Als Schrempp in der Zange des Mercedes-Chefs und des Finanzvorstands die Sitzung eröffnet, ist das Topthema noch nicht einmal auf der Tagesordnung verzeichnet.

☆

Das bisher »von beiden Seiten durch Verläßlichkeit und gegenseitige Berechenbarkeit gekennzeichnete Verhältnis« wird »tiefen Schaden« nehmen, schreibt der Gesamtbetriebsratsvorsitzende am 20. September in einem Brief. Eindringlich warnt Karl Feuerstein davor, daß die Errungenschaft der Lohnfortzahlung gekippt wird. Der Unternehmerverband Gesamtmetall, so der Vorwurf des Gewerkschafters, fordere seine Mitgliedsfirmen zu einem eklatanten Tarifbruch auf und trage »die Auseinandersetzung in die Betriebe«.

Feuersteins Drohung ist ernst gemeint und – sollte es zu bundesweiten Streikaktionen kommen – in vielerlei Hinsicht folgenschwer.

☆

»Wie ist die Position der anderen Automobilfirmen?« erkundigt sich Schrempp. Schlagartig wird die Frage einer zwanzigprozentigen Kürzung des Bruttogehalts im Krankheitsfall zum zentralen Thema. Der Daimler-Vorsitzende reagiert zurückhaltend. Mit der Umsetzung der Regierungsvorlage würde sich der Konzernvorstand zum Vorreiter für die Interessen der Arbeitgeberverbände machen. Und immerhin sind allein bei Daimler-Benz rund 220 000 Beschäftigte von der Lohnkürzung betroffen. Nachdem die Bundesregierung gerade die gesetzlichen Rahmenbedingungen geschaffen hat, kann die Neuregelung bereits zum 1. Oktober in Kraft treten. Schrempp fürchtet wochenlange Streiks und will sich absichern.

»Die Arbeitgeberorganisation, die Vorstände von Bosch, Siemens und Porsche haben sich bereits getroffen«, eine Entscheidung im Sinne der Bundesregierung und der Arbeitgeberseite ist zu erwarten, lautet die einmütige Antwort. Dieter Hundt, Vorsitzender des Verbandes der Metallindustrie Baden-Württemberg, hat angekündigt, im Südwesten der Republik werde das neue Lohnfortzahlungsgesetz sofort angewendet.

Schrempp, noch immer unschlüssig, befindet sich in der Zwickmühle. Auf der einen Seite pflegt er ein bewußt enges Verhältnis zur Gewerkschaftsseite, allen voran zu Karl Feuerstein. Die Männer um den Mannheimer haben ihn im Aufsichtsrat sogar einstimmig zum Vorstandsvorsitzenden mitgewählt. Andererseits machen Helmut Werner und Manfred Gentz mächtig Druck. Eindringlich fordert der Mercedes-Chef, der Vorstand solle sich geschlossen der Meinung der anderen Automobilkonzerne anschließen. Einzig Klaus Mangold habe gezuckt, wegen seines Rechenzentrums, beschreibt einer der Teilnehmer die eher banal wirkenden Bedenken des debis-Vorsitzenden.

☆

Abgesehen von einer widerwilligen Stirnlocke macht der Mann den Eindruck eines ruhigen und gefaßten Menschen. Mit der Verabschiedung des Sprecherausschußgesetzes ist Manfred Göbels 1989 – gegen den heftigen Widerstand von Werner Niefer – in den Aufsichtsrat aufgerückt. Niefer hat damals erfolglos versucht, bei der IG Metall zu intervenieren. Obwohl Göbels bis zum heutigen Tag in keiner Gewerkschaft organisiert ist, hat sich der stellvertretende Vorstandsvorsitzende damals an den Metallern die Zähne ausgebissen.

Mittlerweile vertritt Göbels rund zweieinhalbtausend Leitende Angestellte der Daimler-Benz AG. »Ich bin ein Paradiesvogel, da ich zugleich Interessen der Arbeitnehmer wie der Arbeitgeber vertrete«, bekennt der im bayerischen Murnau geborene Göbels mit einem Grinsen im Gesicht. Und nicht nur in den rauhen Zeiten der Konzernumstrukturierung fällt ihm die Rolle des strategischen Vermittlers zu.

☆

»Vor der Vorstandssitzung in Hannover haben alle Gremien zugestimmt«, erklärt der Daimler-Vorsitzende. Tatsächlich liegen die positiven Voten aller Einzelvorstände von Mercedes und der Dasa vor, die der Empfehlung der Metallarbeitgeberverbände entsprochen haben. Längst ist es Manfred Gentz gelungen, alle Personalvertreter der Unternehmensbereiche hinter sich zu bringen. Die Entscheidung wird Schrempp mehr oder minder leichtgemacht. So ist es kein Wunder, daß er am Ende einer kurzen Debatte einen gemeinsamen Vorstandsbeschluß herbeiführt. Die Front steht geschlossen, und der Daimler-Benz-Vorstand reiht sich willig ein. »Wir haben alles abgestimmt«, erklären einige Vorstandsmitglieder übereinstimmend.

In diesem Augenblick ist er sich der Tatsache nicht bewußt, daß er mit seiner Zustimmung eine gewaltige Werbekampagne für die IG Metall startet und anschließend zu deren Ehrenvorsitzendem ernannt werden könnte. Denn keine seiner sonstigen Entscheidungen hat den Metallern jemals mehr Rückenwind gebracht als dieser Vorstandsbeschluß vom 24. September 1996 und der darauffolgende schwerste Konflikt in der mehr als hundertjährigen Firmengeschichte der Daimler-Benz AG.

☆

Wütend wettert der Betriebsratsvorsitzende: »Daß die jetzt die Vorreiterrolle übernehmen, das ist ein starkes Stück!« Nur einen Tag nach der Entscheidung von Hannover gehen die Mitglieder der IG Metall auf die Barrikaden. In den Mercedes-Werken in Bremen und Kassel finden erste spontane Arbeitsniederlegungen statt. Innerhalb kürzester Zeit schwappt die Streikwelle in die baden-württembergischen Werke in Untertürkheim, Hedelfingen und Mettingen über.

Nach dem »glatten Tarifbruch« droht Feuerstein unverhohlen mit den härtesten Gegenmaßnahmen seitens seiner IG Metall: »Stell dir vor, es ist Sonderschicht, und keiner geht hin.« Was am Mittwoch noch als Drohung im Raum steht, wird alsbald Wirklichkeit. Am Wochenende läßt die IG Metall Sonderschichten in den Mercedes-Werken ausfallen.

☆

Diesmal ist alles anders. Mit größtem Mißmut beobachtet der ansonsten so moderate Manfred Göbels, wie Helmut Werner und Manfred Gentz »ein Spiel spielen« – so seine verärgerte Reaktion. Unmittelbar im Anschluß an die IAA-Nutzfahrzeugmesse in Hannover wendet sich der Sprecher des Konzernausschusses an den Mercedes-Chef und teilt ihm unmißverständlich seine Kritik am Vorstandsbeschluß mit.

In den ersten Tagen verfolgt Göbels die Eskalation des Konflikts, ohne selbst initiativ zu werden. Von Unternehmensseite hat ihn noch niemand angesprochen, seine Mittlerrolle scheint diesmal erst gar nicht erwünscht.

Donnerstag, 26. September. Helmut Werner ruft seinerseits Manfred Göbels an: »Herr Pischetsrieder, Herr Wiedeking, Herr Piëch und ich – wir haben uns verständigt.« Zufrieden bilanziert der Mercedes-Chef die Übereinkunft: »Wir wollen sein ein einig Volk von Brüdern«, so Helmut Werner über die Einigkeit der Automobilvorstände. Unmittelbar im Anschluß an das Gespräch mit Göbels folgt eine Zusammenkunft von Werner mit Feuerstein. Doch die Fronten zwischen den Daimler-Vorständen und der IG Metall bewegen sich nicht. Schlimmer noch: Werners Treffen mit Bernd Pischetsrieder in Paris verläuft längst nicht so erfolgreich, wie der Mercedes-Vorsitzende sich das vorgestellt hat: Die Front der Lohnkürzer beginnt zu bröckeln.

☆

Karl Feuerstein läßt seine Muskeln spielen, erste Warnstreiks erschüttern den Konzern. Am Montag trifft sich Manfred Göbels im Rahmen seiner vierteljährlichen Orientierungsgespräche mit dem Gewerkschaftsführer in Mannheim. »Ich habe ein tolles Verhältnis zu ihm«, erklärt Göbels, der darauf setzt, den Gesamtbetriebsratsvorsitzenden in seiner Reaktion mäßigen zu können. Doch auch Göbels kann nicht verhindern, daß sein Aufsichtsratskollege eine Salve nach der anderen gegen Jürgen E. Schrempp und die anderen Daimler-Vorstände abfeuert.

☆

Über Schrempp braut sich die geballte Wut der betroffenen Beschäftigten zusammen. Mit seinem Wort vom »Rambo der Nation« verpaßt Walter Riester, damaliger stellvertretender Vorsitzender der IG Metall und heutiger Arbeitsminister, dem Daimler-Chef einen Stempel, den dieser auf Jahre hinaus nicht mehr loswerden wird.

Am 1. Oktober demonstrieren allein im Mercedes-Werk Untertürkheim 10 000 Menschen gegen den – wie sie lautstark verkünden – »Konzernrambo« Schrempp. Im Werk Sindelfingen legen weitere 16 000 Beschäftigte ihre Arbeit nieder. Nur eine Woche nach dem Vorstandsentscheid befinden sich 63 000 Daimler-Beschäftigte im Streik, knapp ein Drittel der gesamten Belegschaft in Deutschland. Zudem wettert der frühere ÖTV-Chef Heinz Kluncker, die Schremppsche Forderung nach Lohnverzicht im Krankheitsfall sei ein gegen die Tarifautonomie gerichteter »kaltschnäuziger Kapitalismus«. In diesen Tagen ist Schrempp zweifelsohne der bestgehaßte Manager der Republik. Manfred Bischoff bringt die Lage auf den einfachen Nenner: »Und schon bist du der Schweinekapitalist.«

☆

Dienstag, 1. Oktober, 9.00 Uhr morgens. Sichtlich erzürnt verkündet Karl Feuerstein vor dem eigenen Heer der »Benzler« die Kampfansage an den Gegner in Stuttgart: Das schlimmste für ihn sei die Tatsache, daß »der größte Industriekonzern den Vorreiter spielt«. Die Stimmung unter den Tausenden von Metallern aus dem Mannheimer Benz-Werk ist explosiv. »Und als erster begeht Daimler-Benz Rechts- und Tarifbruch«, poltert der Vorsitzende des Betriebsrats. Empörte Zwischenrufe, ein gellendes Pfeifkonzert. »Das ist einmalig nach 1945 und eine Kriegserklärung an die gesamte Daimler-Benz-Belegschaft«, wettert Feuerstein gegen Schrempp und seine Vorstände. Dennoch zählt er noch eher zu den Gemäßigten. Erst der Druck der Basis hat Karl Feuerstein zum lautstarken Opponenten gegen den Daimler-Vorstand werden lassen.

Ganz anders die aufgebrachten Mercedes-Beschäftigten. Erbittert lassen sie ihrem Zorn in Sprechchören und Transparenten auf dem Betriebsgelände in Waldhof-Mannheim freien Lauf. »Wer Recht bricht, wird Sturm ernten«, droht auf einer der Schrifttafeln. Und auf einer anderen werden die Schuldigen an den Pranger gestellt: »Schrempp, Gentz & Co. – Ihr werdet nicht mehr froh!« Wo man den Daimler-Chef in Zukunft am liebsten sehen will, ist offensichtlich – nämlich im Gefängnis: In Anspielung auf den inhaftierten Vater der Tennisspielerin fordert ein Transparent: »Schrempp zu Graf!«

☆

Den größten Triumph hat sich Feuerstein für das Finale vorbehalten. Genüßlich zeigt er seinen aufgebrachten Kollegen ein Flugblatt aus dem Hause Pischetsrieder. Der Tenor der BMW-Botschaft treibt auch den letzten Zögerlichen ins Lager der Metaller: »Mich packt die Wut«, wettert der Betriebsratsvorsitzende, »wie sich unsere Konkurrenz ins Fäustchen lacht.« Die »sind doch froh über das dämliche Verhalten des Daimler-Vorstands«.

In diesem Augenblick hält Karl Feuerstein alle Trümpfe in Händen, denn wie er gerade erfahren hat, sind die Vorstände bei BMW und Volkswagen aus der Einheitsfront der Lohnkürzer ausgeschert und haben ihren Beschäftigten die weitere hundertprozentige Zahlung im Krankheitsfall zugesichert. »Wenn hier nichts mehr läuft, dann liegt das am Verhalten eines Vorstands«, so Feuersteins Vorwurf an die Daimler-Oberen, »der weit von der betrieblichen Wirklichkeit politische Hasardeurspiele anzettelt.« Am meisten aber schmerzt Schrempp der Vergleich mit der Konkurrenz. In Wolfsburg und München »kümmern sich die Vorstände um ihr eigenes Unternehmen«.

Unter tosendem Applaus endet Feuerstein: »Kolleginnen und Kollegen, zur Arbeitsniederlegung darf ich nicht aufrufen« – und jeder weiß, was zu tun ist.

☆

Auch Manfred Göbels schlägt sich auf die Seite der IG Metall, was einer kleinen Sensation gleichkommt: Für viele überraschend, gibt der Sprecher der Leitenden Angestellten eine Loyalitätserklärung zugunsten der Gewerkschaftsseite ab: Vor allem die Art und Weise, wie der Daimler-Vorstand die Kürzung der Lohnfortzahlung gegenüber den Beschäftigten durchsetzt, stößt beim Angestelltenverband auf Kritik. Was Göbels zu denken gibt, ist die Tatsache, daß sich die Gewerkschaften 1957 in einem 117 Tage während den Streik, dem längsten in der IG-Metall-Geschichte, das Recht auf Lohnfortzahlung erkämpfen mußten, was ihm die Bedeutung des Themas deutlich vor Augen führt. Es ist das erste Mal in der Geschichte der Daimler-Benz AG, daß ein Sprecher der Leitenden Angestellten offen gegen einen Vorstandsbeschluß steht. Karl Feuerstein läßt sich die Gelegenheit nicht entgehen, in einem Fernsehinterview auf den bedeutenden Etappensieg zu verweisen, der am Ende vor allem im psychologischen Bereich Wirkung zeigen wird.

☆

Die weitere Eskalation ist vorprogrammiert. Für den 10. Oktober plant die IG Metall eine Großdemonstration in Stuttgart. Der vorläufige Höhepunkt der Aktionen wird für den 24. Oktober festgesetzt. Auf den Tag genau vor vierzig Jahren hat in Schleswig-Holstein der erfolgreiche sechzehnwöchige Streik der Gewerkschafter für die Lohnfortzahlung im Krankheitsfall begonnen. Die IG Metall ist wild entschlossen, Jürgen E. Schrempp auszubremsen. Und noch immer hat der Mann im elften Stock der Möhringer Konzernzentrale nicht erkannt, auf welchem Pulverfaß er sitzt. Auch Manfred Gentz warnt starrköpfig vor widerrechtlichen, »von den Gewerkschaften organisierten Streiks«. Provozierend verkündet der Finanzchef: »Wir lassen uns nicht erpressen.«

☆

Während der Widerstand in den Werken immer weitere Kreise zieht, laufen die Drähte hinter den Kulissen heiß. Dr. Joachim Zahn, noch heute zum Beraterkreis von Jürgen E. Schrempp zählend, ruft den Sprecher der Leitenden an und bittet ihn um Mithilfe. Beenden Sie den Streik – so die Bitte des Mannes, der über vierzehn Jahre hinweg die Geschäfte des Konzerns gelenkt hat. Göbels Vorgabe ist eindeutig: Beibehaltung des hundertprozentigen Lohnausgleichs, dafür Ende aller Streiks. Mit seinem Anruf bei Helmut Werner scheitert der Aufsichtsrat kläglich. Der Mercedes-Chef stellt sich weiter stur.

Dagegen läßt Dr. Zahn nicht locker: Es ist bereits 21.30 Uhr, als er erneut seinen langjährigen Freund Göbels anruft. Der ehemalige Daimler-Chef hat erkannt, daß nur noch einer Karl Feuerstein und seine Kollegen bremsen kann: Jürgen E. Schrempp persönlich. Sowohl mit dem Vorstandsvorsitzenden als auch mit dem Gewerkschaftsführer versteht er sich bestens. Tatsächlich ist Göbels der richtige Adressat dieser Botschaft, und der Bayer ist von der Idee begeistert.

Tags darauf holt Manfred Göbels die Zustimmung des Betriebsratsvorsitzenden ein. Sofort wendet sich der Sprecher der Leitenden an den Chef der Presseabteilung. Christoph Walther steht in direktem Kontakt zum Daimler-Chef. Kurz nachdem dieser um 10.30 Uhr auf dem Stuttgarter Flughafen landet, klingelt beim Sprecher der Leitenden Angestellten auch schon das Telefon. Am Apparat ist Schrempp.

☆

In der gesamten Republik stünde er als Rambo da. Sein Image sei ramponiert, wenn er seinen Konfrontationskurs durchziehe. Eindringlich bearbeitet Manfred Göbels den Vorstandsvorsitzenden. Dieser verweigert noch immer seine Zusage zur Zusammenkunft mit dem Betriebsratsvorsitzenden, und doch ist er klug genug, die entscheidenden Telefonate zu führen. Es ist 17.45 Uhr, als sich Schrempp ein zweites Mal bei Göbels meldet. Mittlerweile hat er mit dem Bundesgeschäftsführer von Gesamtmetall, dem stellvertretenden IG-Metall-Bundesvorsitzenden und mit seinem Finanzchef gesprochen. Werner Stumpfe, Walter Riester und Manfred Gentz stimmen dem Treffen zu. Wir werden verhandeln, signalisiert Jürgen E. Schrempp – wohl wissend, daß er den Feldzug gegen die Lohnfortzahlung verloren hat, der nicht der seine gewesen ist. Resigniert bilanziert der Herr der Sterne: »Wir haben die Lufthoheit über den deutschen Stammtischen verloren.« Nicht nur dort, Herr Schrempp.

☆

Offen analysiert Manfred Bischoff die damaligen Fehler: »Das war eine Fehleinschätzung, der bin auch ich erlegen.« Auch wenn die Daimler-Vorstände »sehr vorsichtig mit dem Thema umgehen« wollten, seien sie doch »konsequent pro Kürzung eingestellt« gewesen. Das Grundproblem sieht der Dasa-Chef in der Tatsache, daß die Bundesregierung den Rahmen geschaffen habe. Und wenn die Industrie diesen nicht annehme, »dann haben wir ein Problem«. Das aber hat der Daimler-Vorstand jetzt erst recht bekommen. Dabei gibt sich Bischoff selbst Mitschuld an der Entwicklung: »Ich werfe mir vor«, so der Daimler-Vorstand, »die hohe Sensibilität auf der Arbeitnehmerseite für dieses Thema nicht richtig eingeschätzt zu haben.«

Die eigentliche Schuld liegt nicht bei Schrempp, analysieren Göbels und Bischoff gleichermaßen. Der Daimler-Chef sei »aufs Kreuz gelegt worden«, glaubt der Sprecher der Leitenden. »Der Tadel der Öffentlichkeit an Jürgen Schrempp war sehr ungerecht«, bläst Bischoff ins gleiche Horn. Ihm habe Schrempp »besonders leid« getan, schließlich trete der Freiburger »ansonsten für die Grundrechte in Arbeitnehmerfragen immer an vorderster Front ein«. Pathetisch bekundet Bischoff: »Ich habe mit ihm gelitten.«

☆

Ist Schrempp einfach zu gutgläubig gewesen? Hat er sich in seiner Naivität blind auf die Stimmen seiner Vorstandskollegen verlassen? Und müssen nach derartigen Fehlentscheidungen nicht auch persönliche Konsequenzen gezogen werden?

Wie auch immer: In jedem Fall hat er sich weitgehend widerspruchslos an die Spitze derer gestellt, die die Fahne der Frontkämpfer für die Lohnkürzung geschwungen haben. Daß sein Mitkonkurrent Helmut Werner einer derer gewesen ist, die ihn dazu veranlaßt haben, gibt zu denken.

Deftig fällt Manfred Bischoffs Kritik am Umfallen der Mitstreiter in den obersten Chefetagen der Wirtschaftsverbände und der Automobilkonzerne aus. »Wir waren im festen Glauben, daß wir uns in völliger Solidargemeinschaft mit der restlichen Industrie befinden«, erläutert Bischoff betroffen. Genau die aber hat es in Wirklichkeit zu keiner Zeit gegeben. »Wir wurden vom Rest der Industrie im Stich gelassen«, so die Beschwerde des Luft- und Raumfahrtvorstands der Daimler-Benz AG, die in dem harten Vorwurf gipfelt: »Die, die zuerst am lautesten geschrien haben, sind als erste umgefallen.«

☆

Schrempps Rückblick ist von Frust wie Wut gleichermaßen geprägt. Reflektiert der Daimler-Chef die vormaligen Zusagen seiner Managerkollegen, gerät er in Rage, denn einer nach dem anderen schert aus der Phalanx aus.

Anfang Oktober ist die Entscheidung auch beim Sportwagenhersteller Porsche gefallen: Der Vorstandsvorsitzende Wendelin Wiedeking hält an der bisherigen Regelung des vollen Lohnausgleichs fest. Porsche befindet sich in der Einführungsphase des Boxter und will keine Streiks riskieren. Der Chef von Bosch läßt sich entschuldigen: Er sei nicht erreichbar, da er in den USA weile.

BMW-Chef Bernd Pischetsrieder, der die Notwendigkeit der Lohnfortzahlung ähnlich wie die Daimler-Vorstände sieht, befindet sich im entscheidenden Augenblick auf einer Südafrika-Reise. Da er derweil einen seiner Direktoren für zuständig erklärt, wird eine Entscheidung des BMW-Vorstands verhindert.

Aber die genannten Manager sind keine Ausnahme: Im Vier-Augen-Gespräch macht Manfred Bischoff keinen Hehl daraus, wem er mangelnde Standfestigkeit und fehlendes Rückgrat vorwirft. Schrempp will sich nicht festlegen. Vage spricht er von der »Eierei verschiedener Vorstandsvorsitzender«, die für ihn »fürchterlich« gewesen sei.

Vielleicht liegt der Hund aber auch an ganz anderer Stelle begraben. Martine Dornier-Tiefenthaler, intime Kennerin der bayerischen Wirtschaftswelt, interpretiert das Verhalten des BMW-Vorsitzenden völlig anders: »Pischetsrieder«, so die Rechtsanwältin, »nimmt Jürgen Schrempp einfach nicht ernst.« Und was denkt Schrempp über Pischetsrieder?

☆

Bereits bei der Diskussion um die Shareholder-value-Forderung hat sich Schrempp von Pierer versetzt gefühlt. Dessen indifferente Haltung verärgert ihn sichtlich. Auch in der Lohnfortzahlungsdebatte bleibt die Münchner Rückendeckung aus: Als der Augenblick der Wahrheit gekommen ist, flüchtet sich der Vorstandsvorsitzende der Siemens AG in fadenscheinige Vorwände, nach dem Motto, seine EDV-Anlage könne das nicht leisten. Pierer habe sich hinter seinem funktionsgestörten Computer versteckt, kritisiert einer der Daimler-Vorstände den Rückzug des Siemens-

Chefs, den er als glatten Wortbruch einstuft. Am Ende findet auch ein verärgerter Manfred Bischoff äußerst deutliche Worte: BMW und Siemens seien »in den Büschen verschwunden« – und das trifft deren Vorstandsvorsitzende Heinrich von Pierer und Bernd Pischetsrieder.

☆

Schrempps rückblickende Erklärung zeugt von tiefen Wunden, die der Konflikt hinterlassen hat. »Wir haben rechtlich argumentiert, und es stand Rechtsmeinung gegen Rechtsmeinung.« Manfred Gentz »ist noch heute überzeugt, daß rechtlich alles in Ordnung war«, meint Schrempp und verweist darauf, daß der Finanzchef damit von der juristischen Seite her wohl durchaus richtig liege. Zu Recht merkt er jedoch auch an, daß das Thema »längst ein emotionales geworden ist«.

An tiefgründigen Erklärungen für den Knockout mangelt es nicht. So gesteht der Freiburger, daß »wir uns in der Lohnfortzahlung verschätzt haben«. Wir »haben uns zu wenig mit Psychologie beschäftigt, nur mit der Sachebene«. Vor allem aber, weiß der Konzernchef im nachhinein, »haben wir keine Geschichtsforschung betrieben«. Gemeint ist die Tatsache, daß keinem der Daimler-Vorstände die Erfolge der Gewerkschaftsbewegung beim historischen Kampf um die Lohnfortzahlung bewußt waren. »Summa summarum waren wir schlecht vorbereitet und«, so Schrempp, »haben wir nicht überzeugend genug argumentiert.«

☆

Der Beschluß fällt schwer, aber eine Alternative gibt es nicht: »Gentz und ich haben die Entscheidung zurückgenommen«, sagt Schrempp, und fast klingt es, als bereue er diesen Schritt. Da die beiden Topmanager ein Mandat des Vorstands erhalten haben, sind sie dazu autorisiert, »vom Unternehmen Schaden wegzuhalten«. Zerknirscht müssen die hohen Herren eingestehen, daß »unsere Vorstellungen einfach nicht rübergekommen sind«. Und Schrempp sagt heute: »Wir wollten den Kranken nicht weh tun.« Beteiligungsvorstand Eckhard Cordes erklärt dagegen kurz und bündig: »Die Lohnfortzahlung ist unglücklich gelaufen.«

☆

Bei ihrer Sitzung in Hannover haben die Daimler-Vorstände die Macht der Metallgewerkschaft weit unterschätzt. Nur zwei Wochen nach seiner Entscheidung, auf den fahrenden Zug der Lohnkürzung nicht nur aufzuspringen, sondern zugleich den Lokomotivführer zu spielen, ist Jürgen E. Schrempp kläglich gescheitert. Auch wenn »für das Unternehmen materiell unterm Strich alles in Ordnung« ist, muß er eine Niederlage eingestehen: Im Ergebnis ist die Arbeitnehmerseite der klare Sieger, und die Bosch-Betriebsräte um Walter Bauer können ebenso erfolgreiche Verhandlungen vermelden wie Alfons Graf und seine Kollegen bei Siemens. Die Medien aber krönen Karl Feuerstein zum Helden der Schlacht um die Lohnfortzahlung – und schütten ihre Häme über den Mann aus Möhringen aus, der sich an die Spitze der Kürzungsfront gestellt hat.

Was bleibt, ist ein Produktionsausfall von mehr als 4000 Mercedes-Fahrzeugen, Umsatzeinbußen in Höhe von rund 220 Millionen Mark und ein ramponierter Ruf des Vorstandsvorsitzenden. Zudem ist der Daimler-Chef um die schmerzliche Erfahrung reicher, daß er verraten und verkauft ist, will er sich auf die Mitstreiter in den Reihen der Automobilkonzerne verlassen.

Doch welche Möglichkeiten bleiben Schrempp, seinen Mißmut über das Einknicken seiner Managerkollegen kundzutun? Konzernintern weiß er sich in solchen Fällen zu helfen. »Für mich gilt ein Grundsatz«, erklärt der Vorstandsvorsitzende auf die entsprechende Frage, »und da gibt es auch keine Ausnahme: Ein Mitarbeiter, der Mist macht, wird von mir nach außen gedeckt, wenn er nichts Unrechtmäßiges gemacht hat.« Das aber, so Schrempp, »heißt natürlich nicht, daß er nicht intern eins auf die Nase bekommt«. Konzernextern hilft diese Antwort nur bedingt weiter. Schrempp muß sich gedulden, bis er den vermeintlichen »Freunden« aus der Automobilfraktion eins auf die Nase geben kann.

Dabei müßte er eigentlich zum großen Rundumschlag ansetzen. Zwar lobt Schrempp »die konstruktive Rolle der IG Chemie«, doch eine Menge Leute haben ihn im Regen stehen lassen, so daß er sich fragt: »Und wo waren die Arbeitgeber?«

☆

Er hat gelernt, mißtrauisch zu werden. Und in diesem Sinne sieht er zumindest an einem Punkt einen Erfolg der Ereignisse des Herbsts 1996: »Ich habe aus dem Fehler gelernt«, sagt Schrempp über das Desaster der Lohnfortzahlung. Als konkretes Beispiel nennt er ein Geheimprojekt, das von seinen Pkw-Managern vehement betrieben worden ist. Mit Zustimmung des Porsche-Vorstands »sollte das Spitzenmodell der M-Klasse in Europa von Porsche vertrieben werden« – und zwar »unter der Marke Porsche«. Doch die Reaktionen der Mercedes-Händler beiderseits des Atlantiks waren gleichermaßen negativ: Sie haben das Projekt »aus naheliegenden Gründen abgelehnt«. Und diesmal zieht er die Handbremse: »Ich bin froh, daß ich ihrer Auffassung gefolgt bin«, freut er sich heute, »denn sonst hätte es sicher geheißen: ›Der Schrempp ist schuld!‹«

Standing ovations

»Es darf aber nicht so sein, daß unsere Facharbeiter nach der Frühschicht gezwungen sind, in Supermärkten Tüten zu packen, um ihre Familien durchzubringen.«

Jürgen E. Schrempp am 14. November 1996

»Wir können für unsere Pkws nicht deswegen in den Showrooms einen höheren Preis erzielen, weil wir sie mit einem Aufkleber versehen: Gebaut unter 100 Prozent Lohnfortzahlung im Krankheitsfall.«

Jürgen E. Schrempp am 26. November 1996

»Es geht die Angst um, daß wir nur noch von Aktienkursen reden und nicht mehr über Mitarbeiter.«

Jürgen E. Schrempp am 2. Dezember 1996

Es drohe der »Übergang von der Konsensgesellschaft zu einer Konfliktgesellschaft«. In düsteren Farben malt der Manager das Schreckgespenst an die Wand. Dabei hat er in den vergangenen Wochen und Monaten keine Mühen gescheut, sich das Image des Vorreiters einer rücksichtslos profitorientierten Wirtschaftspolitik zu verdienen. Im November 1996 erreicht die verbale Schlacht um Schrempps Forderungen nach zwölfprozentiger Rendite in allen Geschäftsfeldern und Shareholder value als oberstem Primat ihren Höhepunkt.

Dabei ist gerade erst ein Monat vergangen, seit die IG Metall dem Daimler-Vorsitzenden via Lohnfortzahlungsdebatte die schwerste Niederlage seiner bisherigen Amtszeit zugefügt hat. Jetzt gilt es bei Gewerkschaftern und Sozialdemokraten verlorenes Terrain gutzumachen und ihnen gegenüber zu signalisieren, daß der Shareholder-Schrempp zugleich auch der Sozial-Schrempp ist.

Zweifelsohne kein leichtes Unterfangen. Doch der Daimler-Chef, immer bestens beraten von seinem PR-Profi Detmar Grosse-Leege, ist ein Meister der Kommunikation. Gerade in Situationen, in denen andere kapitulieren würden, weiß er wie kein anderer, welche Worte er an welche Adressaten richten muß. Und wie kein anderer vermag er mittels geschickter Rhetorik und gezielter Gesten selbst ein auf Konfrontation eingestelltes Publikum für sich zu gewinnen. Das ist diesmal, in der Höhle des Löwen, nicht anders.

☆

»Wir stehen an einer kritischen Schwelle, an einer Schwelle, hinter der ein anderes Land liegen würde, als wir es kennen.« Eindringlich warnt Schrempp seine Zuhörer vor immenser Gefahr. Um die ganze Tragweite des möglichen Geschehens aufzuzeigen, verweist er auf die Geschichte Deutschlands und beschwört die Geschlossenheit der Demokraten: »Wir alle sollten gemeinsam überlegen, was wir tun, damit diese Schwelle nicht überschritten wird«, so seine Forderung beim Gesprächskreis Politik und Wirtschaft der Friedrich-Ebert-Stiftung.

»Für keine der gesellschaftlichen Gruppen« sei dies ratsam, »jede gesellschaftliche Institution« sei gefordert: Unternehmen, Gewerkschaften, Politik und die Gesellschaft. Alle müßten, »ganz gleich, wo wir Verantwortung tragen, gemeinsam nach Lösungen suchen«. Schrempps sozial verantwortliche Ausführungen gipfeln im Versprechen, »mit den Möglichkeiten der Daimler-Benz AG den arg strapazierten Begriff der Solidarität neu mit Leben zu füllen«. Mit derlei Bekenntnissen zur primär sozialen und erst in zweiter Linie profitorientierten Marktwirtschaft rennt Schrempp bei der Zuhörerschaft der SPD-nahen Friedrich-Ebert-Stiftung offene Türen ein. Entsprechend lang anhaltend ist der Beifall.

☆

Hat der Daimler-Chef die Seite gewechselt? Ist der Konflikt- zum Konsens-Schrempp mutiert? Hat sich der Hardliner zum Softrambo gewandelt? Viele der Zuhörer in Bonn-Bad Godesberg mögen dies geglaubt haben. Sie sind auch nicht dabei, als der Vorstandsvorsitzende der Daimler-Benz AG wenige Tage später vor Wirtschaftsvertretern in Wien spricht.

☆

Keine zwei Wochen nach seiner wegweisenden Rede von Bad Godesberg hält Schrempp einen Vortrag über die Herausforderungen und Chancen der Globalisierung der Wirtschaft. Das Publikum in der österreichischen Hauptstadt setzt sich aus Führungspersönlichkeiten der Wiener Börse zusammen. Gerade diese Stadt sei mit dem Fall des Eisernen Vorhangs geographisch, politisch und wirtschaftlich wieder ins Zentrum gerückt und längst wieder »ein herausragender Standort für Wirtschaftsbeziehungen mit dem Osten«.

Schrempps Topthema ist die Osterweiterung der Europäischen Union, die vor dem Hintergrund »der globalen Neuverteilung der wirtschaftlichen Leistungsfähigkeit gesehen« werden müsse. Logischerweise sei kein internationaler Konsument auf irgendeinem der Märkte »noch bereit, einen höheren Preis zu bezahlen, nur weil es ein deutsches Produkt ist«. Und kein Kunde würde ein Auto wegen eines Aufklebers kaufen, auf dem das Unternehmen seinen Beschäftigten eine hundertprozentige Lohnfortzahlung im Krankheitsfall garantiere. »Das wird kein Verkaufsargument sein«, resümiert der Konfrontations-Schrempp in gewohnter Manier: »Es zählen allein der Preis des Produkts, seine Leistungsfähigkeit, seine Qualität und Fortschrittlichkeit.«

Mit derlei Bekenntnissen zur primär profitorientierten und erst in zweiter Linie sozialen Marktwirtschaft rennt Schrempp bei den Bankern und Spekulanten der Wiener Börse offene Türen ein. Entsprechend lang anhaltend ist der Beifall.

☆

Hat der Daimler-Chef die Seite gewechselt? Ist der Konsens- wieder zum Konflikt-Schrempp mutiert? Hat sich der Softrambo zum Hardliner zurückverwandelt? Viele der Zuhörer in Wien mögen dies geglaubt haben. Sie sind auch nicht dabei, als der Vorstandsvorsitzende der Daimler-Benz AG wenige Tage später vor SPD-Betriebsräten in Untertürkheim spricht.

☆

Keine Woche nach seiner wegweisenden Rede von Wien hält der Vorstandsvorsitzende der Daimler-Benz AG einen Vortrag über Aspekte der Globalisierung und der Lohnfortzahlung. Das Publikum in der schwäbischen Landeshauptstadt setzt sich aus Mitgliedern und Gästen der sozialdemokratischen Betriebsgruppe der Mercedes-Benz AG zusammen.

Gerade bei der Vorgehensweise des Vorstands in Sachen Lohnfortzahlung im Krankheitsfall gesteht er Fehler ein und zeigt sich lernfähig. So sei es falsch gewesen, diese auf Fragen des Arbeitsrechts zu reduzieren. Freimütig bekennt Schrempp: »Hier habe ich gelernt, daß viele Arbeitsrechtler viele verschiedene Meinungen haben.« Aus diesem Grund sollten sich »alle an einen Tisch setzen, um eine Lösung zu finden, die Sie auch akzeptieren können und die vor allem unsere Wettbewerbssituation verbessert«.

Mit derlei Bekenntnissen zur primär sozialen und erst in zweiter Linie profitorientierten Marktwirtschaft rennt Schrempp bei der Zuhörerschaft der SPD-Betriebsgruppe offene Türen ein. Entsprechend lang anhaltend ist der Beifall.

☆

Hat der Daimler-Chef die Seite gewechselt? Ist der Konflikt- zum Konsens-Schrempp mutiert? Hat sich der Hardliner zum Softrambo gewandelt? Viele der Zuhörer in Untertürkheim mögen dies geglaubt haben. Sie sind auch nicht dabei, als der Vorstandsvorsitzende der Daimler-Benz AG wenige Tage später …

☆

Die Beispiele lassen sich beliebig fortführen. Weder mit Worten noch mit Taten ist der Mann im elften Stock der Möhringer Konzernzentrale bereit, auch nur einen Zentimeter von seiner inhaltlichen Linie abzurücken, von der er selbst voll und ganz überzeugt ist. Wer Schrempp kennt, weiß, daß der Konflikt- und der Konsens-Schrempp ein und dieselbe Person sind. Seine Argumentation ist kein Zeichen einer Persönlichkeitsspaltung, sondern vielmehr Ausdruck einander produktiv ergänzender Antipoden.

Würde einer der beiden Gegenpole fehlen, wäre Schrempp nicht Schrempp, und vor allem wäre dieser Mann nicht zum Herrn der Sterne avanciert. In unzähligen Diskussionen hat der Daimler-Chef das passende Register gezogen, hat den Konsens gesucht, wo er ihm nützlich gewesen ist, oder ist den harten Crashkurs gefahren, wo er damit weitergekommen ist – zum Wohle des Konzerns und seiner selbst.

☆

Kurzerhand zieht Schrempp sein Miniblöckchen hervor, das er gewöhnlich bei sich trägt, und zeichnet das, was er als »magisches Dreieck« bezeichnet. In seiner typischen Schnellschrift kritzelt er die Begriffe »Mitarbeiter« – »Kunden« – »Aktionäre« an die Ekken. Für das Unternehmen gelte es, die Ansprüche dieses Trios gleichermaßen zu befriedigen. »Ich mußte die berechtigten Interessen der Aktionäre überbetonen, weil sie vorher nicht wahrgenommen wurden«, erklärt Schrempp. In der nächsten Phase habe er gesagt, »vergeßt mir die anderen beiden Säulen nicht, die Mitarbeiter und die Kunden«. Daraufhin habe man gefragt: »Wird er jetzt weich?«

☆

»Ich hatte ein Schlüsselerlebnis«, sagt er und spielt auf seinen Auftritt anläßlich ebenjenes Diskussionsabends der SPD-Betriebsgruppe im Dezember 1996 an. Freimütig erklärt der Vorstandsvorsitzende: »Vor der Zusammenkunft war ich unsicher«, und das nicht ohne Grund. In den vorangegangenen Monaten hat sich Schrempp ein Image als rücksichtsloser Kapitalist erworben, und er weiß nicht, wie die fünfhundert Sozialdemokraten in der Untertürkheimer Sängerhalle mit dem »Rambo der Republik« umspringen werden.

Am Ende jedoch lehnt er sich im Sofa seines Arbeitszimmers zurück und bilanziert: »Die Fragen waren sehr kritisch und offener, als ich sie von meinen Direktoren gewohnt bin.« Aber »man hat mir zugehört«, und was für ihn viel wichtiger ist, »der lang anhaltende Beifall hat mit Kraft gegeben«.

Auch ein Schrempp muß erst lernen, seine vermeintlichen Gegner zu gewinnen. Am Ende resümiert er selbstkritisch: »Ich muß mehr unter die Leute gehen.«

☆

Niemand wird ihm vorwerfen können, er habe eine Falschaussage getroffen. In keiner der Reden vor Versammlungen mit Arbeit-

325

nehmer-, Industrie- oder Bankenvertretern hat Jürgen E. Schrempp irgend etwas gesagt, das unwahr gewesen wäre. Vielmehr erweckt der große Kommunikator allenfalls durch das Weglassen bestimmter Sachverhalte einen einseitigen Eindruck. In fast allen Fällen gelingt es ihm, die zumeist erstaunlich willfährigen Zuhörer mit einer ganz und gar auf sie zugeschnittenen Rede in seinen Bann zu ziehen.

Die Fähigkeit, gezielt bestimmte Reden für ein bestimmtes Publikum zu halten, hat Schrempp bereits in Südafrika entwickelt. »Das erste Treffen werde ich nie vergessen«, erinnert sich der Kapstädter Automobilmanager Gerd Andreas rückblickend an eine Tagung von Vertriebshändlern, die vor einem Vierteljahrhundert stattgefunden hat. Bei einem »Dealer Meeting« in Durban sprachen Shenker, später auch Schrempp. Aber nur »Jürgen redete so überzeugend über Technik, daß er Standing ovations von den Händlern bekam«.

Profit ohne Stotterer

»Wird der designierte Daimler-Chef nach seinen
Visionen gefragt, hat er deshalb auch eine schlichte
Antwort parat: ›Profit, Profit, Profit‹.«

»Der Spiegel«

»Beim Shareholder value habe ich bewußt überzogen.«

Jürgen E. Schrempp

»The outcome is an ongoing dedication to creating
shareholder value as an objective at Daimler-Benz,
now and in the future.«

Jürgen E. Schrempp vor dem Economic Club of Detroit

Zuweilen dauert es erstaunlich lange, bis dieser ansonsten so
versierte Redner wahrnimmt, welche Wirkungen bestimmte
Begriffe erzielen. In seiner Funktion als Dasa-Vorsitzender setzt
Jürgen E. Schrempp mit dem Dollar-low-rescue-Programm
(»Dolores«) eine radikale Entlassungspolitik durch. Tausende
von Beschäftigten gehen auf die Barrikaden, erreichen mit ihren
Protesten allerdings nur, daß vereinzelt Rationalisierungsmaß-
nahmen kosmetisch abgeschwächt werden.

Der Manager jedoch erkennt, daß die negative Außenwirkung
seines Konzepts auch in der Semantik begründet liegt. Kurzerhand tauft er das schmerzensreiche »Dolores«-Programm um:
Denn wer sollte in einem System der freien Markwirtschaft mit
konkurrierenden Unternehmen und innovativen Produkten etwas gegen eine »Wettbewerbsinitiative« einzuwenden haben?

☆

»Ein Gespenst geht mal wieder um in Europa. Diesmal ist es nicht
der Kommunismus«, betont Schrempp und meint auch nicht sich
selbst. Diesmal handelt es sich um einen »aus dem angelsächsischen Sprachraum kommenden« Terminus, der weithin »Angst

und Aufregung« verbreitet. Als Schrempp erkennt, daß die Daimler-Benz AG in der Wahrnehmung »den Auslöser« der öffentlichen Debatte darstellt, ist selbst für den Daimler-Chef Schluß: »Der Begriff Shareholder value ist in Deutschland ideologisch festgelegt.« Aus diesem Grund werde er in der öffentlichen Debatte nicht mehr von »Shareholder value« sprechen, so ein vermeintlich geläuterter Jürgen E. Schrempp, der »nicht noch zu mehr Mißverständnissen einladen« will. Seiner Meinung nach besagt Shareholder value »nichts anderes, als daß die Unternehmensführung bestrebt sein muß, den Wert des Unternehmens zu steigern«. In Daimler-Deutsch nennt er diesen Prozeß fortan »Unternehmenswertsteigerung« oder »wertorientierte Führung«.

Das sei »genau das gleiche in eingedeutschter Form«. Zudem sei das Wort von der »Unternehmenswertsteigerung« optimal geeignet, »Mißverständnisse zu vermeiden« und »die Fremdsprachenkenntnisse nicht überzustrapazieren«.

☆

Kaum daß der Daimler-Chef die zentralen Begriffe geprägt hat, produzieren Journalisten eine ihrer größten Zeitungsenten. Den Anstoß gibt Stefan Baron, Chefredakteur der *Wirtschaftswoche*, der als erster propagiert: »Jürgen Schrempp, der Raufbold, der Rambo« strebe nach einem neuen Image: »Reformer statt Revoluzzer, Konsens statt Kanten, rund statt eckig.« Schrempp habe sein eckiges Vidi-vici-Modell des Münchner Designers Tomy Suchy abgelegt. Neuerdings ziere ein viel schöneres, weil gerundetes Metallgestell italienischer Fertigung »sein Gesicht, ganz ohne Ecken und Kanten«, so der Leitartikel in dem Wirtschaftsmagazin. Der Bericht macht die Runde und zählt seither zu Schrempps Lieblingsanekdoten, denn Barons Behauptung entpuppt sich als Nullnummer: Die Kantenbrille befindet sich in Reparatur, vorübergehend trägt der Daimler-Chef seine stabile Reisebrille. Seither kontert der Konzernchef immer dann, wenn mißliebige Medienvertreter sich an einer neuen Interpretation seiner Verhaltensweisen versuchen, mit einer kräftigen Portion Ironie über die spekulativen Brillenberichte.

☆

Jürgen E. Schrempp hat den Urheber der Brillenanekdote bis heute nicht vergessen. Und geschickt überträgt der Freiburger die Finte auf die folgenden Zeitungsberichte, die ihm bei seiner Übersetzung des Shareholder-value-Begriffs eine Kehrtwende in der Unternehmenspolitik unterstellen. Genau das sei nicht der Fall: Stellen Sie sich vor, sagt er im Vier-Augen-Gespräch, »ich bin in der Situation X und stelle ein Defizit fest«. Und »wenn ich es besser machen will, muß ich andere Menschen von meiner Haltung überzeugen«. Das führe dazu, daß er »eine Situation auch drastischer darstellen muß, als sie in Wirklichkeit ist«.

Als er 1995 an die Spitze der Daimler-Benz AG aufrückt, weisen die Bilanzen dunkelrote Zahlen aus. In einer solchen Situation scheut der Daimler-Chef auch nicht davor zurück, Mißstände auf obersten Entscheidungsebenen massiv anzuprangern: »Ich habe 1995 zehn Führungskräfte angerufen. Sechs davon«, so seine ernüchternde Bilanz, »kannten den Aktienkurs nicht, und drei haben mir den falschen genannt.«

Wieder einmal wird er seinem selbst gesetzten Anspruch gerecht. Er zettelt die Debatte um die Notwendigkeit des Shareholder value als oberste Maxime an, und die Reaktion kritischer Medien läßt nicht lange auf sich warten: »Danach kam der *Spiegel*-Artikel mit der Schrempp-Forderung nach Profit, Profit, Profit. Da bekam ich diese Schublade.«

☆

Profite sind für ihn in höchstem Maße erstrebenswert und die bundesweiten Proteste gegen seine erklärte Unternehmenspolitik allenfalls mit Mißverständnissen erklärbar. Seit seinem Imagedebakel um Lohnfortzahlung, Kapitalrendite und Shareholder value sucht Schrempp nach vereinfachenden Beispielen, wie dem Volke zu sagen ist, daß er nur das Wohl aller will.

So führt er auf einer Betriebsrätekonferenz im Oktober 1997 ein ebenso schlichtes wie einleuchtendes Rechenexempel an, als er sich mit kritischen Fragen zu seinem profitorientierten Denken konfrontiert sieht. Stellen Sie sich einmal vor, so der simple Vergleich, »Sie wollen eine Würstchenbude aufmachen«. Die Bank vergebe ein Darlehen mit einer Verzinsung in Höhe von 6 Prozent. »Wenn Sie Geld verdienen wollen, müssen Sie mehr als die 6 Prozent erwirtschaften«, so der Mustermanager. »So ist das mit der zwölfprozentigen Kapitalrendite.«

Und so ist das mit Jürgen E. Schrempp. Knapp und anschaulich bringt er komplizierte Sachverhalte auf den Punkt. Mit dem Mittel der Simplifizierung gewinnt Schrempp fast jede argumentative Schlacht – selbst solche Schlachten, vor denen er sich selbst zunächst gefürchtet hat.

☆

Schrempps Worte sind wohl gewählt. Er sagt keinesfalls, daß er den – aus seiner Sicht – ideologisierten Begriff nie mehr verwenden werde. Vielmehr wähle er die Bezeichnung »wertorientierte Führung« dann, »wenn ich deutsch spreche«. Will heißen: Wenn er zukünftig als DaimlerChrysler-Chef in die Vereinigten Staaten jettet, wird er auch weiterhin vom »Shareholder value« sprechen.

So freut sich der Freiburger bei seinem Vortrag vor dem Detroiter Wirtschaftsclub im Januar 1997 darüber, daß »die Welt schnell zu einem einzigen großen Markt« heranwachse, »in dem verkauft und gekauft, investiert und produziert« werde. Das hohe Lied von der Globalisierung gipfelt im Versprechen, daß Daimler-Benz sich dauerhaft der Zielvorgabe »Shareholder value« verschrieben habe – jetzt und in Zukunft. Danach folgen die Strophen zur Reduzierung der Geschäftsfelder von fünfunddreißig auf dreiundzwanzig, einer Mindestrendite des eingesetzten Kapitals von mindestens 12 Prozent spätestens im Folgejahr und des dazu notwendigen Deinvestments von Fokker und der Dornier Luftfahrt.

Am Ende aber ist alles einerlei: Denn gleichgültig ob er die sanfte deutsche oder die rauhere englische Vokabel verwendet, das dahinterstehende Denken ist zu hundert Prozent identisch. Und einen Schrempp kratzen Proteste in Deutschland relativ wenig: »Wenn ich ins Ausland gehe, werde ich sofort verstanden.« Sein internationales Renommee ist hervorragend.

☆

Anfang der neunziger Jahre »haben wir zuwenig auf die Interessen der Aktionäre geachtet«, sagt der Profit-Schrempp heute. Mittlerweile aber hätten »die Betriebsräte jetzt auch verstanden, daß Shareholder value die Steigerung des Unternehmenswertes bedeutet«. Natürlich sei dies »kein kurzfristiger Prozeß« gewesen, aber die späte Erkenntnis seiner früheren Gegenspieler freut ihn doch.

Und auch seinen Humor hat Schrempp längst wiedergefunden. So kommentiert er heute süffisant die Kritik in den Medien und in der Öffentlichkeit an seiner vermeintlichen Forderung nach »Profit, Profit, Profit«, die ihn damals schwer getroffen hat. »Einmal Profit reicht«, meint der Daimler-Chef und ergänzt: »Ich stottere nicht.«

Kapitalist auf Kollisionskurs

»Wir haben nicht einen entlassen, sondern Arbeitsplätze unter dem Druck des Marktes abgebaut.«

Dr. Eckhard Cordes zur Freistellungspolitik

»Meine soziale Verantwortung gilt auch in East London oder in Alabama.«

Jürgen E. Schrempp zu den
Vorwürfen Ernst Ulrich von Weizsäckers

»Jürgen Schrempp ist gescheit genug, um zu wissen,
daß wir ökologisch und sozial auf Konfrontationskurs sind.«

Prof. Dr. Ernst Ulrich von Weizsäcker, Präsident des
Wuppertal Instituts für Klima, Umwelt, Energie

Welche Folgen bringt die Globalisierung mit sich? Prognostizieren Sie womöglich eine Verschärfung der ökologischen
Krise? Mit Schlüsselfragen der Menschheit konfrontiert, wählt
Ernst Ulrich von Weizsäcker deutliche Worte: »Globalisierung ist
als Phänomen extrem gefährlich für die Umwelt – vor allem wenn
Manager in Thailand, Südafrika oder Deutschland sich unter dem
Druck der Kapitalrendite sehen, der langfristige ökologische Überlegungen nahezu ausschließt.« Dementsprechend dürfe »man sich
nicht wundern, wenn sich seit 1990 der Raubbau an der Natur be-
schleunigt«. Daimler-Benz sei »gleichzeitig einer der größten Zu-
lieferer der Raubbauindustrie, wie sie die Minenindustrie ist«.
Denn der Konzern stelle die Lastwagenflotte zur Verfügung.

Konfrontiert man ihn mit der Frage nach der Rolle des Vorstandsvorsitzenden des größten deutschen Konzerns in diesem
Prozeß, dann ist die Position von Professor Weizsäcker nicht minder klar: Jürgen Schrempp sei »insofern als führender Vertreter eines von mir als gefährlich empfundenen Zeitgeistes einzustufen«.
Aus Weizsäckers Sicht ist der Daimler-Chef »ein Pionier unter den

Globalisierern in der deutschen Industrie gewesen – eher noch vor Dormann, vor Pierer und Henkel.« Dabei, so der Leiter des Wuppertal Instituts, hänge der Globalisierungsbegriff »engstens zusammen mit dem Begriff des Shareholder value« Und dieser »wurde einer breiten Öffentlichkeit erstmals im Zusammenhang mit Jürgen Schrempp geläufig«.

Harter Tobak für einen, der sich leidenschaftlich für die Idee der Globalisierung engagiert.

☆

»Dem habe ich nichts hinzuzufügen«, so die erste Reaktion auf die Vorwürfe des renommierten Ökologen. Daß dem Daimler-Chef derartige Zuschreibungen nicht passen, ist verständlich. Dann entscheidet Schrempp sich doch, inhaltlich Stellung zu beziehen. »Die Zeit wird entscheiden, welche Position die richtige ist«, relativiert er seine ablehnende Haltung.

☆

Bei keinem anderen deutschen Großkonzern wurden in diesem Umfang und in derartiger Konsequenz »Firmen zerschlagen«, so der Vorwurf von Gewerkschaftsseite, und Arbeitsplätze vernichtet. Waren im Jahr 1991 noch knapp 380 000 Menschen im Unternehmen beschäftigt, so standen 1996 gerade noch 290 000 auf den Gehaltslisten der Daimler-Benz AG.

Jürgen E. Schrempp dafür zum Alleinverantwortlichen abzustempeln wäre ebenso falsch, wie ihn von seiner Verantwortung zu befreien. Formal bis Mai 1995, de facto bis Sommer des Vorjahres hat Edzard Reuter die Geschäfte der Aktiengesellschaft geführt. Zeigt man sich dem Berliner wohlgesinnt, so kann man ihm zugute halten, daß er in seiner Zeit als Vorstandsvorsitzender in der Gesamtbilanz von 1987 bis 1995 keinen Arbeitsplatzabbau zu verantworten hat, vielmehr folgte einer Reuterschen Aufbauphase ein Rückbau. Ist man Schrempp wohlgesinnt, so kann man seinem Wirken den erstmaligen Stellenzuwachs nach 1996 zuschreiben.

Fakt aber ist: Allein in der ersten Hälfte der neunziger Jahre hat der Vorstand Entscheidungen zu verantworten, die den Abbau von real 45 000 Arbeitsplätzen zur Folge haben. Das sieht Dr. Eckhard Cordes insofern anders, als daß Daimler-Benz »nicht einen entlassen, sondern Arbeitsplätze unter dem Druck des Marktes abgebaut« habe. Außerdem »gab es keine aktive Kündigung«. Vielmehr »haben sich unsere Mitarbeiter im gegenseitigen Einvernehmen getrennt«.

☆

Der Konkurrenzkampf auf dem globalen Mobilitätsmarkt wird deutlich härter. Mit dem Zusammenschluß von Daimler und Chrysler hat sich Jürgen E. Schrempp an die Spitze der Fusionierer gestellt. Zugleich aber verdrängt er ganz andere Fragen: Stimmen die Analysen führender Forschungsinstitute, wonach bereits heute zuviel und nicht zu wenig Automobile in Europa und den USA hergestellt werden? Und wie vertragen sich diese Prognosen mit den Forderungen des Daimler-Vorsitzenden, die Fahrzeugproduktion in den kommenden Jahren massiv zu steigern? Und welche klimatischen Folgen, Herr Schrempp, sind angesichts der Tatsache zu befürchten, daß der Kraftstoffverbrauch der Daimler-Pkw-Flotte noch immer bei mehr als zehn Litern auf hundert Kilometer liegt?

☆

Auch die Frage der globalen Arbeitsteilung verbindet Weizsäcker mit dem Namen des Daimler-Benz-Vorsitzenden: »Das heutige Paradigma der internationalen Arbeitsteilung in der Weltwirtschaft«, so der vormalige Leiter des Wuppertal Instituts und heutige SPD-Bundestagsabgeordnete, »ist das von Jürgen Schrempp.« Und der so Kritisierte kommentiert kurz und knapp: »Korrekt. In der Tat, da hat er recht.«

Dann verweist Schrempp auf den – aus seiner Sicht – zentralen Grund, das Produktionswerk des Geländewagens der M-Klasse in Alabama zu errichten: »Wir haben kein einziges Werk, auch nicht das in Tuscaloosa, wegen der internationalen Arbeitsteilung dort errichtet«, sondern »wir gehen dorthin, wo der Markt ist«, und dieser sei bekanntlich nicht nur auf Deutschland beschränkt. Für das Mercedes-Werk im Süden der Vereinigten Staaten mag dieses Argument zutreffen. Der Markt für Funcars ist in den USA zweifellos deutlich größer als in Europa, wo die Räume begrenzt, die Umweltvorschriften restriktiver und die Zahl der Interessenten für diesen Fahrzeugtyp spärlicher ist. In dieser Argumentation vergißt Jürgen E. Schrempp jedoch nur anzumerken, daß Jim Folsom jr., damaliger Gouverneur Alabamas, unter rund zweihundert Bewerbern das attraktivste Gesamtpaket schnürte: von niedrigen Steuern über eine kostenfrei errichtete Infrastruktur bis hin zu Zuschüssen für Fortbildungskurse.

Mittlerweile ist der Daimler-Vorstandsvorsitzende derart einflußreich, daß sein Placet an einem beliebigen Ort des Globus milliardenschwere Investitionen bringt, Werke in der Größe einer Stadt aus dem Boden schießen läßt und Arbeit für Tausende schafft. Angesichts dieser Machtfülle liegen dem Herrn der Sterne Politiker in aller Welt zu Füßen. Und wenn Jürgen E. Schrempp ins Ausland jettet, dann wird der rote Präsidententeppich ausgerollt – und soziale wie ökologische Fragen werden mit einem Handbesen darunter gekehrt.

☆

Seinen Kritikern begegnet der Daimler-Benz-Vorsitzende mit der Behauptung, kein einziges Werk sei »aus Kostengründen ins Ausland verlagert« worden. Geschickt macht er sich das klassische Gewerkschaftsargument internationaler Solidarität zu eigen. »Die soziale Verantwortung bezieht sich doch nicht nur auf Deutschland«, so der neue Sozial-Schrempp, dessen gesellschaftliche Verantwortung sich gleichermaßen auf die Menschen im südafrikanischen East London wie auf die im US-amerikanischen Alabama erstreckt. »Zum Teil sind das unsere Aktivitäten in anderen Ländern mit extremst hoher Arbeitslosigkeit und ohne soziales Netz«, betont er, vermutlich nicht ganz frei von Hintergedanken. Schrempps klassische Arbeitsplatzrhetorik führt gewöhnlich das Argument ins Feld, »drei Arbeitsplätze im Ausland sichern einen in Deutschland«.

☆

Am Ende zeigen sich die beiden Vordenker zumindest im persönlichen Bereich auf Kommunikations- statt auf Konfrontationskurs. Schrempp lobt den Leiter des Wuppertal Instituts als »einen guten Denker«, und außerdem dürfe es »unterschiedliche Mei-

nungen geben«. Der so Gewürdigte bekundet derweil: »Es wäre
närrisch von mir, diese Kritik an der Person Jürgen Schrempp fest-
zumachen«, vielmehr habe dieser »unter nicht von ihm gesuchten
Bedingungen das Beste für den Konzern und den Wirtschaftsstandort Deutschland erreicht«. Manager würden heute eben
»meistens danach ausgesucht, ob sie – wie Jürgen Schrempp – besonders gut Kapitalrendite erhöhen können«.

Duell der Namenlosen

»Veröffentlichungen dieser Art, die geeignet sind,
die Vertraulichkeit zu verletzen, kommentieren wir
grundsätzlich nicht, selbst wenn wir wesentliche
Inhalte und Wertungen sowie Charakterisierungen
von Persönlichkeiten für falsch halten.«

Presseerklärung der Daimler-Benz AG
bezüglich der Reuter-Memoiren

»Reuters Aussage zum Shareholder value und zum
Kapitalismus ist in ihrer Einseitigkeit höchst gefährlich, weil sie in die Irre führt.«

Jürgen E. Schrempp, Reuter-Nachfolger

»Es geht um die Wiederherstellung des weltweiten
Primates der Politik – und eben nicht um dessen be-
dingungslose Aushändigung an den Markt.«

Edzard Reuter, Schrempp-Vorgänger

Links von mir wartet geduldig das Objekt 9508, zwei einander
zugewandte Skulpturen des südkoreanischen Künstlers Jong
Hyun Kim. Mir gegenüber, in der deckenhohen, sich über die gesamte Breite des Raumes erstreckenden Regalwand, tobt dagegen
der »Kampf der Kulturen«. Ein anderes Buch feiert den »Sieg des
himmlischen Kapitalismus«, daneben zeigt ein weiteres »Das lei-
se Lächeln des Siegers«. Das präsentiert auch Jürgen E. Schrempp,
als wir uns im elften Stock der Möhringer Konzernzentrale treffen.

Jetzt, im Februar 1998, laufen die Geheimverhandlungen mit
Chrysler auf Hochtouren. Schrempp spricht nicht nur über Globalisierung, er praktiziert sie – als Akteur an vorderster Front und
nicht ohne Widerspruch selbst seines Vorgängers.

☆

Wer den Konflikt des vormaligen gegen den amtierenden Vorstandsvorsitzenden vor allem unter dem Aspekt betrachtet, daß Reuter der Karriere des damaligen Dasa-Chefs im Wege stand, läßt grundlegende Differenzen inhaltlicher Art außer acht, die die beiden Kontrahenten – damals wie heute – auseinanderdividieren. Und kaum eine andere Kritik Reuters trifft Schrempp härter als dessen Warnungen vor einem unkontrollierten Kapitalismus und einer rein profitorientierten Managerriege.

☆

Erstmals in der über hundertjährigen Geschichte des renommiertesten deutschen Industrieunternehmens verfaßt ein ehemaliger Vorstandsvorsitzender ein Buch, in dem er Interna ausplaudert und seinen Nachfolger zudem massiv attackiert. Trotz seines Schweigegelübdes kann sich Schrempp dann doch nicht zurückhalten, als er mit Reuters Kapitalismus-Kritik konfrontiert wird.

☆

In den Wochen des Erscheinens der Reuter-Memoiren bemüht sich Jürgen E. Schrempp nach Kräften, die Vorwürfe seines Vorgängers öffentlich unkommentiert zu lassen – auch wenn ihn selten zuvor ein Schriftwerk so verärgert hat. Der Daimler-Chef weiß, daß alles, was er jetzt sagt, weiteren Staub aufwirbeln und die Diskussionen um den Konzern und seine Vorsitzenden neu entfachen wird.

So vermeidet Schrempp es, Reuter in seiner äußerst knappen Presseerklärung namentlich zu nennen. Veröffentlichungen dieser Art seien geeignet, »die Vertraulichkeit zu verletzen«. Kein Kommentar, lautet die Devise, auch dann nicht, »wenn wir wesentliche Inhalte und Wertungen sowie Charakterisierungen von Persönlichkeiten für falsch halten«. Und dennoch erteilt er seinem Vorgänger und früheren Ziehvater eine deftige Ohrfeige: »Wir lehnen ein solches Vorgehen von jemandem, der eine herausragende Stellung in unserem Unternehmen innehatte, ab.«

☆

Spricht Edzard Reuter über den heutigen Kapitalismus und die derzeitige Führungselite, dann schickt der Zeus der achtziger Jahre die geballte Kraft seiner Blitze auf die Managergeneration der neunziger. Reuter verweist auf eine seiner Reden, in der er analysiert, daß diese sogenannten Lehrer die Unternehmen in der Marktwirtschaft »einzig und allein der Mehrung des Ertrages oder, populistischer ausgedrückt, des Profits« verpflichten würden. »Belange des Gemeinwesens interessieren diese Lehrer genausowenig«, so der Berliner, »wie die Belange der Menschen, die ihren Arbeitsplatz in den Unternehmen finden.« Das Ergebnis sei »die pure, die reine Lehre der Marktwirtschaft, die Einbindungen jeglicher Art, auch sozialer Natur, als unerlaubte Verwässerung, ja als Teufelswerk ablehnt«. Er, Reuter, habe dieser Lehre »nie angehangen«.

☆

Noch entschärft der intellektuelle Vordenker seine Befürchtungen mit einem relativierenden »womöglich«, noch sieht er Auswege aus einer Entwicklung, die die Menschheit in eine Katastrophe bislang ungekannten Ausmaßes führen könnte. Wenn der Vorgang der Globalisierung »nicht zum Schluß im Chaos enden soll«, dann müsse »eine Steuerung auf der Grundlage demokratisch festgelegter Zielvorstellungen« erfolgen. Doch täglich drohe das demokratische System seine Legitimation zu verlieren, angesichts »eines entfesselten Übergewichts des wirtschaftlichen Geschehens«. Reuter weiß, wovon er spricht. Als vormaliger Vorstandsvorsitzender des Konzerns, dessen Führungsmannschaft sich heute rühmt, Vorreiter der Globalisierung zu sein, verfügt er über den Überblick, den man benötigt, um derart folgenschwere Befürchtungen äußern zu können.

☆

Massiv hält der Vorstandsvorsitzende der Daimler-Benz AG dagegen. Reuters Aussagen zum Shareholder value und zum Kapitalismus seien »in ihrer Einseitigkeit höchst gefährlich«. In diesem Augenblick ist bis in den letzten Winkel des Asienraums hinein spürbar, wie tief sich der amtierende Daimler-Chef durch die Worte seines Vorgängers verletzt fühlt.

Selbstverständlich habe der Kapitalismus seine Grenzen, selbstverständlich dürfe er sich nicht zügellos austoben: »Die Grenze des Kapitalismus ist dann erreicht«, betont Schrempp energisch, »wenn die Verantwortung nicht mehr langfristig betrachtet wird.« Doch statt Verantwortung näher zu definieren und für deren strikte Beachtung Sorge zu tragen, kritisiert der Daimler-Chef kurzfristiges Denken: »Wenn man nur auf schnelles Geld ausgeht«, so Schrempps Schlußfolgerung, »ist das lebensgefährlich.« In diesem Sinn bezeichnet sich der Freiburger als »Gegner der kurzfristigen Gewinnmaximierung, wie sie teilweise in den USA praktiziert wird«.

Wer mehr erwartet hat, wird enttäuscht. Kein Wort über die Negativfolgen der Globalisierung, über die Vernichtung der Kleinen durch die Großen, über die Verarmung von Millionen Menschen, über Massenarbeitslosigkeit und ökologische Zerstörung. Statt dessen propagiert Schrempp aktionärsorientiertes Denken: »Die kurzfristige Optimierung ist aktionärsfeindlich.« In der Folge würden Forschung und Entwicklung sowie die Ausbildungsförderung »nach unten« gehen. »Damit würden wir«, so Schrempp, »die Saatkartoffeln des Unternehmens verspeisen.«

☆

Hinter solchen Aussagen steckt mehr als die trockene Analyse eines verärgerten Vorstandsvorsitzenden. Jürgen E. Schrempp zielt auf Edzard Reuters Vision, bis Mitte der neunziger Jahre einen profitablen integrierten Technologiekonzern zu schaffen. Das Gegenteil ist eingetreten, seither hat für – den damals aktiv in die Portfolioentscheidungen involvierten – Schrempp die Kurskorrektur oberste Priorität. Seine Sympathien für kurzfristiges Denken politischer Entscheidungsträger halten sich in Grenzen: »Ein Unternehmen zu führen wie ein Finanz- oder Wirtschaftsminister, das kann man vergessen.«

Dennoch sieht Schrempp Licht am Ende des Tunnels. »Zum Glück wird die Debatte in Deutschland wieder rationaler«, freut sich der Daimler-Chef.

☆

Soweit die rationale Argumentation, die eben doch ganz schnell zur persönlichen wird, wenn man die scheinbar sachlichen Aussagen mit den gemeinten Personen in Verbindung bringt. »Es scheint auf den ersten Blick so, als sei unsere Zeit längst zur Zeit der eiskalten Rechner, der von Emotionen unbelasteten jungen Analysten, der von den Medien so sehr geliebten Machtmenschen geworden«, sinniert ein nachdenklicher Reuter. Namen nennt er nicht, den einen schon gar nicht.

Für Edzard Reuter besteht das Ziel in der Wiederherstellung des weltweiten Primats der Politik und keinesfalls in dessen bedingungsloser Aushändigung an den Markt. Das Primat der Politik bleibt für Reuter »unverzichtbar«, soll »der Grundgedanke eines demokratischen Staatswesens nicht in Frage gestellt werden«. Das Gemeinwohl müsse Vorrang vor den egoistischen Interessen des einzelnen haben. »Dies und nichts anderes ist die Aufgabe von Führungseliten, die einen solchen Namen verdienen. Die Zahl derer, die er bei seinen mahnenden Memoiren im Auge hat, ist begrenzt. Einer aber ist ganz bestimmt gemeint, wenn Reuter betont: »Diejenigen, die für Wirtschaftsunternehmen verantwortlich sind, zählen dazu.« Ganz bestimmt auch derjenige, der wie kein zweiter in Deutschland über Einfluß und Macht verfügt.

☆

Namen nennt keiner: Reuter nicht, wenn er Schrempp meint, Schrempp nicht, wenn er Reuter meint. Und doch ist offensichtlich, wer die Zielscheibe der jeweiligen Attacke ist. Der Graben zwischen dem vormaligen und dem derzeitigen Vorstandsvorsitzenden der Daimler-Benz AG ist derart tief, daß er nie wieder zuzuschütten sein wird. Neben dem inhaltlichen Dissens in Grundfragen der Globalisierung und in bezug auf die Werte der Wirtschaftspolitik verbindet die beiden Topmanager inzwischen ein beiderseitiges Unverständnis, das sich kaum so leicht wieder auflösen lassen dürfte.

Die unvergleichlich bessere Ausgangssituation hat sich Jürgen E. Schrempp auf Kosten von Edzard Reuter verschafft. Selbst wenn dieser noch tausendmal die Tugenden des Alters zitiert, wird er seinem ehemaligen Ziehsohn niemals vergeben können. Und Schrempp wird, selbst wenn er es versuchen sollte, was schon fraglich ist, den Schaden niemals beheben können. Die Trennung scheint irreversibel. Gewinner wird es in diesem Konflikt der Namenlosen nicht geben.

ZEHNTES KAPITEL

Schrempp
Superstar

Mister Ahnungslos in Amerika

»Sofort!«

Renate Schrempp über das Angebot ihres Mannes,
von Südafrika nach Cleveland umzuziehen.

»Hier gibt es nichts zu sanieren. Wir müssen uns
trennen.«

Jürgen E. Schrempp über Euclid zu Dr. Gerhard Prinz

Voll des Lobes, überschlagen sich die Berichterstatter über den
»Einstieg in die US-Produktion« und das »Vehikel für Mercedes in den USA«. Daimler-Benz erwerbe eine »Perle« – so das
euphorische Echo, das 1977 durch den deutschen Blätterwald
rauscht.

☆

Fünf Jahre später. Um 13.00 Uhr klingelt in der Schoeman Street
in Pretoria das Telefon. Am Apparat der Vorstandsvorsitzende
höchstpersönlich. Dessen Anweisung ist eindeutig: »Packen Sie

Ihre Koffer und fliegen Sie.« Der Mann läßt keine Zweifel an der Dringlichkeit seines Vorhabens aufkommen: »Und zwar sofort!« In aller Eile richtet Jürgen E. Schrempp das Nötigste, bucht den Nachtflieger und düst nach Deutschland. Um 8.30 Uhr landet die Maschine auf dem Stuttgarter Flughafen, zweieinhalb Stunden später schüttelt ihm Dr. Gerhard Prinz im dreizehnten Stock des Untertürkheimer Daimler-Hochhauses die Hand.

☆

Einmal mehr wird Schrempp ins kalte Wasser geworfen. Prinz konfrontiert den Technikvorstand der südafrikanischen United Car and Diesel Distribution (UCDD) mit höchst vertraulichen Fakten. In seiner ungeduldigen Art hört sich Schrempp die Hintergründe einer Firmengeschichte an, die allerdings um so interessanter wird, je tiefer ihm der Vorstandsvorsitzende der Daimler-Benz AG Einblick in die dramatische Situation gewährt. Am Ende ist ihm klar, warum ihn Dr. Gerhard Prinz in sein Büro zitiert hat: Nach Südafrika wartet auf Schrempp bereits die nächste Bewährungsprobe – diesmal in Cleveland am Südufer des Erie-Sees, im US-Bundesstaat Ohio.

☆

Mercedes-Benz verfügt im Nutzfahrzeugbereich bereits über eine breite Produktpalette. In den siebziger Jahren erzielt das Unternehmen in diesem Bereich einen höheren Umsatz als beim Verkauf von Pkws. Doch der Trend ist negativ: Der Nutzfahrzeugsektor verliert an Bedeutung, strategische Entscheidungen müssen getroffen werden. Der Vorstand zielt bei seiner Diversifikationspolitik auf einen Firmenkauf in den USA. Dabei soll nicht nur ein breiterer Marktzugang erreicht, sondern auch Erfahrungen mit neuen Managementmethoden gewonnen werden.

☆

Gerhard Prinz, unter dem Vorstandsvorsitzenden Joachim Zahn im Vorstand für die Materialwirtschaft zuständig, hat die Idee gehabt und selbst die Verhandlungen geführt: Daimler-Benz investiert in die Fertigung schwerster Grubenfahrzeuge, wie sie für den Transport von Kohle und Erdreich im Übertagebau

344

von Wyoming oder zum Abbau von Erdölschiefer benötigt werden.

Die Schwersttransporter mit einer Nutzlast von bis zu 170 Tonnen werden bei der Euclid Inc. in Buchanan, im US-Staat Michigan, produziert. Noch unter der Regie von Professor Zahn hat Daimler-Benz 1977 den amerikanischen Hersteller der sogenannten Off-Highway-Schwerstnutzfahrzeuge erworben. Die Erwartungen an das Euclid-Geschäft sind gewaltig, da es sich dabei um »unsere erste wirkliche Neuakquisition außerhalb Deutschlands« handelt. So Edzard Reuter, der darauf verweist, daß Daimler-Benz bis dato »immer nur Partner übernommen hat, die unsere traditionellen Produkte herstellten oder verkauften«.

☆

Längst hat die globale Entwicklung dem Daimler-Vorstand jedoch einen Strich durch die Rechnung gemacht. Seit den Erfahrungen der zweiten Ölpreiskrise 1981 herrscht in den USA Verunsicherung bezüglich der Nutzung von erdölhaltigen Schieferressourcen, deren Ausbeutung schlichtweg als zu teuer gilt. Zudem hat sich herausgestellt, daß weltweit in weitaus größerem Umfang als bislang angenommen Erdöllagerstätten existieren.

Und zu allem Übel, so die Sicht der Betroffenen bei Euclid, haben sich die arabischen Staaten in der OPEC mittlerweile über den Rohölpreis geeinigt. Am Ende geht der Schuß für Daimler-Benz nach hinten los. Der erhoffte Fahrzeugboom bleibt aus, Euclid steckt in einer tiefen Krise – und Schrempp soll retten, was nicht mehr zu retten ist.

☆

»An dieser Sache soll er zeigen, was er kann.« Mit diesen Worten soll sich der Daimler-Vorsitzende Joachim Zahn in vertrauter Runde über die Fähigkeiten seines Nachfolgers Prinz geäußert haben. Auf der Prinzschen Prioritätenliste steht die Lösung der Euclid-Probleme seither obenan. Schrempp bestätigt diese Einschätzung: Der Sanierung der hundertprozentigen Daimler-Tochter komme für Prinz »eine unheimliche Bedeutung« zu. Am Ende aber verläuft doch alles anders, als zu erhoffen gewesen wäre.

☆

Jahre zuvor hätte er angesichts eines solchen Angebots einen Luftsprung gemacht. Eine Auslandstätigkeit, allen voran in den Vereinigten Staaten, ist schon immer sein Ziel gewesen. Doch diesmal fällt die Offerte in eine Zeit, da er sich mit seiner Familie nach achtjähriger Tätigkeit in Südafrika eingelebt und vom National Service Manager zum Mercedes-Vorstandsmitglied für das Ressort Technik hochgearbeitet hat. Und es wartet eine Aufgabe auf Schrempp, die als besonders schwierig gilt.

So klingt das Angebot des Daimler-Vorstandsvorsitzenden nur bedingt verlockend. Die wirtschaftlichen Voraussetzungen für die neue Tätigkeit sind durchwachsen, die Chancen eines beruflichen Aufstiegs im Falle eines durchaus möglichen Scheiterns äußerst fraglich. Schrempp weiß selbst, daß er vom Land wie von der Materie keine Ahnung hat. Und zudem fühlt sich der 37jährige für die vor ihm liegende Aufgabe einfach zu jung und unerfahren.

☆

»Sollen wir nach Cleveland, Ohio, gehen?« Der Freiburger ist sich unsicher und sucht die Entscheidung hinauszuzögern. In seiner Not ruft der Manager seinen bedeutendsten »Partner« an: In den ganzen Jahren hat ihm seine Ehefrau auch mit geschäftlichem Rat zur Seite gestanden. Renate Schrempp muß erst einmal im Atlas sondieren, wo Cleveland liegt. Ihre erste Reaktion ist eher emotional begründet: »Sofort! Mit dem See in der Nähe sieht das aus wie Zürich.«

Zur Sicherheit telefoniert sie noch mit der US-Botschaft und erkundigt sich nach den Verhältnissen in Cleveland. Die Antwort fällt ernüchternd aus. »Das ist der Platz, wo die Flüsse brennen«, so die düstere Beschreibung einer schwer erträglichen Umweltverschmutzung. »Downtown Cleveland ist ein smoke-stack«, lautet die wenig verlockende Aussicht, in ein von gewaltigen Schornsteinen geprägtes Industrierevier umziehen zu sollen.

☆

In der Abwägung der Vor- und Nachteile spricht aus Schrempps Sicht mehr gegen als für den Wechsel nach Cleveland, und so sucht er Unterstützung bei Peter Emil Rupp. »Bring du Prinz bei, daß ich noch nicht soweit bin«, bittet Schrempp den noch amtierenden Euclid-Chef. Denn »ich hatte von den USA keine Ahnung. Ich hatte von Off-Highway-Trucks keine Ahnung. Und«, so der spätere Vorstandsvorsitzende der DaimlerChrysler AG, »ich fühlte mich noch zu jung.«

Rupp, angesichts der angespannten Geschäftslage an einem Wechsel nicht uninteressiert, sagt seine Mithilfe zu und unternimmt das genaue Gegenteil: »Schrempp ist der absolut richtige Mann«, teilt er dem Vorstandsvorsitzenden in Untertürkheim mit und verweist auf dessen Auslandserfahrung sowie sein Talent, Probleme direkt anzugehen.

☆

Der Einstieg in den US-Markt ist selbst im Vorstand nicht unumstritten. Bereits ein Jahr zuvor, am 1. März 1981, hat Prinz beim dritten Spitzentreffen mit dem Verkäufer Ray O'Brian die Freightliner Corporation in Portland, Oregon, übernommen, einen Produzenten von Schwerlastkraftwagen. Der Erfolg ist vor allem auch dem Engagement von Gerhard Liener zu verdanken, der erst den Widerstand von Edzard Reuter überwinden muß.

☆

Gerhard Prinz hat keinen Hehl daraus gemacht, warum er sich gerade Schrempp aussucht, um die marode Daimler-Tochter auf Vordermann zu bringen: Er habe »den Eindruck, daß Jürgen Schrempp mit seiner analytischen Art, die Probleme mit seiner Mischung aus Frechheit, Direktheit und Ehrlichkeit anzugehen und zugleich Lösungsvorschläge zu machen«, Euclid retten könne. Zudem stammt Schrempp aus der Nutzfahrzeugabteilung des Unternehmens und hat sich in Südafrika als Mann für besonders knifflige Aufgaben empfohlen – so jedenfalls Gerhard Lieners Argumente, der Prinz auf den UCDD-Vorstand aufmerksam macht.

Während Rupp – erwartungsgemäß – an die Spitze von Freightliner wechselt, stellt Schrempp – eher überraschend – seine Vorbehalte hintenan und gibt dem Drängen des Vorstandsvorsitzenden nach. Am 15. September 1982 scheidet der Freiburger aus dem Vorstand der UCDD aus, zieht mit seiner Familie nach Ohio und tritt im Folgemonat sein neues Amt als Präsident der Euclid Inc.

an. Die dortige Aufgabe heißt Sanierung – keinesfalls aber Verkauf.

☆

Bereits 1981 kann Euclid nur noch wenige seiner riesigen Lastwagen verkaufen. In den USA sackt die Konjunktur in den Keller, die Preise purzeln, und der Markt bricht auf ein Viertel der Kundschaft zusammen. Zeitgleich setzt der Dollar zu immer neuen Höhenflügen an, was den Wert der in den USA produzierten Fahrzeuge erhöht und deren Export – immerhin zwei Drittel des Gesamtgeschäfts – massiv beeinträchtigt. Hat Euclid 1981 immerhin noch 604 Kipper produziert, so werden unter dem Chairman Schrempp 1983 weniger als vierhundert gefertigt. »Viele Märkte sind wie ausgetrocknet«, stöhnt ein sichtlich entnervter Gerhard Prinz.

☆

Die »wahrhaften Kraftpakete« verfügen über einen »besonders sinnlichen Reiz«, der »manches Mal die Nüchternheit des Urteils beeinträchtigen konnte«. So Edzard Reuters Erklärung über seinen ersten Eindruck der gewaltigen Schwersttransporter, den er als »blendend« empfindet. Mit jedem Monat zeigt sich deutlicher, daß der Daimler-Vorstand eine Fehlinvestition getätigt hat. Im harten Konkurrenzkampf erweist sich der japanische Anbieter Komatsu Ltd. als übermächtig.

Auch der Versuch der Neuentwicklung von Fahrzeugen scheitert, zudem mißlingt die Neuordnung der Produktionsstrukturen. »Euclid hatte fast mehr Verluste als Umsatz«, stellt MBSA-Chef Christoph Köpke nüchtern fest. Euclid muß Beschäftigte entlassen, im Jahr eins unter Schrempp sind es noch 1151 Mitarbeiter, die gerade mal noch 188 Millionen Dollar umsetzen.

Über ein Jahr müht sich Jürgen E. Schrempp vergebens. Doch die Bilanzen werden immer defizitärer, die Talfahrt setzt sich rasant fort. 1982 weist Euclid einen »wirklichen Verlust« aus, wie Prinz zugibt. Als der Freiburger erkennen muß, daß das »Projekt Sanierung« auf verlorenem Posten steht, führt er in seiner typischen Art eine Vollbremsung durch.

☆

348

Es gebe nichts zu sanieren, sagt Schrempp. Der Freiburger ist keiner, der um den heißen Brei herumredet: »Wir müssen uns trennen«, so seine harte Entscheidung. Entsprechend hart trifft die folgenschwere Feststellung den Vorstandsvorsitzenden. Der Versuch, die US-Tochter zu retten, sei absolut aussichtslos, teilt der Euclid-Chairman seinem Chef unter vier Augen unmißverständlich mit. Schrempps eindeutiger Rat heißt: Stoßen Sie die Firma ab. Dabei ist er sich durchaus dessen bewußt, daß Daimler-Benz nie zuvor einen Unternehmensbereich veräußert hat. Und er geht ein beträchtliches Risiko ein: Denn mit dieser Aussage sägt er an dem Ast, auf dem er selbst sitzt: Daimler ohne Euclid bedeutet zugleich Schrempp ohne Job.

☆

Was sagen die aktuellen Zahlen? Gibt es keinen Ausweg? Wo liegt die Alternative? Was müssen wir investieren? Ein immer blasser werdender Daimler-Chef hakt penetrant nach, stellt immer neue Fragen, in der Hoffnung, einen Ausweg zu finden. Dennoch verkneift er sich gegenüber seinem vermeintlichen Hoffnungsträger jegliche kritische Bemerkung. Am Ende dieser intensiven Diskussion aber muß er gegenüber seinem Vertrauten eingestehen: »Sie haben recht, Herr Schrempp. Aber wir verkaufen im Stil der Daimler-Benz AG.« Und das heißt für ihn »Schutz der Mitarbeiter«.

☆

In die Geheimverhandlungen ist gerade mal ein Trio direkt involviert: der Beteiligungsvorstand Dr. Gerhard Liener, Dr. Gerhard Prinz und Jürgen E. Schrempp. In kürzesten Abständen ruft der Vorstandsvorsitzende beim Chairman der Euclid Incorporation an, um sich nach dem aktuellen Stand zu erkundigen. Mit gleich drei verschiedenen Geschäftspartnern führt der Freiburger Verkaufsverhandlungen. Ende Oktober 1983 will er dem Daimler-Chef den Draft Contract, den eigentlichen Vertragsentwurf, vorlegen. Doch dazu wird es nie kommen.

Völlig überraschend stirbt Dr. Gerhard Prinz am Nachmittag des 29. Oktober 1983. Schrempp, der in der Phase des Euclid-Verkaufs zumindest täglich mit ihm telefoniert hat und fortwährend über den Atlantik hin und her gejettet ist, fühlt sich von der Nachricht »menschlich umgeworfen«. Er weiß, daß dem Daimler-Vorstand wie ihm selbst gleichermaßen harte Monate bevorstehen. Ein neuer Vorsitzender muß bestimmt und – für Schrempp entscheidend – der Euclid-Deal zu einem möglichst erfolgreichen Abschluß gebracht werden.

Von nun an muß der Euclid-Chef seinen Part ohne die Mithilfe seines vormaligen Vorgesetzten erledigen. Er ist auf sich selbst gestellt – und wickelt seine Vertragsverhandlungen dennoch geschickt ab.

☆

Als James D. Rinehart, Chef der Clark Equipment Company, in Untertürkheim seine Aufwartung macht, wird er durch Professor Werner Breitschwerdt ausgesprochen herzlich empfangen. In Untertürkheim ist man froh, daß angesichts der desaströsen Lage überhaupt ein Käufer gefunden werden kann. Und auch Rinehart signalisiert eine gewisse Freude: Mit Euclid erwirbt er eine sinnvolle Erweiterung der Clark-Produktpalette, die von Achsen, Getrieben, Baumaschinen bis hin zu fördertechnischen Produkten reicht. Und zu dem günstigen Kaufpreis passen die Euclid-Muldenkipper ganz gut ins Programm.

Im Gegenzug erwirbt die Daimler-Benz AG eine fünfprozentige Beteiligung am Kapital des US-Baumaschinenkonzerns im Wert von 30 Millionen Dollar, nach aktuellem Börsenkurs rund 84 Millionen Mark. Für exakt denselben Betrag hat Daimler Euclid sieben Jahre zuvor erworben. Dagegen sind die beiden Kapitalerhöhungen der Schrempp-Jahre 1982 und 1983 in Höhe von je 40 Millionen Dollar endgültig verloren. Und die eigentliche Abfindung fällt derart mager aus, daß Jürgen E. Schrempp deren Höhe erst gar nicht veröffentlicht.

☆

Das US-Geschäft der Daimler-Töchter floriert, die Wachstumsstrategie zeigt immense Erfolge. Im Nutzfahrzeugbereich kann die Freightliner Corporation eine äußerst vielversprechende Aufwärtsentwicklung melden: 1983 steigt die Produktion um sensationelle 50 Prozent auf 12 000 der über fünfzehn Tonnen schweren

Lkws. Der erfreuliche Auftragsbestand sichert die Auslastung und damit die Beschäftigung von 4800 Mitarbeitern.

Auch das Pkw-Geschäft floriert. Trotz eines Durchschnittspreises von deutlich über 30 000 Dollar können 1983 allein in den USA mehr als 70 000 Luxuslimousinen verkauft werden. Für die kommenden sechs Jahre wird sogar ein Jahresverkauf von 100 000 Nobelautos prognostiziert. Die US-Importfirma Mercedes-Benz of North America setzt mittlerweile rund sechs Milliarden Mark im Jahr um.

Einzig Euclid ist am Ende, nicht aber Jürgen E. Schrempp.

☆

Als Rinehart und Breitschwerdt am 5. Januar 1984 das Euclid-Vertragsclosing unterzeichnen, herrscht allseits Zufriedenheit. Auch beim Euclid-Chef, der aus einer verfahrenen Situation noch das Beste herausgeholt hat – auch wenn es nicht sonderlich viel gewesen ist.

Ein Hamburger Politmagazin kommentiert trocken: Der jetzt gefundene Weg der fünfprozentigen Clark-Beteiligung sei »nur eine Notlösung«, das US-Unternehmen erwerbe Euclid »praktisch zum Nulltarif«. Alles in allem müssen Schrempp und der Daimler-Finanzchef Reuter einen Gesamtverlust in Höhe von rund hundert Millionen Mark verbuchen. Das Euclid-Investment kann getrost als gescheitert betrachtet werden.

☆

Sein Auftrag ist eindeutig gewesen: Bringen Sie Euclid aus den roten Zahlen, erzielen Sie Gewinne. Dieser Aufgabenstellung ist Schrempp keinesfalls gerecht geworden. Im Gegenteil: Als Chairman hat er die Euclid Incorporation verkauft und nicht saniert. Doch wer glaubt, der Deutsche verlasse die Vereinigten Staaten als Verlierer, irrt gewaltig.

Typisch Schrempp ist vielmehr, daß er aus Situationen als Sieger hervorgeht, in denen andere als gescheitert gelten. Euclid ist nur ein Beispiel einer langen Kette beruflicher Teil- und Mißerfolge, die ihn von den roten Zahlen in Südafrika über das Desaster der Dasa und die von ihm mitverschuldete Fehlakquisition von Fokker an die Spitze des Gesamtkonzerns führt. Der Schlüssel seines Erfolgs liegt dabei weniger in der wirtschaftspolitischen Bilanz seiner Arbeit. Zum guten Teil ist es seine unnachahmliche Art, anderen seine Situation so darzulegen, daß diese glauben, man hätte gar nicht anders handeln können, und sie hätten an seiner Stelle genau gleich entschieden. Schrempp ist ein Winnertyp, ein Weltmeister der Werbung – vor allem für sich selbst.

☆

Herbert Henzler, bis zum Herbst 1998 Chairman der deutschen Niederlassung der Unternehmensgruppe McKinsey, sieht in »Jürgen E. Schrempp den troubleshooter bei Euclid«.

»Herr Schrempp hat Euclid mit außerordentlichem Geschick verkauft und dabei einen guten Deal gemacht.« So Professor Werner Breitschwerdt, auch er voll des Lobes über die Schremppschen Fähigkeiten als Problemlöser: »Der Käufer hat seine Angebotspalette erweitert«, und, was aus Sicht des Prinz-Nachfolgers noch entscheidender ist: »Wir haben unsere Palette losbekommen, die alleine dastand.« Breitschwerdt erinnert sich noch heute daran, daß das Euclid-Vertragsclosing – seine erste Amtshandlung als neuer Vorstandsvorsitzender – von Schrempp optimal vorbereitet worden ist. »Verkaufen ist immer schwieriger als kaufen«, würdigt der Prinz-Nachfolger die Leistung des Freiburgers noch heute. Dessen Verkaufsverhandlungen und der folgende Wechsel nach Südafrika stellen »meine erste Wahrnehmung von Jürgen Schrempp« dar.

☆

Die Belohnung für das vermeintlich erfolgreiche US-Engagement erfolgt stante pede: Der Euclid-Chef wird am 1. April 1984 zum stellvertretenden Vorstandsmitglied der Mercedes-Benz of South Africa ernannt – und der Siegeszug des Jürgen E. Schrempp nimmt seinen Lauf.

Werner Breitschwerdt hat nicht vergessen, daß Schrempp die schwierigen Verhältnisse in Pretoria und in Cleveland aus seiner Sicht bestens gemanagt hat: »Ich schlug vor«, so der damalige Daimler-Chef, »daß Schrempp Vorstand für den Nutzfahrzeugbereich werden sollte.«

In seinen Memoiren würdigt auch Edzard Reuter die Leistungen von Jürgen E. Schrempp als Chairman der Euclid Inc. in höchsten Tönen: »Doch alles fruchtete nichts. Auf Vorschlag von Gerhard Prinz mußten wir uns 1983 entschließen, unsere Erwerbung wieder abzugeben. Mit dem Verkauf von Euclid an die Firma Clark«, so der Berliner, »fand die Episode kurz nach seinem Tod ihren endgültigen Abschluß.« Kein Wort über Schrempp. Deutlicher kann Reuter nicht sagen, was er von dessen Engagement in den USA hält.

Bequeme Zeiten

>»The winners ... will be those who search out and
participate in the real growth industries and insist
upon being number one or number two in every
business they are in ...«

Jack F. Welch, Chairman von General Electric

>»Wir sind die Nummer 1 im relevanten Pkw-Geschäft,
wir sind die Nummer 1 bei Nutzfahrzeugen über
sechs Tonnen, wir sind die Nummer 1 im Bahnbereich
und die Nummer 2 im Flugzeuggeschäft.«

Jürgen E. Schrempp, Vorsitzender der Daimler-Benz AG

E in Journalist will mit John F. Welch jr. ein Interview führen.
Jack, wie nicht nur seine Freunde den Amerikaner nennen,
greift zum Telefonhörer. »Do you want me to do that? – Meinst du,
ich soll das tun?« lautet die Frage an seinen Freund und Vertrauten in Deutschland. Der stimmt zu, das Treffen mit dem Journalisten des *Headhunter Magazine* findet statt.

Der Draht, der die beiden verbindet, ist intensiv. »Unser Verhältnis ist sehr freundschaftlich«, sagt Schrempp. Kein Wunder,
daß sie sich so gut verstehen, haben sie doch vieles gemeinsam:
die Rigorosität des Handelns sowie eine gewisse Härte gegen sich
und andere.

»Die Mitarbeiter gehen für Jack Welch durchs Feuer«, sagt
Schrempp. Zumindest die verbliebenen Beschäftigten, sollte er ergänzen, denn was der Daimler-Chef an Entlassungen durchgesetzt hat, kann der Mann im Rockefeller Center in New York schon
lange. Als Welch seinen Job bei General Electric (GE) antritt, arbeiten dort 412 000 Menschen. Mit harter Hand reorganisiert
Welch das Unternehmen. Am Ende bleiben gerade mal 222 000 Beschäftigte übrig – so schonungslos hat in Deutschland keiner der
Schrempps saniert.

☆

Noch etwas verbindet die beiden: ihre Schwierigkeiten mit dem Job und ihre Ziele. »Wir mußten Betriebe verkaufen und Leute entlassen. Das war schmerzhaft für jeden und der schlimmste Teil meines Jobs«, empfindet Welch. »Daß heute Leute entlassen werden, macht mich betroffen. Da hängen Existenzen dran, ganze Familien«, empfindet Schrempp.

»Wir haben den Leuten anständige Abfindungen gezahlt«, beteuert Welch, »und wir haben niemanden so einfach auf die Straße geworfen.« Und Schrempp? Der beteuert: »Personalabbau ist nicht unser erstes Ziel«, unumgängliche Entlassungen »werden wir aber fair regeln«.

»Wenn Sie Shareholder value schaffen wollen, müssen Sie vor allem zufriedene und motivierte Mitarbeiter haben«, betont Welch. »Nur mit motivierten, gut ausgebildeten und einfallsreichen Mitarbeitern können wir hervorragende Produkte herstellen«, betont Schrempp.

»Heute stellen wir wieder Leute ein«, verkündet ein stolzer Welch. »Ich bin sicher, daß wir in diesem Jahr im Konzern wieder 2000 bis 4000 zusätzliche Stellen schaffen können«, verkündet ein ebenso stolzer Schrempp im Frühjahr 1998.

General Electric in den USA ist Daimler-Benz in Deutschland: von den knallharten Rationalisierungsprogrammen über die lukrativen Aktienoptionen für die Mitarbeiter bis hin zum massiv gesteigerten Börsenwert. Und der Jack Welch Deutschlands, das ist der Jürgen E. Schrempp der USA. »Ich sehe, daß es in Deutschland dramatische Veränderungen gibt«, lobt der Amerikaner die Maßnahmen deutscher Konzernvorstände und nennt dabei ausdrücklich die Daimler-Benz AG. Welch habe den »Mut zur Durchsetzung«, lobt der Deutsche die Maßnahmen des Amerikaners.

☆

Welchs Philosophie ist so einfach wie radikal. »Wir mußten schneller, wendiger und wettbewerbsfähiger« werden, verrät er sein Erfolgsrezept und legt die Meßlatte entsprechend hoch: Wir müssen »die Nummer eins oder zwei in jedem Geschäftsfeld sein, in dem wir aktiv sind«. Als der aus Massachusetts stammende John F. Welch als 45jähriger im April 1981 zum jüngsten Chief Executive Officer und Chairman des US-Konzerns GE aufsteigt, sind ausschließlich die Bereiche Flugzeugmotoren und Kunststoffproduktion global orientiert. Vierzehn Jahre danach, in dem Jahr, als Schrempp zum Vorstandsvorsitzenden von Daimler-Benz avanciert, rangiert GE in zwölf Geschäftsfeldern im weltweiten Vergleich der jeweiligen Märkte auf Platz eins oder zwei.

Dem will der Deutsche um keinen Deut nachstehen. »Jedes Unternehmen muß rentabel, effizient, auf den Märkten erfolgreich, innovativ und profitabel sein«, so Schrempp. »Wir wollen auf unseren Kompetenzfeldern die Weltbesten sein, und nichts weniger«, heißt die identische Zielvorgabe des Daimler-Benz-Vorsitzenden.

Und auch Welchs Philosophie ist die des Jürgen E. Schrempp, das daraus resultierende Handeln in vielem vergleichbar. In der »Hardware Phase« der achtziger Jahre räumt Welch radikal auf: 350 Geschäftsfelder werden auf dreizehn High-Tech- und Dienstleistungsbereiche reduziert. Für 15 Milliarden Dollar verkauft Welch ganze Werke, für 24 Milliarden Dollar errichtet er neue oder akquiriert, was seiner Zielsetzung dient. Für viele Beobachter ist dabei überraschend, daß gesteigerte Produktivität, erhöhter Umsatz und Gewinn mit immer weniger Mitarbeitern erreicht werden.

☆

Für das Jahr 1995 kann der GE-Chairman einen Umsatz von 70 Milliarden Dollar und Nettogewinne in Höhe von 6,6 Milliarden Dollar vermelden. Als Jürgen E. Schrempp im selben Jahr vom Münchner Dasa-Chef zum Möhringer Daimler-Vorsitzenden aufsteigt, verzeichnet der Konzern bei einem Jahresumsatz von 103 Milliarden Mark ein Rekorddefizit in Höhe von 5,7 Milliarden Mark.

Doch zu diesem Zeitpunkt hat der Freiburger die Weichen zur Weiterentwicklung des Daimler-Portfolios längst gestellt. Unmißverständlich fordert Schrempp von Vorstand wie Aufsichtsrat Deinvestitionen der von ihm als »Hauptverlustbringer« klassifizierten Unternehmensbereiche Fokker, Dasa-Luftfahrt, Teile der AEG sowie die Unimog-Sparte. In einem parallel verlaufenden Prozeß intensiviert der Vorstand sein Portfoliomanagement. »Wir konzentrieren uns auf die Profitabilität« der Geschäftsfelder und

auf den »Strategic Fit zu den Kernkompetenzen und Kernge-
schäften des Konzerns«, lautet die neue Linie, mit der ein ver-
schlanktes, hocheffizientes und in allen Bereichen optimal aufeinander abgestimmtes Unternehmen geschaffen wird.

☆

Den deutschen Aufsichtsräten weht ein amerikanischer Sturm ins
Gesicht, als ihnen Jürgen E. Schrempp den aktuellen Stand des
Portfolioprozesses vor Augen führt. »Wir wollen uns«, so der
Daimler-Chef in der Sitzung am 8. November 1995, »auf unsere
Geschäfte konzentrieren, von denen wir etwas verstehen.« Einzig
die Aktivitäten »mit einer langfristigen sustainable profitability«
würden weitergeführt. »Und wir werden unsere internationale
Wertschöpfung steigern«, kündigt der Daimler-Vorsitzende in der
ihm eigenen Forschheit an: Durch die »Eroberung neuer Märkte«
mit bereits bestehenden Produkten, durch »Produktinnovation in
etablierten Märkten« sowie die »Entwicklung neuer Produkte«
für die Emerging Markets, beispielsweise in Südostasien.

Schrempp weiß um die Sorgen seiner Betriebsräte. Um den zehn
Arbeitnehmervertretern im Aufsichtsrat vorweg den Wind aus
den Segeln zu nehmen, betont er sogleich, daß die Restrukturierung des Portfolios »nicht notwendigerweise den Transfer unserer Arbeitsplätze ins Ausland« bedeute. Auch der deutsche Markt,
verkündet er gewerkschaftsverträglich, biete Potentiale, die es
zukünftig weiter zu nutzen gelte. Außerdem »werden wir die Be-
legschaftsvertreter in inzwischen bewährter Weise einbinden«.

Der Software folgt die Hardware, den netten Worten der Kern
der künftigen Konzernstruktur. Deren Überprüfung führte zu
einer Reihe weiterer Deinvestitionsmaßnahmen, die im Ergebnis
zum Verkauf von Unternehmensteilen und in verschiedenen Fällen zur Entlassung Tausender Beschäftigter führen werden. Neben den bekannten Beispielen – von der AEG Schneider Automa-
tisierung über Regioprops bis hin zu der vormals weltweit erfolgreichen Medizintechnik – stehen auch die Anlagen- und Automatisierungstechnik, die Energieverteilung sowie der mit BMW in
harter Konkurrenz stehende Antriebsbereich der Luftfahrt auf seiner Abschußliste.

☆

Daimler-Benz 1995, das ist ein Konzern im Umbruch. Schrempps Zwischenergebnis bei der Portfolioanalyse stellt die Stärken des Konzerns heraus: Beim Schwerpunkt »Mobilität und verbundene Dienste«, habe das Unternehmen die Kapazitäten und die Kompetenz, alle Kundenprobleme und Marktbedürfnisse beim Verkehr und Transport »zu Straße, Schiene und Luft ganzheitlich zu lösen«. Einzig die »volle Breite aller Verkehrsträger« erlaube es, zusätzliche Systemlösungen »für die dringenden Verkehrsprobleme anzubieten«: von Verkehrssystemen für die Städte bis hin zu Logistikkonzepten für die Fracht. Mittels der verbundenen Systeme könnten Verkehrstelematikprojekte, Flughafensysteme oder Verkehrsabrechnungssysteme erfolgreich umgesetzt werden. Stolz verkündet der Daimler-Chef seinen Aufsichtsräten: »In diesem Bereich verfügen wir über ein Spektrum von Aktivitäten, das in dieser Breite von keinem anderen Unternehmen weltweit erreicht wird.«

☆

Wie immer man das Werk des Mannes an der GE-Spitze bewerten mag – Schrempp hat viel von ihm gelernt. Das neue Daimler-Portfolio trägt die Handschrift der Radikalsanierer vom Schlage eines Welch oder Schrempp. »Die zukünftige Strategie ist klar und eindeutig«, kennzeichnet der Möhringer Konzernchef den Weg zum Modell Daimler 2000. Im neuen Jahrtausend wird das Unternehmen neben »einer tragfähigen Position bei den verbundenen Geschäften« die »umfassende Rolle als Mobilitätskonzern« erfüllen. Auf diesem Weg hat sich die Daimler-Benz AG bereits Jahrzehnte zuvor erfolgreich bewegt. Doch die Ära Reuter mit ihrer Politik des zögerlichen Hinhaltens und des unaufrichtigen Zweckoptimismus ist vorbei. Was folgt, ist die Ära Schrempp, geprägt von konsequenten Entscheidungen und einer beträchtlichen Portion Rücksichtslosigkeit. Vorbei ist die Phase wilder Akquisitionen jenseits der Automobilsparte, beerdigt ist der »integrierte Technologiekonzern« des letztlich gescheiterten Edzard Reuter.

☆

»Wir beschränken uns auf das, was wir leisten können«, propagiert Welch-Fan Schrempp und verkündet stolz, in welchen Geschäftsfeldern Daimler schon heute die globale Nummer eins oder Nummer zwei ist. Es lebe die Vergangenheit des Mobilitäts-konzerns, ergänzt und aufgefrischt durch die Ansprüche eines global denkenden und handelnden Daimler-Vorsitzenden. Der Sanierer Schrempp ist der Globalisierer Schrempp. Mit ihm kommen die gemütlichen Zeiten der Internationalisierung an ihr abruptes Ende. Wohin der Weg weist, ist schon heute klar: »Wir werden einmal auf die neunziger Jahre zurückblicken und sagen: Mensch, waren das bequeme Zeiten«, prophezeit Jack Welch.

Globus Gamma

»Der Schrempp ist echt stolz; der hat mindestens
einen Zentimeter über dem Boden geschwebt.«

*Teilnehmer der außerordentlichen
Aufsichtsratssitzung vom Mai 1998*

»Vor fünfzehn Jahren hatten wir noch vierzig unab-
hängige Hersteller, jetzt haben wir achtzehn, und in
zehn Jahren werden wir etwa die Hälfte haben.«

Jürgen E. Schrempp im Mai 1998

D ie Einladung ist eine Woche zuvor eingetrudelt, und kaum
einer weiß so recht, was eigentlich los ist. Es kommt nicht oft
vor, daß der Aufsichtsrat zu einer außerordentlichen Sitzung – zumal ohne ersichtliche Tagesordnung – zusammengetrommelt
wird. Am ehesten hätte man noch die Eskapaden des Jürgen Hubbert als Anlaß nehmen können, um über die Sinnhaftigkeit eines
neuen Pkw-Werkes informieren und Hubbert gegebenenfalls kor-
rigieren zu können. Als der Mercedes-Manager wenige Tage vor
dieser Sondersitzung mit der Idee vorprescht, angesichts der beträchtlich angestiegenen Wartezeiten bei Fahrzeugbestellungen
eine neue »Spitzenlastfabrik« zu bauen, bricht hinter den Kulissen
heilloses Entsetzen aus.

Nicht nur dem völlig überraschten Pressechef Christoph
Walther bleibt da die Spucke weg. Wenn es ein neues Werk geben
sollte, hätte der Leiter der Unternehmenskommunikation eine
großangelegte Pressekonferenz anberaumt, um die frohe Botschaft zu verkünden – wobei sich allerdings ein Schrempp solche
Bonbons in der Regel nicht nehmen läßt. Auch bei den Vorstandskollegen haben Hubberts eigenwillige Gedankenspiele für beträchtliche Unruhe gesorgt. »Ich bin aus allen Wolken gefallen«,
soll, einem Aufsichtsratsmitglied zufolge, Heiner Tropitzsch gesagt haben, als er in seiner Funktion als Arbeitsdirektor bei einer

Sitzung des europäischen Gesamtbetriebsrats in Möhringen seinen Personal- und Sozialbericht abgegeben hat.

☆

6. Mai 1998. Punkt 17.00 Uhr begrüßt Hilmar Kopper die versammelten Vorstands- und Aufsichtsratsmitglieder zu einer denkwürdigen Zusammenkunft in der Möhringer Konzernzentrale, die wie keine andere das Attribut »sensationell« verdient. Da können selbst die außerordentlichen Januar-Sondersitzungen der Jahre 1996 und 1997 nicht mithalten, als der Fokker-Verkauf und das neue Portfolio zur Disposition standen.

Intensiv kostet der große Triumphator seinen Erfolg aus – stolz auf sich und sein Team, das über ein Vierteljahr hinweg top-secret mit den Partnern in den USA verhandelt hat. Lediglich zu acht haben sie konzipiert und diskutiert, geplant und gestritten: auf der einen Seite Jürgen E. Schrempp, Eckhard Cordes und Rüdiger Grube; ihnen gegenüber saßen Robert J. Eaton, Chrysler-Finanzchef Gary C. Valade und der Treasurer Thomas P. Capo. Zudem sind die beiden Investmentbanker Alexander Dibelius auf der Daimler- und Steve Bott auf der Chrysler-Seite hinzugezogen worden.

Der Augenblick ist gekommen, da Schrempp die Bombe von der Fusion der Daimler-Benz AG mit der Chrysler Corporation, dem drittgrößten Automobilkonzern der Vereinigten Staaten, platzen läßt.

☆

Ein grünes Auto vor blauem Grund. Der studierte Flugzeugbauer Dr. Rüdiger Grube steht auf Andy Warhols Siebdruck des Silberpfeils. Ein anderes Bild aber gibt die Stimmungslage viel treffender wieder, die den gebürtigen Hamburger an diesem Mittwochabend beseelt: In seinem Besprechungszimmer hängt die Abbildung einer wolkenfreien Erde. Zusammengesetzt aus unzähligen Satellitenbildern, zeigt das Foto, was den Abteilungsleiter für Konzernstrategie bewegt.

Den Globus fest im Visier, gilt es einen unglaublichen Erfolg zu feiern. Jetzt zeigt es sich, wie wichtig es gewesen ist, daß unter Schrempp allein in einem Jahr 60 Prozent der Mitarbeiter in der

Konzernstrategie ausgewechselt worden sind. Das neue Team müsse »eine Kaderschmiede« werden, hat Grubes Vorgabe gelautet. In Sachen Fusionsverhandlungen haben Dr. Eckhard Cordes und er in den vergangenen Wochen Schwerstarbeit verrichtet.

»Der ist ein riesiger Stratege«, bekundet einer der Aufsichtsräte anerkennend. Denn ohne Cordes und Grube wäre der Megadeal längst nicht so erfolgreich verlaufen.

☆

Zufrieden lehnt sich Schrempp in seinem Ledersessel zurück. Hilmar Kopper übergibt das Wort an Eckhard Cordes, im Vorstand zuständig für direkt geführte industrielle Beteiligungen. Cordes stellt den noch immer überrascht dreinschauenden Aufsichtsratsmitgliedern die Grundzüge des neuen DaimlerChrysler-Konstrukts vor: das Führungsduo, die Zusammenlegung der Vorstände und der Aufsichtsräte, zwei Zentralen – eine in Möhringen und eine in Auburn Hills.

Zuletzt spricht Jürgen Hubbert, der im künftigen Daimler-Chrysler-Vorstand für den Fahrzeugbereich der Stuttgarter verantwortlich zeichnet. Vom Erfolg überwältigt, verkündet der Mercedes-Mann die Perspektiven des Zusammenschlusses der beiden traditionsreichen Automobilkonzerne.

☆

Schrempps Naturell läßt kaum Zweifel zu. Immerhin gesteht er, daß die Integration der beiden Unternehmenskulturen eine große Herausforderung für das Management sei. Die Chrysler Corporation gilt als das am patriotischsten geführte amerikanische Automobilunternehmen, das in früheren Jahren schon mal mit dem Slogan geworben hat: »Americans buy american.« Im nächsten Satz wischt der Freiburger dennoch sämtliche Bedenken vom Tisch, denn »ich bin sicher, daß wir es schaffen werden«. Dabei grinst er wie immer extremst gewinnend.

☆

Von zehn auf siebzehn? Im Kontrollgremium blickt so manch einer ungläubig in die Runde. Gerade ist den Aufsichtsräten mitgeteilt worden, daß der erst vor zwei Jahren auf zehn Mitglieder verminderte Daimler-Vorstand bald auf nahezu den doppelten Umfang aufgebläht werden wird. Leidet da nicht die Flexibilität?

»Das sind doch fast zwei Fußballmannschaften«, ruft einer in die Runde. Hilmar Kopper nimmt die ganze Sache auf die eher leichte Schulter: Dann sitzen die Herren in Doppelreihen, witzelt der Aufsichtsratsvorsitzende. Bei Siemens seien es sogar vierundzwanzig gewesen. Daß die Pierer-Riege heute auch nur zwölf Köpfe umfaßt, interessiert in diesem Augenblick reichlich wenig.

☆

Kaum macht die Kunde von der Elefantenehe die Runde, explodieren die Aktienkurse auf der einen und purzeln sie auf der anderen Seite des Globus. In Wall Street wächst der Wert der American Depositary Receipts dank Daimler und Chrysler um sieben auf 109 Dollar, die Aktien der Chrysler Corporation um sechs auf 47 Dollar. Auch die Daimler-Aktie legt schlagartig um 7,7 Prozent im Deutschen Aktienindex zu – Tendenz stark steigend. Dagegen büßen die Aktien in Tokio zeitgleich mehr als 2 Prozent ein.

☆

Daimler-Chrysler! Wenn sich Jürgen E. Schrempp etwas in den Kopf gesetzt hat, dann ist mit ihm nicht gut Kirschen essen. Die Frage der Beteiligungsverhältnisse ist geklärt und auch wer das Sagen hat. Daimler-Chrysler – oder es werde die Fusion nicht geben. Schrempp geht aufs Ganze und riskiert viel. Robert Eaton ist ein erfahrener Manager, keine leicht zu knackende Nuß. Chrysler-Daimler-Benz: die amerikanische Marke vorneweg , der deutsche Doppelname dafür vollständig. Schrempp ist das zuwenig. Er kann nicht hintenan stehen – nie und nimmer. Die Verhandlungen ziehen sich tief in den Montagabend hinein. Und hätte Chrysler-Boß Eaton nicht nachgegeben, der Megadeal wäre am Namen gescheitert. Mit einem Schrempp ist wirklich nicht gut Kirschen essen.

☆

In zehn Jahren wollen wir unseren Umsatz verdoppeln, hat Jürgen E. Schrempp im Frühling 1998 einer staunenden Öffentlichkeit versprochen. Abgesehen von wenigen Insidern im Führungsteam der Beteiligungsexperten Eckhard Cordes und Rüdiger Grube, weiß zu diesem Zeitpunkt noch niemand, daß Jürgen E. Schrempp und seine Crew seit knapp drei Monaten intensivste Verhandlungen mit der Nummer drei der US-Automobilkonzerne über eine mögliche Elefantenehe führen und bereits der Termin auf dem Standesamt vereinbart wird.

Zusammen mit der Chrysler Corporation erreicht die Daimler-Benz AG 1998 aus dem Stand mehr als das Zweifache des bisherigen Umsatzes: 154 Milliarden Dollar. Doch wer Jürgen E. Schrempp kennt, der wird sich wenig wundern, wenn er alsbald eine Verdoppelung in der kommenden Dekade verspricht – per Übernahme weiterer renommierter Automobilunternehmen, versteht sich.

☆

Die Chrysler Corporation ist keinesfalls Schrempps Love-Baby gewesen. Hätten sich die Vorstellungen des Daimler-Vorsitzenden und die seines Verhandlungspartners Alex Trotman unter einen Hut bringen lassen, dann hieße der neue Global Player heute Ford-Daimler-Benz.

Seit Ende 1997 ist es zu mehreren höchst vertraulichen Treffen gekommen. Bei einer zweitägigen Zusammenkunft von Führungskräften standen bereits Feinheiten zur Abstimmung an. Die Vertreter beider Firmen, die bei der Brennstoffzellentechnologie bereits erfolgreich zusammenarbeiten, kennen sich gut.

In diesen Monaten pokert Jürgen E. Schrempp hoch. Denn was der Ford-Chef nicht weiß, ist die Tatsache, daß der Deutsche ein gewieftes Doppelspiel treibt.

☆

Auch für Robert J. Eaton ist Daimler-Benz allenfalls zweite Wahl. Der Chrysler-Chef ist ein Bewunderer der Bayerischen Motorenwerke, doch die Festung BMW bleibt selbst für den mächtigen Amerikaner uneinnehmbar.

Dafür unterbreitet ihm Schrempp das verlockende Angebot einer Doppelspitze im neuen Großkonzern. Die Ehe zwischen dem Massenproduzenten und dem Luxusliner verspricht die Eroberung globaler Märkte, Macht ohne Grenzen und Moneten ohnegleichen.

☆

Das letzte Fusionsgespräch mit Trotman führt Schrempp noch im April 1998. Einen Monat später verkündet er einer überraschten Weltöffentlichkeit den Zusammenschluß mit dem Konkurrenten aus Auburn Hills. Alex Trotman verliert nicht nur seinen »Wunschkandidaten«, sondern die Schlacht um den automobilen Premiumhersteller Nr. 1.

Es war ein Denkfehler: Wer – wie die Familie Ford als größter Anteilseigner des Automobilgiganten – glaubt, die Mehrheit im fusionierten Unternehmen gegen einen Jürgen E. Schrempp durchsetzen zu können, schätzt dessen Selbstbewußtsein – oder besser seinen Anspruch als Global Dominator – falsch ein.

☆

Noch am Mittwochabend fliegt Schrempp von der Aufsichtsratssitzung direkt nach London. Am nächsten Tag sagt er der Konkurrenz vor versammelter Weltpresse den Kampf an: »Wir können es mit jedem aufnehmen.« Provokativ stichelt der Freiburger: »Wir werden der innovativste Wettbewerber, der Schrittmacher der Branche.« Selbstbewußt verspricht er die Eroberung neuer Märkte.

Sowohl Projekt »Alpha«, die Kooperation mit General Motors, als auch Projekt »Beta«, die Fusion mit Ford, sind gescheitert. Projekt »Gamma« dagegen, die Fusion der Daimler-Benz AG mit der Chrysler Corporation, ist beschlossene Sache. Ford-Chef Alex Trotman und der General-Motors-Vorsitzende Jack Smith werden sich warm anziehen müssen. Denn Jürgen E. Schrempp wird sich erst dann zufriedengeben, wenn er dem ertragreichsten und mächtigsten aller Automobilunternehmen vorsteht – weltweit, versteht sich.

☆

Wo liegt der Hund begraben? Im Abbau von Arbeitsplätzen, gar in der Schließung überflüssiger Werke? Die Betroffenen wollen wissen, wohin die Reise geht und ob sie am Ende noch alle an Bord

365

sind. Schrempp glaubt, nur Vorteile erkennen zu können: »Das Schöne ist«, beruhigt der Megamann, daß die Fusion mit dem Automobilkonzern aus Michigan »kein Rationalisierungsmerger« sei, bei dem Fabriken geschlossen und Arbeitsplätze vernichtet würden. Hoch und heilig verspricht der Daimler-Chrysler-Chef: »Das Gegenteil wird der Fall sein.« Chrysler und Daimler seien schließlich »höchst komplementär«, was sich auch im Chrysler-Absatz von nur 100 000 Fahrzeugeinheiten in Europa ausdrücke. »Mit unserer Infrastruktur lassen wir diese Zahl natürlich erheblich ansteigen«, erwartet Schrempp, was umgekehrterweise auch »für uns in den USA« gilt. Im Endeffekt »werden wir Arbeitsplätze schaffen und nicht Arbeitsplätze vernichten«.

Co-Chairman Eaton bläst ins gleiche Horn: »Sowohl diesseits wie jenseits des Atlantiks werden neue Stellen« geschaffen. Mehr geschaffen als vernichtet, müßte er korrekterweise sagen. Denn die vielbeschworenen »Synergieeffekte« werden zumindest in den Entwicklungsabteilungen und in der Verwaltung, womöglich auch bei der Dasa zu Einsparungen führen.

Am Ende werden die Zahlen für sich sprechen – und da gilt es auf eine Negativbilanz in den neunziger Jahren zurückzuschauen: Bei Banken und Chemieriesen hat die grassierende Fussionitis die Rendite gesteigert und die Beschäftigungszahlen gesenkt. In den Vereinigten Staaten ist nahezu die Hälfte aller Firmenzusammenschlüsse gescheitert. Vor allem Elefantenfusionen führten zumeist zur Konfusion. Ken Hodge, Manager der Unternehmensberatung Mercer, sieht auf Daimler und Chrysler neben Komunikationsproblemen vor allem die ungelöste Frage der Integration der Firmenkulturen zukommen

Womöglich sind die Chancen beim DaimlerChrysler-Deal dennoch deutlich größer als bei anderen Zusammenschlüssen: Denn die Art und Weise, aber auch die Perfektion, mit der die Manager beider Automobilunternehmen diese Fusion vorbereitet haben und seither durchführen, läßt auch Raum für optimistische Prognosen. Schrempp sieht jedenfalls eine »Hochzeit wie im Himmel«.

☆

Fast könnte man im Trubel um die Gigafusion vergessen, daß sich die Erde – trotz Schrempp – um weitere Themen dreht. Immerhin meldet das *Wall Street Journal Europe* am Tag nach der Daimler-Chrysler-Vertragsunterzeichnung auch, daß Volkswagen im Rolls-Royce-Poker mit BMW jetzt die besseren Karten hat. Schrempps Triumph aber ist perfekt: In Möhringen knallen die Sektkorken, in München die Ohrfeigen.

Die Macht des einen

> »Wir waren beide der Meinung, daß es in der An-
> fangszeit Sinn macht, daß wir eine Doppelspitze ha-
> ben.«
>
> *Jürgen E. Schrempp, Vorstandsvorsitzender*
> *der Daimler-Benz AG*

> »Das ist ein Zusammenschluß von Gleichen.«
>
> *Robert J. Eaton, Chairman der Chrysler Corporation*

> »Das ist ein Merger von zwei starken, gesunden Part-
> nern, die daher gleichberechtigt sind.«
>
> *Jürgen E. Schrempp, zukünftiger Daimler-Chrysler-Chef*

Januar 1998. In der Zentrale des Unternehmens mit dem Fünf-
zack klingelt das Telefon. Am Apparat Schrempp. Er habe ein
extremst interessantes Angebot zu machen. Welches? erkundigt
sich der Amerikaner am anderen Ende der Leitung. Die Nachfrage ist berechtigt, denn bereits zweieinhalb Jahre zuvor haben Son-
dierungsgespräche stattgefunden, die allerdings gescheitert sind.
Diesmal geht es um mehr, diesmal ist die Sache top-secret. Und
diesmal sind anfangs nur vier Spitzenmanager in den Deal einge-
weiht und nicht wieder ein ganzer Stab.

Eine Fusion beider Unternehmen? Robert Eaton ist Feuer und
Flamme, als er hört, worum es geht. Auch wenn er nicht gleich zu-
sagt und sich noch eine Bedenkzeit erbittet, findet der Chrysler-
Chairman das Angebot »toll«, wie er freimütig gesteht.

Wenige Tage später fliegt Schrempp nach Michigan. Der Dialog
am Rande der Detroit Motor Show, das erste direkte Treffen zur
Diskussion der Fusionspläne, dauert gerade einmal ein Viertel-
stündchen, danach setzt rege Reisetätigkeit ein. Zwölf weitere Zusammenkünfte werden folgen.

☆

Die Messages sind verschlüsselt: »Denver« an »Cleveland«, Daimler an Chrysler – das streng geheime »Projekt Gamma« gewinnt an Konturen. Dem ersten Treffen auf neutralem Boden, in Genf, folgten rasch weitere in London und in New York. Anfangs sind neben Schrempp und Eaton nur noch Gary Valade und Eckhard Cordes beteiligt.

Die Verhandlungspartner wechseln die Orte und suchen die Anonymität. Die Dunstwolken der kubanischen Cohiba-Zigarillos verraten höchste Betriebsamkeit in Nobelhotels und gepflegten Pensionen. Dabei herrscht nicht immer Friede in Freundschaft, wenn die beiden Charakterköpfe aufeinandertreffen.

☆

Am Ende siegt die Männerfreundschaft unter den Mächtigen. Die beiden können wieder miteinander. Wenn Jürgen E. Schrempp an Robert J. Eaton übergibt, dann spricht Wärme aus seinen Worten: »It's your turn, Bob.« Der dankt seinem »Kollegen und Freund« für die erwiesene Verbundenheit. »Wir haben in den vergangenen Monaten eng zusammengearbeitet«, so ein sichtlich zufriedener Daimler-Chef, »und rauchen auch die gleichen Zigaretten.« Der herzliche Kontakt und das vertrauliche Verhältnis sind vonnöten, denn die beiden Topmanager werden den Großkonzern in enger Kooperation führen. Jeder bekommt einen zweiten Schreibtisch: Jürgen in Auburn Hills und Bob in Möhringen. Und fürsorglich, wie er eben ist, hat der Deutsche für den Amerikaner »schon ein Büro in Stuttgart eingerichtet«.

☆

Von der ersten Sekunde an machen sich Kenner der Szene keine Illusionen bezüglich der Art des Zusammenschlusses: Stellvertretend für viele analysiert die *New York Times*: »Daimler-Benz will Chrysler kaufen.« Formal eine Fusion zweier gleicher Partner, wird die Nummer drei der US-Automobilgiganten de facto von Europas größtem Industrieunternehmen geschluckt. Aus den Big Three der USA – General Motors, Ford und Chrysler – werden die Big Two, denn DaimlerChrysler ist eine deutsche Aktiengesellschaft.

Dabei ist Chrysler keinesfalls nur der kleine Bruder aus Michigan: Während Daimler 1997 weltweit gut 900 000 Autos verkauft hat, sind es bei Chrysler mit 2,9 Millionen weit mehr als dreimal so viele gewesen. Und während die Deutschen im selben Jahr einen Nettogewinn von 3,2 Milliarden Mark ausweisen, liegt dieser beim US-Konzern bei fünf Milliarden Mark. Auf ihre Weise sind beide Unternehmen äußerst profitabel.

Am Ende aber lacht ein anderer: Via Aktienabgleich klärt er, wer von nun an das Sagen hat. Jedes der Daimler-Wertpapiere wird im Verhältnis eins zu eins eingetauscht. Die Chrysler-Aktionäre stehen deutlich schlechter da: Ihre Shares sind gerade mal 0,547 Anteile einer neuen DC-Aktie wert. Damit besitzen die heutigen Daimler-Aktionäre die Mehrheit am neuen Automobilriesen. Schrempp hat alles bestens geregelt – aus seiner Sicht und im Interesse der Stuttgarter Seite.

☆

Es bedarf schon eines doppelten Saltos Schremppscher Rhetorikschrauben, um von seiner wahren Position zu einer der Schlüsselfragen des Gamma-Projekts ablenken zu können. Wäre für Sie auch denkbar gewesen, fragt ihn der *Spiegel*, einer Fusion mit Chrysler auch im Falle einer Minderheitenposition der Daimler-Benz AG zuzustimmen? Never, nie und nimmer, nur über meine Leiche – so hätte seine ehrliche Antwort wohl gelautet.

Beim Zusammenschluß hätte die Daimler-Verhandlungscrew »alle Faktoren miteinbezogen«, entgegnet er: die Marktkapitalisierung, die Kurs-Gewinn-Verhältnisse, die Ertragssituation beider Unternehmen. »Auf der Basis dieser Bewertungskriterien sind wir uns einig«, daß die »Daimler-Aktionäre an dem neuen Unternehmen 57 Prozent halten werden, die Chrysler-Aktionäre 43 Prozent«. Es mutet schon seltsam an, wenn Schrempp daraufhin folgert, dies sei ein Merger zweier »starker, gesunder Partner«, die »daher gleichberechtigt« seien.

☆

14. Mai 1998, Möhringen. »Endlich!« tönt es allseits im Aufsichtsratsraum, als Hilmar Kopper mit halbstündiger Verspätung eintrifft. Der Aufsichtsratsvorsitzende entschuldigt sich, er sei in einem Verkehrsstau steckengeblieben. Doch trotz der Verspätung herrscht nicht nur auf seiten der Anteilseigner allgemeine Ausge-

lassenheit. »Wir sind ein fleißiger Aufsichtsrat«, verkündet einer mit stolzgeschwellter Brust, und er hat nicht ganz unrecht. Acht Tage nach der ersten außerordentlichen Sitzung können gar nicht alle Mitglieder teilnehmen, zu kurzfristig ist der Termin angesetzt. Aber zumindest die Stimmbotschaften von Dr. Manfred Schneider, Dr. Roland Schelling, Karl Feuerstein und Manfred Göbels für diese historisch zu nennende Abstimmung liegen vor.

In das Oval der aneinandergereihten Tische hinein frozzelt Schrempp, es gebe ja wohl nichts mehr zu diskutieren. Oder doch? Wer noch Infobedarf habe, solle ruhig fragen. – Aber die Anwesenden wüßten doch schon alles, meint der Daimler-Chef, zuckt die Achseln und zeigt sich erst gar nicht gewillt, den üblichen Lagebericht zu verkünden. Keine Folie, kein Sachvortrag, keine Perspektivplanung. Schrempp ist derart von Euphorie beseelt, daß kritische Worte überflüssig erscheinen. Daimler und Chrysler fusionieren, der Aktienkurs klettert kräftig, die Hintergründe sind bereits in der Woche zuvor geklärt worden. Alles weitere reine Formsache – oder?

☆

Die Fragerunde ist dennoch von gewisser Skepsis geprägt. Muß sie auch sein, denn nach dem Höhenflug der ersten Tage sind längst Fragen aufgetaucht, deren Beantwortung auch für den Daimler-Chef nicht ganz einfach sein wird.

Da ist der Kampf der Kulturen. »Passen die unterschiedlichen kulturellen Voraussetzungen überhaupt zusammen?« sinniert einer der Bankenvertreter, und die Frage ist berechtigt. »Ich kann mir durchaus vorstellen, daß die Amerikaner Schnitzel essen«, die Deutschen aber würden womöglich wenig Neigung zum amerikanischen Fast food zeigen. Wie dem auch sei, künftig werden sich beide an einen Tisch setzen müssen: Nach den beiden Hauptversammlungen und der dort zu beschließenden Fusion werden erstmals auch US-Vorstände an den Aufsichtsratssitzungen teilnehmen.

Immer wieder hat Schrempp die heile Welt propagiert: »Es wird keine Rationalisierungseffekte geben!« Und mit seiner ganzen Überzeugungskraft verspricht er: »Auch Rationalisierungsmaßnahmen werden nicht durchgeführt.«

Den Vorsitzenden des Konzernbetriebsrats der debis AG, Herbert Schiller, plagen andere Sorgen. Was wird aus dem vergleichsweise kleinen Dienstleistungsunternehmen? Im Konzert der beiden Automobilgiganten droht die debis unterzugehen.

»Und welche Rolle spielt die Luft- und Raumfahrt zukünftig?« Peter Schönfelder zeigt sich sichtlich besorgt. Mit dem Betriebsratsvorsitzenden des Augsburger Dasa-Werks hakt auch Professor Hubert Curien nach. Frankreichs früherer Forschungs- und Technologieminister steht, wie viele seiner Landsleute, dem US-Kapital weniger wohlgesinnt gegenüber. Für den Einigungsprozeß der europäischen Luftfahrtindustrie wären die Folgen beträchtlich, sollte die französische Regierung sich einer Privatisierung des Dasa-Partners Aerospatiale entgegenstellen. Gerade die militärische Sparte könnte alsbald in Teilen oder ganz zur Disposition stehen, befürchten Aufsichtsräte. Der weltweit präsentierte Firmenfilm zur Fusion hat jedenfalls einzig Airbus und Eurocopter gewürdigt. Reine Spekulation? Manfred Bischoff schweigt in der Aufsichtsratssitzung.

☆

Kann die Luft- und Raumfahrt weiterhin überleben, wenn das Automobilgeschäft derart gestärkt wird? Gut ein Zehntel der Beschäftigten der neuen DaimlerChrysler AG sind noch bei der Debis und der Dasa tätig. Angesichts des bevorstehenden Bedeutungsverlusts dieser Sparten plagt manch einen Mitarbeiter – vor allem bei der Daimler-Benz Aerospace – die pure Zukunftsangst. In Großbritannien steigt der Kurs der Aktie des Luftfahrtriesen British Aerospace sensationell. Die *Financial Times* spekuliert, Daimler falle es nunmehr leichter, »seine Kontrolle der Luftfahrt und seine Verteidigungsinteressen aufzugeben«. Auch unter den Aufsichtsräten macht das Gerücht vom Dasa-Verkauf die Runde.

Von alledem will Schrempp nichts wissen: Er stehe weiterhin mit aller Macht zur Zukunft der Luft- und Raumfahrt. Und als sich einer der Aufsichtsräte laut Gedanken über die Zukunft des »Verwalters der Dasa-Portokasse« macht, kontert Kopper geschickt. Dann wäre er der bestbezahlte Kassenverwalter, so der Aufsichtsratsvorsitzende ironisch, der auf Manfred Bischoff auch zukünftig Aufgaben zukommen sieht – ob als Chef der Dasa, ist damit nicht geklärt.

☆

In typischer Schrempp-Manier wischt der Vorsitzende alle Bedenken vom Tisch. Alles kein Problem, die Frage sei bereits mit den US-amerikanischen Partnern geklärt worden. Die Chrysler-Führung, so die Zusicherung des Daimler-Vorsitzenden, akzeptiere sowohl die Dienstleistungssparte als auch die Luft- und Raumfahrt – zumindest solange sie profitabel ist, müßte er ergänzen. Vorerst ist vom US-Management kein Druck zu erwarten.

Man könne sogar die Kontakte zu Lockheed für die Markteinführung des neuen Superjumbos A3XX nutzen, versprechen die Partner auf der anderen Seite des Atlantiks. Am Ende spöttelt ein eher amüsierter Peter Schönfelder über die unbändige Aufbruchstimmung des »Jürgen E. Kolumbus«, der sich aufgemacht hat, die neue Welt zu erobern – komme, was da wolle.

Zu guter Letzt herrscht die Einmütigkeit, die sich Jürgen E. Schrempp gewünscht hat: Nach dem Vorstand befürworten auch die Mitglieder des Kontrollgremiums einhellig die Fusion der Daimler-Benz AG mit der Chrysler Corporation. Schrempps transkontinentaler Transportkonzern gewinnt an Konturen. Unaufhaltsam schreitet der Eroberungsfeldzug des badischen Kolumbus voran.

☆

Von den Arbeitnehmervertretern ist einzig der schwer erkrankte Karl Feuerstein vorab informiert worden. Dessen Votum hat Schrempp vergleichsweise problemlos einholen können. Denn mit der Festlegung der DaimlerChrysler AG als deutsches Unternehmen mit deutschem Firmensitz gelten auch die deutschen Mitbestimmungsrechte. Für die Führungsmannschaft des US-Konzerns eine bittere Pille, für die IG Metall eine Voraussetzung für eine erfolgreiche Einflußnahme. Und so ist das Votum der Arbeitnehmerseite zugunsten der Fusion nur noch ein formaler Akt.

☆

Nach all den Versprechungen und Hoffnungen muß im Daimler-Aufsichtsrat noch eine bedeutende Hürde genommen werden. Noch im Sommer 1998 ist es nicht ganz klar, ob die Fusion tatsächlich zustande kommen kann – selbst wenn die Kartellkommissionen beiderseits des großen Teichs wie selbstverständlich zustimmen. Denn wenn grundlegende Voraussetzungen nicht erfüllt sind, muß auch das attraktivste Geschäft nochmals überdacht werden.

Was also wird die Amtssprache im neuen »Supervisory Board«: Deutsch, Englisch oder Schwäbisch – oder setzt Schrempp gar Badisch durch? Sollte die bilaterale Kommunikation an der Sprache scheitern, so gäbe es einen einsichtigen Grund dafür. Allein auf Arbeitnehmerseite sprechen mindestens drei Aufsichtsräte kaum Englisch.

☆

Robert J. Eaton hat bewiesen, daß er durchaus in der Lage ist, ein Unternehmen gemeinsam mit einem gleichberechtigten Partner zu führen. Als er im März 1992 überraschend von General Motors zu Chrysler wechselt, bekleidet er vorerst das Amt des Vice Chairman. Nachdem Chrysler-Chef Lee Iacocca im Folgejahr auf Druck des Verwaltungsrats sein Amt an Eaton abtreten muß, ist der Weg an die Konzernspitze frei. Vergleichbar dem Duell Schrempp–Werner, bei dem dem Mercedes-Mann anfangs die weitaus größeren Chancen eingeräumt wurden, hat sich Eaton gegen den Chrysler-Präsidenten Robert Lutz durchgesetzt. Mehr als vier Jahre steht der Schweizer dem internen Gegner zur Seite. Und das Führungsduo »Bob and Bob« hat Chrysler zu einem technologisch innovativen und finanziell lukrativen Unternehmen gewandelt, das heute als eine der Perlen der US-Automobilindustrie gilt.

Dennoch ist es ein Deutscher, der letztlich die Pflöcke einrammt – wie das Beispiel ihres gemeinsamen Auftritts auf der Londoner Bühne eindrücklich belegt.

☆

7. Mai 1998, London Arena, ein nüchterner Zweckbau für Rockkonzerte und Sportwettkämpfe in den Docklands. Draußen eine Flotte von Mercedes-Nobelkarossen, daneben eine einzige Chrys-

ler-Limousine. Drinnen gedämpftes Licht, nur der neue Firmenname ist von Strahlern beleuchtet. In dieser Halle wird heute Wirtschaftsgeschichte geschrieben. Es folgt der heroische Einzug der Gladiatoren, über allen anderen thronen sie auf dem erhöhten Podium. Ein Dutzend Fernsehkameras, ein Heer von Fotografen und mehr als zweihundert Journalisten aus aller Welt dokumentieren die Szene für die Ahnengalerie des Neoliberalismus.

☆

Zuerst verkündet Schrempp – wer sonst – die Vorteile des Megadeals. Im folgenden sinniert Schrempp – wer sonst – über das globale Schachtfeld des verschärften Automobilkriegs. Schließlich verspricht Schrempp – wer sonst – Gewinne nie gekannten Ausmaßes. Dann endlich darf Freund Robert J. Eaton sprechen. Nein, Chrysler sei kein Juniorpartner, Gleiches geselle sich zu Gleichem. Er habe seinen »Lieblingspartner« gefunden – gemeint ist Daimler-Benz, wohl weniger Jürgen E. Schrempp. Der nämlich hat ihm erst hinter den Kulissen und dann vor versammelter Weltpresse klargemacht, wer Chef im Hause DaimlerChrysler ist. Und anfangs fügt sich Eaton erstaunlich willig in sein Schicksal: In drei Jahren, so der vormals so mächtige Amerikaner, »wird Jürgen Schrempp dann alleiniger Chairman sein«.

Warum so lange warten? Schrempp hat seinem Freund Bob vom ersten Augenblick an gezeigt, was Sache ist: In seinem ganzen Managerleben hat der Freiburger keinen zweiten neben sich geduldet – zumindest nicht für einen längeren Zeitraum, schon gar nicht für drei Jahre.

☆

Noch in derselben Woche regt sich in den Vereinigten Staaten Widerstand gegen die Übernahme des US-Traditionsunternehmens durch den deutschen Automobil- und Luftfahrtkonzern. Zum einen, so der Vorwurf verärgerter Aktionäre, werde Chrysler viel zu billig veräußert. Zum zweiten, und da wiegen Schrempps Sieg und Eatons Niederlage am schwersten, soll der neue Großkonzern eine in Deutschland eingetragene Gesellschaft werden. An dieser Kröte wird Eaton für immer zu schlucken haben.

☆

Bereits vor dem Day One, dem Handelsstart der DaimlerChrysler-Aktie am 17. November 1998 und der damit verbundenen Zusammenführung der operativen Geschäfte, erleidet die neue DCX-Aktie einen ernstzunehmenden Betriebsunfall: Sie wird nicht in den S&P 500-Index aufgenommen. »Enttäuscht ist sicher nicht der richtige Ausdruck«, versucht Schrempp den Rückschlag herabzuspielen. Die Entscheidung sei »kurzsichtig«, schließlich enthalte »dieser wichtige Aktienindex« jetzt nicht mehr den drittgrößten Automobilhersteller. Standard & Poor's begründet die Verweigerung damit, daß der Firmensitz des Unternehmens nicht in den USA liege. Darin das entscheidende Kriterium für eine Listung im S&P-Index zu sehen ist für den DaimlerChrysler-Chef »nicht nachzuvollziehen«.

☆

Das Modell sieht formal eine Doppelspitze bis ins neue Jahrtausend vor: Bis ins Jahr 2001 sollen Schrempp und Eaton die Konzerngeschäfte gemeinsam führen, dann soll der Amerikaner in den Aufsichtsrat wechseln. Vorher erfolgt keine Aufteilung nach Aufgabengebieten, beide sind für alles zuständig, jeder pfuscht dem anderen ins Geschäft. Ist mit diesem Modell der Konflikt nicht bereits strukturell vorprogrammiert?

Entgegen Schrempps Schönwetterprognosen prophezeit David E. Davis, Chefredakteur der US-Zeitschrift *Automobile Magazine*, Düsteres: Jeden Tag werde »der Zweite Weltkrieg nachgekämpft werden, mal in dieser, mal in jener Abteilung«.

☆

Die Macht des einen ist die Ohnmacht des anderen. Welch naiver Wunsch, welch infantile Einfalt, welch gutgläubiges Gottvertrauen lassen einen Robert J. Eaton auch nur ansatzweise darauf hoffen, er habe den Hauch einer Chance, die Geschäfte der DaimlerChrysler AG als Gleicher neben einem Gleichen mitzusteuern? Natürlich wird ihn Schrempp bei sich auf dem Podium postieren. Natürlich werden die Fotografen das Bild beider präsentieren. Natürlich reißt sich Schrempp im ersten Jahr am Riemen. Und natürlich darf Freund Bob den ihm zugewiesenen Platz neben seinem Freund Jürgen einnehmen.

Doch glaubt Eaton allen Ernstes, die neue DaimlerChrysler AG gleichgestellt mit Schrempp führen zu können? Geht der vormalige Topmanager tatsächlich davon aus, ein Schrempp dulde einen zweiten neben sich? Derlei Vorstellungen können allenfalls auf Unkenntnis von Schrempps Karriere zurückzuführen sein – denn die spricht die Sprache der Managerbibel. Dort heißt es in Paragraph eins: Du sollst keine anderen Wirtschaftsgötter haben neben mir.

☆

Der Deutsche ist sich vollauf bewußt, daß er seit dem Daimler-Chrysler-Deal mehr als je zuvor im Scheinwerferlicht der Weltpresse und einer kritischen amerikanischen Öffentlichkeit steht, die jede seiner Taten mit Argusaugen beobachten wird. Schon allein deshalb muß er von nun an weitaus vorsichtiger und mit deutlich mehr Fingerspitzengefühl vorgehen.

Einem Schrempp fällt das schwer. Will er zu Anfang des neuen Jahrtausends sein Ziel erreichen, dann muß er sich dieses eine Mal gedulden. Bis am Ende einer allein alle Macht in seinen Händen hält.

☆

Keine zwei Monate nach der überwältigenden Zustimmung der Aktionäre bei den getrennten Hauptversammlungen am 18. September 1998 heimst Schrempp die ersten Lorbeeren für den Megadeal ein: Mit deutlichem Abstand vor seinen Mitkonkurrenten küren eine achtköpfige Expertenjury sowie die Chefredaktion des *manager magazins* das »Stuttgarter Kraftpaket« zum »Manager des Jahres«.

Jurymitglieder begründen die Verleihung der renommierten Auszeichnung mit Schrempps »zukunftsweisenden Entscheidungen«, seinem »unbeirrbaren Durchsetzungswillen« sowie der Tatsache, daß er »den Konzern auf seine Kernkompetenzen zurückgeführt und für den Merger mit Chrysler fit gemacht« habe. Schrempp sei der »deutsche CEO für die globale Dimension«.

Danach hagelt es auch international Anerkennungen. Die *Automotive News* küren den Deutschen zum »Industry Leader of the Year«. Das Wirtschaftsmagazin *Business Week* wählt Schrempp –

nicht aber seinen Co-Chairman Eaton – im Januar 1999 in den Kreis der »Top 25 Executives of the Year«.

In der Begründung für die Ehrung, die Jürgen E. Schrempp – neben Volkswagen-Chef Ferdinand Piëch der einzige Deutsche – zuteil wird, heißt es: Ihm sei es gelungen, »die Neinsager ruhigzustellen« – wenigstens »for now«, ergänzt *Business Week* weitblickend.

☆

Gut eineinhalb Jahrzehnte sind vergangen, seitdem sich Mister Ahnungslos im Oktober 1982 aufgemacht hat, die Neue Welt zu erobern. Mittlerweile befindet sich Schrempp im Zenit seiner Laufbahn: Mit der Übernahme von Chrysler und der vorprogrammierten alleinigen Konzernführung überschlagen sich die Medienberichte, die Schrempp als »Superman« oder »Superstar« auf den Thron heben.

Heute steuert der frühere Mercedes-Lehrling aus dem südbadischen Freiburg das mächtigste Industrieunternehmen des europäischen Kontinents, die Nummer drei größten Automobilkonzerne der Welt, längst ist er eine der treibenden Kräfte des Globalisierungsprozesses. Quo vadis, Jürgen E. Kolumbus?

☆

Mit Beginn des neuen Jahrtausends geht der weltweite Wettkampf der Automobilkonzerne in eine neue Runde. Und unmißverständlich hat der Freiburger Frontkämpfer der Konkurrenz den Kampf angesagt: »Heute schaffen wir das weltweit führende Autounternehmen für das 21. Jahrhundert«, verkündet der neue DaimlerChrysler-Chef bei der Vertragsunterzeichnung in London lautstark. Im Zeichen der Sterne schmiedet Schrempp das erste und bislang einzige deutsche Unternehmen von Weltgeltung.

Doch es ist eine explosive Mischung, die sich in seiner Person vereint: Bei Schrempp liegen Mut und Übermut, Genie und der Hang zur Gigantomanie so nahe beieinander wie der Gebrauch von Macht und ihr Mißbrauch.

Der Möhringer Manager spielt Monopoly global. »Dieser Zusammenschluß wird die Spielregeln der Branche erneut ändern«, weiß Schrempp. Mit der Megafusion hat er die Regeln neu definiert, momentan ist er Winner und nicht Loser. Was aber, wenn Schrempp mit seinem »global game« scheitert? Dann stehen nicht nur einige hunderttausend Arbeitsplätze bei DaimlerChrysler auf dem Spiel.

Operation Moneymaking

> »Damit kassiert er 600 Mark in der Stunde, egal ob er
> im Bett liegt oder eine Vorstandssitzung leitet.«
>
> *Alexander Dauensteiner über Jürgen E. Schrempp*

> »Der Vergütungspolitik für das Management kommt
> bei Chrysler eine besondere Bedeutung zu.«
>
> *Gemeinsamer Bericht der Vorstände über den Zusammenschluß*
> *der Daimler-Benz AG und der Chrysler Corporation*

Die Frage nach der Höhe seines Einkommens, auf den jährlichen Hauptversammlungen regelmäßig vom Dachverband der Kritischen Aktionäre gestellt, hat Jürgen E. Schrempp schon immer gehaßt wie der Teufel das Weihwasser. Jahr für Jahr muß die Antwort der Wirtschaftspresse entnommen werden, und diese kann oft genug selbst nur Schätzungen abgeben. Denn der DaimlerChrysler-Chef ist bislang nicht bereit, den Aktionären seine Einkünfte offenzulegen.

☆

Zweifellos ist es ein ungleiches Match, das da Tag für Tag gespielt wird: Der eine, 1997 mit drei Millionen US-Dollar in den Gehaltsrängen eines Tennisstars, diktiert das Spiel. Der andere, mit 11,5 Millionen Dollar Jahreseinkommen noch nicht einmal in Amerikas Beletage der Besserverdienenden zu Hause, nickt seinem Doppelpartner aufmunternd zu.

☆

Schrempp hat aus der Niederlage im Konflikt um die Lohnkürzung im Krankheitsfall gelernt. Nachdem er 1996 als Rammbock der deutschen Industriellen vorgeprescht war, hatte er sich den zweifelhaften Ruf als »Rambo der Nation« erworben.

Diesmal überläßt er seinem Freund Bob, der ansonsten allenfalls die zweite Geige spielt, die Rolle des Eisbrechers. Dabei ist

Robert J. Eaton keineswegs selbstlos, wenn es um die kommenden Gehaltszulagen für seinen deutschen Co-Chairman geht: »Ich kann mir durchaus vorstellen, daß Jürgen in Zukunft genausoviel verdient wie ich.« Die deutschen Gehälter müßten an die amerikanischen »angeglichen werden«, verkündet der Automanager aus Michigan.

Gelingt dem bestverdienenden Vorstandsvorsitzenden Europas die – für deutsche Verhältnisse – exorbitante Anhebung seines Gehalts auf das Niveau seines Co-Chefs Eaton? Wenn ja, dann brechen – weit über Deutschland hinaus – sämtliche Dämme. Dann ist es bloß eine Frage der Zeit, wann die Vorstandsgehälter anderer Großkonzerne auf dem europäischen Kontinent gleichsam explodieren werden.

☆

Das Thema ist brisant und führt bereits im Vorfeld der Hauptversammlung 1999 bundesweit zu einer aufgeregten Debatte. Der Vorstand kann nicht verhindern, daß die Amerikanisierung der Vorstandsgehälter bei einer deutschen Aktiengesellschaft eine zentrale Rolle bei der 1. ordentlichen DaimlerChrysler-HV spielt. Dabei steht die Frage der Gehaltszulagen gar nicht auf der Tagesordnung.

☆

18. Mai 1999. Bei Chrysler konnte Robert J. Eaton fast jeden der höchstens 150 Aktionäre noch persönlich empfangen, heute aber spricht er vor einer deutlich größeren Zuhörerschaft. Der amerikanische CEO darf die rund 19 500 Aktionärinnen und Aktionäre – darunter etwa fünfhundert aus den USA – zur Hauptversammlung in der Stuttgarter Hanns-Martin-Schleyer-Halle als erster Redner begrüßen. Während er spricht, wird synchron gedolmetscht. Erstaunlich ungerührt verkündet der Automann am Stehpult seinen »Bericht über die Geschäftslage des DaimlerChrysler-Konzerns«. Seltsam trocken betet Eaton das Zahlenwerk herunter: Absatzrekorde im Fahrzeugbereich, ein Rekordumsatz bei einem Plus von 12 Prozent, Rekordgewinne beim »Operating Profit« von sagenhaften 38 Prozent. »Danke, Bob«, beginnt Schrempp.

☆

Nicht nur für die amerikanische Seite wird auf dieser Hauptversammlung die Verteilung der Rollen – und der Gewichte – im Konzern deutlich: Eaton bewertet die Gegenwart, Schrempp bestimmt die Zukunft. Eatons Uhr wird bald abgelaufen sein, dann schlägt Schrempps Stunde.

Dessen »erklärtes Ziel« ist es, den »heutigen Umsatz in den kommenden zehn Jahren zu verdoppeln«. Und während Eaton demnächst abgeschoben wird, gilt es Schrempps Devise »Speed, Speed, Speed« auf allen Ebenen und in allen Werken der Welt AG umzusetzen: Der kommende Alleinherrscher träumt bereits vom »Auto von übermorgen«, entscheidend »definiert durch vernetzte Elektronik«. Und bis ins Jahr 2002 wird DaimlerChrysler ein neues Pkw- oder Nutzfahrzeugmodell auf den Markt bringen – monatlich, versteht sich.

☆

Viele Probleme – wie der Vorwurf der Europäischen Kommission, Daimler betreibe Wettbewerbsverhinderung – werden von Schrempp auf dieser Hauptversammlung heruntergespielt: Es handle sich »gerade mal um zehn Einzelfälle«. Andere werden erst gar nicht ernsthaft diskutiert.

Gut zwei Milliarden Mark hat der Konzern bislang in den Aufbau der neuen Marke Smart investiert, die 19prozentige Beteiligung des Schweizers Nicolas Hayek übernommen und zum Jahresende 1998 eine eigene Entwicklungsgesellschaft gegründet. Doch die Zahlen sind bescheiden. Noch bei der Analystenkonferenz Anfang Mai hat Schrempp gedroht, »drastische Maßnahmen« zu ergreifen, falls das Smart-Konzept nicht endlich greife.

Wenige Tage später übertüncht der Vorstandsvorsitzende vor seinen Aktionären das Desaster beim Stadtfahrzeug mit dem Verweis auf die »klare Trendwende der letzten Wochen«. Der Smart – laut Insidern zu diesem Zeitpunkt aufgrund seines schlechten Images und noch schlechterer Verkaufszahlen »angezählt« – verdiene eine zweite Chance. Auch die Entwicklung bei der transkontinentalen Besitzstruktur – der Anteil der US-Aktionäre ist seit der Fusion von rund 44 auf 22 Prozent gesunken – biete keinen Anlaß zur Besorgnis. Das jedenfalls suggeriert der Freiburger seinen Aktionären in Stuttgart.

Und anstatt die Abwanderung von Führungspersonal zur Konkurrenz bei General Motors und Ford kritisch zu hinterfragen, verfällt Jürgen E. Schrempp in Phrasen nach dem Motto: »Wir werden erst dann zufrieden sein, wenn die Besten Schlange stehen, um für DaimlerChrysler zu arbeiten.«

☆

Die Aufgabenverteilung auf dieser Hauptversammlung ist klar abgesprochen: Schrempp serviert seine Kritiker mit inhaltsleeren Antworten ab, Eaton äußert sich vornehmlich zu den von Freund Jürgen weitergereichten Fragen, für den Gehälterstreit ist Hilmar Kopper zuständig. Der Aufsichtsratsvorsitzende hat bereits im Vorfeld ganze Arbeit geleistet. Immerhin hat er erreicht, daß die Problematik der Amerikanisierung der Vorstandsgehälter nicht im Aufsichtsrat thematisiert, sondern in den Präsidialausschuß ausgelagert wird. Das ist zwar satzungsgerecht, aber durchaus nicht ohne Hintergedanken.

»Das ist wie ein Ehrenkodex«, äußert ein Aufsichtsratsmitglied in interner Runde mißmutig, »deshalb stellt niemand eine Frage zum Gehalt.« Die Vertreter der Arbeitnehmerseite hatten gewerkschaftsintern Vorbehalte gegen die beabsichtigten Verdienstzuwächse für die Topmanager der DaimlerChrysler AG geäußert. »Wir haben uns bis vor kurzem noch gewehrt«, so die Auskunft eines Aufsichtsrats. Gerade im Kontrollgremium wäre jetzt eigentlich eine kontroverse Debatte zu erwarten gewesen. Aber eben nur eigentlich.

Denn anstatt ihrer Kontrollfunktion nachzukommen, haben sich die Vertreter der IG Metall auf das »Gentleman Agreement« eingelassen, das Thema in den Präsidialausschuß zu verbannen. Dort aber fehlt seit Karl Feuersteins krankheitsbedingtem Rücktritt – und noch mehr seit seinem Tod am 16. November 1999 – der starke Mann der Metaller. Sein Nachfolger, der neue Betriebsratsvorsitzende und stellvertretende Aufsichtsratsvorsitzende Erich Klemm, ist erst seit wenigen Wochen im Amt.

☆

Klemm, zuvor immerhin zehn Jahre lang Betriebsratschef im größten Daimler-Werk Sindelfingen, kann auf eine lange Erfahrung bei Arbeitskämpfen und Verhandlungen zurückblicken. Er sorgt sich weniger um die maßlose Steigerung deutscher Managergehälter als um die Einkünfte der Beschäftigten: »Natürlich sehen wir einen Zusammenhang zwischen einer möglichen Erhöhung der Vorstandsbezüge«, so der 44jährige Arbeitnehmervertreter, »und dem, was die Belegschaft beispielsweise an Ergebnisbeteiligung bekommt.«

Der neue Mann an der Spitze der Metaller im DaimlerChrysler-Konzern will die Gehälterexplosion erst gar nicht verhindern. Statt dessen muß seiner Meinung nach für die Beschäftigten »mehr herausspringen« als die Anpassung der Gewinnbeteiligung an den »Operating Profit« der alten Daimler-Benz AG.

Wer aber kontrolliert die Vorstände von Großkonzernen, wenn nicht die dafür berufenen Aufsichtsräte? Kopper & Co. jedenfalls dürften ursprünglich mit deutlich mehr Widerstand gerechnet haben.

☆

Überhaupt gibt der Zustand des DaimlerChrysler-Aufsichtsrats in der Zeit nach dem Firmenzusammenschluß sehr zu denken. Hatten die Sitzungen in Möhringen vor der Fusion bereits um 10.00 Uhr begonnen und meist rund sieben Stunden gedauert, so wird heute zunächst gemeinsam Mittag gegessen und dann das häufig gerade mal zweistündige Kurzprogramm heruntergespult. Schließlich, so die vordergründige Erklärung, seien die US-Teilnehmer geplagte Vielflieger.

Schrempp, Eaton und Kopper können nach Belieben schalten und walten. Peter Schönfelder, wachsamer Aufsichtsrat, erklärt die Sachlage kurz und knapp: »Ein voller Magen kämpft eben nicht.«

Doch damit nicht genug. Auf die Frage, wie denn die Kommunikation untereinander laufe, sagt einer der Deutschen über die US-Kollegen: »Nach einem Jahr kenne ich die Gesichter. Aber die Namen kann ich noch nicht alle zuordnen.« Wohlgemerkt: ein Jahr nach der Fusion.

☆

»Wieviel verdienen Sie heute? Und wieviel wird es in Zukunft sein, Herr Schrempp?« Die Fragen des Verbandssprechers Alexander Dauensteiner zum Tagesordnungspunkt »Entlastung des Vorstands« auf der Stuttgarter Aktionärsversammlung im Mai 1999 kommen nicht unerwartet.

Einmal mehr erweist sich Jürgen E. Schrempp als kluger Taktiker. Statt die Aktionäre mit einer Vervielfachung der Vorstandsgehälter zu konfrontieren, präsentiert Versammlungsleiter Kopper eine Vier-Komponenten-Strategie: »Die neue Vergütungssystematik«, so der Frankfurter Banker, »ist für alle Vorstandsmitglieder – unabhängig von der Nationalität und dem Einsatzort – gleich.« Was nicht heißt, daß jeder der Vorstände dasselbe Einkommen erhalten wird.

Über eine vergleichsweise niedrige fixe Vergütung, unterschiedliche Boni für jedes Vorstandsmitglied, einen Drei-Jahres-Leistungsplan und Aktienwertsteigerungsrechte wird für 1999 ein flexibles System eingeführt. Im Jahr 2000 folgt dann ein neuer Aktienoptionsplan, bei dem Schrempp und seine Mannen direkt von einer Steigerung des Aktienkurses profitieren. Somit werden den Topmanagern Jahr für Jahr Gewinne in zweistelliger Millionenhöhe garantiert.

Da ist es fast müßig, anzumerken, daß die seitens der Kritischen Aktionäre gestellte Gehaltsfrage auch in diesem Jahr unbeantwortet bleibt – doch nicht nur diese.

☆

»Ich will nicht, daß Sie nur herumreden und daß Sie mir falsche Informationen geben.« Auf der Hauptversammlung bläst Jürgen E. Schrempp der Gegenwind plötzlich von ganz anderer Seite kräftig ins Gesicht. Dabei muckt diesmal nicht ein verärgerter schwäbischer Kleinaktionär auf, sondern eine wackere Amerikanerin, an deren vehement vorgetragenen Widerspruch sich der Freiburger erst noch gewöhnen muß.

Evelyn Y. Davis, die jährlich rund 40 Hauptversammlungen von US-Konzernen besucht, wettert über die offensichtliche Übernahme der Chrysler Corporation durch Daimler-Benz und über die ungleiche Machtverteilung an der Konzernspitze. »Zwei Mann auf der Brücke sind wie zwei Köche in der Küche«, untermauert sie ihre Empfehlung, Eaton möge doch besser zum US-Konkurrenten General Motors wechseln.

Ihre Kritik am deutschen Daimler-CEO ist nicht minder deutlich: »Mister Schrempp, warum haben Sie Chrysler gekauft, hätte ein Joint venture nicht gereicht?« Auf eine Antwort wartet die rüstige US-Aktionärin an diesem Tag vergeblich. Und so beantwortet sie sich ihre Frage eben selbst: »Die Deutschen wollen unsere High-Tech-Industrie übernehmen.«

☆

Die Gehaltsschlacht ist im Grundsatz gewonnen, ihre Umsetzung eine Frage der Zeit. Und wenn man schon nicht an der Spitze spart, dann eben in der Breite der Belegschaft.

Als die IG Metall bei den Tarifverhandlungen im Herbst 1998 nach vielen Jahren stagnierender Löhne und realer Gehaltseinbußen erstmals wieder einen Verdienstanstieg fordert, lehnt der DaimlerChrysler-Chef rundweg ab: »Die Forderung der IG Metall nach 6,5 Prozent Lohnerhöhung ist das falsche Signal.« Und selbst als der Kompromiß der Tarifpartner bei 3,2 Prozent festgeschrieben wird, äußert der Vorstandsvorsitzende Mißmut. EinSchrempp weiß eben, wann die Konzernkasse zugehalten werden muß – und wann nicht.

Warum aber kommt eigentlich keiner auf die ebenso banale wie effektive Idee, die Vorstandsgehälter an die der Beschäftigten der mittleren Lohngruppe anzukoppeln? Bei mehr als 3 Prozent Zuwachs würde sich selbst ein Herr Schrempp einen neuen Viertwagen leisten können – wenn auch nicht gleich die vierte Villa.

☆

Mit den Executive Officers existieren bereits seit 1995 »Continuation Agreements«, die im Falle einer Kündigung »aus wichtigem Grund« eine Abfindung in der Höhe »eines zwei- bis dreifachen Grundgehaltes« – gemeint sind Jahresgehälter – sowie weitere Bonuszahlungen garantieren.

Mit dem Zusammenschluß der beiden Automobilkonzerne ist Robert J. Eaton zudem »eine Verbesserung der Altersversorgung« zugesagt worden. Im günstigsten Fall beträgt diese, so die Festschreibung im gemeinsamen Bericht der Vorstände zum Zusammenschluß, stattliche 30 000 Dollar – monatlich.

Wird den Chrysler-Führungskräften innerhalb von zwei Jahren nach der Fusion gekündigt, erhalten sie – »pauschal geschätzt« – ganz einträgliche Abfindungen: Gary C. Valade beispielsweise 4 601 383 Dollar, Thomas T. Stallkamp 5 487 445 und Robert J. Eaton 24 435 997 Dollar. Zu diesem Zeitpunkt kann keiner ahnen, wie radikal Schrempp seine Pläne durchziehen wird.

☆

Und doch sind all diese Summen »Peanuts« gegenüber dem, was die Chrysler-Oberen mit dem Firmenzusammenschluß zusätzlich zu ihrem millionenschweren Gehalt einfahren: Als Berechnungsgrundlage dienen die am 27. Mai 1998 gehaltenen Chrysler-Aktienoptionen, wonach Thomas T. Stallkamp 379 384, James P. Holden 407 771, Gary C. Valade 442 685, Robert A. Lutz 683 380 und Robert J. Eaton 2 267 579 DaimlerChrysler-Aktien erhalten haben.

Alle Executive Officers, insgesamt rund 30 Personen, erhalten im Rahmen der Fusion 8 521 319 Aktien. Hinzu kommen weitere DaimlerChrysler-Aktien für vorzeitig ausgeübte Optionen im Umfang von 3 533 234 Anteilsscheinen.

Durch den Zusammenschluß steigt der Wert der Aktienoptionen, von denen allein die fünf Topmanager über rund ein Fünftel verfügen, um mehr als eine Milliarde Dollar. Trocken bilanziert Dietmar Hawranek, Wirtschaftsexperte des *Spiegel*: »Keinem soll es schlechter, aber vielen wird es besser gehen.« Bezogen auf die Chrysler-Manager ist das eine famose Untertreibung.

☆

Eine Vervielfachung des Gehalts nach amerikanischem Prinzip bei gleichzeitigem Verschweigen der realen Einkünfte entsprechend deutscher Geheimhaltung – eine derart eigennützige Auslegung der rechtlichen Rahmenbedingungen hat noch kein Manager vor Jürgen E. Schrempp gewagt. Geschickt pickt sich der Daimler-Chef die Rosinen aus dem transatlantischen Kuchen heraus.

Daß dennoch nur eine Minderheit der Hauptversammlungsteilnehmer gegen die »Operation Moneymaking« interveniert, liegt nicht zuletzt daran, daß zumindest die deutschen Aktionäre mit einer einmaligen Dividendensteigerung um 30 Prozent befriedigt werden. Dafür aber meldet sich eine ganz andere Stimme zu Wort, mit der Schrempp selbst am wenigsten gerechnet haben dürfte.

Eiskalt grinsend

»Ich habe ihn lange Zeit als nett empfunden.«

»Jürgen Schrempp soll seinen Obolus abliefern.«

»Er weiß, wie er die Politiker kleinkriegt.«
Gerlinde Schrempp über ihren Schwager

Nach Freiburg hat es sie 1968 gezogen, acht Jahre später legte sie ihr Staatsexamen an der dortigen Pädagogischen Hochschule ab. Kennengelernt aber hat sie ihn in seiner Funktion als Aufsichtsratsmitglied der Freiburger Flugplatz GmbH, denn bis 1995 war die frühere Vorsitzende der Akademischen Segelfluggruppe aktive Sportfliegerin. Zwischen den beiden Höhenjägern hat es gefunkt, und seither trägt sie seinen Nachnamen: Schrempp. Und den hat Gerlinde nicht wieder abgelegt, obwohl sich die 53jährige längst vom früheren Berufspolitiker Günter, dem älteren Bruder von Jürgen, getrennt hat.

☆

9. Februar 1999. Das familiäre Brunnenwasser ist vergiftet. In ihrem Leserbrief an die – in Schrempps Heimatstadt Freiburg verlegte – *Badische Zeitung* läßt Gerlinde ihrem Mißmut freien Lauf. Die Resonanz ist beeindruckend: »Sie sprechen mir aus der Seele«, schreibt ein Arzt aus Gundelfingen, »À la bonheur!« eine Frau aus Breisach. Im Internet wird ihr Brief veröffentlicht, woraufhin sie Reaktionen aus aller Welt erhält. Eine Familie aus Neuseeland spricht ihr »Hochachtung und Gratulation« aus. »Bravo und Hut ab«, heißt es in einem Schreiben aus Whangamata, denn sie habe es gewagt, dem »Daimler-Bulldozer« – gemeint ist Jürgen E. Schrempp – couragiert entgegenzutreten. Hunderte solcher Schreiben gehen ein – der Daimler-Chef hat viele Gegner.

Als ihre Stellungnahme in der Weltpresse veröffentlicht wird, kommt sie kaum mehr zur Ruhe. »Acht Wochen lang hat Tag und Nacht das Telefon geklingelt«, schildert sie die Folgen ihrer Aktion, mit der sie ihrer »Wut Luft machen« wollte. Und die Reaktionen »waren nur positiv, abgesehen von meinem ehemaligen Mann«.

Und dessen Bruder in Möhringen? Der Herr der Sterne schweigt über das familiäre Desaster. »Bedauerlich« sei das alles, dringt nach draußen. Mehr nicht.

☆

Anlaß für den Leserbrief war, daß man in der Chefetage von DaimlerChrysler etwas zu laut darüber sinniert hat, einen Teil der Vorstandsgehälter künftig in den USA versteuern zu lassen. Unter Ausnutzung der Vorzüge des amerikanischen Steuerrechts, mit einem Spitzensteuersatz von lediglich 43 Prozent, läßt sich die »Operation Moneymaking« eben weiter optimieren – so Gerlinde Schrempps Vorwurf.

In ihrem Schreiben spricht sie den Ex-Schwager persönlich an: »Lieber Jürgen«, so die erregte alleinerziehende Mutter, »ich will einfach nicht glauben, daß Du und Deine ebenfalls nicht schlecht verdienenden Kollegen aus dem DaimlerChrysler-Vorstand vergessen haben, wo sie ihre Ausbildung ermöglicht bekommen haben.« Wer habe denn »für eine erfolgreiche Managerkarriere wie die Deinige« gesorgt? »Das war doch wohl nicht der amerikanische Staat, der sich künftig an Euren Abgaben erfreuen darf?«

Außerdem, fährt die ehemalige Schwägerin fort, »haben Leute wie Du doch keine zusätzlichen Ausgaben« bei ihren Auslandsaufenthalten. »Ich glaube zu wissen, daß dort kein Pfennig vom schmalen Gehalt bezahlt werden muß, oder täusche ich mich?«

Gerlinde Schrempps Kritik mündet in bittere Vorwürfe: »Mir fallen da Begriffe wie ›Gier‹, ›Nicht-genug-kriegen-können‹, ›Vergessen-wo-man-herkommt‹ ein.« In ihrer Enttäuschung erinnert sie Jürgen E. Schrempp an seinen »lieben, ehrlichen Vater«. Dieser war »ganz besonders stolz auf Dich«. Würde er aber »heute noch leben, würde er sich für Dein Vorhaben schämen«.

Derlei Diskussionen um Gehälter und ihre Versteuerung im Ausland jucken die DaimlerChrysler-Manager wenig, haben sie doch längst Sorge dafür getragen, daß sie auch in Zukunft nicht von der Sozialhilfe leben müssen.

Der Schlüssel für Jürgen E. Schrempps heutiges Verhalten liegt in der Vergangenheit.

☆

29. Oktober 1989, krönender Abschluß eines höchst erfolgreichen Jahres. Im Januar wurde Schrempp designierter Dasa-Vorstandsvorsitzender, im April ordentliches Mitglied der Daimler-Benz AG, im Mai dann offiziell Dasa-Chef. Als seine Eltern Monika und Ernst im Gasthaus Löwen in Freiburg-Littenweiler ihre Goldene Hochzeit feiern, erwartet die Familie ein frohes Fest mit einem bestens gelaunten Sohn aus Ottobrunn. Gerlinde hat die Feier organisiert und eigens die String-Set-Kapelle eingeladen.

»Jürgen hat wie immer gesungen, er singt wie ein Weltmeister«, erinnert sie sich. »Es klappert die Mühle am rauschenden Bach« und andere Volkslieder tönen durch den Saal. Diesmal allerdings singt »er nicht nur viel, sondern auch schlecht«, woraufhin ihm ein Bandmitglied das Mikrofon wegnimmt.

Jürgen setzt »einen bitterbösen Blick auf« und zieht lautstark über die Musiker her. Sehr derb habe er geschimpft, heißt es anschließend. An diesem Tag wird ihr bewußt, daß sie mit ihrem Schwager gebrochen hat. »Jürgen besitzt einen brutalen Adlerblick: Den bekommt er dann, wenn ihn jemand kritisiert« – eben auch jetzt. »Da habe ich mich gefragt: Was ist das für ein Mann?« erklärt die Schwägerin entsetzt.

Was keinesfalls nach außen dringen soll, läßt sich heute nicht länger unterdrücken: Gerlinde Schrempp zieht den Vorhang weg vor einer nur scheinbar intakten Familienwelt, die in Wirklichkeit seit vielen Jahren tief gestört ist. Und sie gibt Einblick in den Charakter eines Mannes, der sich als Manager nicht anders verhält denn als Privatmensch.

☆

»Was mich maßlos gestört hat, war die Tatsache, daß Jürgen wußte, wie er mit Politikern umzugehen hat.« Die Schwägerin erlebt den mittleren der drei Schrempp-Brüder nicht nur bei privaten

Anlässen, sondern auch bei Kontakten mit ihrem Mann, dem SPD-Landtagsabgeordneten.

»Beispielsweise bei der Diskussion um das neue A-Klasse-Werk in Rastatt oder um die Teststrecke in Boxberg«, erinnert sich Gerlinde eher ungern. Da habe er »die Leute eiskalt grinsend vorgeführt«. Und »voller Verachtung denkt er: Die haben zu tun, was ich sage, sonst investiere ich im Elsaß.«

Ihr Urteil fällt eindeutig aus: »Jürgen ist sich seiner Macht bewußt. Er weiß, wie er die Politiker kleinkriegt.«

☆

Früher hat sie ganz anders über den erfolgreichen Aufsteiger gedacht. Der damalige MBSA-Chef habe sich »in Fragen der Anti-Apartheid geäußert«, daraufhin habe sie sich »irgendwie ein positives Bild von ihm zusammengeträumt«. Und vor allem war »Jürgen früher lebensfroh und lustig«.

»Heute betrachte ich ihn als DaimlerChrysler-Chef, nicht als ehemaliges Familienmitglied«, beschreibt sie ihre distanzierte Haltung. Ihrer Ansicht nach »verhält sich Jürgen dumm und dreist: Wenn er seine Einkünfte in den USA versteuern lassen will, muß er doch damit rechnen, daß er bloßgestellt wird.« Aber der Manager habe eine Erfahrung gemacht, die ihm gar nicht gut bekommen sei: »Je brutaler ich mich verhalte, desto erfolgreicher bin ich.« Auch das sei ein Grund dafür, daß ihm »der Erfolg zu Kopf gestiegen ist«.

Ihre Illusionen hat sie verloren. Lange Zeit habe sie ihn »als nett empfunden«. Aber die Zeiten sind passé, und der Bruch kaum mehr zu kitten.

☆

Größte Achtung empfindet die ehemalige Schwiegertochter vor dem Vater der drei Buben. »Ernst Schrempp war ein aufrechter, ehrlicher und witziger Mann«, beschreibt sie ihren Schwiegervater, den sie über Jahre hinweg betreut hat. »Er konnte sehr liebevoll sein«, über ihn kann sie »nur Gutes sagen«.

Wieder und wieder hat sie ihn zur Bestrahlung zum Arzt gefahren und auch Mutter Monika versorgt, die lange Krankenhausaufenthalte hinnehmen mußte. In dieser Zeit war Ernst wochenlang bei ihr, jeden Mittag. Beklagt hat sie sich darüber nicht, denn sie war die einzige, die in Freiburg geblieben ist. Währenddessen bastelten die drei Söhne an ihrer Karriere.

Wie Jürgen heute, so war Ernst früher Kettenraucher. Am Ende bekam der Vater Lungenkrebs. In den letzten vier Monaten vor dem Tod seines Vaters 1996 zahlte der Daimler-Chef einen Pfleger, der rund um die Uhr anwesend war.

☆

»Jürgen stammt aus kleinen Verhältnissen«, erzählt die Ex-Schwägerin. »Manchmal konnte sich die Familie noch nicht einmal den Sprudel kaufen.«

So war Ernst gezwungen, »manchmal zwei Jobs gleichzeitig« anzunehmen, »um die Familie durchzubringen«. Schaufenster hat er dekoriert, war Leiter einer Lebensmittelfiliale, hat eine Zeitlang den Feldberger Hof geführt. Damals ist es um jeden Pfennig gegangen. Später arbeitete er im Vorzimmer des Rektors der Uni Freiburg, in den letzten Berufsjahren hat er im Oberschulamt das Prüfungsamt geleitet – eine beachtliche Laufbahn.

Wegen seines eng gesteckten Terminplans konnte »Ernst nie normal laufen, nur rennen«. Und was würde der Vater heute über seine drei Söhne sagen? »Ich glaube, er würde aufgeregt hin und her rennen und das alles nicht glauben können«, meint Gerlinde Schrempp.

☆

In ihrer Jugend liegt der Schlüssel für das heutige Verhalten der Brüder. »Als junge Burschen haben sie intuitiv beschlossen: Wir erleiden nicht das gleiche Schicksal wie unser Vater.« Und so haben sie wohl viel von der Mutter angenommen. »Ihre Methoden sind brutal, das ist womöglich ein Stück der Mutter.« Deren vorrangiges Lebensziel habe nämlich darin bestanden, »es sich gutgehen zu lassen«.

Und so stecke in Günter, Jürgen und Wolfgang »ein gnadenloser Egoismus«. Weshalb aber hat es gerade der eine so weit gebracht? »Jürgen kam deshalb am weitesten, weil er der cleverste der drei ist – und weil er einen großen Mentor hatte: Edzard Reuter.« Eben den Reuter, den er Mitte der neunziger Jahre rücksichtslos fallengelassen hat, als dieser ihm im Weg stand und er seine Dienste nicht länger benötigte.

☆

Von den drei Söhnen hat sich keiner bei ihr bedankt. Dafür aber Schwiegervater Ernst. 1994 verfasste er einen Brief, der Bände spricht.

»Liebe Gerlinde«, heißt es da, »zu Deinem Geburtstag wünschen wir Dir alles Gute. Du hast Deine Oma, meine liebe Frau, vor dem Tod gerettet«, gemeint ist ein Nottransport in die Klinik. »Und Du hast mich durch Deine Einladungen aus der Verzweiflung befreit.« Denn »in dem Zustand, in dem ich damals war, wußte ich nicht mehr, was ich tun sollte«. Den weiteren Dankesworten folgt ein Versprechen: »Wir werden das nie vergessen und ewig in Deiner Schuld sein.« Und »solltest Du uns noch einmal brauchen«, dann würden sie auch für Gerlinde »da sein«.

☆

Fünfzehn Jahre hat sie als Sekretärin gearbeitet, zuletzt im sportmedizinischen Institut der Freiburger Klinik. Heute ist Gerlinde Schrempp Lehrerin in Merdingen, dem Dorf, das dank Radprofi Jan Ullrich bundesweit bekannt geworden ist. Inzwischen ist die dynamische Frau, Mitglied der SPD, zur stellvertretenden Ortsvorsteherin in Freiburg-Hochdorf gewählt worden. Viel wichtiger aber ist etwas anderes: Nachdem sie sich von den Schrempps gelöst hat, lachen ihre Augen wieder. Lebenslustig, voller Optimismus, Humor und Engagement zieht sie ihre beiden Kinder auf.

Jürgen E. Schrempp könnte es sich leichtmachen und die Vorwürfe seiner ehemaligen Schwägerin als Klagen einer Verbitterten und Gescheiterten abtun. Doch Gerlinde Schrempp erzählt ohne Groll und ohne Verbitterung von ihren Erfahrungen. Und ihre Erinnerungen sind von viel Positivem geprägt – zumindest was Schwiegervater Ernst angeht. Genaugenommen könnte der DaimlerChrysler-Chef viel von ihr lernen, vor allem Lebensfreude. Für den Manager Schrempp gilt es, erst einmal wieder Mensch zu werden. Aber vielleicht bleibt er doch lieber gefangen im Elfenbeinturm zu Möhringen.

ELFTES KAPITEL

Wind of Change

Ehrenbürger von Edinburgh

»Sachlich unzutreffend und weltfremd.«

Dr. Christoph Walther, Leiter der Unternehmens-
kommunikation, über Behauptungen des
Bundesfinanzministeriums

»Daimler-Schrempp: Geschafft! Bestes Jahr aller
Zeiten!«

Schlagzeile der »Bild«-Zeitung

»Die Maßnahmen lassen sich dabei von folgenden
Überlegungen leiten: … Konsequentes Vorgehen in
begründeten Fällen gegenüber Mitarbeitern mit auf-
fälligem Fehlzeitverhalten.«

Betriebsvereinbarung im Produktionswerk Sindelfingen

Seine Aufgabe als Radikalsanierer der Daimler-Benz AG hat
Schrempp mit Bravour bewältigt. Zufrieden mit sich und den
bombastischen Bilanzen genießt er das Blitzlichtgewitter dieses
Vormittags. Lässig am Lenkrad eines zwischen Speiseplatten und
Faxgeräten positionierten Sportcoupés sitzend, erntet er die ersten Früchte der rigiden Schnitte und der harten Maßnahmen der
vergangenen zweieinhalb Jahre.

Vorbei die Zeit der Abrechnung mit seinem Vorgänger – das erledigen mittlerweile die Kommentatoren und zuweilen Edzard Reuter selbst mit beleidigten Bemerkungen aus der Verliererecke.

☆

Zwei lange Stunden zappelt der Kugelschreiber zwischen den Fingern hin und her. Von ständiger innerer Unruhe geplagt, tobt der Mann seine überschüssige Energie an dem Schreibgerät aus. Bei der nächsten Frage aus dem Auditorium wird er wieder die Gelegenheit nutzen, seine Brille zurechtzurücken und eine kurze Aufstehbewegung anzudeuten, um diesen Impuls gleich wieder zu unterdrücken. Seine Reaktionen erinnern an die eines Kindes, das keine Minute ruhig sitzen kann, nicht aber an die eines 54jährigen Mannes in führender Position.

An diesem Morgen leidet Jürgen E. Schrempp, Hauptreferent, Diskussionsleiter und Diskutant in einem, schwer unter Entzug. Marlboro Country pausiert, Schrempps Körper beklagt den Nikotinmangel, nur sein Gehirn genießt, was die nackten Zahlen sprechen. Eigentlich hätte der Mann allen Grund zum ungebremsten Jubel, und eigentlich hätte man einen freudig erregten Triumphator erwarten dürfen. Doch der letzte Freudenfunke über das beste Geschäftsergebnis der Firmengeschichte fehlt. Nicht, weil Schrempp unzufrieden wäre, sondern weil er von sich und seinen Mitarbeitern mehr fordert – viel mehr.

☆

Wären da nicht die Schremppschen Umsatz- und Profitprognosen, müßte man spätestens im Jahr zwei nach Reuter von einem Jahrhundertabschluß sprechen. Denn die Zahlen überzeugen: Der Operating Profit steigt von 2,4 Milliarden auf 4,3 Milliarden Mark. Neben einer Rekorddividende von 1,60 Mark überrascht Daimler-Benz seine Aktionäre mit einer einmaligen Sonderausschüttung in Höhe von zwanzig Mark pro Anteilsschein. Aus aktienrechtlichen Gründen wird das Thema auf höchster Ebene derart sensibel gehandhabt, daß selbst die Aufsichtsräte ihr Protokoll erst zur Sitzung nach der Hauptversammlung erhalten.

Doch Schrempp wäre nicht Schrempp, wenn er sich mit dem Erreichten zufrieden geben würde. Gerade eben erst hat er eine Umsatzexplosion von 106 auf 124 Milliarden Mark bekanntgegeben, und schon folgt der nächste Doppelschlag. »Im nächsten Jahr werden wir bei etwa 134 Milliarden DM liegen, übernächstes Jahr bei 160 Milliarden.« Dabei stelle dieses Volumen eine eher »konservative« Schätzung dar, »innerhalb von zehn Jahren rechnen wir mit einer Verdoppelung unseres Umsatzes auf 250 Milliarden DM«.

Als die Bilanzpressekonferenz beendet ist und die schreibende Zunft sich zur Arbeit in der Pressezentrale oder zum Lunch ins Foyer begeben hat, steht der Herr der Sterne noch immer einer Vielzahl von Fernsehreportern geduldig Rede und Antwort. Nur ein einziges Mal, als er aus seiner Sicht zu lange auf eine Leitung warten muß, wird er zum Marlboro-Man. Ansonsten feiert sich Superstar Schrempp von Interview zu Interview. Einige Fragen bleiben dennoch offen, die bis heute auf Antwort warten.

☆

»Mit diesem Konzept haben wir 1997 mehr als 12 000 Arbeitsplätze geschaffen«, so lautet eines von zehn Schlüsselzitaten, das den Medienvertretern als Stellungnahme des Vorstandsvorsitzenden vorab in der Pressemappe zur Bilanzpressekonferenz vom April 1998 vorgelegt wird. Am nächsten Tag findet sich unter den vielen lobenden Worten auch in den Überschriften regelmäßig der Hinweis auf »neue« und »mehr Arbeitsplätze« oder die »Trendwende bei der Beschäftigung«. An den Aussagen gibt es nichts zu deuteln: Daimler-Benz hat 1997 10 039 Arbeitsplätze mehr geschaffen, als an anderer Stelle abgebaut worden sind. Das sind mehr Stellen als bei jedem anderen deutschen Industrieunternehmen, zumal aufgrund von Konsolidierungsmaßnahmen realiter weitere 2000 hinzukommen werden. Mit dem Markterfolg und der verbesserten Wettbewerbsfähigkeit kämen »wieder neue Arbeitsplätze« hinzu, verkündet ein rundum zufriedener Konzernvorstand. Nach der Megafusion setzt sich dieser Trend weiter fort. Allein 1998, im Jahr der Chrysler-Übernahme, können Jürgen E. Schrempp und Robert J. Eaton einen Zuwachs um knapp 16 000 auf nunmehr 441 000 Beschäftigte im Gesamtkonzern verkünden.

☆

Soweit die heile Daimler-Welt, immer schön bezogen auf das Vorjahr. Weniger gern spricht der Herr der Sterne über den Umfang der Arbeitsplatzvernichtung im gesamten Jahrzent. Den Höchststand an Stellen hat die damalige Daimler-Benz AG 1991 verzeichnet, als knapp 380 000 Menschen im Unternehmen beschäftigt waren. In den kommenden Jahren haben gerade die vom damaligen Dasa-Chef Jürgen E. Schrempp vollzogenen Entlassungsmaßnahmen zum massiven Abbau von Arbeitsplätzen geführt.

Als Edzard Reuter gegangen und Schrempp inthronisiert worden ist, sind bereits knapp 70 000 Beschäftigte in der Regel »sozialverträglich«, jedoch unfreiwillig »freigestellt« worden. Mit den Firmenverkäufen konnten etwa die Hälfte der Menschen einen neuen Arbeitgeber finden, die weiteren Beschäftigten wurden definitiv entlassen. Und nahtlos hat der Daimler-Vorsitzende Schrempp dort weitergemacht, wo der Dasa-Vorsitzende Schrempp aufgehört hat: bei der Freistellung weiterer 20 000 Mitarbeiter – so die Bilanz Ende des Jahres 1996.

Im Jahr eins des Vorstandsvorsitzenden des Gesamtkonzerns erreicht die Entwicklung ihren absoluten Tiefpunkt: Bei der Daimler-Benz AG sind gerade mal noch so viele Mitarbeiter berufstätig, wie zu der Zeit, als Jürgen E. Schrempp Chairman der Mercedes-Benz of South Africa geworden ist. Alles in allem hat der Daimler-Vorstand in den Jahren 1991 bis 1996 exakt 89 223 Arbeitsplätze abgebaut und damit fast ein Viertel der Beschäftigten »freigestellt«. Schrempps Jubelarien sagen nichts anderes, als daß das Unternehmen unter seiner Führung einen Quantensprung vollzogen hat – in der Summe der Dekade verbesserte sich die Arbeitsplatzbilanz in diesem Jahr vom letzten auf den vorletzten Platz. Und wenn sich der Daimler-Vorsitzende dennoch rühmen kann, sein Konzern sei in dieser Hinsicht führend in der Großindustrie, zeigt das nur, auf welchem Niveau sich die Konkurrenz bewegt.

☆

Für die Betroffenen geradezu makaber klingen die Choräle vom hohen Lied der Arbeitsplätze, stellt man den Bilanzgewinnen die Zahl der Neueinstellungen gegenüber. Dann nämlich verkümmert der Stern von Möhringen zum Sternchen über Nürnberg, und aus dem Herrn der Sterne wird der Freisteller von Freiburg. Während der Umsatz 1998 um 12 Prozent, der »Operating Profit« um 38 Prozent und der Gewinn je Aktie um 30 Prozent nach oben geschossen sind, stieg die Zahl der Mitarbeiter um magere 4 Prozent.

In diesen Zahlen spiegeln sich enorme Rationalisierungsgewinne. Was wie Musik in den Ohren der Aktionäre klingt, bedeutet im Klartext, daß die menschliche Arbeitskraft bis an ihre Grenzen belastet wird. Im Endeffekt beschäftigt die DaimlerChrysler AG gerade soviel Mitarbeiter, wie zur Erfüllung der Profitvorgaben des Vorstands nötig sind. Würde die Beschäftigtenzahl weiter gesenkt, könnten die Wünsche der Kunden kaum erfüllt werden, und die Konkurrenz wäre der Nutznießer.

☆

Man mag einem Jürgen E. Schrempp manches vorwerfen können – eines aber keinesfalls: Im Gegensatz zu vielen anderen der Branche rationalisiert er auf allen Konzernebenen – auch auf der höchsten.

Und während im September 1998 in den Chefetagen der Frieden zu Möhringen und Auburn Hills ausgerufen wird, konzipiert Schrempp bereits die Vorstandsstrukturen, die am Ende des Fusionsprozesses stehen sollen: »Auf längere Sicht« müsse man sich die Frage stellen, ob es nicht »jeweils einen im Vorstand gibt, der jeweils für seinen Bereich zuständig sein wird«. Was so harmlos klingt, ist Schrempps verblümter Hinweis auf die kommende Umstrukturierung der DaimlerChrysler-Chefetage.

Ein dreiviertel Jahr später wird der Chief Executive Officer (CEO) konkret. Die Zahl von siebzehn Vorständen sei »sehr viel«, spiegele aber »im Moment unsere Struktur wider«. Man muß kein Prophet sein, um diese Worte zu deuten. Schon einmal hat Schrempp von zu vielen Häuptlingen und zu wenig Indianern gesprochen. Damals, zu Zeiten der Radikalsanierung der Daimler-Benz AG, räumte er konsequent wie kein anderer im eigenen Haus auf. Auch diesmal macht er aus seiner zeitlichen Zielvorstellung keinen Hehl: »Heute hat das Unternehmen die Struktur, die es für die nächsten zwei bis drei Jahre braucht«, so der Vorstandsvorsitzende gewohnt klar.

Am Ende soll ein deutlich kleineres und effektiveres Führungsgremium geformt werden, und einige Vorstände werden das Unternehmen mit einer angenehmen Abfindung verlassen haben – sogar schneller, als von ihnen befürchtet. Andere aber haben sich höhere Ziele gesteckt – bis hin zur Nachfolge des Herrn der Sterne.

☆

Oktober 1998. Zweifellos hält der 52jährige Stallkamp, Präsident des Unternehmens und dritter Mann hinter dem Führungsduo, die besten Trümpfe in der Hand, mit Eatons Abgang zu Schrempps Stellvertreter zu avancieren. Im Schlüsselbereich der Personenkraftwagen berichten die Integrationsteams zuerst an ihn und danach an Pkw-Vorstand Jürgen Hubbert. »Einer muß die Integration im Automobilbereich steuern«, protegiert Eaton seinen Günstling, »und das ist Stallkamp.« Es folgt ein unmißverständlicher Hinweis der amerikanischen Seite an die Deutschen: »Da sind wir alle einer Meinung.«

☆

Januar 1999. Noch spielt Stallkamp entsprechende Nachfragen geflissentlich herunter. »Sicher« bestehe die Möglichkeit, Schrempp-Nachfolger zu werden. Der Kronprinz »könnte aber auch aus Botswana stammen oder aus der Schweiz«, behauptet er seinem Interviewpartner Karl-Heinz Büschemann von der *Süddeutschen Zeitung* gegenüber – denn »jeder könnte es sein«.

☆

Für den fünf Jahre jüngeren Eckhard Cordes spricht die hochprofessionelle Art, mit der er als Schrempps Adjutant die Daimler-Chrysler-Fusion perfekt eingefädelt hat. Doch wer interessiert sich im nächsten Jahrtausend noch für das famose Fusionsmanagement eines Cordes, zumal auch Stallkamp im engsten Kreis involviert gewesen ist?

Viel wird davon abhängen, wie der bei DaimlerChrysler für die Konzernentwicklung zuständige Spitzenmann in den kommenden Jahren seinen Job erledigt. Da gibt es noch manchen Stein aus dem Weg zu räumen.

Mit der Übernahme des 50prozentigen Anteils der Adtranz von ABB hat DaimlerChrysler einen weiteren Schritt in Richtung auf den global tätigen Mobilitätskonzern gewagt. Doch nach wie vor schreibt der weltweit größte Hersteller von Schienenverkehrstechnik, für den Vorstandsmitglied Eckhard Cordes und Aufsichtsratschef Manfred Bischoff die Verantwortung tragen, rote Zahlen. Cordes hat die Gefahr erkannt, ein Sanierungskonzept durchgesetzt und Stellenstreichungen eingeleitet: Fünf ausländische und ein inländisches Produktionswerk werden geschlossen, etwa 3000 der 24 000 Stellen in aller Welt gestrichen.

Schenkt man den Betriebsräten Glauben, dann ist damit jedoch wenig gewonnen.

☆

»Ich habe das klar unterschätzt«, gesteht Rolf Eckrodt. Hatten die Adtranz-Vorstände angesichts der neuen Schienenverkehrsgruppe von ABB und Daimler-Benz noch eine achtprozentige Umsatzrendite prognostiziert, so hat die Realität sie längst auf den Boden zurückgeholt: Im Geschäftsjahr 1998 muß ein Verlust von 763 Millionen Mark in Kauf genommen werden. Die Adtranz leidet neben hausgemachten Fehlern auch unter einer deutlich kostenorientierter arbeitenden Deutschen Bahn AG. Eckrodt, seit Ende 1998 Adtranz-Vorsitzender, hat die Neustrukturierung der vormals regionalen Organisationsstruktur in zentral gesteuerte Geschäftsfelder angeordnet.

Die Ziele sind klar definiert: Erhöhung des Umsatzes von unter 4 Milliarden Euro 1999 auf 5 Milliarden Euro bis zum Jahr 2002. Auf den »Operating Profit« bezogen erwartet der frühere Mercedes-Manager eine Umsatzrendite von 5 Prozent. Schrempps Vorgaben sind hart, und von ihrer Erfüllung hängt ab, ob die Adtranz Teil der DaimlerChrysler AG bleiben wird. Am Ende entscheide »der Erfolg über unseren Verbleib« im deutsch-amerikanischen Mobilitätsgiganten. In dessen Transportfolio, so Eckrodt, passe die Adtranz ganz gut.

Seine Gedankenspiele reichen weit: Man könne in der Bahnbranche auch »höhere Margen erzielen«, so der Adtranz-Chef optimistisch. Solche Töne hört der Dirigent an der DaimlerChrysler-Spitze gern. Doch wenn die Dissonanzen bleiben, könnte auch die

Adtranz bald zum letzten Tanz aufspielen – wie vor ihr schon die AEG.

☆

Jürgen E. Schrempp weiß nur zu genau, daß bereits heute kräftig an seinem Stuhl gesägt wird. Nach der Phase der formal gleichberechtigten Regentschaft mit Robert J. Eaton übernimmt der Deutsche zwar als alleiniger CEO das Steuer. Doch selbst die Tage, da der Freiburger die Geschicke des Imperiums so uneingeschränkt wie heute bestimmt, sind gezählt.

Hinter den Kulissen tobt die Schlacht um seine Nachfolge. Im Falle seines Erfolgs kann Eckhard Cordes – ebenfalls Mitglied des achtköpfigen Kernvorstands – zu den heißesten Anwärtern auf den Chefsessel gezählt werden. Zur Überraschung einer staunenden Öffentlichkeit aber wirft der aussichtsreichste Aspirant frustriert das Handtuch.

☆

21. September 1999. Hiermit teilen wir Ihnen mit, daß Herr Kurt Lauk und Herr Heiner Tropitzsch als Vorstände ausscheiden werden. Seit Monaten ist die Angst umgegangen unter den siebzehn Vorständen der DaimlerChrysler AG. Jetzt ist es amtlich, die beiden ersten Opfer der Schremppschen Vorstandsverkleinerung stehen fest. Bei der Vorbesprechung zeigen sich die Arbeitnehmervertreter im Aufsichtsrat vom bevorstehenden Ausscheiden des Nutzfahrzeugchefs und des Personalvorstands wenig überrascht. Die deutsche Seite hat damit ihren Beitrag erfüllt. Wer aber sind die beiden Amerikaner, die angesichts der vom Aufsichtsrat uneingeschränkt mitgetragenen Straffung der Führung ihren Hut nehmen dürfen? Noch bleibt die Frage unbeantwortet.

☆

23. September. Es mutet schon seltsam an, wenn die Aufsichtsräte von einer Personalentscheidung dieser Tragweite derart kalt erwischt werden. An diesem Donnerstag finden die Konzernkontrolleure die Mitteilung in ihrem Faxgerät. Wer verhindert sein sollte, kann sein Votum für die am folgenden Tag stattfindende Aufsichtsratssitzung schriftlich erteilen.

Das Papier enthält die Nachricht, daß der Vertriebsleiter für Lateinamerika, Theodor R. Cunningham, zum Zuträger von James P. Holden degradiert wird, es informiert über das Ausscheiden der Vorstände Tropitzsch und Lauk und vermeldet die Berufung von Günther Fleig zum neuen Vorstand für Human Resources. Doch an der Spitze der Namensliste thront das prominenteste Opfer des Revirements.

»Das ist schon ein Hammer, daß wir über die Entlassung von Thomas Stallkamp nicht einmal vorab unterrichtet worden sind«, wettert eines der Aufsichtsratsmitglieder heftig. Nicht nur konzernintern schlägt die Nachricht vom Ausscheiden des Kronprinzen wie eine Bombe ein.

☆

24. September. Zum Finale der weltweit größten Automobilausstellung findet das Meeting mitten in Mainhattan statt. Doch der reizvolle Blick vom 34. Stock des Deutsche-Bank-Hochhauses auf das IAA-Gelände interessiert die Teilnehmer weniger als der Anlaß dieser denkwürdigen Zusammenkunft. Anders als bei den Treffen in Möhringen sind die Namensschildchen alphabetisch angeordnet. Aus diesem Grund findet sich der einzige Gast aus den Reihen des Vorstands inmitten der Aufsichtsräte wieder, zwischen Bernhard Wurl zur Linken und Peter Schönfelder zur Rechten.

Pünktlich um 11.00 Uhr eröffnet Versammlungsleiter Hilmar Kopper die Sitzung, deren einziger Tagesordnungspunkt zumindest die deutschen Mitglieder des Kontrollgremiums gut zwei Stunden beschäftigt. Denn die Entscheidungen über die »Personalangelegenheiten« sind folgenschwer.

☆

Der Aufsichtsratsvorsitzende sieht sich genötigt, formal um die Zustimmung zur Teilnahme des Vorstandsvorsitzenden zu bitten: Entweder müsse er selbst die aktuelle Entwicklung darstellen, oder »der mit Sachverstand ausgestattete Herr Schrempp«, so Hilmar Kopper. Die Zustimmung erfolgt, wie so oft, ohne Gegenstimme. Hätte auch nur einer der Aufsichtsräte dagegen votiert, hätte Schrempp den Raum verlassen müssen.

Selbstbewußt präsentiert der Vorstandsvorsitzende die neue Konzern- und Vorstandsstruktur am Overheadprojektor. Aber so zielstrebig sich der CEO auch gibt – eines ist klar: Im Vergleich zu den ursprünglichen Vorgaben bleibt der Vorstand mit vierzehn Mitgliedern immer noch zu groß. Doch angesichts der namhaften Köpfe, die bereits in dieser Runde rollen, muß selbst Schrempp aufpassen. Eine weitere Schwächung ihrer Machtbasis werden die US-Vorstände nicht widerspruchslos hinnehmen, zumal sich der Kurs des DaimlerChrysler-Wertpapiers im Vergleich zu den anderen Autoaktien äußerst schlecht entwickelt hat.

☆

Immerhin erringt der Konzernchef in einer Umfrage des Beratungsunternehmens Arthur Anderson einen Spitzenplatz unter den Top 50 der Shareholde-Value-Manager. Nach Nokia-Chef Jorma Ollila, der mit seinen High-Tech-Handys den europäischen Markt aufmischt, folgt sogleich der DaimlerChrysler-Chef. In der Zeit seines Vorstandsvorsitzes hat Ollila den Nokia-Aktienkurs im Schnitt um 94 Prozent jährlich nach oben getrieben, Schrempps Erfolgsquote liegt bei 18 Prozent.

Doch nach den vergleichsweise enttäuschenden Halbjahreszahlen fällt der Kurs im August 1999 in den Keller, und Schrempp steht »vor einem Scherbenhaufen«, wie *EURO am Sonntag* kommentiert. Alles in allem verzeichnet die DaimlerChrysler-Aktie seit der Megafusion einen Wertzuwachs von schlappen 5 Prozent. Seit Januar des Jahres ist ihr Wert sogar um 17,3 Prozent gefallen.

Vor nichts hat er mehr Angst als vor einem neuerlichen Einbruch des Aktienkurses. »Daimler darf sich nicht erlauben, in den USA weiter abgewatscht zu werden«, erklärt einer aus dem Kontrollgremium Schrempps Sorgenfalten. Aber in den Vereinigten Staaten bleiben die Erfolge aus. Am Rande eines Treffens mit dem US-Präsidenten versucht der deutsche Wirtschaftsboß den amerikanischen Regierungschef zur Mithilfe zu bewegen – und holt sich einen Korb. Bill Clinton sieht sich nicht in der Lage, DaimlerChrysler zur Aufnahme in den Standard & Poor's Index zu verhelfen.

☆

Vieles wird sich ändern, dafür sorgt der Mann an der Spitze: Künftig wird die Produktionsplanung der amerikanischen Werke veröffentlicht, werden exakte Daten über das Automobilgeschäft in den Vereinigten Staaten publiziert – von Lagerbeständen bis hin zu verkaufsfördernden Maßnahmen. Bei regelmäßig einberufenen Zusammenkünften soll Finanzvorstand Manfred Gentz die Analysten über den Stand der Dinge informieren und künftige Gewinne prognostizieren. »In Sachen Investor Relations haben wir bisher nicht sehr glücklich agiert«, gesteht ein Insider.

☆

Nahezu jedem, der aus dem Konzern scheidet – sei es auf eigenen Wunsch oder aufgrund unsanfter Nachhilfe –, wird zumindest der formelle Dank des Vorstandsvorsitzenden zuteil. Die nüchterne Erklärung der Schremppschen Kommunikationsabteilung spricht diesmal jedoch Bände: Günther Fleig, bislang Geschäftsführer der DaimlerChrysler France, übernimmt die Stelle von Heiner Tropitzsch, »der in gegenseitigem Einvernehmen in den Ruhestand treten wird«. Letztlich ist der Personalvorstand ein Opfer des krankheitsbedingten Rücktritts des Gesamtbetriebsratsvorsitzenden Karl Feuerstein. Mit dessen Abtreten von der wirtschaftspolitischen Bühne hat Tropitzsch seinen wichtigsten Fürsprecher verloren.

☆

»Dr. Kurt Lauk, im Vorstand verantwortlich für das Geschäftsfeld Nutzfahrzeuge, wird das Unternehmen zum 30. September 1999 verlassen.« Kein Wort der Anerkennung, kein Wort des Dankes. Dabei ist es Jürgen E. Schrempp gewesen, der den vormaligen Vorstandsvorsitzenden des Mischkonzerns VEBA AG drei Jahre zuvor nach Stuttgart geholt hatte. Und Lauks Bilanz kann sich sehen lassen: Unter seiner Führung erhöhte sich der Absatz der Nutzfahrzeuge gegenüber dem Vorjahr um immerhin 17 Prozent.

Bekanntlich aber hält Schrempp nur so lange zu den Seinen, wie sie ihm von Nutzen sind. Angesichts des Zwangs zur Vorstandsverkleinerung steht ihm sein früherer Mitstreiter Kurt J. Lauk mittlerweile schlicht im Weg. Da kommt es dem CEO ganz gelegen, daß der gebürtige Stuttgarter den Kontakt zur unteren Ebene verloren hat. Und anders als Schrempp, der ein Kind des Konzerns ist, »verfügt Lauk eben nicht über den Mercedes-Stallgeruch«, so der trockene Kommentar eines Vorstandskollegen.

☆

Im Gegensatz zu den beiden Deutschen wird für Thomas T. Stallkamp wenigstens im letzten Quartal der rote Teppich ausgerollt. Bis zum Jahresende beruft ihn der Aufsichtsrat zum Vice Chairman der DaimlerChrysler Corporation. Der Ausstieg erfolgt in Etappen, und die offiziellen Lobeshymnen überschlagen sich: Stallkamp habe »wesentliche Impulse gegeben, Maßstäbe gesetzt und damit den Grundstein für den Erfolg des neuen Unternehmens gelegt«, so Schrempp überschwenglich.

Und auch Robert J. Eaton würdigt ihn in warmen Worten. »Tom Stallkamp hat in den vergangenen neunzehn Jahren einen außergewöhnlichen Beitrag für unser Unternehmen geleistet. Ihn begleiten«, so Eaton, »unsere Wertschätzung und unsere besten Wünsche für die Zukunft.« *Spiegel*-Redakteur Dietmar Hawranek urteilt dagegen: »Gäbe es einen Oscar für die besten Schauspieler unter den Unternehmenschefs, Schrempp und Eaton hätten ihn verdient.«

Dieselbe Auszeichnung könnte gut und gerne auch dem Geschaßten verliehen werden, der die Spielregeln akzeptiert: Der Zeitpunkt sei gekommen, »mein berufliches und privates Leben neu auszurichten und neue Chancen zu entdecken«. Zum Dank für die öffentliche Kapitulation wird Stallkamp der Abschied mit einem Scheck in Höhe von 5 487 455 Dollar versüßt – eine vergleichbare Summe hatte Mercedes-Chef Helmut Werner bei seiner Freistellung erhalten, damals allerdings in Mark.

☆

Thomas T. Stallkamp hat von keinem der beiden Unternehmenschefs die benötigte Rückendeckung erfahren. In dem Moment, da Schrempp ihn als seinen gefährlichsten Konkurrenten um den Vorstandsvorsitz auf US-Seite erkannt hat, ist eine Situation entstanden, die der Deutsche bekanntlich bei nächstbester Gelegenheit zu regeln weiß.

Da paßt es ganz gut ins Konzept, wenn der Amerikaner auch noch Bedenken gegen das Lebenswerk des Deutschen anmeldet: »Ich kenne Big Bangs«, so Stallkamp in der US-Presse über den Merger, »die nicht funktioniert haben.« Und die Investitionen in das Smart-Mobil soll er als »nicht besonders smart« kritisiert haben. Mit solch offenen Worten hat er Schrempp die Vorlage gegeben, die dieser zur Absetzung des potentiellen Thronfolgers nutzen konnte.

☆

Aber auch mit Robert J. Eaton hat sich Stallkamp heftig überworfen, hat zu oft Widerspruch angemeldet, hat sich zu deutlich über Eatons offensichtliche Führungsschwäche ausgelassen. Im Herbst 1999 ist der Bruch unausweichlich geworden, Stallkamps steiler Aufstieg an die Konzernspitze jäh unterbrochen.

Im Anschluß an die außerordentliche Aufsichtsratssitzung legt der Freiburger die Karten auf den Tisch. Die Entlassung der hochgelobten Nummer 3 in der DaimlerChrysler-Hierarchie werde Ärger nach sich ziehen, weiß der CEO. Immerhin aber, so Schrempp voller Stolz auf seinen Verhandlungserfolg, habe er den PKW-Vorstand der US-Seite gerade noch rechtzeitig zurückgehalten, seine Äußerungen gegen Eaton öffentlich herauszuposaunen. So die Schilderung eines Schrempp-Vertrauten, der trocken kommentiert: »Und das war gut so, ansonsten wäre Eaton in den kommenden Monaten von Stallkamp völlig demontiert worden.«

☆

Der achtköpfige Integrationsausschuß der Vorstandsvorsitzenden, der 1998 unter der Leitung von Stallkamp eingerichtet worden war, wird aufgelöst. Derweil läßt Schrempp einen »Automotive Council« installieren, der den Know-how-Transfer gewährleisten soll. In trautem Stereoton erklären die beiden CEOs, die Integration sei »innerhalb von nur sechzehn Monaten erfolgreich abgeschlossen«.

Fast euphorisch verkünden Schrempp und Eaton: »Inzwischen sind wir ein Unternehmen«, dank der »erfolgreichen Integration« sei »die Spitzenposition bei Technologie und Innovation gesichert«, die neue Führungsstruktur werde »diese Impulse verstärken«. Das Ziel ist klar: »Wir wollen Marktführer in allen Segmenten sein.«

Der Weg dahin führt jedoch einzig und allein über eine ausgewogene Beteiligung und Machtverteilung im komplexen Konzerngefüge. Genau die aber ist nachhaltig gestört. Vom ersten Tag der Fusion an hatte Schrempp dem Co-Chairman eindrücklich klargemacht, wer Herr im Hause DaimlerChrysler ist. Und eher willig fügte sich die »lame duck« – so Eatons unrühmlicher Spitzname – in ihr Schicksal.

☆

Zielstrebig steuert der DaimlerChrysler-Vorstand in ein schwer lösbares Dilemma. Blockiert Schrempp in den kommenden Jahren den Aufstieg eines Amerikaners an die Konzernspitze, dann ist der Fahrzeugabsatz auf dem größten Automobilmarkt der Welt gefährdet. In den Vereinigten Staaten wird man kaum dulden, daß der Chefposten quasi als Erbhof nach Deutschland vergeben wird.

Andererseits hat Stallkamp in der Vergangenheit propagiert, es gehe »nicht mehr um die Nationalität«, die »nationale Flagge« gebe es nicht mehr. Manch einer in der deutschen Konzernzentrale kann sich – zumindest heute – schwerlich einen amerikanischen Vorstandsvorsitzenden im elften Stock des Punktturms vorstellen. Diese Gefahr scheint vorerst gebannt, doch das Damoklesschwert schwebt weiterhin über der Möhringer Konzernzentrale.

☆

Das Wohlergehen der Konzernbeschäftigten spielt im »global play« um Märkte und Moneten eine Statistenrolle. Wie weit das Schremppsche System der Optimierung menschlicher Arbeitskraft bereits fortgeschritten ist, belegt nicht zuletzt die aktuelle Betriebsvereinbarung über Maßnahmen zur Reduzierung des Krankenstands im Produktionswerk Sindelfingen.

So schreckt die Führung weder vor einem nach der Zahl von Krankheitstagen gestaffelten Bonussystem noch vor systematisch organisierten Rückkehrgesprächen nach der Genesung zurück. Das Ziel, »den Krankenfehlstand in den nächsten Jahren bei den

Arbeitern auf 4 Prozent und bei Angestellten auf 2 Prozent zu senken«, spricht kaum die Sprache eines sozial verpflichteten Kapitalismus: Schaffe, schaffe, Auto baue, ond net noch de Kranke schaue. So lautet ein Aspekt einer auf Unternehmenswertsteigerung ausgerichteten Geschäftspolitik in Daimler-Deutsch – den Shareholder value fest im Blick.

☆

Selbstverständlich ist mit der neuen Philosophie von Teamtraining und Gruppenarbeit auch mehr Spaß eingekehrt. Selbstverständlich sind die Bedingungen am Arbeitsplatz in vielen Werken besser geworden. Und selbstverständlich ist es legitim und nötig, die betrieblichen Gründe für die Krankheit der Beschäftigten erkennen und beseitigen zu wollen. Aber wäre da nicht noch zu klären, worauf der von der Werksführung festgestellte »hohe Krankenfehlbestand« zurückzuführen ist? Womöglich liegt ein Teil der Ursachen in den Rationalisierungsmaßnahmen, die maßgeblich Vorstände zu verantworten haben.

Der Maßnahmenkatalog reicht von der Bewußtseinsschaffung »über die negativen Folgen hoher Krankenfehlzeiten« bis hin zu »konsequentem Vorgehen« gegen Mitarbeiter mit »auffälligen« Fehlzeiten. Und damit jeder weiß, was Sache ist, hängt an den Infopunkten neben den aktuellen Produktionstafeln »eine regelmäßige Visualisierung des aktuellen Krankenfehlstandes« – noch ohne Namen der Übeltäter. Wer weniger als vier Tage fehlt, wird mit einem Bonus von 290 Mark belohnt. Wer häufig erkrankt, geht leer aus – und steht als Wiederholungstäter womöglich ohne Arbeitsplatz da. Wie heißt es so schön in der Einführung der Sindelfinger Betriebsvereinbarung: Sie sei getragen »von der Fürsorge gegenüber dem Mitarbeiter«.

Für Jürgen E. Schrempp ist das alles akzeptabel. Schließlich »schaden Fehlzeiten, die nicht krankheitsbedingt sind, Kollegen, die die Arbeit übernehmen müssen«. Und das »Sindelfinger Modell heißt Sindelfinger Modell, weil es in Sindelfingen abgeschlossen worden ist« und auch nur dort gelte, so der Stuttgarter Chef auf der Hauptversammlung 1998.

Abgesegnet ist das Vertragswerk, das frühestens zum 31. Dezember 2000 gekündigt werden kann, mit der Unterschrift des damaligen Sindelfinger und heutigen Gesamtbetriebsratsvorsitzenden Erich Klemm. Quo vadis, IG Metall? Zuweilen gewinnt man den Eindruck, daß die Männer an der Spitze der mächtigsten Einzelgewerkschaft der Welt den fortschreitenden Abbau gewerkschaftlicher Errungenschaften nicht wahrhaben wollen – oder daß sie bereits kapituliert haben.

☆

So sehr sich Jürgen E. Schrempp 1995 über die Milliardenverluste seines Vorgängers Edzard Reuter mokieren mochte, so sehr hat er sie zugunsten der Konzernkasse ausgenutzt. In den ersten Jahren seiner Regentschaft entrichtet der Daimler-Benz-Konzern, immerhin Deutschlands führendes und mittlerweile wieder profitabelstes Industrieunternehmen, aufgrund der Verlustvorträge in zweistelliger Milliardenhöhe nur ein Minimum an Steuern.

Trotz brillanter Bilanzen kann Schrempp allein 1997 dem Bundesfinanzminister satte zwei Milliarden Mark vorenthalten. Da einbehaltene Gewinne nach deutschem Recht höher besteuert werden als die an die Aktionäre weitergereichten, löst Finanzchef Manfred Gentz kurzerhand die Rücklagen auf. Diese werden großzügig an die Anteilseigner ausgeschüttet, so daß dem Fiskus weitere milliardenschwere Steuergutschriften entgehen. »Wenn das nicht Shareholder value pur ist«, wettert die *Badische Zeitung* in Schrempps Heimatstadt.

Rechtlich ist dieses Verfahren absolut legal und einwandfrei. Über Moral läßt sich im Fall des Sindelfinger Modells, das einen nennenswerten Anteil nicht krankheitsbedingter Fehlzeiten unterstellt, durchaus streiten.

Gäbe es den Wettstreit um den erfolgreichsten »Steuerschotten der Republik«, das Duo Schrempp und Gentz könnte sich die Medaille für die letzten Jahre der Daimler-Benz AG selbstbewußt ans Revers heften. Erst nach der Fusion mit der Chrysler Corporation, unzähligen Presseberichten über die fulminante Finanzstärke des Unternehmens und einer exponentiellen Steigerung des »Operating Profit« zeigte der Konzernvorstand Bereitschaft, auch wieder seiner gesellschaftlichen Verantwortung gerecht zu werden und sich in die Liste der deutschen Steuerzahler einzutragen. Für die ersten Jahre als DaimlerChrysler-Chef gebührt

dem Freiburger zweifelsohne die Ehrenmitgliedschaft des Finanz-
amts Edinburgh.

☆

Im September 1998 endlich, nach drei langen Jahren steuerlicher
Enthaltsamkeit, tritt der Daimler-CEO an die Öffentlichkeit, um
die Rückkehr zur Bürgerpflicht zu verkünden. »Wir zahlen in diesem Jahr schon ganz erhebliche Steuern, und damit«, so Schrempp,
»meine ich nicht nur Grunderwerbsteuern, die im Zusammenhang mit dem Zusammenschluß stehen.« Auch im kommenden Jahr stünden Überweisungen an den Fiskus in Milliardenhöhe an, lautet die verheißungsvolle Kunde.

Dennoch hat die Diskrepanz zwischen den Rekordbilanzen des
Konzerns und der geschickten Steuerreduzierung dem Image des
Unternehmens nachhaltig geschadet. Entsprechend hart rasseln
im Frühjahr 1999 der Finanzchef der DaimlerChrysler AG und die
Finanzexperten der Bundesregierung aneinander.

☆

Der mit dem Empfänger vorab weitgehend abgestimmte Brief an
den Bundeskanzler hat es in sich. Gerhard Schröder möge sich
doch bitte schön an seinen Hausbesuch Mitte Februar bei Daimler-
Chrysler erinnern, so Manfred Gentz. In der Sache führt der Finanzvorstand eine durchaus nachvollziehbare Beschwerde an: Die geplante Regelung, wonach ein bestimmter Teil der im Ausland erzielten Konzerngewinne in Deutschland ein zweites Mal versteuert
werden müßte, ist dem Berliner auf den Magen geschlagen.

Aufgrund dieser Regelung sei zu befürchten, so Gentz, daß An-
leger am US-Kapitalmarkt ihr Interesse am größten deutschen
Unternehmen verlieren könnten. »Kapital erhält nur, wer attraktive Gewinne bietet«, so Schrempps Finanzchef. Mit der Doppelbesteuerung jedoch würden »inakzeptable zusätzliche Belastungen« drohen.

☆

Wenige Tage später brennen beim ansonsten so besonnenen Manfred Gentz die Sicherungen endgültig durch. Journalisten zitieren
ihn mit den drohenden Worten, daß Konzernzentralen und deren

Spitzen ihren Sitz außerhalb der Bundesrepublik suchen könnten. Im Bundesfinanzministerium lösen die Gentzschen Drohgebärden – mit dieser Regelung werde es schwer, den Standort Deutschland attraktiv zu halten – »Erstaunen« aus. Schließlich sei der Konzern nicht gerade als einer der prominenten Steuerzahler aufgefallen. Laut Ministeriumssprecher Torsten Albig habe Daimler seit 1995 keine Steuern mehr gezahlt.

Spätestens jetzt ist der Konflikt nicht länger zu deckeln. Die Zeitungen berichten auf ihren Titelseiten vom »Streit um Daimlers Drohungen«.

☆

Selbstverständlich habe Daimler Steuern gezahlt, allein 1998 mehrere hundert Millionen Mark Gewerbesteuern, erzürnt sich der Pressechef des Hauses, Dr. Christoph Walther. Er hält mit seiner Wortwahl nicht hinter dem Berg: »Die Reaktion des Finanzministeriums läßt in erschreckender Weise einen Bezug zur Realität unseres Wirtschaftslebens vermissen.«

Erinnern wir uns, worum es in der Sache ursprünglich einmal gegangen ist: Der von Manfred Gentz beklagte Betrag bezüglich der Doppelbesteuerung beläuft sich nach Berechnungen seines Hauses auf 180 Millionen Mark – eine Summe, die Aufsichtsratschef Hilmar Kopper eigentlich wieder einmal mit Erdnüssen vergleichen könnte.

Die Kritik an der überzogenen Reaktion der Daimler-Oberen bringt Klaus Köster auf den Punkt: »Das sind keine 2 Prozent des Jahresgewinns von 1998 und 0,07 Prozent des Umsatzes«, so der Leiter der Wirtschaftsredaktion der *Stuttgarter Nachrichten*. Köster urteilt zutreffend, daß sich damit keinesfalls »so weitreichende Entscheidungen wie die Verlagerung von Konzernzentralen und der Abbau von Arbeitsplätzen begründen« ließen. Gentz erwecke »den Anschein, Daimler stelle Belange der Region zur Disposition, um Druck auf die Politik auszuüben«.

Dabei hat Jürgen Schrempp bislang keinen Zweifel daran gelassen, daß »unsere Konzernzentrale bleibt, wo sie ist« – in Stuttgart und Auburn Hills. Dann wird es wohl doch nichts mit einer Verlegung nach Edinburgh?

☆

Juni 1999. Keine Frage: Die Bilanzen sind besser denn je, ein Rekord jagt den nächsten. Ganz anders jedoch fällt die Antwort in bezug auf die Konzernidentität aus. Allein die Mehrheitsverhältnisse im Integrationsausschuß, wo den fünf Deutschen gerade mal drei Amerikaner gegenübersitzen, sprechen für sich. Hinter den Kulissen knirscht es kräftig im Gebälk: Wirft die amerikanische Seite der deutschen Dominanz und Vereinnahmung vor, so lautet der Vorwurf umgekehrt, die Chrysler-Vertreter seien an immer weniger Arbeit und immer mehr Profit interessiert. Da helfen Eatons und Schrempps beschwörende Worte wenig.

Was schwerlich zueinander paßt, kann womöglich doch nicht zusammengeschmiedet werden. Massenproduktion zu einem bezahlbaren Preis oder Spitzenqualität für Topverdiener? Konsequentes Kostenmanagement oder nachhaltige Markenidentität?

Für Jürgen E. Schrempp ist das ein Tanz auf dem Vulkan. Wenn die Kunden abspringen, kommt es zur Eruption. Und sollten sich die Vorstände weiterhin den Luxus erlauben, keine gemeinsame Schnittmenge zu definieren, dann stellt sich die Frage nach Sein oder Nicht-Sein: DaimlerChrysler oder wieder Daimler gegen Chrysler?

☆

Februar 2000. Endlich, endlich, möchte man meinen. Die äußerst erfolgreiche Welt-AG zahlt auch in Deutschland wieder regelmäßig Steuern. Bei der Bilanzpressekonferenz präsentiert Schrempp nicht nur einen exorbitant gestiegenen Ertrag. Nach vier langen Jahren ist der Verlustvortrag – vornehmlich verursacht durch Schrempps Dasa-Desaster und Reuters fehlgeschlagene Diversifizierungsstrategie – abgebaut. DaimlerChrysler, seit Jahren hochprofitabel, hat dem deutschen Fiskus 1999 erstmals wieder Ertragsteuern zukommen lassen – mit knapp 1,1 Milliarden Euro exakt ein Zehntel des »Operating Profit«.

Absatzdorf Asien

»Der Begriff Vision ist zu unpräzise.«
Dr. Eckhard Cordes über das zukünftige Asiengeschäft

»Wir sehen eher die Chancen.«
Jürgen E. Schrempp trotz Asienkrise

Daimler bläst zur Offensive auf dem bislang drittgrößten Absatzmarkt des Automobilunternehmens. In China, Japan und den Tiger-Staaten sieht der Daimler-Vorstand alle Chancen zur Expansion. »Dieser Markt wächst am schnellsten«, hat Dr. Eckhard Cordes erkannt, und vor allem das Nutzfahrzeuggeschäft soll in den kommenden Jahren kräftige Zuwachsraten verzeichnen.«Fünfzig Prozent des Nutzfahrzeugmarkts liegen in Asien, wir haben davon ein Prozent«, klagt Cordes.

Für ein Unternehmen, das in diesem Bereich Weltmarktführer ist, eine blamable Zwischenbilanz. Und da für den asiatischen Markt beträchtliche Zuwachsraten prognostiziert werden, erklärt Cordes offensiv: »Asien ist ein Schwerpunkt unseres Wachstums.« Mit dem gegenwärtig achtprozentigen Beitrag der Region ist der Beteiligungsvorstand nicht zufrieden: »25 Prozent sind angestrebt.« Bis zum Jahr 2005 soll der Konzernumsatz dort auf sensationelle vierzig Milliarden Mark ansteigen. Durch eigenes Wachstum aber wird dieses Ziel nicht erreichbar sein, weitere Übernahmen stehen in den kommenden Jahren bevor.

☆

Herbst 1997. Die Börsen der Tigerstaaten werden von Unruhen erschüttert, die hochgesteckten Daimler-Pläne sind in Gefahr. Bereichsvorstand Peter Fietzek schwenkt dennoch tapfer das Fähnchen der Aufrechten: An der Konzernstrategie gebe es »nichts zu ändern«, vorerst jedenfalls nicht. Objektiv betrachtet stehen die Chancen jedoch schlecht, bleiben die Perspektiven begrenzt. Aber

Fietzek setzt auf das Prinzip Hoffnung: »Diese Turbulenzen sind nicht das Ende der Vision Asien.«

☆

Sind Ihre Prognosen für die schwächelnden asiatischen Märkte nicht zu hoch gegriffen? Müssen Sie Renditeerwartungen nicht revidieren?

Den Daimler-Vorsitzenden kann wenig erschüttern, die Krise der asiatischen Wirtschaft jedenfalls ebensowenig wie kritische Fragen zu seiner Globalisierungspraxis. Sicherlich werde die derzeitige Wirtschafts- und Währungskrise »in wichtigen asiatischen Ländern kurzfristig zu Wachstumseinbußen führen«. Und »einiges deutet darauf hin, daß dieser Einbruch auf mittlere Frist überwunden« sein werde. Insgesamt habe die Region »aus unserer Sicht mittel- und langfristig überdurchschnittliches Wachstumspotential«, was den Daimler-Chef in seiner Haltung bestärkt, »unser Asienengagement deutlich auszuweiten«.

☆

Trotz der Entwicklung der Finanzmärkte hält Schrempp an seiner Strategie fest: »Wir hoffen«, so der Konzernvorsitzende über sein strategisches Ziel, »es früher zu erreichen.« In den nächsten Jahren müßten mindestens 20 bis 25 Prozent des Gesamtumsatzes in Asien erzielt werden.

Schrempp handelt als Global Player: Aus seiner Sicht ist die Internationalisierung des Unternehmens notwendig, um damit letztlich auch die Standorte in Deutschland zu sichern. So plaziert er milliardenschwere Investitionsvorhaben, läßt er neue Produktionsstätten errichten oder eröffnet neue Märkte für die Produkte des Unternehmens.

Eine Mindestrendite von 12 Prozent auf das eingesetzte Kapital sei auch in den von der momentanen Krise betroffenen Regionen gewährleistet. Die Schremppsche Philosophie fordert positives Denken in allen Lebenslagen.

Und wenn der Absatzmarkt derzeit noch nicht Asien heißt, dann liegen die Chancen eben im kontinentalen Dorf nebenan: »Die Zahl der Personenwagen, die wir heute in Asien nicht absetzen können«, verkündet ein vor Selbstbewußtsein strotzender

Schrempp, »ist uns in anderen Märkten hoch willkommen.« So kann nur einer sprechen, dessen Produkte zu den begehrtesten und dessen Kunden zu den geduldigsten zählen.

☆

In interner Runde äußert sich Schrempp deutlich vorsichtiger, zu viele Fragezeichen sind mit der Asienoffensive verbunden. »Die Frage, wie man mit Asien umgeht«, bekennt der Vorstandsvorsitzende, »ist noch nicht geklärt.« Diese Vorsicht erscheint auch als die realistischere Position, konnte doch der Pkw-Verkauf 1997 in Japan gegenüber dem Vorjahr bestenfalls gehalten werden, in Fernost ist er sogar um 7 Prozent gesunken. Und von den Lkw-Märkten gibt es an dieser Front nur die Fortsetzung früherer Mißerfolge zu berichten.

☆

Wieder einmal kann Schrempp sich die Chance nicht entgehen lassen, die visionären Vorstellungen seines Vorgängers – noch halbwegs verklausuliert – zu verwerfen. »Allerdings glaube ich nicht«, sagt Schrempp an die Adresse des Berliners gerichtet, »daß der damalige Ansatz für die Partnerschaft ideal war.«

In der ersten Hälfte der neunziger Jahre hatte Daimler unter Reuters Ägide eine Vielzahl von Verhandlungen mit Mitsubishi geführt. Ziel war die Vereinbarung einer engen Allianz. »Für ein Unternehmen wie Daimler-Benz«, so Edzard Reuter damals, sei »eine grundsätzliche Partnerschaft mit einer so großen Unternehmensgruppe eine wichtige geschichtliche Weichenstellung.« Die Elefantenallianz geriet jedoch zum Ameisenverkehr auf dem Niveau des Austauschs von Managern und Ingenieuren – für bislang nicht existente Entwicklungsprojekte.

Seither ist die Weltmarktposition der Mitsubishis und Toyotas weiter geschwächt, die japanischen Automobilkonzerne befinden sich in einer tiefgreifenden Krise. Das Reutersche Konzept vom Joint-venture nimmt sich für einen, der nicht lange verhandelt, sondern Unternehmen lieber gleich schluckt, mindestens zwei Nummern zu klein aus. Und in Schrempps Welt AG käme einem Reuter allenfalls die Funktion eines Abteilungsleiters zu.

☆

Die Bedeutung des asiatischen Markts bringt Schrempp kurz und knapp auf den Punkt: »Hier leben drei Milliarden Menschen, die Kaufkraft ist rasch gewachsen, der Nachholbedarf bei der Infrastruktur hoch.« Und während Jürgen E. Schrempp und Robert J. Eaton im Frühjahr 1998 bei der Daimler-Chrysler-Fusion Nägel mit Köpfen machen, bastelt der Deutsche bereits an der nächsten Übernahme: »Vor diesem Hintergrund führen wir seit längerer Zeit Gespräche mit Nissan Diesel«, so der Daimler-Chef auf der Hauptversammlung im Sommer des Jahres.

Ziel sei eine Zusammenarbeit im Nutzfahrzeugbereich von Nissan Motors. Und wieder ist Eckhard Cordes dick im Geschäft: »Wir wollen Gehirnschmalz und Geld investieren« bei der Eroberung des asiatischen Markts, verspricht er.

☆

Herbst 1998: Frohgemut verkündet der DaimlerChrysler-Chef, wenn es zu einer Kapitalbeteiligung bei Nissan kommt, dann »vollziehen wir sie noch vor Jahresende«. Der Hochzeit im Himmel – als die der DaimlerChrysler-Deal gilt – soll eine Trauung auf dem Tokioter Standesamt folgen.

Als sich Schrempp und Eaton im Januar 1999 mit Yoshikazu Hanawa, dem Chef der Nissan Motor Co., treffen, berichtet der Freiburger von »konstruktiven Gesprächen«. Am 9. März bilanziert DaimlerChrysler-Fahrzeugvorstand Tom Stallkamp: »Wir diskutieren noch.« Es scheint nur eine Frage von Stunden zu sein, bis Schrempp den nächsten Coup verkünden und seinen Anspruch auf die globale Führungsposition bekräftigen kann. Tags darauf empfängt der Nissan-Chef in der japanischen Hauptstadt die Daimler-Oberen Dr. Eckhard Cordes und Jürgen E. Schrempp, um das Verlöbnis zu besiegeln.

☆

Nach den Monaten intensiver Gespräche kommt das Scheitern der Vertragsverhandlungen für viele überraschend. Unverblümt lassen die Verhandlungsführer von Nissan Motor durchblicken, aus welchen Gründen das Projekt geplatzt ist: Zum einen haben Bob Eatons Vorstellungen einer effektiven Kontrolle des Nissan-Managements für beträchtliche Verstimmung gesorgt. Zum anderen hat Schrempp das Angebot einer Kapitalbeteiligung mit dem Anspruch auf unternehmerische Führung verbunden – und dabei fälschlicherweise auf die vermeintliche Schwäche der mit rund 58 Milliarden Mark hochverschuldeten Braut gesetzt. »Wir mußten akzeptieren, daß die Möglichkeiten, die eine so enge Verbindung mit Nissan bietet, nicht so einfach und so schnell zu erreichen sind, wie wir ursprünglich erwartet hatten.« Das erklärt allerdings noch nicht, weshalb der französische Automobilkonzern Renault so einfach und so schnell zwei Wochen später bei Nissan zum lachenden Dritten werden konnte.

☆

Jürgen E. Schrempp hat sich weit vorgewagt und am Ende den totalen Rückzug angetreten. Zum Glück, möchte man meinen, denn die Erblast der Braut aus Tokio erscheint zu hoch: Nach europäischem Recht hätte Nissan Konkurs anmelden müssen. Höher als Nissan Motor ist zu diesem Zeitpunkt kein anderer Fahrzeugproduzent verschuldet – was Schrempp und Eaton jedoch nicht erst im März 1999 bekannt gewesen sein dürfte.

Die anschließende rhetorische Abwicklung besteht vorwiegend aus Seifenblasen: »Wir haben die Optionen offen und in freundschaftlicher Atmosphäre diskutiert«, so der Freiburger rückblickend. Selbstverständlich halte der Konzern am Ziel fest, die Wachstumschancen in Asien zu nutzen. Allerdings habe »die Integration von Daimler und Chrysler für uns höchste Priorität«. Auf die hätte sich Schrempp allerdings von Anfang an konzentrieren können.

☆

Viele Jahre hatte Daimler-Benz keine erkennbare Wachstumsstrategie für den asiatisch-pazifischen Raum. Dann wurden wenigstens die Ziele gesteckt, zunächst im Frühjahr 1997, von Schrempp zuletzt beim internationalen Forum »Partnership with Japan« im Januar 1999 bestätigt: Er erwarte eine Steigerung in der Region vom jetzt achtprozentigem Anteil am weltweiten Gesamtumsatz des Konzerns auf bis zu 25 Prozent. Reichlich vollmundig, angesichts dessen, daß Daimler – abgesehen von Singapur und Taiwan – in Asien gerade einen Schrumpfungsprozeß durchgemacht hatte – und die Daimler-Dinosaurier zu Ladenhütern geworden waren. Und jetzt wirft die gescheiterte Beteiligung am Nissan-Konzern die ambitionierten Pläne erneut zurück.

☆

Welche Pläne verfolgt Schrempp, wenn er auf der Hauptversammlung im Mai 1999 propagiert, Asien sei – »auch nach der Absage an Nissan« – ein »Schwerpunkt unseres Wachstums«? Und was ist geblieben von den Versprechungen des Dr. Eckhard Cordes?

Dieser Markt wächst am schnellsten – doch vorerst ohne die DaimlerChrysler AG. So das ernüchternde Fazit, nachdem die hochgesteckten Ziele in diesem Anlauf kläglich verfehlt worden sind.

Nkosi Sikelel' i'Afrika

»Ich will mich jetzt für die Unterprivilegierten ein-
setzen.«

Weltbankpräsident James D. Wolfensohn
zu Jürgen E. Schrempp

»Das südliche Afrika muß wieder auf die Tagesordnung.«

Jürgen E. Schrempp, Vorsitzender der SAFRI-Initiative

»Die Sache lebt nur von einem Zugpferd.«

Claas E. Daun, Unternehmer, zur SAFRI-Initiative

Ihr Kontakt reicht weit in die achtziger Jahre zurück, in eine Zeit,
da der Investmentbanker James D. Wolfensohn ein Tochterunternehmen der Mercedes-Benz AG in den Vereinigten Staaten sowie Daimler-Beteiligungsgesellschaften in anderen Ländern beraten hat. »Seine Stimme kam aus dem Telefon. Er sagte mir, wer er
ist und daß er Rat benötige«, erinnert sich der Amerikaner an ihr
allererstes Gespräch.

»Jim hat viele Erfahrungen in Restrukturierungen gesammelt,
zum Beispiel bei Chrysler«, erklärt der Freiburger seinerseits die
Tatsache, daß er sich seit dem Versuch, die marode Euclid Incorporation zu sanieren, an Wolfensohn wendet. Sie trafen sich zum
Meinungsaustausch in einem New Yorker Hotel, und seither hat
Schrempp immer wieder Wolfensohns Ratschlag eingeholt. Die
Vorgehensweise ist typisch für den heutigen CEO der Daimler-
Chrysler AG, der »am Wochenende zehn bis fünfzehn Leute« anruft, vor allem »Leute, die nicht drinstecken. Dabei erhalte ich
einen unglaublichen Input.« Und Wolfensohn ist einer der Menschen, die ihm bereits »häufig wertvolle Hinweise gegeben« haben.

☆

Visionen sind verpönt – bei Daimler-Benz spätestens seitdem Edzard Reuter der Menschheit Ende der achtziger Jahre seine »Vision vom integrierten Technologiekonzern« als innovativstes aller Zukunftsprojekte, dessen Glanz bis weit ins dritte Jahrtausend hinein leuchten würde, verkauft hat. Zweifler sind damals als weltfremd verpönt worden, und mittlerweile ist die Menschheit um eine unerfreuliche Erfahrung reicher.

Und jetzt kommt Reuter-Nachfolger Schrempp und entwickelt wieder Visionen – allerdings ganz anderer Art: Die Vision von Demokratie und Marktwirtschaft, vom wirtschaftlichen Aufbau und von Arbeitsplätzen im südlichen Afrika. Der regionale Bezug ist kein Zufall. Von 1974 bis 1986 hat Schrempp dort gearbeitet, zuletzt als Chairman der MBSA. Und wenn der Freiburger heute von der »Südliches Afrika Initiative der Deutschen Wirtschaft« (SAFRI) spricht, gerät er ins Schwärmen: »SAFRI ist mein persönlicher Einsatz für Afrika«, und »daran hängt mein Herz«.

☆

»Die Initiative ist nicht die Erfindung von Herrn Schrempp. Kanzler Kohl hat Herrn Schrempp als *den* Afrikaner eingeladen«, erläutert Josef C. Gorgels den Einstieg des Daimler-Chefs in das Projekt SAFRI. Schrempps Zusage erfolgt spontan, und nun hat Gorgels als Leiter des SAFRI-Büros in der Möhringer Zentrale viel Arbeit um die Ohren. Denn Schrempp, Vorstandsvorsitzender des größten deutschen Konzerns und Honorarkonsul von Südafrika, ist seitdem auch noch Vorsitzender der Wirtschaftsinitiative.

Deren »grundsätzliche Ausrichtung« bestimmt das Exekutivkomitee, das seinerseits von einem Initiativkreis von Unternehmensvertretern unterstützt wird. Ziel der im April 1996 gegründeten Initiative ist die Verbesserung der »wirtschaftlichen und politischen Rahmenbedingungen« für die Zusammenarbeit mit den Staaten im südlichen Afrika. Hierzu gilt es die »Interessen der deutschen Wirtschaft« zu bündeln – nicht in einer bürokratischen Organisation, sondern vielmehr durch »persönliches und aktives Engagement« deutscher Wirtschaftsvertreter. Neben den Wirtschaftsverbänden BDI und DIHT fungiert der Afrika-Verein e. V. als Unterstützer und Träger von SAFRI.

Die Liste der Mitglieder des Exekutivkomitees liest sich wie das Who-is-who der deutschen Industrie: Mit dabei sind etwa Dr. Gerhard Cromme von Krupp, Jürgen Dormann von Hoechst, Martin Kohlhaussen von der Commerzbank, Dr. Heinrich von Pierer von Siemens, Bernd Pischetsrieder von BMW oder Jürgen Weber von der Lufthansa. Doch wichtiger noch sind die Verbündeten, die Schrempp auf internationalem Parkett gesucht und gefunden hat – allen voran der Weltbankchef.

☆

»Ich bin mit Jim Wolfensohn befreundet«, sagt Schrempp. Und so ist es kein Zufall, daß sich der gebürtige Australier bei dem Deutschen meldet und um dessen Rat in einer für ihn äußerst bedeutenden Frage bittet. »Soll ich das Angebot annehmen, Weltbankpräsident zu werden?« So verlockend die Offerte auf den ersten Blick auch klingen mag, Schrempp behält doch einen kühlen Kopf. »Warum willst du dir das antun?« lautet seine Gegenfrage. Denn das Amt ist nicht nur mit einem gewaltigen Renommee verbunden, es fordert zudem den ganzen Menschen und läßt keinerlei Freiraum für anderes.

»Ich hatte viel Erfolg in meinem Leben«, erläutert Jim Wolfensohn seine Situation, »und mir geht es materiell sehr gut.« Tatsächlich kann Wolfensohn, der 1980 die amerikanische Staatsbürgerschaft angenommen hat, auf eine überdurchschnittliche Karriere zurückblicken. Nach Tätigkeiten als Rechtsanwalt in Australien arbeitet er als Banker in Großbritannien und den USA, zuletzt als Chairman eines Wertpapierhauses in New York. Dort gründet er 1981 seine eigene Investmentbank, die James D. Wolfensohn Inc., die seither sehr erfolgreich tätig ist. »Jetzt ist es an der Zeit«, so Wolfensohn zu Schrempp, »der Welt etwas zurückzugeben.«

☆

Die beiden Männer sind sich einig, daß das Leben aus mehr besteht als aus Operating Profit und Shareholder value. »Dann mußt du den Job annehmen«, entgegnet Schrempp auf die Frage nach Wolfensohns möglicher Präsidentschaft. Daraufhin sagt dieser Bill Clinton zu. Im März 1995 wird er von US-Präsident Bill Clinton als Nachfolger des erkrankten Lewis Preston zum neuen Weltbankpräsidenten berufen. Der Daimler-Chef bewundert das nimmermüde Engagement des Freundes: »Es ist unglaublich, wie er sich für die Unterprivilegierten einsetzt. Das ist ein Macher.«

Seitdem Wolfensohn die Geschicke der Weltbank leitet, hat sich viel in der Organisation verändert, die früher mehr durch die Förderung ökologisch und sozial bedenklicher Mammutprojekte von sich reden gemacht hat als durch Hilfe für die Ärmsten der Armen.

Besonders beeindruckt zeigt sich Schrempp von der Tatsache, daß mit Wolfensohn »jeder Topmann an die Basis« muß. Und die Basis der Weltbank sind beispielsweise die Armensiedlungen Indiens. »Uns verbindet eine enge Freundschaft«, sagt der Freiburger, und meint damit auch ihrer beider Gleichklang globaler Ziele.

☆

Oktober 1997, Köln. Die Deutsche Welle organisiert das Forum Südliches Afrika. Auf Wirtschaftsminister Rexrodt folgt der Hauptredner des Tages: Jürgen E. Schrempp. Der bedauert, daß man in Deutschland »lange Zeit vom ›verlorenen Kontinent‹, im angelsächsischen Sprachraum von ›Afropessimism‹« gesprochen und daß sich »in Frankreich immer stärker ›aide-fatigue‹ breit«-gemacht hat. Schrempp hält dagegen: Er erkennt, daß »in den vierzehn unabhängigen Staaten des südlichen Afrika zunehmend positive politische und wirtschaftliche Entwicklungen stattfinden«. Auch wenn Ausnahmen die Regel bestätigen würden: »Demokratie und Marktwirtschaft setzen sich immer mehr durch.«

Mit guten Argumenten macht sich Schrempp für ein besseres Image des Schwarzen Kontinents stark: Denn der Demokratisierungsprozeß ist in Gang gekommen – nicht zuletzt dank der friedlichen Wende am Kap der Guten Hoffnung.

☆

Die Chance liegt in Schrempp selbst begründet. »Die Augen drehen auf die doppelte Voltzahl«, sagt Josef C. Gorgels, »wenn Herr Schrempp das Reizwort Südafrika hört.« Auch wenn Gorgels Afrika ganz generell »wieder ins Bewußtsein der deutschen Wirt-

423

schaft führen« will, visiert er eine andere Zielgruppe an: »Wir brauchen in erster Linie nicht die Großkonzerne. Die sind seit Jahrzehnten in Südafrika zu Hause.«

Vielmehr gehe es darum, Investitionen mittelständischer Unternehmen in die vierzehn Staaten der Southern African Development Community (SADC) zu forcieren.

Entsprechend klangvoll fällt Schrempps Lob für den Oldenburger Industriellen aus: »Mein Kollege und Freund Claas Daun macht Geschäfte, und er schafft Arbeitsplätze.« Immerhin schon 11 000 an der Zahl. Daun steht als Aufsichtsratsvorsitzender der KAP-Beteiligungsgesellschaft einem Unternehmen vor, das als eine der wenigen Vorzeigefirmen gilt. »Noch steht der Zug im Bahnhof, aber die Lokomotive macht Dampf«, beschreibt Josef C. Gorgels im Sommer 1997 den Stand der Dinge.

☆

Zimmer 334. Frau mit Sonnenschirm. Über dem cremefarbenen Sofa hängt die Replik eines impressionistischen Gemäldes von Claude Monet. Die beiden noch halbvollen Gläser neben der offenen Champagnerflasche lassen auf einen nur kurzen Umtrunk schließen. Auch jetzt ist James David Wolfensohn in Eile, der Flieger startet bald vom Flughafen in Leinfelden-Echterdingen. Überhaupt ist der Präsident der Weltbank ein vielgefragter Mann und fast immer geschäftig. Dennoch entwickelt sich ein tiefgehenderes und deutlich längeres Gespräch, als zu erwarten gewesen wäre. Denn die beiden Topthemen, sein Verhältnis zu Jürgen E. Schrempp und die SAFRI-Initiative, liegen ihm selbst am Herzen.

☆

Eher skeptisch über die Ziele der SAFRI-Initiative äußern sich entwicklungspolitische Nicht-Regierungsorganisationen wie der Dachverband entwicklungspolitischer Aktionsgruppen (DEAB) in Stuttgart oder die Werkstatt Ökonomie in Heidelberg. Mit SAFRI sei »ein besonderes Organ geschaffen« worden, um die wirtschaftspolitischen Beziehungen zwischen der Bundesrepublik und den SADC-Ländern »im Interesse der großen Wirtschaftsunternehmen« Deutschlands beeinflussen zu können.

Im Endeffekt gehe es auch darum, »die Marktführerschaft auf

424

dem südafrikanischen Markt auszubauen«. Die deutsche Wirtschaft wolle »ein Freihandelsabkommen der EU mit Südafrika ohne Protektionismus«, um den Export »von Investitionsgütern nach Südafrika zu erleichtern«. SAFRI sei eine primär an wirtschaftlichen Interessen ausgerichtete Initiative, so der dahinterstehende Vorwurf – den Schrempp gar nicht als solchen auffaßt.

☆

November 1997, Stuttgart. Die Weltbank und SAFRI laden zu einer gemeinsam ausgerichteten Konferenz zum Thema »Privatwirtschaft und das Südliche Afrika« nach Stuttgart. Der Gastgeber heißt Jürgen E. Schrempp in seiner Doppelfunktion als Daimler-Chef und SAFRI-Vorsitzender. Die größte Aufmerksamkeit aber gilt einem anderen, und der legt auch gleich richtig los.

»Ich habe die Slums gesehen«, berichtet James Wolfensohn mit belegter Stimme und ergänzt: »Dies veränderte mein Leben von Grund auf.« Wer einmal in den Siedlungen der Menschen gewesen sei, die nicht wissen, wie sie den kommenden Tag überleben, der »hat einen Grund zu leben«. Mein »Lebensziel ist seitdem, den Blick auf die Armut zu fokussieren«. Schließlich »gibt es nicht wirklich zwei Welten. Es existiert nur eine Welt.«

Und die kann auf neutrale Betrachter mitunter reichlich schizophren wirken. Denn während der Weltbankpräsident von der Not der Ärmsten der Armen erzählt, wird in der Küche ein auserlesenes Mittagessen für die hochrangigsten Vertreter der deutschen Wirtschaftswelt vorbereitet und kurz darauf serviert.

»Ich stehe einer einflußreichen Bank vor. Aber wir brauchen Ihre Unterstützung, und wir wollen auch Sie unterstützen«, endet James Wolfensohn unter donnerndem Applaus. Und obwohl der Spagat zwischen dem Nobelsaal des Stuttgarter Maritim Hotels und den Favelas der Millionenstädte schwerlich gelingen kann, beeindruckt Wolfensohn seine Zuhörer: »Der ist gut, der ist ein Umkrempler«, sagt Christoph Köpke im Hinausgehen. Und Schrempp kommentiert: »Jim ist ansteckend.« Und da hat er recht.

☆

Die Chancen beurteilen nicht alle ganz so rosig wie Wolfensohn und Schrempp. Neben all den würdigenden Worten meldet Claas E. Daun auch Zweifel an: »Beim direkten Investment besteht ein großes Fragezeichen«, so der Unternehmer aus dem oldenburgischen Rastede, der die »Chancen von SAFRI als sehr begrenzt« ansieht. Zwar sei die mediale Wirkung positiv, doch »die Euphorie von Herrn Schrempp zählt zu seiner Politikerseite«.

☆

November 1997. Die High-Society der deutsch-südafrikanischen Fußballwelt versammelt sich anläßlich eines Länderspiels in Düsseldorf zum Bankett vor Spielbeginn im Steigenberger Parkhotel. DFB-Präsident Egidius Braun hält eine feierliche Ansprache vor versammeltem Auditorium. Die Stimmung ist bestens, so auch bei Schrempp, dem geladenen Honorarkonsul Südafrikas, und dessen Frau Renate.

Wieder einmal hält es den Außenminister des Konzerns nicht auf seinem Sitz. Matthias Kleinert, wie der Daimler-Chef passionierter Sänger, setzt sich seine Brille auf, geht zum Mikrofon und verkündet: »Listen, Jürgen!« Kleinert hat zehn dunkelhäutige Kellner um sich versammelt und intoniert ein Lied, das nicht nur das Herz des Halbafrikaners Schrempp höherschlagen läßt: »Nkosi Sikelel' i'Afrika«, die südafrikanische Nationalhymne.

Längst hat der African National Congress Nkosi Sikelel' i'Afrika zur Hymne der Schwarzen erklärt. Dem Lied, das der methodistische Missionslehrer Enoch Sontonga vor exakt hundert Jahren komponiert hat, ist im Südafrika der Apartheid eine ganz besondere Würdigung zugekommen: Hat es doch viele Schwarze zur Zeit des rassistischen Apartheidregimes bis in den Tod hinein begleitet.

☆

Mehr noch als wirtschaftliche Entwicklungen gilt es, den Menschen Mut zu machen, ihnen das Negativimage zu nehmen und der Bevölkerung des afrikanischen Kontinents die Hoffnung auf eine Zukunft zu geben. Den Rest sollten die Afrikaner dann weitgehend selbst in die Hand nehmen.

So liegt die größte Chance womöglich in der Zuversicht und

dem Optimismus, den das »Zugpferd« Schrempp selbst verbreitet. Denn »klagen reicht nicht«, so der Freiburger. »Jeder sollte sich im Rahmen seiner Möglichkeiten engagieren. Und ich gebe gerne zu«, so der Vorstandsvorsitzende der Daimler-Benz AG, »daß meine Möglichkeiten größer sind als die vieler anderer Menschen.«

☆

Und wie steht es mit dem Vorwurf, Mercedes-Benz schaffe sich im Rahmen der Globalisierung nur einen weiteren Markt? Schrempp wischt diesen Gedanken unter Verweis auf die Realität vom Tisch: »Das trifft allenfalls für Südafrika zu.« Dort aber sei das Unternehmen bereits heute positioniert. In den anderen Staaten des südlichen Afrika sei der Absatzmarkt auf lange Jahre hinaus zu klein.

☆

Wie so oft sind die Probleme auch menschlicher Natur. »Dormann von Hoechst war nie da«, sagt Claas E. Daun und nennt noch Bernd Pischetsrieder, der auch »nie bei einem Treffen dabei« war. Der Oldenburger Unternehmer ist selbst Mitglied im SAFRI-Exekutivkomitee und weiß, daß es »beträchtlichen internen Neid gibt«. Konkret sei das bei Siemens der Fall, wo man auf die jahrzehntelange Tradition des Unternehmens in Südafrika stolz sei. »Wieso spricht Helmut Kohl Schrempp an?« habe es aus dem Hause der Siemens AG verwundert geheißen.

»Viele Manager machen«, so Daun, zwar »mit, aber sie belächeln die Initiative und nehmen alles nicht so ernst wie Schrempp.« Genau das spricht für den Freiburger. Und wer weiß, über welch langen Atem der Daimler-Chef verfügt, der darf sich nicht wundern, wenn am Ende eben doch ein von vielen unerwarteter Erfolg steht.

☆

Nun singen auch Schrempp und die deutschen und südafrikanischen Sportfunktionäre »Lord bless Africa«. »Bless our chiefs, bless the wives, bless the ministers, bless agriculture«, heißt es in den folgenden Strophen. Kleinert geht das Lied ans Herz, für

Schrempp hat es eine tiefe Bedeutung. Er hat sich auf die Fahnen geschrieben, die wirtschaftlichen Probleme im Süden Afrikas engagiert anzugehen. Dabei bewundert er den Mut der heutigen Regierung, neben dem Freiheitssong der Schwarzen auch die »klassische weiße Hymne vor der Mandela-Zeit« zur zweiten Nationalhymne zu erheben: »Das ist psychologisch etwas ganz Tolles, daß die Südafrikaner zwei Hymnen haben – eine Demonstration zur Bereitschaft: Wir gehören zusammen.«

Doch das sehen viele weiße Südafrikaner heute nicht so, was Schrempp zu denken gibt. »Derzeit fließt das Know-how aus dem Land, denn die Weißen gehen.« Der Daimler-Chef hofft aber darauf, daß es sich bei dieser Entwicklung um eine momentane Stimmung handelt: »Viele von ihnen werden wieder zurückkommen.«

☆

So sehr der Topmanager einerseits konzernimmanentem Denken verhaftet ist, so euphorisch kann er andererseits über seine persönlichen Perspektiven schwärmen. »Das war eine Weltklasseentscheidung«, freut Schrempp sich noch heute über seinen Wechsel 1974 ans Kap: »Wenn ich pensioniert bin, verbringe ich die Hälfte der Zeit in Europa, das andere halbe Jahr in Südafrika.«

Von so einem Leben nach dem Konzern können andere nur träumen, für Jürgen E. Schrempp ist die Vorstellung konkret: »Ich bin auch in Kapstadt zu Hause.« Dort, und auf der Farm in Eastern Transvaal, kann er sich die Gestaltung seines Lebensabends vorstellen: Sein zukünftiger Einsatz gilt dem – »bedauerlicherweise als verlorener Kontinent bezeichneten« – südlichen Afrika. Daran, so Schrempp, »hängt mein Herz«.

Vielleicht erklärt diese Liebe zum Schwarzen Kontinent und seinen Menschen die Sympathien, die dem Manager nicht nur, aber vor allem in Südafrika selbst entgegengebracht werden: »Niemand ist in der südafrikanischen Wirtschaftswelt beliebter als Jürgen Schrempp«, bestätigt der Kapstädter Hugh Murray.

Das unterstreicht auch Nelson Mandela im Januar 1999 bei der Verleihung des deutschen Medienpreises – einer eher abstrusen Erfindung für die High-Society in Baden-Baden. Nachdem Lindiwe Mabuza, Botschafterin Südafrikas, Jürgen E. Schrempp den »Orden der Guten Hoffnung« verliehen hat, nutzt der Friedensnobelpreisträger die Gelegenheit, dem Deutschen im Namen »der Bewohner Südafrikas« herzlich zu danken.

☆

»Ich bin grundsätzlich der Meinung, daß man – ob in der Wirtschaft oder Politik – nach sechs bis acht Jahren seinen Job wechseln sollte«, sagt Schrempp im Sommer 1997. Und tatsächlich ist er ein viel zu unruhiger Mensch, als daß man ihn sich heute als den Mumienmanager von morgen vorstellen könnte. Bislang hat er es längstenfalls sieben Jahre auf einem Posten ausgehalten, ehe er sich vom »Wind of Change« weitertragen ließ. Dort, in Südafrika, hat er bereits viele Jahre gelebt, und dorthin wird ihn sein Weg wieder führen – wenn auch in ganz anderer Begleitung als ursprünglich geplant.

Firmenfusion statt Familienfrieden

»Die Liaison mit seiner Stabschefin stößt im Autokonzern auf betretenes Schweigen.«

Die »Wirtschaftswoche« über Jürgen E. Schrempp

»Im Herd brutzeln kleine Hühnchenkeulen.
IHR Lieblingsessen. Schnell und gut.«

Rechercheerfolg der »Bild«-Zeitung

»Ja, das ist eine ernsthafte Beziehung.«

Jürgen E. Schrempp

23. April 1999. Die Nachricht schlägt, zumindest in der erstaunten Öffentlichkeit, wie eine Bombe ein. Und so wird
sie medienmäßig auch verarbeitet: Unterhalb des Reißers »Laser-
Bombe in sein Schlafzimmer« – gemeint ist der Einschlag einer la-
sergesteuerten NATO-Bombe in der Belgrader Residenz des ser-
bischen Diktators Slobodan Milosevic – läßt Jürgen E. Schrempp
über Deutschlands meistgelesenes Massenblatt die Trennung von
seiner Gattin verlautbaren: »Sie wollte, daß ich langsam auf die
Bremse trete« – genau das aber paßte dem Herrn der Sterne überhaupt nicht. Schließlich »wollte ich die Fusion mit Chrysler«.

Schrempp hat sich vor eine scheinbar ausweglose Alternative
gestellt gesehen – »Arbeit oder Ehe«. Wer kann da nicht nachvollziehen, daß ihm nur die Trennung von Ehefrau Renate blieb? »Die
Herausforderung der neuen Aufgabe bedeutet mir mehr als alles
andere auf der Welt«, verkündet er erstaunlich offen via *Bild*-Zei-
tung.

Und damit die Story noch ein bißchen länger geköchelt werden
kann, beläßt es der Redakteur in dieser Ausgabe bei dem Hinweis,
daß auf der anderen Seite der Schrankwand von Schrempps Ar-

beitszimmer »seine Bürochefin Lydia Deininger zwischen lauter Stoffteddybären« residiert.

☆

Selbst unter der rauhen Schale des härtesten Managers verbirgt sich ein weicher Kern. Mit Lydia Deininger kehren Erinnerungen aus spartanischen, aber glücklichen Tagen zurück.

Denn was dem »großen« Schrempp die Bärensammlerin von heute bietet, bot dem »kleinen« Schrempp die Püppchensammlerin von damals: eine Zufluchtsstätte. Mutter Monika schmückte die Wohnung mit Puppen, und Vater Ernst baute eigens einen riesengroßen Schrank für die Exponate aus aller Welt. Wohin auch immer die drei Buben um den Globus düsten, für Muttern mußte ein weiteres Püppchen mitgebracht werden – zur Zierde, neben den heimischen mit Schwarzwälder Bollenhut aus der Gutacher Gegend.

☆

24. April. »Der Duft von gebratenem Fleisch dringt durch die niedliche Wohnung mit den schicken Designermöbeln«, so die freundliche Einführung in *ihre* Welt, wo »*sie* am Küchentisch steht«. *Sie* »rupft Blattsalat, plaudert lustig in den Telefonhörer, der lässig zwischen ihrer Schulter und rechter Wange klemmt«. Im folgenden erfährt die interessierte Leserschaft, daß die Wahlschwäbin aus Landsberg am Lech in *ihrer* Freizeit Jeans und einen blauen Schlabberpulli trägt.

»Lydia. Was ist das nur für eine Frau?« fragt die *Bild*-Zeitung, die am Tag nach der Trennungsstory gleich mit der Love-Parade auffährt und die »neue Frau an seiner Seite« in Wort und Bild präsentiert: »Eine Frau mit Charme und Kompetenz. Mit Vertrauen. Und Pfiff.« Der Artikel ist ein Sammelsurium wohlwollender Kommentare. Lydia Deininger als Traumfrau und Halbgöttin: »Eine moderne Frau«, die »drollige Gesellen« – gemeint sind Teddybären – liebt und sich für »soziale Dinge einsetzt«.

Einer solchen Frau zu widerstehen, zumal über Jahre hinweg, mag für einen Mann nahezu unmöglich sein. Und Jürgen E. Schrempp kennt die humorvolle, eloquente und hübsche Bayerin bereits aus seinen Dasa-Tagen. Von Ottobrunn nach Stuttgart-Möhringen hat sie ihn begleitet. Entscheidend jedoch ist die Mes-

sage: Der arme überlastete Topmanager schickt seine, so die Unterstellung, rückschrittlich denkende Frau in die Wüste und erhält
von der *Bild*-Zeitung – quasi im Namen aller Leser – die Absolution.

☆

Der Herr der Sterne genießt seit langem den Schutz des Hauses
Axel Springer. Trotz – oder wegen – seiner rüden und rücksichtslosen Wirtschaftsentscheidungen und trotz offensichtlicher persönlicher Verfehlungen deckt die ansonsten so gefürchtete *Bild*
Schrempp. Der dankt auf seine Weise: vom Exklusivinterview bis
hin zur auflagensteigernden Topmeldung.

So verwundert es wenig, wenn die *Bild*-Titelgeschichte »Deutschlands Topmanager betrügt seine Ehefrau« ebenso unterbleibt wie
die Meldung »Junge Sekretärin wirft treue Schrempp-Frau aus dem
Rennen«. Statt dessen schiebt das Hamburger Blatt die Schuld,
falls überhaupt eine feststellbar ist, wertneutral auf die berufliche
Situation des immerfort gestreßten Topmanagers: »Der Job hat seine Ehe gefressen.« Und »wieder ist eine deutsche Managerehe
zwischen 18-Stunden-Tag und Um-die-Welt-Fliegerei gescheitert«.

Auf die Frage des *Bild*-Reporters Jürgen W. Meyer nach dem
Stellenwert des Verhältnisses mit seiner Chefsekretärin bestätigt
der Daimler-Vorsitzende, daß es sich bei ihm und Lydia um »eine
ernsthafte Beziehung« handelt. Eine Antwort, wie sie genausogut
auch sein Verhältnis zum Hamburger Massenblatt beschreiben
könnte.

☆

Die »Chrysler-Amis sind begeistert«, denn »Lydia is beautiful …«,
läßt die *Bild*-Zeitung einen namentlich ungenannten Chrysler-Be-
schäftigten für Schrempps neue Lebensgefährtin schwärmen. Der
ganze Konzern stehe hinter dem Daimler-CEO und seiner Geliebten, will eine geschickte PR-Kampagne via *Bild*-Lesern – und möglichen Kritikern? – weismachen.

Doch um zu erfahren, daß die Wahrnehmung im Konzern ganz
anders ist, reichen einige Gespräche im Umfeld des Vorstandsvorsitzenden. Dort nämlich genießt die ehemalige Ehefrau Renate weiterhin den besten Ruf. Nicht umsonst: War sie es doch, die

432

die Eigenheiten und Eskapaden des Freiburgers über Jahre hinweg ertragen hat. Sie hatte ihren Gatten durch seine Niederlagen hindurch und in alle Tiefen hinab begleitet und ihn wieder aufgerichtet. Dank ihr, und wohl nur dank ihr, ist Schrempp Vorstandsvorsitzender der Daimler-Benz AG geblieben und konnte damit DaimlerChrysler-Chef werden. Und in all der Zeit ist sie das geblieben, was sie schon dreieinhalb Jahrzehnte zuvor war: eine Frau mit Bodenhaftung.

Den Dank erntet nun eine andere, zwanzig Jahre Jüngere.

☆

Daß sich innerhalb des Konzerns wieder einmal niemand findet, der die Kritik in offene Worte faßt, ist nachvollziehbar. In der deutschen Wirtschaftspresse aber wird der »Fall Lydia«, Schrempps innigliches Verhältnis mit seiner Stabschefin, kritisch kommentiert.

Die Liaison stoße bei DaimlerChrysler »auf betretenes Schweigen«, weiß die *Wirtschaftswoche*, die zugleich darauf hinweist, daß in den USA 70 Prozent der Unternehmen »eine Beziehung zwischen Vorgesetzten und Untergebenen ausdrücklich« verbieten. Zwei Drittel der Unternehmen in den Vereinigten Staaten »reagieren auf Büroaffären mit Härte« – von Versetzungen bis hin zu Entlassungen. Als das Wirtschaftsmagazin bei Chrysler in Detroit nach der in solchen Fällen üblichen Praxis fragt, herrscht auch dort »betretenes Schweigen bei den sonst so auskunftsfreudigen Mitarbeitern« des Unternehmens.

Man ist vorsichtig geworden im Punktturm der DaimlerChrysler AG. Spätestens jetzt ist Lydia Deininger ganz offiziell, was sie schon viele Jahre vorher im verborgenen war: die einflußreichste Frau im Konzern. Als »Chief of Staff« managt die Direktorin, die ein Jahresgehalt von deutlich über einer Viertelmillion Mark beziehen soll, Schrempps Tagesgeschäft – von den persönlichen Briefen über die »Vorbereitung für Vorlagen an das Management des Vorstandsvorsitzendenbüros und den Planungsstab« bis hin zu seinen persönlichen Auftritten.

Die »Freistellung« seiner Ehefrau Renate und die Beförderung seiner Sekretärin zur neuen Lebensbegleiterin hat Schrempps Ruf nicht gerade aufpoliert. Und die kleine Gruppe derer, die dem Vorstandsvorsitzenden künftig aus Sympathie und tiefer Freundschaft den Rücken decken werden, ist noch etwas kleiner geworden. Das wird er dann spüren, wenn er die Hilfe am nötigsten hat.

So wundert es wenig, wenn selbst die *Bunte*, bisher eher ein dem Daimler-Chef geneigtes Wochenmagazin, Jürgen E. Schrempp in unverblümten Worten als einen Mann charakterisiert, »der süchtig ist auf Arbeit, auf Erfolg, auf Macht«. Süchtig auf noch mehr Arbeit, auf alleinigen Erfolg und ungeteilte Macht.

Der Sternenkönig

»Eatons Ausscheiden bedeutet, daß DaimlerChrysler
jetzt zweifellos ein deutsches Unternehmen ist.«
»Wall Street Journal«

»Eatons Rücktritt war der letzte Atemzug von
Chrysler.«
»Detroit News«

»Der harte Teil der Fusion steht noch bevor.«
Karl-Heinz Büschemann, »Süddeutsche Zeitung«

Noch immer bewegt sich der Fusionsdampfer in äußerst un-
ruhigen Gewässern. Thomas T. Stallkamp, vormals mächtiger Chrysler-Chairman, ist von Schrempp »brachial abserviert«
worden, wie das *Handelsblatt* schreibt. Sein Ausscheiden zum Jahresende 1999 hat einen Sturm entfacht, den nun James P. Holden
als neuer Präsident der Chrysler Corporation beruhigen soll. Spätestens jetzt sind den Beteiligten auf US-Seite die Augen geöffnet,
daß die »Hochzeit im Himmel« für Chrysler mit einer Scheidung
auf Erden enden könnte.

Die Machtbalance in der Beletage ist nachhaltig gestört, die
Deutschen steuern im Cockpit, und die Amerikaner dürfen die
Drinks servieren. Die Schaltzentrale liegt in Stuttgart, die Außenstelle in Auburn Hills. Da hilft es wenig, wenn Eaton das »absolut
fantastische« Vorstandsklima beschwört. Die Realität sieht anders aus: Mittlerweile würden sich »viele Chrysler-Manager wie
Ossis im vereinten Deutschland« fühlen, kommentiert die *Badische Zeitung*: »Übernommen, mißachtet, kaltgestellt«.

Droht Chrysler auf lange Sicht dasselbe Schicksal wie Ply-
mouth? Die 71 Jahre alte DaimlerChrysler-Marke läuft zum Ende
des Modelljahrs 2001 aus. In den USA gibt es gerade noch drei
Plymouth-Händler. Ganz abgesehen davon, daß nicht alle diese
Kunden dem Konzern treu bleiben werden, ist das Ende der tra-

ditionsreichen Marke »eine emotionale Entscheidung«, wie Pkw-Vorstand James P. Holden bedauernd feststellt.

☆

Anfang Januar 2000. Robert J. Eaton feiert sein Unternehmen und sich selbst. Schrempp hat Besseres zu tun und überläßt dem Co-Chairman die Gelegenheit, die neuen Chrysler-Modelle auf der Detroit Motor Show zu präsentieren.

Nebel umwallt die PS-Flitzer, Symphonien verzaubern die Medienvertreter, eine monumentale Darbietung, wie sie sich nur ein Autokonzern von Welt leisten kann. So jedenfalls die Erwartungen im Vorfeld der Veranstaltung. Eaton aber beweist Sinn für Humor: Er pustet Rauchschwaden aus der Zigarre, dreht sein Kofferradio auf und spielt mit Modellfahrzeugen.

Die Lacher hat er damit auf seiner Seite. Und auch die, die ihm glauben, daß er noch lange die Nummer 2 unter Schrempp bleiben werde. »Viel Spaß macht die Arbeit«, verkündet der CEO im Interview mit Harry Pretzlaff von der *Stuttgarter Zeitung* und macht klar: Ein vorzeitiger Rücktritt sei »für mich kein Thema« und an all den Spekulationen »überhaupt nichts dran«.

☆

Langanhaltender Beifall und ein warmer Händedruck für den verdienten Chrysler-Mann. Vor 400 hochrangigen Führungskräften im großen Saal der US-Zentrale sieht Robert J. Eaton den »richtigen Zeitpunkt gekommen«, zu verkünden, was er zwei Wochen zuvor noch entschieden dementiert hat. Er werde sich alsbald »in den Ruhestand verabschieden«, denn »der Zusammenschluß ist erfolgreich geschafft« und die Mannschaft »funktioniert«. Die DaimlerChrysler-Manager erheben sich, und Schrempp reicht dem scheidenden Amerikaner die Hand. »Bob ist ein guter Kerl«, urteilt der Freund aus Deutschland – und er weiß warum.

Jürgen Erich Schrempp ist jetzt der Herr der Daimler- und Chrysler-Sterne – der alleinige Herr. Well done, Bob.

☆

Berechtigterweise, jedoch viel zu offen hat Eaton in den vergangenen Monaten die »Verdeutschung« der Unternehmensrituale kritisiert: Exquisite Konferenzen in elitären Hotels sind die Sache der eher bodenständigen US-Vertreter bei DaimlerChrysler nicht. Mit jedem Tag aber, an dem Schrempp seinen Co-Chairman degradierte und die US-Seite dezimierte, traten die Brüche offener zutage. Eaton hat erkannt, daß das Kritisieren angesichts der Machtverhältnisse erfolglos bleiben muß. Und er hat einen Trennungsstrich gezogen. Denn Robert J. Eaton hat am eigenen Leib erfahren, daß Jürgen E. Schrempp zu Recht von sich behauptet, er sei »ein Extremist«: Auf der einen Seite ist er extrem mitreißend, extrem humorvoll, extrem gewinnend. Andererseits aber auch extrem rücksichtslos, extrem skrupellos und – für seine Konkurrenten – extrem gefährlich.

☆

Nach Eatons Abgang ist das Jammern groß in den USA. Was bleibt, ist ein deutsches Unternehmen, erkennt das *Wall Street Journal*, und das, obwohl Chrysler »mehr als die Hälfte zum Ergebnis beisteuert«. »Amerikanische Manager begannen wegzugehen, einige freiwillig und andere nicht«, stellt die *New York Times* bitter fest. In dasselbe Horn bläst *USA Today*, die neben dem Ausscheiden von Thomas T. Stallkamp auch den Abgang des PR-Leiters Steve Harris und des Chefingenieurs Chris Theodore beklagt. In Detroit, Sitz der Chrysler Corporation, hat mit Eatons Rückzug die letzte Stunde des renommierten Autokonzerns geschlagen, glaubt die *Detroit News* und verkündet: »Lang lebe die Chrysler-Division der Daimler-Benz AG in Stuttgart, Germany.«

☆

31. März 2000. Was sich frühzeitig abgezeichnet hat, ist wahr geworden: Multimillionär Robert J. Eaton tritt vorzeitig von seinem Amt als sogenannter Co-Chairman zurück. Daß dieser Rückzug Teil eines von Anfang an geplanten Deals ist, will man bei DaimlerChrysler so nicht eingestehen.

Lange Zeit konnte der Öffentlichkeit suggeriert werden, das Duo an der Konzernspitze sei einander in inniger Freundschaft verbunden. Angesichts des ohnehin nicht einfachen Zusammenwachsens nach der Fusion wäre ein Streit um die Vorherrschaft im Führungsduo das letzte, was der deutsch-amerikanische Großkonzern hätte brauchen können – vor allem im Hinblick auf die US-Aktionäre.

Eaton hat den Rückzug zum rechten Zeitpunkt angetreten. »Ich werde keinen Vollzeitjob annehmen«, sagt der Rentner, »andererseits aber auch nicht im Schaukelstuhl sitzen.« Schaukeln läßt es sich allerdings ganz wunderbar, wenn man weiß, wie ihm DaimlerChrysler den Lebensabend versüßt. In bar erhält der Sunnyboy auf jeden Fall 24,4 Millionen Dollar Abfindung, und für die nächste Zeit ist ihm wohl ein »gleichbleibendes Einkommen« garantiert.

Die *Washington Post* errechnet für Bezüge, Boni und Aktienoptionen eine leicht höhere Gesamtsumme: Rund 70 Millionen Dollar, angesichts des hohen Kurses der US-Währung gut 137 Millionen Mark soll Eaton erhalten. Schon für die Hälfte des Geldes würden sicher auch andere in den Ruhestand treten.

☆

25. Februar 2000. Bereits im Vorfeld der Bilanzpressekonferenz präsentiert der deutsche CEO den Aufsichtsräten auf der heutigen Sitzung seinen neuesten Coup – »den größten E-Business-Deal weltweit«. Gemeinsam mit Ford, GM sowie verschiedenen Computer- und Softwareunternehmen wird DaimlerChrysler zur Nummer 1 im E-Commerce aufsteigen. Weitere Firmen sollen folgen. In Zusammenarbeit mit dem deutschen Partner SAP werden alsbald Bestellungen aufgenommen, Angebote abgegeben und der gesamte Zahlungsverkehr gemanagt.

☆

28. Februar 2000. Im ersten vollen Geschäftsjahr nach dem Megamerger ist Deutschlands größtes Industrieunternehmen mit einer beachtlichen Geschäftsbilanz ins neue Jahrtausend gestartet: Mit einem Umsatzzuwachs von 28 Prozent in Deutschland – gewaltige 11 Milliarden Euro – kann Jürgen E. Schrempp bei der heutigen Bilanzpressekonferenz »ein neues Rekordhoch« des »Operating Profit« für 1999 melden. Um Einmaleffekte bereinigt – insbesondere die Restrukturierungsmaßnahmen der Adtranz und die Gewinne aus dem Verkauf von debitel-Anteilen –, sind die Gewinne um satte 20 Prozent gestiegen.

Auch beim Umsatz legte DaimlerChrysler mit 14 Prozent kräftig auf 150 Milliarden Euro – rund 300 Milliarden Mark – zu. Immerhin 6 Prozent mehr Beschäftigte bedeuten, daß 25 000 Menschen einen neuen Arbeitsplatz beim Global Player haben. Und noch ein Rekord läßt Schrempp erhobenen Hauptes vor die Weltpresse treten: Erstmals, wenn auch knapp, hat Mercedes-Benz die Schallmauer von einer Million Pkws durchbrochen.

Die letzte gemeinsame Pressekonferenz der beiden Co-Chairmen erinnert fatal an ihre erste im Mai 1998 in der London Arena: Schrempp bestimmt, Eaton ergänzt: »Unsere Mitarbeiter rund um die Welt boten Leistungen, die zu den besten der gesamten Automobilbranche gehörten«, lobt der Amerikaner. »Wir fokussieren unsere Tätigkeit auf Premiumsegmente, auf Innovationsführerschaft und auf ein ausgewogenes Portfolio erstklassiger Marken«, diktiert der Deutsche die künftige Strategie der Konzentration aufs Kerngeschäft.

Und während Daimler dominiert, backen Chrysler & Co. kleine Brötchen. Der Fahrzeugverkauf der US-Massenhersteller konnte im abgelaufenen Geschäftsjahr lediglich von 3,1 auf 3,2 Millionen Automobile gesteigert werden. Kein Grund zur Zufriedenheit beim nunmehr alleinigen Herrn der Sterne.

☆

Noch ist der Aktienkurs im Keller, der Anfang des Jahrtausends von ehemals 104,7 auf 67,2 Dollar gefallen ist. »Nichts ist von den erwarteten Kursgewinnen geblieben«, bilanziert das *Handelsblatt* im Januar 2000 nüchtern.

Erinnern wir uns: Auf dem ersten Aktionärstreffen des damals frisch gekürten Daimler-Chefs hat Schrempp den Maßstab zur Beurteilung auch seines Erfolgs vorgegeben: »Entscheidender Gradmesser für unsere Managementleistung ist der Aktienkurs.« So sieht sich das Global Bobbele mit einer ambivalenten Entwicklung konfrontiert: einerseits brillante Bilanzen, andererseits ein katastrophaler Aktienkurs und weiterhin gewaltige Risiken. Erhält die Narrenkappe, die ihm die Zünfte seiner Heimatstadt zum Start ins neue Jahrtausend verliehen haben, vielleicht eine ungeahnte Bedeutung?

☆

Manfred Bischoff ist um seinen neuen Vorstandsjob nicht zu beneiden. Ab März 2000 ist er für die Betreuung industrieller Aktivitäten von DaimlerChrysler außerhalb der Autosparte zuständig. Er soll die angeschlagene Adtranz, die zur Fusion freigegebene Triebwerkstochter MTU München und das als Verkaufskandidat gehandelte Autoelektronik-Unternehmen Temic auf Vordermann bringen. Stürmische Zeiten stehen auch seinem Nachfolger im Amt des Dasa-Vorstandsvorsitzenden, dem bisherigen Münchner MTU-Chef Rainer Hertrich, bevor.

☆

Zu Beginn des 21. Jahrhunderts präsentiert sich DaimlerChrysler als ein Unternehmen im Umbruch. In den kommenden Monaten und Jahren stehen Entscheidungen an, die das Gesicht des Großkonzerns grundlegend verändern werden. Nachdem nun auch das debis-Systemhaus verkauft werden soll, stellen sich vor allem für die Nicht-Autosparten brennende Fragen: Welche Zukunft hat die Adtranz in dem Autokonzern? Hat die Luft- und Raumfahrt überhaupt noch Platz im Konzern? Werden Rüstungsexporte nach der EADS-Gründung noch hemmungsloser betrieben? Wird der Superjumbo A3XX gebaut, und wenn ja, wo? Kann Airbus die unwägbaren Kosten des Riesenfliegers stemmen? Übernimmt DaimlerChrysler den Lastwagenhersteller Nissan Diesel? Baut Daimler sein Standbein im Kleinwagengeschäft gemeinsam mit Fiat oder Honda aus? Welcher Widerstand ist von General Motors und Ford zu erwarten? Gelingt es Schrempp, den Aktienkurs zu den versprochenen Höhen zu führen? Und vor allem: Klappt die automobile und kulturelle Daimler-Chrysler-Fusion?

All diese Fragen fallen in die Ära des Sternenkönigs Jürgen E. Schrempp. Seine Bestellung als Vorstandsvorsitzender währt bis zum Jahr 2003. Wie lange und wohin er den Konzern führt, das hängt nicht zuletzt davon ab, wie weit sein Streben nach absoluter Macht reicht. Jeder Schritt, den er tut, kann ihn auch ins Stolpern bringen. Vielleicht ist schon der Preis für Eatons vorzeitiges Ausscheiden zu teuer bezahlt.

Der »Sonnenkönig« Louis XIV. führte Frankreich zur politischen Führungsmacht in Europa. Seine Herrschaft endete mit dem Staatsbankrott.

Feiglinge in der Fremde, Duckmäuser in Deutschland, Mutige – nicht nur in Möhringen

»Ich brauche noch meinen Beratervertrag bei Mercedes-Benz.«

Ein langjähriger Schrempp-Vertrauter

»Es gibt jeden Tag zwanzig Leute, die ihm Puder unter den Hintern blasen.«

Christoph Köpke, Vorsitzender Mercedes-Benz of South Africa, über Schrempps Umfeld in Deutschland

»Manche Leute um ihn herum lügen.«

Hugh Murray, Verleger des »Leadership Magazine«

Daß nicht jeder Gesprächspartner alle Fragen eines Autors bis ins Detail hinein beantwortet, der ein Buch über den mächtigen Vorstandsvorsitzenden der Daimler-Benz beziehungsweise der DaimlerChrysler AG verfaßt, versteht sich von selbst. Dennoch ist es mir vergönnt gewesen, in Deutschland und vor allem in Südafrika viele Menschen kennenzulernen, die erstaunlich offen, erfreulich ehrlich und bewundernswert mutig über ihre persönlichen Kontakte, ihre reichhaltigen Erfahrungen sowie die Stärken und Schwächen des Menschen und Managers Jürgen E. Schrempp berichtet haben. Viele ihrer Analysen und Äußerungen haben Eingang in dieses Buch gefunden. Bei manch einer im Ton oder Inhalt kritischen Bemerkung gegenüber Schrempp habe ich – trotz der nicht verlangten Anonymisierung – bewußt auf eine namentliche Zuordnung verzichtet. Dieses Vorgehen erfolgte nicht aufgrund

eines etwaigen Mißtrauens Schrempp gegenüber, sondern um –
wie auch immer geartete – Folgen seitens anderer Entscheidungsträger der DaimlerChrysler AG auszuschließen.

Auch wenn ich durchaus sehr kritische Vorhaltungen in dieses
Profil aufgenommen habe, die Schrempp als Manager wie als Person betreffen, fehlen die Aussagen, die persönlich sehr verletzend
wirken könnten.

Neben den vielen Interviewpartnern mit Rückgrat bin ich aber
auch auf solche gestoßen, deren Verhalten für mich geradezu erschreckend gewesen ist.

☆

Eines der obersten Stockwerke, Zimmer mit unverbautem Blick
auf den Indischen Ozean. Das Treffen steht unter traurigen Vor-
zeichen. Kurz zuvor haben die Medien den Tod der Prinzessin
von Wales gemeldet. Doch das kann kaum der Grund für den verunsicherten Eindruck sein, den unser Gegenüber hinterläßt. Jürgen E. Schrempp würde von einem »extremst« verunsicherten
Menschen sprechen.

Wir, meine Frau und ich, haben uns alle Zeit der Welt genommen. Stundenlang haben wir uns die zahllosen menschlichen Vorzüge, klugen Entscheidungen und daraus logischerweise resul-
tierenden Karriereschritte des damals jungdynamischen Managers angehört. Langsam spüre ich das bekannte Gefühl in mir
aufsteigen, das sich immer dann einschleicht, wenn mir einer der
Interviewpartner weismachen will, Schrempp habe nur diese eine
Seite. Am Anfang meiner eineinhalb Jahre währenden Phase intensiver Recherchen habe ich derlei Märchenstunden noch in der
Hoffnung akzeptieren können, daß dieser Feigling in der Fremde
ein Einzelfall ist.

Dafür, daß nicht alle mit ihrem Namen zu den zuweilen harten
und äußerst kritischen Aussagen stehen können, habe ich vollstes
Verständnis. Nicht aber dafür, daß mir manche ausschließlich den
Schönwetter-Schrempp, der Megamanager und Halbgott in einer
Person ist, als den einzig wahren schildern wollten – und ansonsten darauf verweisen, daß sie mehr nicht sagen wollen. Gottgleich ist Jürgen E. Schrempp nicht, und er behauptet auch nicht,
es zu sein. Der Freiburger hat derartige Überhöhungen auch nicht

nötig, denn seine menschlichen Qualitäten und fachlichen Fähigkeiten sind weithin bekannt.

☆

Endlich platzt der Knoten. Nachdem er mittags noch kühl-verschlossen war und stundenlang den Superstar gelobt hat, taut der Eisblock am Abend auf: Es sei doch »unverständlich«, daß ein Schrempp und ein Stöckl Vorstandsmitglieder beim Daimler werden konnten, wettert der Südafrikaner. »Wo steht die deutsche Wirtschaft, wenn sie solche Menschen an die Spitze setzt?« so seine provokative Frage. Die Diskussion gipfelt in einem heftigen Disput über die Daimler-Führungskräfte. »Habt ihr Deutschen nichts Besseres zu bieten als Schrempp und Stöckl?« lautete sein vehement vertretener Vorwurf. Lothar Späth habe ein Buch geschrieben, und da stünde auch drin, daß die Manager Nieten in Nadelstreifen seien – genauso wie auch bei Daimler-Benz.

In tiefer Nacht befinde ich mich plötzlich in der Position des Verteidigers, versuche eine differenziertere Stellungnahme abzugeben – und beiße mir dabei ziemlich die Zähne aus. Unter Wahrung aller Höflichkeitsregeln verabschieden meine Frau und ich uns von diesem Kritiker der Schremppschen Karriere.

☆

Am nächsten Morgen ist alles vergessen. Schrempp ist wieder der Superman, der perfekte Manager. Ich ärgere mich in Grund und Boden, zumal mir bewußt ist, daß – anders als bei Interviewpartnern in meinem Heimatland – kaum noch einmal Gelegenheit bestehen wird, diesen Menschen persönlich zu befragen.

Für das heutige Treffen habe ich gehofft, Hintergrundinformationen zu den eher oberflächlichen Vorwürfen vom Vorabend zu erhalten, die dem damaligen MBSA-Vorsitzenden galten. Schließlich konnte ich einer Vielzahl äußerst interessanter Andeutungen entnehmen, daß der Mann sehr, sehr viel über Schrempp weiß – Positives wie Negatives.

Wieso weht das Fähnchen plötzlich wieder mit dem Wind? Was ist in den wenigen Stunden seit unserer letzten Zusammenkunft geschehen? Hat ihn die private Atmosphäre des gestrigen Abends – aus seiner Sicht – zuviel verraten lassen? Ist dem Mann bewußt geworden, daß er mit einem Buchautor spricht und nachher alles schwarz auf weiß geschrieben steht?

☆

Er habe eine schlaflose Nacht hinter sich, bekennt mein Gesprächspartner, als ich ihn auf die offensichtliche Diskrepanz der Aussagen hinweise. Der Mann ist ein Insider und langjähriger Wegbegleiter des Mercedes-Managers, aber auch des Menschen Schrempp und rühmt sich, »viele Abende und Feste zusammen« mit ihm verbracht zu haben.

Jetzt gebe ich meine Zurückhaltung endgültig auf und frage direkt: Nennen Sie mir bitte seine wirtschaftspolitischen Erfolge, was hat Schrempp in Südafrika geleistet? »Schrempp war nicht erfolgreich, er hat die Bilanzen geschönt dargestellt«, ist die eindeutige Antwort. »Trotz des finanziellen Mißerfolgs hat er persönlichen Erfolg gehabt. Genutzt hat ihm der Kontakt zum Vorstand«, ergänzt mein Gesprächspartner, der wohlgemerkt bis heute bei der Mercedes-Benz AG unter Vertrag steht. Das aber ist schon wieder zuviel des Unguten, denn sofort ergänzt er, ich dürfe ihn keinesfalls zitieren. Vergeblich habe ich gehofft, mehr zu erfahren. Mittlerweile aber muß ich seine Selbstcharakterisierung als Feigling bestätigen, wenn er mir wieder und wieder vorhält: »You know: I'm a coward!«

☆

So obliegt es Kritikerinnen wie Gerlinde Schrempp und Martine Dornier-Tiefenthaler zu sagen, was Sache ist. »Mein Job hängt nicht von ihm ab. Ich kann ihn sehen, wie er ist. Deshalb reagiert er auch mir gegenüber leicht verunsichert«, erklärt die Rechtsanwältin.

Leider wagen es nur wenige gute Bekannte und enge Freunde, einem Schrempp die Wahrheit ins Gesicht zu sagen. »Ich habe das heißeste Verhältnis zu ihm«, rühmt sich Hugh Murray in Kapstadt. Das schließt vor allem ein, daß »ich ihm das sage, wenn er Mist baut«. Genau das aber ist wirklich keine Selbstverständlichkeit und im Falle von Murray leicht erklärbar: Im Gegensatz zu mehr als 450 000 Beschäftigten und damit Lohnabhängigen der DaimlerChrysler AG kann der Kapstädter Verleger eines kritischen Wirtschaftsmagazins seine Kritik verkünden, ohne eine wie auch immer geartete Form von Repression fürchten zu müssen. Wenn Murray davon spricht, daß manche Leute um Schrempp herum lügen, dann stellt sich automatisch die Frage nach den Gründen dieses Verhaltens.

Wiederholt hat der heutige Daimler-Vorsitzende betont, daß nur konstruktive Kritik weiterhelfe. Dieser Mann glaubt an die Kraft der besseren Argumente, und er ist davon überzeugt, daß sie fast immer auf seiner Seite liegen. Das wirkt arrogant und ist es zuweilen auch. Dennoch kann bilanziert werden, daß unter seiner Führung eine deutlich offenere und kommunikativere Atmosphäre herrscht als unter seinem Vorgänger, was Vorstände wie Aufsichtsräte gleichermaßen bestätigen.

☆

Wenn der Vorstandsvorsitzende eines seiner Werke besucht, dann wird der rote Teppich ausgerollt, und womöglich werden sogar Potemkinsche Dörfer aufgebaut. Auch dafür kann man Verständnis aufbringen. Denn warum sollten Beschäftigte es wagen, einem Machtmenschen, wie Schrempp zweifelsohne einer ist, die Wahrheit über Mißstände oder Fehlentscheidungen freimütig mitzuteilen?

☆

Treffen im Münchner Raum mit einem langjährigen Dasa-Beschäftigten der oberen Führungsebene. Der Mann kennt die Strukturinitiativen der vergangenen Jahre, und er hat aus nächster Nähe erlebt, wie Schrempp ein ums andere Mal gescheitert ist. Zum Schluß frage ich ihn – wie jeden Interviewpartner –, ob es Aussagen gibt, die ich nicht namentlich kennzeichnen kann. »Mein Name darf nicht erwähnt werden, auf keinen Fall.« Des Rätsels Lösung ist schnell gefunden: Er habe in früheren Jahren Dasa-intern Kritik geübt und sei dafür abgemahnt worden. Einer seiner Söhne ist noch heute mit Erfolg im Unternehmen tätig. »Mir hat man unmißverständlich mitgeteilt, daß sich mein Sohn schadlos halten könne«, so der ehemalige Topmanager, »wenn von mir keine Negativäußerung erfolgt.«

☆

Am Ende spielen vor allem zwei Aspekte eine entscheidende Rolle, warum Jürgen E. Schrempp auch heute noch – so der Vorwurf aus dem eigenen Unternehmen – von Duckmäusern umgeben ist: Zum einen ist das System Schrempp, ganz im Stile seines amerikanischen Vorbilds Jack Welch, voll und ganz auf Operating-profit, Shareholder value und hohe Renditeerwartungen ausgerichtet. Logische Folge sind die Optimierung der Arbeitsprozesse und eine rücksichtslose Rationalisierung. Garantien kann es dabei allenfalls befristet geben, was die Angst vieler Beschäftigter um den eigenen Arbeitsplatz und ihre berufliche Existenz erklärt. Zum anderen hat das bisherige System harter Ellenbogenmentalität die Anpasserei gefördert, wenn nicht gar verlangt.

Bei seiner Karriere hat sich auch Schrempp nicht gerade den Ruf eines Friedensapostels oder barmherzigen Samariters eingehandelt. So muß sich der Vorstandsvorsitzende selbst fragen, was er dazu beigetragen hat, diese Situation zu erzeugen. »Man muß vorsichtig sein«, sagt eine seiner früheren Vertrauten, denn »er kann nachtragend sein.« Und dann, so die Schrempp-Kennerin, »dauert es Jahre, bis er verzeiht«. Ihr trockener Schlußkommentar: »Dann gute Nacht.«

☆

Auf den ersten Blick ist zu befürchten, daß Tugenden wie Ehrlichkeit und Kritikfähigkeit in den kommenden Jahren keinen leichteren Stand haben werden. Sollten die Befürchtungen von Gewerkschaftern wie Gerhard Zambelli oder Gerd Rathgeb zutreffen, dann wird die Fusion mit der Chrysler Corporation im Endeffekt eben doch zu einem beträchtlichen Abbau von Arbeitsplätzen führen. Mit etwas mehr als einem Drittel der Beschäftigten hat die Chrysler Corporation einen deutlich höheren Nettogewinn erzielt als die Daimler-Benz AG.

Was also passiert, wenn der amerikanische Profit- und Renditeanspruch auch nur in Ansätzen auf den deutschen Nobelkonzern übertragen wird? Wer wird dann noch wagen, als Beschäftigter der DaimlerChrysler AG Widerspruch anzumelden?

Bleibt zu hoffen, daß die Zahl der Duckmäuser in Deutschland wieder weniger wird und die der Mutigen – nicht nur, aber vor allem auch dort – in der Konzernzentrale in Möhringen wieder zunimmt. Dabei ist Schrempp selbst einer der Mutmachenden und Mutigen in persona. Mutmachend ist seine Art, seine Offenheit, sein Optimismus. Mutig ist nicht zuletzt seine Zusage zu diesem Buchprojekt gewesen – und das sollte Ansporn für andere sein, wie er Rückgrat zu beweisen.

Schrempp live

D ieses Buch basiert auf der Auswertung von rund hundert Treffen und Interviews sowie auf der Kenntnis einer Vielzahl vertraulicher Unterlagen aus dem Hause Daimler-Benz. Das eröffnet die Möglichkeit, weitgehend auf bereits publizierte Sekundärquellen zu verzichten und statt dessen die Beteiligten selbst zu Wort kommen zu lassen.

Befragt wurde in zumeist zweistündigen Gesprächen in erster Linie der Biographierte selbst, der sich zu fünf Treffen in Stuttgart und München bereit erklärt hat. Darüber hinaus habe ich die Aussagen dreier vorausgehender interner Treffen sowie verschiedener öffentlicher Auftritte mit dem Daimler-CEO einbezogen. Die in diesem Buch publizierten Zitate aus den Gesprächen des Autors mit Jürgen E. Schrempp wurden von Herrn Schrempp autorisiert. Bei allen anderen Gesprächspartnern erfolgte eine Autorisierung, soweit sie von sich aus den entsprechenden Wunsch geäußert haben. Dagegen sind die Aussagen aus nichtöffentlichen Vorstands- und Aufsichtsratssitzungen über Schrempp und andere von Teilnehmern der Sitzungen wiedergegeben worden. Der Lebendigkeit der Darstellung zuliebe habe ich solche Aussagen mitunter als wörtliche Rede formuliert – ohne damit zu unterstellen, dies sei wortwörtlich so gesagt worden.

Befragt wurden insbesondere frühere wie heutige Wegbegleiter Schrempps – von seinen persönlichen Referenten Hartmut Schick und Detmar Grosse-Leege über die Konzernsprecher Christoph Walther und Matthias Kleinert bis hin zu Schrempp-Freunden wie dem Weltbankpräsidenten James Wolfensohn.

In vier südafrikanischen Städten sowie im Produktionswerk East London habe ich Interviews mit den engsten Vertrauten über seinen Aufstieg vom einfachen Vertriebsmitarbeiter zum Vorsitzenden der Mercedes-Benz of South Africa geführt. Dabei fanden unter anderem Treffen mit seinen Freunden, Fahrern, Sekretärinnen, Vertretern der Automobil- und Zulieferindustrie, seinem Farmverwalter, dem dortigen Dasa-Chef sowie dem heutigen Mercedes-Vorsitzenden Christoph Köpke statt.

Die Verhandlungsführer der Arbeitgeberverbände und der Gewerkschaft NUMSA und deren Vorgängerorganisationen, darunter der heutige stellvertretende südafrikanische Arbeitsminister Les Kettledas sowie deutsche Apartheidgegner, analysierten die Geschäftspolitik des Mercedes-Vorstands sowie des Vorsitzenden Schrempp zur Zeit der Rassentrennung.

In diesem Managerprofil kommen sowohl Schrempp-Freunde, renommierte Wirtschaftsjournalisten als auch kompetente Kritiker des Daimler-Vorstandsvorsitzenden, insbesondere Gewerkschafter und die Rechtsanwältin Martine Dornier-Tiefenthaler, zu Wort. Ökologische Fragestellungen wurden mit dem Umweltbevollmächtigten Professor Werner Pollmann, dem Leiter des Wuppertal Instituts, Professor Ernst Ulrich von Weizsäcker, sowie dem Sprecher des Dachverbands der Kritischen Daimler-Aktionäre, Alexander Dauensteiner, diskutiert.

Bei Fragen, die den Menschen Jürgen E. Schrempp und seinen Lebensweg betreffen, waren die Zusammenkünfte mit seinen beiden Brüdern Günter und Wolfgang sowie der Ex-Schwägerin Gerlinde hilfreich, so daß auch private Aspekte berücksichtigt werden konnten.

Zur Darstellung der Geschäftspolitik der Führungsebene fanden Interviews mit mehreren Vorständen und Aufsichtsräten statt. Die Konzerngeschichte wie aktuelle Aspekte beleuchtete der ehemalige Vorstandsvorsitzende Professor Werner Breitschwerdt.

☆

Aus nachvollziehbaren Gründen beschieden Edzard Reuter und Helmut Werner meine Interviewanfragen ablehnend. Seitens des Dasa-Vorstands sagten Wolfgang Piller und Werner Heinzmann vereinbarte Gespräche kurzfristig ab bzw. verweigerten diese mit formaler Begründung.

Da eine nicht unbeträchtliche Anzahl von Interviewpartnern selbst bei vergleichsweise harmlosen Formulierungen und Kommentierungen negative Konsequenzen für sich befürchtet, wenn sie in diesem Buch zitiert werden, ich jedoch auf die Aussagen und

Inhalte Wert lege, habe ich in verschiedenen Fällen auf eine namentliche Kennzeichnung von Zitaten verzichtet. In besonders brisanten Fällen habe ich, unabhängig vom realen Geschlecht, von »dem« Informanten gesprochen, um – wie auch immer geartete – Repressionen auszuschließen. Als Autor verbürge ich mich für die wahrheitsgemäße Wiedergabe auch solcher Zitate.

☆

Dieses Managerprofil ist Anfang August 1998 erschienen. Bereits wenige Wochen später hat es die Sachbuch-Bestsellerlisten erklommen. Im Ranking des *Spiegel* war es mehr als ein dreiviertel Jahr auf den vorderen Plätzen. In den Bestsellerlisten für Wirtschaftsbücher von *Focus* und *Wirtschaftswoche* rangierte es auf dem zweiten Platz.

Im Frühjahr 1999 erschien eine Übersetzung des Schrempp-Porträts in der Volksrepublik China, Anfang 2000 eine US-amerikanische Ausgabe. Diese vollständig überarbeitete und aktualisierte Taschenbuchausgabe berücksichtigt alle Entwicklungen bis einschließlich der Bilanzpressekonferenz am 28. Februar 2000.

Freiburg, im Februar 2000   *Jürgen Grässlin*

Dank

Mein allerherzlichster Dank gilt an allererster Stelle meiner geliebten Frau Eva, die das Buchprojekt von der ersten bis zur letzten Zeile intensiv betreut und mich bis nach Südafrika begleitet hat. Wieder einmal haben unsere Kinder Sandra und Philipp vollstes Verständnis dafür gezeigt, daß ihr Vater viel zu lange mehr Zeit im Zug, bei Interviews und im Arbeits- als im Jugendzimmer verbracht hat.

☆

Bedanken möchte ich mich insbesondere bei Jürgen E. Schrempp, der durch seine offene Art, seine Dialogbereitschaft und seine nimmermüde Diskussionsfreude ermöglicht hat, daß dieses – in seiner personellen Konstellation sicher überraschende – Werk zustande kommen konnte. Dank seiner Vermittlung konnten eine Vielzahl von Interviews geführt werden, die ansonsten kaum möglich gewesen wären.

Der Daimler-Benz-Pressesprecher Dr. Christoph Walther hat sich als ein höchst engagierter Diskussionspartner erwiesen. Mit ihm habe ich nicht nur die meisten, sondern auch die längsten aller Treffen absolviert. In Erinnerung wird mir dabei vor allem unsere siebenstündige Zusammenkunft bleiben, bei der wir bis nachts um ein Uhr um die richtige Position gefeilscht haben, Herr Walther danach von Freiburg nach Stuttgart zurückfahren und um sechs Uhr wegen eines Fluges nach London wieder aufstehen mußte. Der Mann hat Kondition.

Mein Dank gilt auch Frau Lydia Deininger sowie Frau Irene Fuhrmann, Frau Christiane Schwarzkopf und Herrn Steffen Hoffmann von der DaimlerChrysler-Kommunikationsabteilung in Stuttgart-Möhringen für ihr Bemühen um Sachinformation.

In Südafrika hat sich Herr Christoph Köpke als ausgesprochen fairer Diskussionspartner erwiesen, der in persona für das neue,

…che und weltoffene Südafrika steht. Der MBSA-Sekre-
…dy Hoffman verdanke ich eine Vielzahl von Hinter-
…ormationen und Kontakten über die MBSA, die durch ei-
…herchen kaum zu erlangen gewesen wären.

☆

Bei Alex D. und Wolfgang Menzel möchte ich mich für das Ge-
genlesen von Textteilen bedanken, bei Alex Kauz, Stefan Philipp,
Christoph Besemer, Paul Russmann, Benedikt Mechler und anderen für den freundschaftlichen Rat und Zuspruch, bei Amelie
Menzel für Übersetzungen. Sönke Braasch, Otto Reger, Martin
Jung, Traudel Haury, Luzia Gündner, Frau Hanna Klenk und allen anderen – die nicht namentlich genannt werden können – danke ich für die Informations- und Materialbeschaffung.

Am Ende sei allen, die mir als Gesprächspartner für Interviews
Rede und Antwort gestanden haben, nochmals in ganz besonderem Maße gedankt. Ohne sie hätte das Buch nicht auf diesem
Niveau und mit diesem Informationsgehalt verfaßt werden
können.

Bildnachweis

Register